AF559618

प्रेमचन्द : कहानी का रहनुमा

प्रेमचन्द
कहानी का रहनुमा

जाफ़र रज़ा

लोकभारती प्रकाशन
पहली मंजिल, दरबारी बिल्डिंग, महात्मा गाँधी मार्ग, इलाहाबाद-१

लोकभारती प्रकाशन
पहली मंजिल, दरबारी बिल्डिंग, महात्मा गाँधी मार्ग
इलाहाबाद-1 द्वारा प्रकाशित
दूरभाष : 0532-3293838, 2427274
बेवसाइट : www.lokbhartiprakashan.com
ई-मेल : info@lokbhartiprakashan.com

शाखाएँ : 1-बी, नेताजी सुभाष मार्ग, दरियागंज
नई दिल्ली-110 002
अशोक राजपथ, साइंस कॉलेज के सामने,
पटना-800 006

द्वितीय संस्करण : 2008

Premchand Kahani Ka Rahanuma
by Zafar Raza

मुद्रक : इण्डियन प्रेस प्रा. लि.
36, पन्नालाल रोड, इलाहाबाद-211 002
दूरभाष : 0532-2461433

ISBN : 81-8031-032-9

मूल्य : 250.00

भाई अमृत राय

और

प्रोफ़ेसर प्रकाश चन्द्र गुप्त

की पुण्य स्मृति में

तथा

भाई डॉ. नामवर सिंह

को सादर

अनुक्रम

अध्याय : तीन

सामाजिक विचारधारा

अध्याय : चार

राजनीतिक विचारधारा

अध्याय : पाँच

भाषा और शैली की समस्याएँ

अध्याय : छह

मूल तथ्य

प्रस्तावना

'प्रेमचन्द : कहानी का रहनुमा' उर्दू में मेरी पहचान बन गयी है। इस पुस्तक के उर्दू में अब तक सोलह संस्करण प्रकाशित हुए हैं। परन्तु प्रस्तुत पुस्तक उर्दू पुस्तक का अनुवाद मात्र नहीं है, यह अपने आप में एक स्वतंत्र पुस्तक है। यह पुस्तक उर्दू में पहली बार 1969 ई० में प्रकाशित हुई थी। तब से अब तक के बीच में मेरी आलोचनात्मक दृष्टि बहुत कुछ बदली है। उसके आधार पर समय-समय पर मैं परिवर्तन करता रहा हूँ और इसे अपने तौर पर अधिक परिपक्व, गहरी और सूक्ष्म दृष्टि देने का यत्न करता रहा हूँ। प्रेमचन्द की रचनाओं के अध्ययन में उर्दू तथा हिन्दी—दोनों भाषाओं की जानकारी अनिवार्य है, जिसके बिना कदाचित न्याय नहीं किया जा सकता। वर्तमान हिन्दी-भाषियों में अधिकांश-जन उर्दू-लिपि पढ़ने से असमर्थ हैं, जबकि प्रेमचन्द का आधे से अधिक साहित्य अरबी-फ़ारसीनिष्ठ उर्दू में है। माना कि उर्दू की अनेक चीज़ें हिन्दी में अनूदित एवं रूपान्तरित हो गयी हैं या होती रहती हैं फिर भी ऐसा अपार भण्डार शेष रह जाता है, जिसका अनुवाद अथवा रूपान्तर हिन्दी में नहीं हुआ। अनुवाद एवं रूपान्तर की अपनी सीमाएँ भी हैं। उनको मूल पाठ का स्थान प्राप्त नहीं हो सकता।

प्रेमचन्द की रचनाएँ आधुनिक भारत को समझने का एक महत्त्वपूर्ण माध्यम हैं, क्योंकि उन्हीं के समय से भारतीय पुनर्जागरण का प्रारम्भ होता है, जिसके पैरों की आहट उनकी रचनाओं में महसूस होती है। राष्ट्रीय जीवन की परिवर्तनशीलता, क्रिया-प्रतिक्रिया, प्रगति एवं प्रतिक्रियावादिता, धर्म तथा मानवता की परछाइयाँ प्रेमचन्द की रचनाओं में झलकती हैं। प्रेमचन्द की अनुभूति नदी के किनारे खड़े किसी दर्शक के समान नहीं है वरन् उन्होंने राष्ट्रीय जीवन के गहरे पानी में उतरकर समस्याओं से बोझिल नैया को किनारे जाने में अपने सहयोगियों का हाथ बँटाया था। प्रेमचन्द राजनीतिक नेता न थे कि उसके बाह्य प्रभाव की अभिव्यक्ति तक सीमित रहते। उनकी पैनी निगाहों ने गहराइयों में उतरने का प्रयास किया। उनकी रचनात्मक शक्ति से समस्याओं के अन्तःपुर का विश्लेषण किया। उसमें जीवन के उन्नतिशील सम्भावनाएँ तलाश करके साहित्य को नये क्षितिज की ओर बेजान में सहायता की, जिसके अध्ययन एवं विश्लेषण में समुचित सफलता प्राप्त हुई तथा उनका साहित्यिक साध्य अनेक पहलुओं से महत्त्वपूर्ण एवं अपरिहार्य हो गया है।

प्रेमचन्द के साहित्यिक जीवन की प्रभावशीलता अनेक पहलुओं से पाठक को आकर्षित करती है। उनके उपन्यासों, कहानियों, लेखों, प्रबंधों, सम्पादकीयों आदि पर अलग-अलग पक्ष से लिखने की आवश्यकता है। उनमें किसी एक को आधार बनाकर अन्य साहित्यिक विधाओं की सहायता से सही निष्कर्ष निकाले जा सकते हैं। इस पुस्तक में प्रेमचन्द की कहानियों को आधार बनाया गया है, क्योंकि उनकी कहानियों को उनके उपन्यासों की तुलना में श्रेष्ठ मानते हुए भी उनकी ओर अभी तक यथेष्ट ध्यान नहीं दिया गया है। हमने किसी निष्कर्ष पर पहुँचने के पूर्व प्रेमचन्द पर उपलब्ध सामग्री का यथासम्भव उपयोग किया है। प्रेमचन्द के विषय में विभिन्न प्रकार के विचार व्यक्त किये गये हैं। किसी विचार में प्रेमचन्द प्राचीन भारत का गौरवगान करते हैं। कोई उन्हें किसानों तथा मज़दूरों का साथी बताता है, किसी के विचार में प्रेमचन्द गांधीवादी हैं, कोई उन्हें साम्यवादी कहता है। आधुनिक वैज्ञानिक तथा भौतिक स्रोतों को जीवन आधार माननेवालों को प्रेमचन्द में पाश्चात्य चिंतन दीख पड़ता है। कोई उनकी चर्चा आधुनिक भारतीय संवेदना की आधारभूमि मानता है। इस रंगारंगी में प्रस्तुत पुस्तक प्रेमचन्द के अध्ययन एवं अध्यापन को अधिक व्यापक करने के विचार से अपने मन्तव्य प्रस्तुत करती हैं।

प्रेमचन्द के चिंतन एवं कला के इस अध्ययन में उनके पत्राचारों, लेखों तथा संपादकीयों से विशेष रूप से सहायता ली गयी है, क्योंकि इनमें प्रेमचन्द का दृष्टिकोण स्पष्ट रूप में सामने आता है। प्रेमचन्द की कहानियों, उपन्यासों तथा नाटकों में जिन विचारों के प्रतिबिम्ब मिलते हैं, वही अपने विस्तृत एवं स्पष्ट रूप में पत्रों, लेखों तथा संपादकीयों में स्थान ग्रहण करते हैं। इनमें कहीं भी टकराव अथवा विरोध नहीं है, बल्कि सची बात तो यह है कि विचारधारा में परिवर्तन तो सम्भव है, परन्तु किसी ईमानदार रचनाकार की रचनाओं में विरोध एवं टकराव नहीं होता कि वह एक स्थान पर एक तरह के विचार प्रस्तुत करे और दूसरे स्थान पर उसके विरुद्ध लिखे। प्रेमचन्द इस प्रकार की अवसरवादिता से कोसों दूर थे। उनके अंतः एवं बाह्य कल्पना एवं तथ्य, चिंतन एवं कार्य को मानववादिता के जिस स्रोत से लाभ पहुँचता है, उसका आधार पूर्णतया भौतिक होता है। अपने इसी दृष्टिकोण के आधार पर प्रेमचन्द अपने समस्त समकालीनों पर वरीयता रखते हैं।

प्रस्तुत अध्ययन में प्रेमचन्द की कहानियों की रचना-प्रक्रिया को छह अध्यायों में विभाजित किया गया है, जिनकी भिन्न स्थितियों को कला एवं चिंतन की परिधि में परखने का यत्न किया गया है। प्रथम एवं द्वितीय अध्याय में कहानी की संरचना एवं कलात्मक दृष्टिकोण के विभिन्न पक्षों का विवेचन किया गया है। प्रेमचन्द के रचनात्मक एवं कलात्मक विवेक के मूल पक्षों का उन्हीं के विचारों के प्रकाश में विश्लेषण किया गया है। विशेषकर प्रथम अध्याय में कहानी की संरचना के विभिन्न पक्षों को उजागर किया

गया है तथा उसके कलात्मक पक्ष पर विशेष ध्यान दिया गया है। कहानी की परिभाषा, तत्त्वों तथा संरचनात्मक समस्याओं को संक्षिप्त रूप में आधुनिक आलोचनात्मक दृष्टि से देखा गया है।

प्रेमचन्द की कहानियाँ विभिन्न कालों में भिन्न-भिन्न रूप एवं स्तर रखती हैं। उनमें कलात्मक रूप से स्वाभाविक विकास दीखता है। अतः सभी प्रकार की कहानियों के विषय में एक जैसा निर्णय नहीं किया जा सकता वरन् सत्य यह है कि जैसे-जैसे प्रेमचन्द की रचनात्मक एवं कलात्मक सूक्ष्मताएँ बिखरती गयीं वैसे-वैसे उनके साहित्यिक दृष्टिकोण में भी अधिक स्पष्टता एवं प्रभावशीलता उत्पन्न होती गयी। प्रेमचन्द के महत्त्वपूर्ण साहित्यिक एवं कलात्मक दृष्टिकोण पर दूसरे अध्ययन में बहस की गयी है। इसमें साहित्य का उद्देश्य, साहित्यकार का उत्तरदायित्व, यथार्थवादिता के विभिन्न पक्षों, कलात्मक रचनाएँ, मनोवैज्ञानिक वृत्तियों का विश्लेषण तथा उसके साहित्यिक एवं कलात्मक आयामों का विश्लेषण किया गया है जो वर्तमान साहित्यिक समस्याओं को समझने में विशेष रूप से सहायक हो सकता है।

तीसरे तथा चौथे अध्याय में प्रेमचन्द के सामाजिक एवं राजनीतिक समस्याओं के विस्तृत आयामों पर बहस की गयी है। इन अध्यायों का यदि दूसरे अध्याय के साथ अध्ययन किया जाये, तो प्रेमचन्द के साहित्यिक स्वभाव एवं आचरण के विभिन्न पक्ष स्पष्ट हो जायेंगे। यद्यपि प्रेमचन्द को द्वन्द्वात्मक भौतिकवाद से बँधा हुआ नहीं माना जा सकता, परन्तु उनका विवेक मानववादिता के जिस पक्ष की ओर संकेत करता है, वह सामाजिक एवं राजनैतिक आधारों पर पूँजीपतियों एवं साम्राजियों के लिए उतना ही ख़तरनाक है, जितना कि अमरीकी तथा यूरोपीय जगत् के लिए साम्यवादी व्यवस्था। इस संदर्भ में प्रेमचन्द का दृष्टिकोण अत्यंत स्पष्ट है, जिसको इन अध्यायों में स्वतंत्रता आंदोलन, गांधीवादिता, धार्मिक विचारधारा, किसानों एवं दलितों की समस्याओं के शीर्षक से प्रस्तुत किया गया है।

पाँचवें अध्याय में भाषा एवं शैली की समस्याओं से संबंधित विषयों का अध्ययन किया गया है। भाषा का तकनीकी संज्ञान प्रेमचन्द को किस सीमा तक था, यह कहना कठिन है। उनकी रचनाओं में हिन्दी तथा उर्दू की भाषिक समस्याओं पर बार-बार बहस मिलती है परन्तु इस रोचक विषय को इस पुस्तक में स्थान नहीं दिया गया है, क्योंकि इस विषय पर मेरी एक अन्य पुस्तक 'प्रेमचन्द उर्दू–हिन्दी कथाकार' उपलब्ध है, अलबत्ता इस अध्याय में प्रेमचन्द की साहित्यिक रचनाओं में अर्थ एवं भाव के महत्त्व पर बहस की गयी है। इस अध्याय में प्रेमचन्द की कहानियों के आधार पर उनकी रचनाओं की तलाश की गयी है।

छठे अध्याय में प्रेमचन्द की कहानियों के संबंध में कुछ एक बुनियादी तथ्य प्रस्तुत

किये गये हैं, जो रचनात्मक संदर्भों को उजागर करते हैं। प्रेमचन्द की कहानियों की वास्तविक संख्या, उनकी प्रथम कहानी, अप्राप्य कहानियों की खोज, प्रेमचन्द की कहानियों के हिन्दी तथा उर्दू संग्रह, प्रेमचन्द नाम से छद्‌म लेखकों की जानकारी के अतिरिक्त, प्रेमचन्द की कहानियों की सम्पूर्ण सूची है, जो ऐतिहासिक क्रमानुसार से तैयार की गयी है। उपसंहार में कहानीकार के रूप में प्रेमचन्द के साहित्यिक महत्त्व को स्पष्ट किया गया है।

प्रस्तुत पुस्तक के लिए सामग्री प्रकाशित पुस्तकों के अतिरिक्त यथासम्भव अन्य स्त्रोतों से भी प्राप्त करने का प्रयास किया गया है। विशेष रूप में उन लोगों से मिलने का प्रयास किया गया है जो प्रेमचन्द के निकट रह चुके थे। सौभाग्यवश पुस्तक की प्रथम पांडुलिपि तैयार करते समय (1963-69 ई० के बीच) अनेक ऐसे लोग वर्तमान थे, जिनसे प्रेमचन्द के विषय में अछूती जानकारी मिल सकती थी और मिली भी। प्रेमचन्द के अभिन्न मित्र 'फ़िराक़' गोरखपुरी ने मेरी जिज्ञासाओं के समाधान में बहुत ही महत्त्वपूर्ण योगदान दिया। प्रेमचन्द के योग्य जीवनीकार एवं सुपुत्र अमृतराय, मुझे अपने छोटे भाई के रूप में स्नेह प्रदान करते थे, उनसे असंख्य अवसरों पर अनेक समस्याओं पर विचार-विमर्श करने का अवसर प्राप्त हुआ। प्रेमचन्द की धर्मपत्नी पूज्यनीया शिवरानी देवी, उनके व्यवस्थापक मुंशी ब्रजवासीलाल वर्मा, प्रेमचन्द के मित्र कविवर श्री सुमित्रानन्दन पंत एवं पंडित वाचस्पति पाठक तथा अन्य अनेक मित्रों ने सहायता पहुँचायी। मेरे गुरुजनों में प्रो० एजाज़ हुसैन, प्रो० एहतेशाम हुसैन, प्रो० मसीहुज़्ज़माँ, डॉ० हरदेव बाहरी, प्रो० प्रकाशचन्द्र गुप्त, प्रो० अवध बिहारी लाल तथा डॉ० बालकृष्ण राव ने विशेष रूप में प्रोत्साहित किया तथा मेरा मार्ग-निर्देर्शन किया।

उपर्युक्त सभी महानुभाव स्वर्गीय हो चुके हैं। मेरे लिए उनके प्रति कृतज्ञतापूर्ण स्मृतियाँ ही शेष रह गयी हैं। परन्तु उनके द्वारा प्रदान की गयी जानकारी (जिसका प्रस्तुत पुस्तक में ही भरपूर प्रयोग किया गया है) प्रेमचन्द साहित्य के अध्ययन-मनन में सदैव मार्ग निर्देशन करती रहेगी, ऐसा मेरा विश्वास है।

जाफ़र रज़ा

'शबिस्तान'
254/218 शाहगंज,
इलाहाबाद–211 003

21 मार्च, 2004

अध्याय : एक

कहानी की तात्त्विकता

प्रेमचन्द हिन्दी-उर्दू कथा साहित्य में पर्वत के उस उच्च शिखर का नाम है, जिसके दोनों ओर ढलान है। इस पर्वत के दामन में समतल, ऊँचा, उपजाऊ भूमण्डल है, जो अत्यंत सिंचित एवं हरा-भरा है। रंग-बिरंगे फूलों, स्वादिष्ट फलों, मधुकंठी पक्षियों और भाँति-भाँति के मानवों से आबाद है। बहुत दूर तक चलने पर एक अत्यंत सुन्दर वादी मिलती है, जिनमें कई छोटी-छोटी बस्तियाँ हैं, जो एक नदी के किनारे आबाद हैं। ये नदी उसी उच्च पर्वत के शिखर से निकली है और वादी की प्रत्येक बस्ती को सिंचित एवं तृप्त करती रहती है।

इस अभिव्यंजना का यथार्थ यह है कि हिन्दी-उर्दू कहानियों का प्रारम्भ प्रेमचन्द से होता है, जिन्होंने कथा साहित्य को प्रारम्भ में ही ऊँचाइयों पर पहुँचा दिया। प्रेमचन्द से पूर्व जीवन परिचय, ललित निबंध तथा अन्य भाषाओं से अनुवाद की परिपाटी मिलती है, जिनको मूल रचना के रूप में नहीं ग्रहण किया जा सकता। प्रेमचन्द के पश्चात् भी प्रेमचन्द ही प्रेमचन्द रहे। अधिकांश उनके अनुपालन में कहानियाँ लिखी जाती रहीं। यथार्थतः 1960 ई० के बाद से कहानी में प्रेमचन्द से हटकर कुछेक प्रयोग किये गये हैं परन्तु उनको सर्वप्रियता प्राप्त न हो सकी। प्रेमचन्द का प्रभाव वर्तमान में भी यथावत् स्थापित है। परन्तु इससे यह निष्कर्ष निकालना उचित न होगा कि प्रेमचन्द की समस्त कहानियाँ उच्च कलात्मकता पर आधारित हैं या यह कि प्रेमचन्द ने कहानी को कलात्मक विकास के जिस पड़ाव पर छोड़ा था, कहानी वहीं चक्कर काट रही है। प्रेमचन्दोत्तर काल में कहानी में अनेकानेक प्रयोग किये गये और किये जा रहे हैं परन्तु अभी तक उनकी स्थिति नवीनता की खोज का एक प्रयास मात्र है। फिर इस तथ्य को भी ध्यान में रखना चाहिए कि यदि विश्व की सौ सर्वश्रेष्ठ कहानियों का चयन किया जाये, तो विश्वास से नहीं कहा जा सकता कि प्रेमचन्दोत्तर कहानीकारों की कोई कहानी उसमें सम्मिलित हो सकेगी या नहीं। परन्तु इतनी बात बिना किसी संकोच के कही जा सकती है कि विश्व की सौ सर्वश्रेष्ठ कहानियों में प्रेमचन्द की कुछेक कहानियाँ अवश्य सम्मिलित होंगी।

प्रेमचन्द की रचना-प्रक्रिया विभिन्न युगों में उन्नति के विभिन्न शिखरों से गुज़रती है।

उनकी कहानियों की तात्त्विकता गतिशील रही है, जिनकी स्थितियाँ काल एवं स्थान परिवर्तन तथा संभावनाओं एवं अनुभूतियों के आधार पर बदलती रहती हैं, क्योंकि कहानीकार अपने सृजनात्मक अभिव्यक्ति के माध्यम में नयापन पैदा करने की चेष्टा में अनेक प्रकार की अनुभूतियों से साक्षात्कार करता रहता है। कहानी के ताने-बाने को अनेक प्रकार से तैयार करने का यत्न करता है, जिन्हें कहानी समालोचकों ने कहानी के प्रकार के रूप में व्याख्यायित किया है। उदाहरणार्थ—ऐतिहासिक कहानियाँ, धार्मिक कहानियाँ, जासूसी कहानियाँ इत्यादि। यद्यपि इस तथ्य को कौन नकार सकेगा कि किसी भी स्थिति में कहानी का प्रभाव एकांगी नहीं होता, वरन् उसकी प्रक्रिया के विभिन्न रूप प्रायः मिश्रित होते हैं।

कहानी के साहित्यिक स्तर के निर्धारण में अन्य साहित्य विधाओं के समान आलोचकों के एक वर्ग ने कहानी को व्यक्ति के वैयक्तिक अभिव्यक्ति तक सीमित करने का यत्न किया है, जिसके आधार पर साहित्यिक मूल्य प्रतिपादित किये गये। इसके विरुद्ध कहा गया कि इसका उद्देश्य मानव मस्तिष्क को व्यापक सामाजिक समस्याओं से दूर रखना हो सकता है। इन समस्याओं का विस्तृत अध्ययन आगामी अध्यायों में होगा। परन्तु यहाँ इतना कह देना आवश्यक है कि कहानी की संरचना को असामाजिक तत्त्वों से प्रतिपादित करने में कहानी का शाश्वत मूल्य खंडित हो जायेगा। कहानी का साहित्यिक मूल्य अन्य साहित्यिक विधाओं के समान ही अनुभूति के नये स्तर तलाश करता रहता है परन्तु उसकी बुनियादें विभिन्न युगों में परिवर्तित नहीं होतीं। इसीलिए भिन्न-भिन्न काल में भी कहानी के संरचनात्मक प्रयोग मानव मूल्य के संरक्षण, विवेक एवं बुद्धि के फैलाव, जीवन का शुक्ल पक्ष और सामाजिक स्थिति को बेहतर बनाने के उद्देश्य से किये जाते हैं, क्योंकि आर्थिक एवं सामाजिक स्थितियाँ जितनी गहरी एवं जटिल होती जायेंगी, कहानी की संरचनात्मक स्थिति उतनी ही कलात्मक एवं परिपक्व हो जायेगी।

वर्तमान युग में अनुभूति के नये आधारों की माँग को रचना-प्रक्रिया से जोड़कर देखने का चलन बढ़ता जा रहा है परन्तु इतना मानना पड़ता है कि कहानी को किसी हस्तकला, मूर्तिकला अथवा चित्रकला के समान सफल एवं असफल नहीं कहा जा सकता। कहानी की संरचनात्मक सफलता उसके उपयुक्त होने पर आधारित है, जिसका मूल सिरा कहानी के कहानीपन से बँधा हुआ है। इस समस्या का डॉ० नामवर सिंह ने अत्यंत महत्त्वपूर्ण विश्लेषण किया है—

''कविता में जो स्थान लय का है, कहानी में वही स्थान कहानीपन का है। कविता चाहे जिस हद तक छन्दमुक्त हो जाय, लेकिन वह लयमुक्त नहीं हो सकती। लयमुक्त रचना काव्य होते हुए भी कविता नहीं कहलायेगी। कहानीपन

से रहित गद्य रचनाओं के बारे में भी यही बात लागू होती है।''[1]

कहानी की संरचना के अध्ययन में कहानीपन के तत्त्व को इसलिए भी महत्त्व देना पड़ता है कि इसी के आधार पर रचनाकार एवं पाठक के मध्य सम्प्रेषण स्थापित होता है। इस सम्प्रेषण के विभिन्न एवं विपरीत पक्ष हो सकते हैं जिनसे कहानी के रचनात्मक विकास में अलग-अलग विशेषताएँ उत्पन्न होती हैं, इसको समझने का माध्यम परिवर्तनशीलता एवं विकासशीलता पर आधारित होता है—

''जो साहित्यकार अपनी कला को तकनीकी रूप में पूर्णरूपेण परखने की क्षमता रखता है वही ऐसे संतोषप्रद साहित्य को जन्म दे सकता है, जिसका विषय अधिक संतुलित, भरपूर एवं अर्थपूर्ण होगा।''[2]

स्पष्ट है कि इस विवेचन के आधार पर कहानी की रचनात्मकता को बरतने के लिए कहानीकार को अपने विषय पर अधिकार प्राप्त होना चाहिए। इसी प्रकार कहानी की तकनीक एवं विषयवस्तु में एकाग्रता होना आवश्यक है, जो समस्त महान् कलाकारों की संरचना में समान रूप में दीख पड़ता है।

वर्तमान युग में कहानी के विकास के साथ-साथ विषयवस्तु एवं तकनीक में तादात्म्य स्थापित होने को विशेष महत्त्व दिया जाने लगा है। यह संभव है कि कलाकार अपने दृष्टिकोण के अनुसार किसी कलाकृति में विषयवस्तु तथा तकनीक के पारस्परिक संतुलन की स्थापना करने में मतभेद करें, परन्तु उसके समग्र गतिशील होने एवं रचनात्मक शक्तियों के विकासशील होने में भ्रम उत्पन्न नहीं होता। इस कार्य में कहानी को कई प्रकार के अन्तर्विरोध, टकराव एवं प्रतिकूल स्थितियों से दो-चार होना पड़ता है। कलाकार अपने काल्पनिक दोराहे पर खड़ा सोचता रहता है कि किस छोटी बात से प्रारम्भ किया जाये अथवा कोई घटना वर्णन करने के पश्चात् कहानी का ताना-बाना बुना जाये। यदि कहानीकार की रचनात्मक क्षमता कहानी की रचनात्मकता से तादात्म्य स्थापित कर ले तो रचना की सम्प्रेषण शक्ति असाधारण रूप में बढ़ जाती है।

वर्तमान कहानी की परिपाटी बहुत पुरानी नहीं है। इसको आधुनिक युग की वस्तु माना जाता है। यदि हम प्रेमचन्द की कहानियों के संदर्भ में इसका अध्ययन करें, तो प्रेमचन्द की कहानियों में भी स्वाभाविक विकास दीख पड़ता है। प्रेमचन्द की प्रारंभिक कहानियों को छोड़कर यदि 'कफ़न', 'पूस की रात', 'ईदगाह', 'शतरंज के खिलाड़ी' आदि का रचनात्मकता के आधार पर विश्लेषण करें, तो उनमें नयापन एवं पुरानापन एक

---

1. नामवर सिंह : कहानी नयी कहानी, पृष्ठ 31
2. विलियमवान वोकानर : फ़ार्म आफ़ फ़िक्शन, पृष्ठ 9

ही स्थान पर समाहित दिखायी पड़ते हैं तथा कहानी के अध्ययन के अनेकानेक आयाम मुखर हो उठते हैं। प्रेमचन्द की कहानियों के अध्ययन में इन तथ्यों एवं तत्त्वों का विवेचन भी सम्मिलित हो जाता है, जिनके बिना कहानी की कलात्मक अनुभूति संभव नहीं हो सकती।

कहानी की परिभाषा

'कहानी' शब्द संस्कृत के 'कथनिका' से उद्धृत है, जो प्राकृत भाषाओं में 'कहाणिया' तथा वर्तमान में भी सिंधी, मराठी आदि भाषाओं में 'कहाणी' के रूप में प्रचलित है।[1] 'कथ्य' के शाब्दिक अर्थ कहने, सूचित करने या अभिव्यक्ति करने के होते हैं।[2] इस आधार पर 'कथनिका' एक ऐसी साहित्यिक विधा की ओर संकेत करती है, जिसमें कहने पर बल दिया गया है। प्राकृत में 'कहण' को कथन के अर्थ में प्रयोग करते थे।[3] वर्तमान हिन्दी में कहानी का अर्थ छोटी कथा, क़िस्सा, आख्यायिका, झूठी बात, गढ़ी बात या बनावटी बात है।[4]

कहानी को साहित्यिक विधा के रूप में प्रयोग करने में कई कठिनाइयाँ भी बाधक होती हैं। यद्यपि उसके विस्तार में प्राचीनता एवं आधुनिकता की सीमाएँ भी अर्थहीन हो जाती हैं, क्योंकि इसका प्रयोग किसी-न-किसी रूप में विभिन्न कालों में होता रहा है। उसकी प्राचीनता पर दृष्टि की जाये तो भारतीय संस्कृति के एक राष्ट्रीय प्रवृत्ति के रूप में प्राचीन भारतीय समाज में इसको देखा जा सकता है। गाँव-गाँव में चौपाल इसके केन्द्र बने, जिनमें नित्यदिन की अनुभूति गल्प रूप में कही जाती थी, परन्तु प्राचीन भारतीय साहित्य में किसी साहित्य-विधा की मान्यता प्राप्त नहीं थी। इस तथ्य को समझने के लिए कहानी के विकास-क्रम पर ध्यान रखना चाहिए। अन्यथा प्राचीन साहित्य में कहानीपन को देखकर कुछेक विद्वानों एवं विशेषज्ञों के समान भ्रांति में पड़कर इसका संबंध प्राचीन भारतीय साहित्य से जोड़ देना होगा। डॉ० लक्ष्मीनारायण लाल को यही भ्रांति हुई थी, जब उन्होंने हिन्दी कहानी को ऐतिहासिक आधार पर ऋग्वेद, संस्कृत आख्यान, कथाओं एवं आख्यानों का मूल आधार घोषित कर दिया। लगभग इसी प्रकार के विचार उनमें पूर्व कृष्णा चैरियर, डॉ० भगीरथ मिश्र तथा अन्य विद्वानों ने किये थे।

---

1. रामचन्द्र वर्मा : (संपादक) मानक हिन्दी कोश, भाग प्रथम, पृष्ठ 494
2. वामन शिवराम आपटे : (संपादक) संस्कृत हिन्दी कोश, पृष्ठ 242
3. वासुदेवशरण अग्रवाल : (संपादक) पाइआ-सद्द-महण्णावो, पृष्ठ 234
4. रामचन्द्र वर्मा : (संपादक) संक्षिप्त हिन्दी शब्द सागर, पृष्ठ 184

यहाँ तक कि डॉ० रामविलास शर्मा ने भी उन्हीं के समान विचार व्यक्त किये :

"कुछ लोगों का विचार है कि हिन्दुस्तान में कहानी पश्चिम से आयी। 'हितोपदेश' और 'कथा सरित्सागर' के रहते हुए-'बेताल पचीसी' और 'सिंहासन बत्तीसी' का ज़िक्र न करें तो भी-ऐसा सोचना यूरोप भक्ति का प्रमाण हो सकता है, वैज्ञानिक विवेचन का नहीं। 'जातकों' और 'पंचतंत्र' के देश को यूरोपवाले कहानी कहना सिखलाने आयेंगे।"[1]

इसमें संदेह नहीं कि कहानी कहने और सुनने का भाव भारतीय स्वभाव की विशेषता रही है तथा जातकों एवं पंचतंत्र की परिपाटी महात्मा बुद्ध के काल की पौराणिकता से संबंधित है परन्तु उन्हें वर्तमान कहानी का आदिस्रोत नहीं कहा जा सकता। जातक की पालि कथाएँ, जिन्हें गाथा कहते हैं—उनका पाठ दोहों के रूप में मिलता है और 'पंचतंत्र' में गल्प है जिनकी कथाएँ विभिन्न देशों में अलग-अलग रूपों में मिलती हैं। 'जातक' एवं 'पंचतंत्र' की कथाएँ 'हिकायाते-लुकमान' और महाभारत से भी मिलती-जुलती हैं, जिनका तुलनात्मक अध्ययन अत्यंत रोचक विषय बन सकता है। 'हितोपदेश' का अधिकांश भाग 'पंचतंत्र' से उद्धृत है, 'कथासागर' श्लोकों पर आधारित है। 'बेताल पचीसी' को इस काल के अन्य गल्परूपी पुस्तकों के संदर्भों से चयनित किया गया है। उसकी कथाएँ 'सिंहासन बत्तीसी' तथा अन्य गल्पों में प्रस्तुत की गयी हैं। इसी प्रकार प्राचीन ऋग्वेद से कहानी को उद्धृत बतानेवालों को यह भी ध्यान में रखना चाहिए कि ऋग्वेद में विभिन्न देवताओं से संबंधित मंत्र हैं, जिनमें कुछेक अवसरों पर दो-तीन व्यक्तियों के संवाद भी लिखे गये हैं, जिनको संवाद सूक्त कहते हैं अथवा देवताओं से संबंधित चुटकुले हैं। उनमें कहीं-कहीं कोई कथा कही गयी है, तो उसकी शैली गल्प के समान है।

उपर्युक्त कथाओं तथा भारतीय प्राचीन धार्मिक पुस्तकों का तुलनात्मक अध्ययन अनेक प्रकार से विचारवर्धक एवं विवेकपूर्ण हो सकता है। यह बात भी महत्त्वपूर्ण है कि कथाओं की परिपाटी पाश्चात्य एवं प्राच्य साहित्यों में विभिन्न एवं परस्पर विरोधी आधारों पर विकसित नहीं हुई है। पाश्चात्य के क्लासिकी साहित्य तथा प्राच्य क़थाओं में आश्चर्यजनक समानता मिलती है। यहाँ तक कि इनमें से कुछेक कथाएँ परस्पर रूप में इस प्रकार गड्डमड्ड हो गयी हैं कि उनमें मूल एवं प्रतिलिपि के मध्य भेद करना कठिन ही नहीं, असम्भव दिखता है। सम्भवतः प्रारंभिक मानव जहाँ गया वहीं अपने साथ-साथ अपने वातावरण में उपजी कहानियाँ भी लेता गया, जो पीढ़ी-दर-पीढ़ी एक दूसरे में हस्तांतरित होती गयीं। उसने कथाओं की आरंभिक संरचना को भी प्रभावित किया जो

1. रामविलास शर्मा : प्रेमचन्द और उनका युग, पृष्ठ 136

धीरे-धीरे भ्रष्ट हो गयी। अब उन असाधारण समानताओं के आधार पर इन्हें अन्तर्राष्ट्रीय सभ्यता का अंग माना जाने लगा है।

कहानी के प्रारंभिक चिह्नों की खोज करने में मानव स्वभाव की इस वृत्ति पर विशेष ध्यान देने की आवश्यकता होती है जिसमें कहानी सुनने और कहने की परम्परा एक सीने से दूसरे सीने में चलती रहती है। इसको किसी विशेष देश अथवा राष्ट्र तक सीमित नहीं किया जा सकता वरन् विश्व के प्रत्येक भूखण्ड का मानव अपने स्वभाव, रुमान एवं कल्पना की दुनिया समेटे हुए जीवन-यात्रा करता रहता है। अपने अनुभवों को अत्यंत प्रभावपूर्ण रूप में दूसरों तक पहुँचाता रहा है। सत्य यह है कि मानव इतिहास के ऐसे युगों में जिनमें मानव को शब्दों के माध्यम से अपना मनोभाव व्यक्त करने के यंत्र नहीं प्राप्त हो सके थे, किंचित् उस समय भी मानव अपने शरीर के विभिन्न अंगों को हिला-डुलाकर अपना मनोभाव व्यक्त करता रहा होगा। प्रेमचन्द परम्परा के विख्यात कहानीकार अली अब्बास हुसैनी का विचार है—

''कहानी का प्रारम्भ वहीं से होता है, जहाँ आदम की संतान नागरिकता एवं सामाजिकता की प्रथम सीढ़ी पर मिलता है। वह पिछले पाँव पर खड़ा होकर डगमगाता हुआ चलता है। वह दस-दस, बीस-बीस की टोलियों में एक साथ रहता है। वह पेट भरने के लिए अपने से कमज़ोर जानवरों का शिकार करता है और संध्या वेला में अलाव के पास बैठकर दिनभर की घटनाएँ टूटे-फूटे शब्दों में कहता है। जहाँ शब्द-भंडार कम पड़ता है वह सुख-दुःख, विजय-पराजय, भय-आश्चर्य के भाव अपने हाव-भाव से व्यक्त करता है। संभवतः यही कारण है कि कामशास्त्राचार्य एवं 'डांस' के लेखक हयोलाक एल्स का निश्चित मत है कि समस्त ललित कलाओं का प्रारम्भ नृत्य से होता है।''[1]

इसी तर्क को आगे बढ़ाया जाय तो कहा जा सकता है कि समस्त नवजात शिशु गाता हुआ जन्म लेता है!

डॉ० ज्ञानचंद ने विभिन्न देशों एवं जातियों की कथाओं का विश्लेषण करने के पश्चात् महत्त्वपूर्ण विचार व्यक्त किये हैं—

''किसी देश की प्राचीनतम कथाओं पर दृष्टि डालिये, विषय में एक समानता मिलेगी। साधारणतया चार प्रकार के विषय होते हैं। एक–असाधारण घटनाएँ, भयावह दुर्घटनाएँ जो युद्ध पर आधारित होती हैं। दो–त्रास, रहस्य जादू और भूत-प्रेत की कथाएँ उनका बिखरा हुआ रूप देव और परी की कथाएँ हैं।

---

1. अली अब्बास हुसैनी : नावेल की तारीख़ और तंक़ीद, पृष्ठ 3

तीसरा–स्त्री और प्रेम, चौथा पशुओं की कथाएँ।''[1]

भारतीय कथाओं की स्थिति अन्य देशों की कथाओं से भिन्न एवं प्रतिकूल नहीं है। यहाँ की लोक कथाएँ हों या पौराणिक कथाएँ हर एक के विषय उपर्युक्त विषयों से सम्बद्ध हैं; 'जातकों', 'पंचतंत्र' और 'बेताल पचीसी' इत्यादि की कथाओं की परम्परा भारत में प्राचीनयुग से मिलती है परन्तु उनको वर्तमान कहानियों का पूर्वज उस रूप में नहीं कहा जा सकता जिस प्रकार मानव का पूर्वज वनमानुष बताया जाता है। कहानियों तथा गल्प का तुलनात्मक अध्ययन उनके बीच मूल अंतर को स्पष्ट कर देता है कि वर्तमान कहानी का प्रयोग जिन अर्थों में किया जाता है, वह पश्चिम से आयी है। इसको नकारना ऐतिहासिक प्रक्रिया के सत्य को नकारना है। पाश्चात्य आधिपत्य के पश्चात् अंग्रेज़ी साहित्य के प्रभाव से भारतीय साहित्य में जिन नयी गद्य विधाओं का प्रचलन हुआ, उनमें कहानी भी है, जो अपने आरंभिक युग में पाश्चात्य रचनाओं के अनुवाद के रूप में परिणत हुई। हिन्दी तथा उर्दू भाषाओं में पहली बार कहानियाँ अंग्रेज़ी या उसके माध्यम से किसी अन्य भाषा से अनूदित की गयी। इसी आधार पर कहानी के स्वभाव एवं आधार को पाश्चात्य साहित्य आधारों पर सम्पादित करना ग़लत नहीं है। आचार्य हज़ारीप्रसाद द्विवेदी का विचार यथार्थ पर आधारित है—

''कहानी कहने की रस्म कोई नयी चीज़ नहीं लेकिन कहानी नामक साहित्यिक विधा आधुनिक समय की देन है।''[2]

इसी प्रकार के विचार डॉ० श्यामसुन्दर दास,[3] डॉ० दशरथ ओझा[4] के भी हैं। उचित ही होगा कि कहानी की परिभाषा सीमाओं और विशेषताओं का अनुमान करने के लिए कुछेक महत्त्वपूर्ण पाश्चात्य साहित्याचार्यों, आलोचकों एवं विचारकों के वक्तव्यों का अध्ययन कर लिया जाय।

'इन्सइक्लोपीडिया ब्रिटेनिका' में कहानी को यह कहकर व्याख्यायित किया गया है—

''कहानी एक ऐसी साहित्यिक विधा कहा गया है जिसमें संक्षेप, मानक, पूर्णता के साथ कथा का वर्णन होता है।''[5]

---

1. ज्ञानचंद : उर्दू की नस्री दास्तानें, पृष्ठ 2
2. हज़ारीप्रसाद द्विवेदी : हिन्दी साहित्य, पृष्ठ 421
3. श्यामसुन्दर दास : साहित्यालोचन, पृष्ठ 166
4. दशरथ ओझा : समीक्षाशास्त्र, पृष्ठ 187
5. दि न्यू इन्साइक्लोपीडिया ब्रिटेनिका भाग-2, पृष्ठ 580

वर्तमान कहानी के प्रवर्तक एवं रहनुमा एडगर एलन पो ने कथा आलोचना की चारों दिशाएँ निश्चित करने का यत्न किया। उनके विचार में—

''कहानी एक ऐसी वृत्तांतानुमेय विधा है, जो इतनी संक्षिप्त हो कि एक ही बैठक में समाप्त की जा सके, जिसे पाठक को प्रभावित करने की दृष्टि से लिखा गया हो और जिससे वे सभी तत्त्व निकाल दिये गये हों जो प्रभाव में बाधा डालते हों। एक अन्य स्थान पर एडगर एलन पो ने कहानी को एक ऐसी सीमित विस्तार वृत्तांतानुमेय गद्य कहा है जिसके पढ़ने में आधे घंटे से दो घंटे का समय लगे।''[1]

इसी प्रकार के विचार एच० जी० बीट्स के हैं जिनके अनुसार कहानी को आधे घंटे में समाप्त हो जाना चाहिए। उसने कहानी की संरचना की चर्चा करते हुए कहा है—

''यह भयावह हो सकती है या दयाप्रद अथवा हास्यास्पद अथवा सुन्दर अथवा गहरी सूचनात्मक, मात्र इस अनिवार्य अर्हता के साथ कि उसे ऊँची आवाज से पढ़ने में पन्द्रह से पचास मिनट तक लगे।''[2]

सर ह्यू वालपोल का विचार है—

''कहानी को कहानी होना चाहिए चिंतन का चिह्न, घटनाओं एवं दुर्घटनाओं से ओत-प्रोत जो तीव्र गति और असम्भावित विकास से टकराव एवं चरमोत्कर्ष तक पहुँचे और यह विकास पाठक को संतुष्ट कर सके।''[3]

जैक खंडन का कहना है—

''कहानी को ठोस विषयवस्तु से सम्बद्ध, तीव्र, गतिशील, जीवंत, करारी एवं चटपटी तथा आकर्षक होना चाहिए।''[4]

डब्ल्यू० एच० हडसन के विचार में—

''कहानी को स्पष्ट रूप में हमें प्रभावित करना चाहिए। अच्छी तरह संतुलित और अपने उद्देश्य में भरपूर परन्तु भीड़भाड़ के साधारण संकेतों से मुक्त रहे तथा अपने आपमें पूर्ण हो।''

हडसन एक अन्य स्थान पर लिखता है—

---

1. एडगर एलन पो : रीडर्स कम्पेनियन टू वर्ल्ड लिटरेचर, पृष्ठ 16
2. एच०ई०बीट्स : माडर्न शार्ट स्टोरी, पृष्ठ 16
3. वही
4. वही

"कहानी के लिए उद्देश्य एवं संवेदनाएँ एकत्व यही दो बड़े नियम हैं जो कलाकृति के स्तर एवं कहानी के महत्त्व को निश्चित करते हैं।"[1]

आधुनिक युग की विख्यात कहानीकार एलिज़बेथ बावुन का विचार है—

"कहानी को एक दूसरे रूप में देखने का यत्न किया है। कहानी की सर्वाधिक एवं प्रथम अनिवार्य अर्हता उसकी प्रासंगिकता है। दूसरे शब्दों में इसे यूँ कहा जाता है कि कहानी को किसी ऐसे भाव अथवा अनुभूति से उत्पन्न होना चाहिए। जो इतना तीव्र अथवा गहन हो कि कहानीकार को अपनी अभिव्यक्ति के लिए विवश कर दे।"[2]

निःसंदेह बावुन के इस कथन में रचना प्रक्रिया को स्वाभाविक एवं सहज रखने के स्थान पर उसे विवशता का मार्ग धारण करना होता है।

कहानी की उपर्युक्त परिभाषाओं में विरोधाभास एवं विविधता स्पष्ट है। इनमें किसी भी परिभाषा को पूर्णरूपेण एवं विश्वसनीय नहीं कहा जा सकता, वरन् सत्य यह है कि इनमें प्रत्येक व्यक्ति ने कहानी के कुछेक विशेष पहलुओं की ओर संकेत करके उसे परिभाषित कर दिया है। जो कहानी की विशेषताएँ प्रस्तुत करने तक सीमित हैं। कहानी की स्पष्ट परिभाषा की गुंजाइश अभी शेष है। इन विवेचनाओं एवं परिभाषाओं को दृष्टि में रखकर अगर कहानी के चारों दिशाओं का बोध करना हो तो कई प्रकार की सार्थक प्रेरणा निकल सकती है। इसमें संदेह नहीं कि अभी तक कहानी की यथार्थ, पूर्ण एवं उचित परिभाषा नहीं की जा सकी है। इसका कारण यह है कि कहानी एक विकासशील कलात्मक साहित्यिक विधा है। उसके विकास की लहरें किसी एक निश्चित संरचनात्मकता अथवा विचार तक सीमित नहीं रहतीं। कहानी का कारवाँ तीव्र गति से आगे बढ़ रहा है जो थोड़े ही समय में हर बार किसी नयी मंजिल की सूचना देता है। फिर भी जो विचार बिन्दु इन व्याख्याओं एवं परिभाषाओं में प्रस्तुत किये गये हैं, उन्हें संक्षेप में इस प्रकार रखा जा सकता है—

1. यह वृत्तांतानुमेय साहित्य विधा है जो गद्य में लिखी जाती है।
2. इसके पढ़ने में 15 मिनट से आधे घंटे या आधे घंटे से दो घंटे का समय लगना चाहिए।
3. इसको दयाप्रद, भयावह, हास्य-व्यंग्यात्मक अथवा ज्ञानसूचक होना चाहिए।

---

1. डब्ल्यू०एच० हडसन : ऐन इण्ट्रोडक्शन टू दि स्टडी आफ़ लिटरेचर, पृष्ठ 24
2. एच०ई० बीट्स : माडर्न शार्ट स्टोरी, पृष्ठ 71

4. इसमें किसी पात्र का मनोविश्लेषण अथवा भावनाओं का भावनात्मक क्रम होना चाहिए।
5. इसमें कहानीपन होना चाहिए, जो विचारोत्तेजक घटनाओं से ओतप्रोत हो और अपने पाठक को संतोषप्रद चरमोत्कर्ष पर ले जा सके।
6. इसकी रूपरेखा पूर्ण, विस्तृत, स्पष्ट, संतुलित तथा उद्देश्यपूर्ण हो।
7. विचारों एवं उद्देश्यों में तादात्म्य हो ताकि इसका प्रभाव भरपूर हो सके।

उपर्युक्त विचार विन्दुओं के आधार पर यदि कहानी को परिभाषित करना हो, तो उसे जीवन के किसी एक लहर, किसी एक अदा या किसी एक जलवा की अभिव्यक्ति कहा जा सकता है। हमारे विचार में कहानी उस गद्य विधा को कहते हैं, जिसमें किसी घटना, पात्र अथवा अनुभूति को संक्षेप में इस प्रकार बताया जाय कि पाठक अथवा श्रोता को भावात्मक समग्रता की अनुभूति हो। उन्हें इस साहित्यिक कलाकृति का रचनात्मक उल्लास अभिभूत करता करे, अतः आवश्यक है कि कहानी के आकार को किसी एक केन्द्रीय बिन्दु पर स्थापित होना चाहिए परन्तु जैसा कि कहा जा चुका है कहानी की संरचना विभिन्न युगों में परिवर्तनशील नहीं है, अतः उसकी कोई एक परिभाषा सभी कहानियों पर पूरी नहीं उतर सकती। प्राचीन युग हो या वर्तमान, कहानीकार सदैव नवीन क्षितिज की खोज में रहा है, अतः हर नये के साथ कहानी की परिभाषाएँ भी नयी-से-नयी होती गयीं।

हिन्दी तथा उर्दू साहित्य में कहानी बीसवीं सदी की उपज है। प्रेमचन्द से पूर्व जिन साहित्यकारों ने अपनी अभिव्यक्ति का माध्यम कहानी को बनाया, उनमें अधिकांश विभिन्न भाषाओं से अनुवाद करने तक सीमित रहे। प्रेमचन्द पहले कलाकार हैं, जिन्होंने इसे रचनात्मक साहित्य विधा का रूप प्रदान किया, इसके विकास के लिए जीवनपर्यन्त संघर्ष करते रहे। उन्होंने अपने साहित्यिक जीवन के प्रारंभिक युग से जो कहानियाँ लिखना प्रारम्भ किया तो अपने जीवन के अंतिम क्षणों तक कहानियाँ लिखते रहे। प्रेमचन्द ही थे, जिन्होंने अपने समय में और अपने बाद हिन्दी-उर्दू कहानी को भारतीय साहित्य में असाधारण लोकप्रियता प्रदान की। उन्हीं की रचनाओं का प्रताप था कि साहित्यकारों एवं आलोचकों ने कहानी की ओर ध्यान दिया। इसके विभिन्न पक्षों का विवेचन किया। परिणामस्वरूप साहित्यिक आवश्यकताओं, प्राचीन साहित्यिक परम्पराओं के महत्त्व एवं आधुनिक साहित्यिक प्रवृत्तियों को ध्यान में रखकर कहानी को परिभाषित करने का यत्न भी किया। ध्यान रहे कि भारत में कहानी की साहित्यिक स्थिति को बहुत समय बीतने के बाद प्रमाणित साहित्य विधा के रूप में मान्यता प्राप्त हुई, अतः उसकी विश्लेषण प्रक्रिया भी बहुत बाद में प्रारम्भ हुई। यह कहना अतिशयोक्ति न होगा कि आधुनेक

आलोचना से पूर्व गद्य विधाओं की ओर हमारे साहित्य मनीषियों ने कम ही ध्यान दिया था। परिणामस्वरूप साहित्यिक इतिहास में कहानी की चर्चा नहीं हो सकी। हिन्दी-उर्दू साहित्य में बहुत दिनों तक वर्तमान कहानी विधा को विदेशी आयात वस्तु के रूप में किया जाता रहा। वरन् अब स्थिति किंचित् बदल गयी है। कहानी की दिन-प्रतिदिन बढ़ती हुई अभिरुचि को देखकर विचार किया जाने लगा है कि वर्तमान युग की साहित्यिक आकांक्षाओं को तृप्त करने में कहानी सर्वाधिक सहायक हो सकती है।

प्रेमचन्द ने कहानी के इस महत्त्व को अपने जीवन-काल में ही पूर्णरूपेण समझ लिया था, अतः उन्होंने लिखा था—

''आजकल आख्यायिका का अर्थ बहुत व्यापक हो गया है। उसमें प्रेम की कहानियाँ, जासूसी क़िस्से, भ्रमण वृत्तांत, अद्‌भुत घटना, विज्ञान की बातें, यहाँ तक कि मित्रों की गपशप भी शामिल कर दी जाती है।''[1]

एक अन्य स्थान पर लिखा था—

''वर्तमान आख्यायिका मनोवैज्ञानिक विश्लेषण और जीवन के यथार्थ और स्वाभाविक चित्रण को अपना ध्येय समझती है।''[2]

प्रेमचन्द ने कहानी के पूर्णरूपेण साहित्य विधा होने के विचार को बहुत स्पष्ट रूप में स्वीकार किया है तथा इसकी सीमाएँ भी रचनात्मक आवश्यकताओं के आधार पर निश्चित की हैं। कदाचित् उनके द्वारा स्पष्ट किये गये मानक में आलोचक की शास्त्रीय भाषा अथवा शैली न हो, वरन् उनमें कहानी की साहित्यिक विशेषताएँ व्यक्त करने की सुगम एवं स्वाभाविक वृत्ति अवश्य दीखती है। प्रेमचन्द ने कथा-साहित्य की अन्य विधाओं को भी अपनाया था। एक अत्यंत सफल उपन्यासकार तथा नाटककार के रूप में भी ख्याति प्राप्त की थी, परन्तु कहानीकार के रूप में उनको असाधारण ख्याति प्राप्त हुई थी। अतः उनके विचार में कहानी की उपयोगिता अन्य साहित्यिक विधाओं की तुलना में अधिक ठोस आधारों पर स्थापित थीं। यह ठोस आधार सीधे जनसाधारण के जीवन से सम्बद्ध था। प्रेमचन्द ने कहानी की भाषा के विषय में अपने विचार रखते हुए उसके जनसाधारण से सम्बद्ध होने की दिशा में महत्त्वपूर्ण विचार व्यक्त किये हैं—

''कहानी की भाषा बहुत ही सरल और सुबोध होनी चाहिए। उपन्यास वे लोग पढ़ते हैं, जिनके पास रुपया है और समय भी उनके पास रहता है, जिनके

---

1. प्रेमचन्द : साहित्य का उद्देश्य, पृष्ठ 35
2. वही, पृष्ठ 41

पास धन होता है। आख्यायिका साधारण जनता के लिए लिखी जाती है, जिनके पास न धन है, न समय।''[1]

कहानी की भाषा के संदर्भ में प्रेमचन्द का यह तर्क स्वीकार्य हो अथवा न हो कि इसको निर्धन जन अधिक पढ़ते हैं अथवा वे लोग पढ़ते हैं, जिनके पास समय एवं पूँजी की कमी होती है, परन्तु इस तथ्य को स्वीकार कर लेने में किसी प्रकार का संशय नहीं हो सकता कि कम समय में ही एक पूरी कहानी पढ़ लेने की इच्छा ने कहानी की सर्वप्रियता बढ़ायी है। आज के तीव्रगति युग में मानव-व्यस्तता की बढ़ती हुई लहरें जब कभी कथा के दामन में पनाह ढूँढ़ती हैं, तो कहानी ही उनको शांति प्रदान करती है। प्रेमचन्द के सामने भी यही भाव था, जब उन्होंने कहा था—

''कहानी वह ध्रुपद की तान है, जिसमें गायक महफ़िल शुरू होते ही अपनी सम्पूर्ण प्रतिभा को दिशा देता है। एक क्षण में चित्त को इतने माधुर्य से परिपूरित कर देता है, जितना रातभर गाना सुनने से भी नहीं हो सकता।''[2]

कहानी के मूलतत्त्व

कहानी में समय, स्थान एवं क्रियाओं की एकता की सफलता एवं असफलता की संभावनाएँ समान होती हैं। इन्हीं एकताओं के आधार पर उसे उपन्यास, नाटक अथवा किसी अन्य साहित्य विधा से वैभिन्य प्राप्त होती है। कहानी अपने प्रारम्भ से अंत तक की यात्रा उपर्युक्त वर्णित तीनों एकताओं के साथ तय करती है, जिसमें उसका पाठक या श्रोता भी बौद्धिक रूप में सहयोग करता है। उसकी प्रक्रिया में साधारण-सी भूल भी कहानी के प्रभाव को नष्ट कर सकती है। इससे कुछेक साहित्यकारों को भ्रम हुआ कि कहानी के विश्लेषण में उसके मूल तत्त्वों को अलग-अलग कर देने से उसकी एकता खण्डित हो जायेगी। अतः कहानी को उसकी सामूहिक एकता की लक्ष्मणरेखा के बीच ही परखना चाहिए। परन्तु अधिकतर साहित्यकार इसे समालोचनोत्तर विचार मानते हैं। कहानी के मूलतत्त्वों को कहानीकार और पाठक के बौद्धिक यात्रा की मंज़िलें कहा जा सकता है, क्योंकि इसके बिना साहित्यिक विश्लेषण एवं समालोचना की संभावनाएँ सीमित हो जायेंगी। कहानी के गुणों एवं अवगुणों को परखने में कठिनाइयाँ बढ़ जायेंगी। कहानी के रचनात्मक तत्त्व को समझ लेने के बांद उसके सभी अर्हताओं को समझा जा सकता है। ये तत्त्व कहानी की रचना-प्रक्रिया से सम्बद्ध होते हैं।

---

1. प्रेमचन्द : साहित्य का उद्देश्य, पृष्ठ 38
2. प्रेमचन्द : साहित्य का उद्देश्य, पृष्ठ 38

प्रोफ़ेसर वक़ार अज़ीम ने कहानी के उपर्युक्त चर्चित रचनात्मक तत्त्व को कहानी का तर्क कहा है। उनके शब्द देखिए—

"इस तर्क का सबसे पहला और सबसे महत्त्वपूर्ण नियम यह है कि कहानी कहनेवाला कहानी की कड़ियों को इस तरह जोड़े कि अभिरुचि एवं आनंद का क्रम किसी स्थान पर टूटने न पाये। उत्कंठा की जो चिन्गारी प्रारम्भ में चमकी है, वह धीरे-धीरे उभरे, फैले, ज्वाला बने और उसकी लौ निरन्तर ऊँची होती रहे। यहाँ तक कि कहानी समाप्त हो, तो सुननेवाला यह अनुभव करे कि आकाश से बातें करते हुए उस ज्वाले की गर्मी ही से हृदय को ठंडक भी पहुँचती है।"[1]

इस रचनात्मक आनंद से साक्षात्कार करने में कहानी के पाठक अथवा श्रोता को पग-पग पर जटिलताओं, रुकावटों, दुर्घटनाओं तथा घटनाओं का साक्षात्कार करना पड़ता है। इसी आशा-निराशा, निश्चय-अनिश्चय, दुविधा एवं संकोच के उतार-चढ़ाव में कठिन मार्गों पर अपने आप चलता रहता है। कहानी के पृष्ठों में होनेवाली घटनाओं का विस्तार ढूँढने में पाठक एवं श्रोता को एक कलात्मक मनमोहन का अनुभव होता रहता है। इसके चरम उत्कर्ष के महत्त्वपूर्ण आयामों में उसकी उत्कंठाएँ भी बढ़ती जाती हैं।

कहानी के मूलतत्त्वों की तलाश करने में इस मूल तथ्य को दृष्टिगत नहीं करना चाहिए कि उसकी क्रिया-प्रक्रिया स्थिर न होकर गत्यात्मक एवं जीवन्त होती है। जीवन के परिवर्तनशील मूल्यों के समान कहानी की परिवर्तनशीलता को उसके स्वाभाविक विकास का क्रम समझना चाहिए, क्योंकि सच्ची कहानी का उद्देश्य जीवन के छोटे-से-छोटे तथ्य के अर्थ को स्पष्ट करने में मानव जीवन के हित एवं उन्नति की संभावनाएँ देखना है, परन्तु इस तथ्यपरकता का अर्थ यह नहीं होता कि कहानी में सभी घटना विस्तारपूर्वक बयान कर दी जायँ। किंचित् उनसे कहानी का सामूहिक भाव कण-कण में टूटकर बिखर जाय। अतः डॉ० मुसीहुज़्ज़माँ का यह कथन अत्यंत महत्त्वपूर्ण हो जाता है—

"कहानीकार तो जीवन के मात्र उन बिन्दुओं का उल्लेख करता है, जिनसे उसकी रूपरेखा को निर्माण में सहायता मिलती है और वह सभी अनावश्यक विवरण छोड़ देता है।"[2]

कहानीकार का विशेष ध्यान इस पर नहीं होता कि उसने कहानी के मूलतत्त्वों

---

1. **वक़ार अज़ीम : फ़न और फ़नकार, पृष्ठ 47**
2. **मसीहुज़्ज़माँ : मुख़्तसर अफ़साना निगारी का फ़न, निकहत, मई 1948 ई०**

के साथ न्याय किया गया है कि नहीं, बल्कि उसे हर क्षण यह चिंता लगी रहती है कि उसने कहानी के क्षेत्र में जो आधारबिन्दु तैयार किया है, उसके अनेक तत्त्वों के मिलन से घटनाओं की गंभीर सत्यता और समस्या की विस्तृत व्याख्या मिलती है या नहीं। यही कहानी का मूल मंत्र है। उसकी घटनाओं और पात्रों के मध्य छुपी हुई सत्यता को केन्द्रीय रूप देने के पश्चात् ही उसका सही विश्लेषण किया जा सकता है। अनेक लेखकों और समालोचकों ने कहानी के मूलतत्त्व के क्रम निर्धारण में मत भिन्नता व्यक्त की है और उसे एक सीमा तक लेखक की व्यक्तिगत दृष्टिकोण की उदारता माना है।[1] फिर भी साहित्यिक विश्लेषण के आधार पर कहानी के तत्त्व को कुछ भागों में विभक्त किया गया है, ताकि उसकी कला को समझने और परखने में आसानी हो। कहानी के मुख्यतः चार तत्त्व हैं—कथानक, पात्र, संवाद और वातावरण; लेकिन डॉ० रामकुमार वर्मा का विचार है—

''कहानी मुख्यतः छह अंगों में विभाजित की जाती है। प्रथमतः, कहानी उन घटनाओं और कार्यों से संबंध रखती है, जो पात्रों द्वारा किये जाते हैं और वही कथानक का रूप ले लेते हैं। दूसरे, ऐसी घटनाएँ जिन व्यक्तियों पर घटित होती हैं अथवा जो व्यक्ति कथानक का कार्य करते हैं... वे ही पात्र कहलाते हैं। पात्र, जो वार्तालाप करते हैं वही, कथोपकथन कहलाता है। जिस भाषा अथवा रीति से कथानक सज्जित होता है उसी में शैली का अस्तित्व रहता है और लेखक जो जीवन का लक्ष्य दिखलाना चाहता है, वही आदर्श कहानी के सम्मुख रहता है।''[2]

इन तत्त्वों के क्रम का अंदाज़ा करने के लिए यदि कहानी की पारम्परिक परिभाषाओं को देखा जाय, तो इनकी संख्या में वृद्धि करना पड़ता है, जो इसके तत्त्वों की व्याख्या कर देते हैं। यद्यपि उनमें प्रायः अर्थाभाव में विरोधाभास नज़र आता है। किन्तु फिर भी कहानी के तत्त्वों का अध्ययन करने के लिए उन्हें दृष्टिगत करना उचित नहीं है।[3] इस अध्ययन में कहानी के तत्त्वों का कथानक चरित्र, वार्तालाप, वातावरण, प्रयोजन और शैली के अनुसार बँटवारा किया गया है। इन्हीं के अनुसार निम्नलिखित तत्त्वों का विश्लेषण किया गया है—

---

1. रामकुमार वर्मा : साहित्य समालोचना, पृष्ठ 43
2. रामकुमार वर्मा : साहित्य समालोचना, पृष्ठ 43
3. अन्दलीब शादानी : फ़न और तंक़ीद, पृष्ठ 73-74

कथानक

कथानक को कहानी की रीढ़ कहा गया है। क्योंकि घटनाओं के क्रम और विकास में एक सहारे की आवश्यकता होती है जो कथानक के द्वारा प्राप्त होती है।

कथानक के ताने-बाने में गठाव होना चाहिए। उसके आरंभ, मध्य और अंत को एक-दूसरे से जुड़ा होना चाहिए क्योंकि इसमें कहानी का पूर्ण उद्देश्य छिपा होता है। लेखक का कार्य इसमें रंग भरना होता है, लेकिन जो कहानीकार नीत्शे से प्रभावित होकर इस बात पर विश्वास रखते हैं कि जीवन में जो कुछ होता है किसी प्रबंध एवं सिलसिले में नहीं होता, कहानी में कथानक की आवश्यकता के पक्षधर नहीं हैं। इसे एक अनावश्यक शर्त मानते हैं।[1] यह विचार जीवन के अध्ययन में लेखक के व्यक्तिगत रवैये में विरोधाभास रखता है क्योंकि मानवीय जीवन के बाह्य सत्य को नज़रअंदाज़ कर देने पर कहानीकार की विशृंखलता एवं बिखरे और अविश्वासी संभावनाओं को व्यक्त करने और चेतना की आंतरिक संभावनाओं तक सीमित हो जाना पड़ेगा। जीवन की औद्योगिक प्रतिक्रिया ने इस प्रकार के सिद्धांतों और विचारों को आगे बढ़ाया है। पाश्चात्य साहित्य में विशेषतः इसका पालन मिलता है, लेकिन जीवन की विकासात्मक शक्तियों पर विश्वास करनेवाली व्यवस्था एवं योजना की उपयोगिता को दृष्टि में रखनेवाले साहित्य में निरंतर व्यवस्था की आवश्यकता पर बल देते हैं, क्योंकि इसके बिना मानव की सार्वजनिक शक्ति बेकार हो जाती है। कहानी की कथानक व्यवस्था में परिवर्तन के कई प्रकार हैं। सही तो यह है कि वर्तमान कहानीकारों ने कथानक या कथ्य के या इससे सम्बन्धित कई तत्त्वों को छोड़ा नहीं है, बल्कि उसका भावनात्मक पहलू बदल दिया है। आधुनिक कहानियों में आस-पास की घटनाओं का वर्णन होता है लेकिन इन्हें मन और कल्पना के रचनात्मक कार्य की भट्ठी में पिघलना पड़ता है। प्रेमचन्द के समय में हिन्दी-उर्दू साहित्य में कथानक का मानक निश्चित था, लेकिन उन्होंने इस भेद को पा लिया था। लिखते हैं—

''आज लेखक कोई रोचक दृश्य देखकर लिखने नहीं बैठ जाता, उसका उद्देश्य स्थूल सौन्दर्य नहीं है, वह तो कोई ऐसी प्रेरणा चाहता है, जिसमें सौन्दर्य की झलक हो और इसके द्वारा वह पाठक की सुन्दर भावनाओं को स्पर्श कर सके।''[2]

उपर्युक्त विचारों के प्रकाश में प्रेमचन्द की कहानियों का अध्ययन किया जाय, तो उनकी कला में विकास दिखायी देता है। उनकी कहानियों में कथानक के अनुसार

---

1. फ्रांस वायोन : क्रिएटिव टेक्नीक इन फ़िक्शन, पृष्ठ 42-43
2. प्रेमचन्द : कुछ विचार, पृष्ठ 56

बदलाव होता रहा जिससे उनकी कला में धीरे-धीरे निखार आता गया। यह बात रचनाकार की उस चेतना एवं अंतरबुद्धि से तादात्म्य रखती है कि वातावरण को बदलने से सचाई निखरती है, जो कहानी को विविधता प्रदान करती है।[1] प्रेमचन्द की कहानियों में कथानक के अनुसार विविधता का गुण विशेष तौर पर नजर आता है। डॉ० सत्येन्द्र ने तकनीकी आधार पर इन्हें तेरह ढर्रों में विभाजित किया है। उनका अलग-अलग विश्लेषण करके उनके गुणों या विशेषताओं को व्यक्त करने का प्रयास किया है। उनके इस विभाजन से विरोध हो सकता है, किन्तु इससे प्रेमचन्द की कहानियों के तकनीकी रूप में बहुआयामी होने की पुष्टि होती है।[2]

कथानक के आधार पर प्रेमचन्द की कहानियों का अध्ययन बहुत महत्त्वपूर्ण हो जाता है, क्योंकि इससे कहानी के कथानक की व्यवस्था प्रत्येक युग में एक जैसी नहीं रही, पहले उनमें बहुत-सी घटनाओं का विस्तृत उल्लेख होता था, कहानी का कथानक, उपन्यास के कथानक जैसा था, लेकिन बाद के युग में न केवल यह कि वर्णन एवं घटनाओं की संख्या में कमी हुई, बल्कि किसी विशेष भाव के प्रभाव के अनुसार किसी कथानक का ताना-बाना तैयार किया जाने लगा। उदाहरणार्थ, उनकी प्रारंभिक कहानियों में 'बड़े घर की बेटी' का कथानक फैला हुआ है, अनावश्यक विस्तार एवं पुनरावृत्ति से भरपूर है। उसका प्रारम्भ बड़े सपाट ढंग से होता है किन्तु इससे अलग हटकर उनकी अन्तिम दौर की कहानी 'पूस की रात' में आरंभ से ही प्रतीकात्मक एवं आधुनिक शैली दीख पड़ती है। कथानक रचनात्मक गुणों के साथ धीरे-धीरे अपने सही और उचित विकास के रास्तों से गुज़रता है। इससे आभास होता है कि समय और वातावरण के अनुसार प्रेमचन्द की कहानियों के कथानक की व्यवस्था में अंतर आता जा रहा था। उन्होंने कहानी में सीधे-सादे कथानकों को जगह देने की बजाय प्रतीकात्मक वर्णनात्मक शैली का पोषण किया। उनके समय के चेतना का प्रतीकात्मक वर्णन उनकी कहानी 'आत्माराम' के कथानक में देखा जा सकता है। उसमें तोते के उड़ जाने की चर्चा में विशेष वातावरण का अर्थपूर्ण आभास दीखता है।

प्रेमचन्द की कहानियों में कथानक के विकासात्मक पहलू को अलग करके सही परिणाम नहीं पाया जा सकता। इस बुनियादी पहलू की अवहेलना करके अनेक साहित्यकारों और आलोचकों ने विरोधाभासी विचार व्यक्त किये हैं। उदाहरणार्थ, उपेन्द्रनाथ अश्क के अनुसार प्रेमचन्द कथानक के शहंशाह हैं[3] लेकिन प्रोफ़सर आले अहमद सूरूर के विचार में—

---

1. एच०ई० बीट्स : मार्डन शार्ट स्टोरी, पृष्ठ 15
2. सत्येन्द्र : प्रेमचन्द और उनकी कहानी कला, पृष्ठ 17
3. उपेन्द्रनाथ अश्क : हिन्दी कहानी, एक अन्तरंग परिचय, पृष्ठ 35

"(प्रेमचन्द) कहानीकार के गुर से पूरी तरह परिचित नहीं थे। वह क़िस्सा के क्रम को बहुत अच्छा ढंग नहीं जानते थे।"[1]

डॉ० लक्ष्मीनारायण लाल को भी उनकी कहानियों के कथानक त्रुटिपूर्ण नज़र आते हैं—

"इन कहानियों के कथन की लम्बाई और विस्तार पा आसानी से उपन्यास लिखे जा सकते हैं; उदाहरण के लिए हम 'पंच परमेश्वर' के कथन-कथानक को देख सकते हैं। उनके कथानक का विस्तार कितने मोड़ों को छूते हुए कहानी में बिखरा है। .... अन्तिम और दसवाँ मोड़ इस बिन्दु पर आकर समाप्त होता है कि जुम्मन में भी सहसा ईमानदारी, न्यायप्रियता की भावना जागती है।"[2]

इसी प्रकार के विचार डॉ० देवराज उपाध्याय के भी हैं—

" 'नवविधि' नामक संग्रह में ऐसी-ऐसी भी कहानियाँ हैं, जिन्हें बीस-बीस मोड़ लेना पड़ा है। इन्हें मोड़ न कहकर गाँठ ही कहना अधिक उपयुक्त होगा।"[3]

इन विचारों में इतना अधिक विरोधाभास प्रेमचन्द की विभिन्न दौर की कहानियों में भेद न करने से पैदा हुआ है। जैसा कि लिखा जा चुका है—प्रेमचन्द के विभिन्न कालों की कहानियों के सम्बन्ध में एक जैसा निर्णय नहीं किया जा सकता। उनके अन्तिम युग की कहानियों में कथानक की एकांकी शैली मिलती है, जिसने बाद के समय को प्रभावित किया है और आधुनिक कहानी के कथानक को नये रास्तों से परिचित कराया।

सामूहिक रूप में कथानक के अध्ययन में यह बात याद रखनी चाहिए कि कथानक का एकांगी होना कहानीकार की कमज़ोरी है। वर्तमान समय में कथानक के जड़ होने से इसका अंत हो गया है। वर्तमान समय में प्रायः ऐसी कहानियाँ रची जा रही हैं, जिनमें पूर्व निश्चित कथानक नहीं पाया जाता। मनोवैज्ञानिक सिद्धांतों, काल्पनिक बातों और बहुत थोड़े समय में होनेवाली घटनाओं को जैसे-तैसे लिख दिया जाता है। प्रेमचन्द ने जब कहानी को मानवीय जीवन का द्योतक कहा था, तो उनके सामने कथानक को मानवीय ज़ीवन की घटनाओं, भावनाओं और आदर्शों के लायक़ बनाना था, जबकि उनके पूर्व गल्प इत्यादि का कथानक बिखरे हुए कुछ या अधिक घटनाओं का सिलसिला होता था। वहीं कथानक की भीतरी व्यवस्था आधुनिक कहानियों में बिल्कुल नये आयाम में दिखायी पड़ती है[4] जो साधारणतः काल्पनिक शैली के कारण अस्पष्ट और कभी-कभी

1. आले अहम सुरूर : तंक़ीदी इशारे, पृष्ठ 37
2. लक्ष्मीनारायण लाल : हिन्दी कहानियों की शिल्प विधि का विकास, पृष्ठ 91
3. देवराज उपाध्याय : आधुनिक हिन्दी कथा साहित्य और मनोविज्ञान, पृष्ठ 109
4. फ़्रांस वायोन : क्रिएटिव टेक्नीक इन फ़िक्शन, पृष्ठ 123

भ्रमयुक्त हो जाती है। प्रायः इस आकार की कहानियों के कथानक में जटिलता की भावना होती है। लेकिन जब कथानक में कहानियाँ संतुलन के साथ लिखी जाती हैं, तो उनमें कला की गहराई प्रतिष्ठित हो जाती है और कथानक की जादूगरी पढ़नेवाले को मंत्रमुग्ध कर देती है।

कथानक के भीतर इस प्रवृत्ति के पुनः रिवाज पाने का कारण कलाकार के अनुभवों की जटिलता है। यों कि जीवन की घटनाएँ सादी होने के बजाय जटिल बन गयी हैं, जिनका क्रम भी पहले से अधिक कठिन हो गया है। इसमें ऐसी कारीगरी की आवश्यकता पड़ती है कि कथानक एक-दूसरे से जुड़ा रहे, जिससे न सिर्फ़ कहानी के सामूहिक अनुभव में कमी आने पाये बल्कि यह इसे दोहरा कर दे। इसमें सबसे मुख्य मुद्दा कथानक के चुनाव का होता है। कहानी में किसी विशेष घटना या भाव के अलावा साधारण अनुभव पेश किये जाते हैं, लेकिन इसके लिए कथानक में आवश्यक है कथानक की खोज में किताबों, पत्रिकाओं और समाचार-पत्रों के पन्नों को पढ़ने से अच्छा है कि अपने अनुभव के अनुसार जीवन की कोई घटना या अवसर से लिया जाय प्रेमचन्द ने एक जगह लिखा है—

''अगर लेखक अपनी आँखें खुली रखे, तो उसे हवा से भी कहानियाँ मिल सकती हैं। रेलगाड़ी में, नौकाओं पर, समाचार-पत्रों में, मनुष्यों के वार्तालाप में और हज़ारों जगहों से सुन्दर कहानियाँ बनायी जा सकती हैं।''[1]

जीवन की घटनाओं को क्रमबद्ध करने के पश्चात् कथानक में सत्यता के वर्णन के अवसर बढ़ जाते हैं। कहानियों में जो सत्यता वर्णित की जाती है, वह भूतकाल के अलावा भविष्य में भी अपना स्थान सुनिश्चित करती है। साहित्यकार मानव जीवन की उन सत्यताओं को पुरस्कृत करता है, जो अरस्तू के समय से आज तक उसके मूल दायित्व के रूप में माने जाते हैं। डॉ० नामवर सिंह का मत है—

''किसी समय मनोरंजक, नाटकीय और कुतूहलपूर्ण घटना-संघटन को ही कथानक समझा जाता था और आज घटना-संघटन इतना विघटित हो गया है कि लोगों को अधिकांश कहानियों में 'कथानक' नाम की चीज़ मिलती ही नहीं। इसी को कुछ लोग 'कथानक का ह्रास' कहते हैं। परन्तु वास्तविकता यह है कि ह्रास कथानक का नहीं, बल्कि 'कथा' का हुआ है और जीवन का एक लघुप्रसंग, प्रसंग-खण्ड, मूड, विचार अथवा विशिष्ट जाति-चरित्र ही कथानक बन गया है,

---

1. प्रेमचन्द : कुछ विचार, पृष्ठ 85-86

अथवा उसमें कथानक की क्षमता मान ली गयी है।''[1]

कथानक अनेक प्रकार के होते हैं, जो कहानीकार के अनुभव, भावना, कल्पना तथा विचार के अनुसार बनते हैं, जिसमें किसी समुचित बिन्दु से कहानी को आगे बढ़ाया जाता है।[2] कहानीकार अपने व्यक्तिगत भावनाओं को मिलाकर घटनाओं को रंगों-रोग़न देता है, उसमें सौंदर्य और यौवन पैदा करता है। कहानी के कथानक में जिज्ञासा को अति आवश्यक तत्त्व बताया गया है, यह साधारणतः कथानक के अंतिम भाग में दिखाया जाता है, क्योंकि वहीं कहानीकार अपने उद्देश्य की व्याख्या करता है किन्तु यह आवश्यक नहीं है कि जिज्ञासा स्पष्ट और अप्रत्यक्ष हो। जिज्ञासा के अंत होने के साथ कथानक ढीला पड़ जाता है। इसलिए नयी कहानियों में जिज्ञासा के अलावा किसी नयी समस्या की ओर संकेत कर दिया जाता है। कहानी के कथानक के क्रम में मनोवैज्ञानिक उठापटक और मनःअनुभवों को केन्द्रीय महत्त्व प्राप्त है। कथानक के विभिन्न अंगों का विश्लेषण करने के लिए उसको निम्नलिखित रूप में विभाजित किया जा सकता है—

शीर्षक

कहानी का शीर्षक सबसे पहले पाठक के मन को आकर्षित करता है एक प्रकार से यही कलाकार की योग्यता का प्रथम प्रदर्शन होता है। कहानी के अच्छे शीर्षक की विशेषता उसकी उचितता, उपयुक्तता, रुचिपूर्णता, नवीनता और संक्षिप्तता में होती है।[3] इससे कहानीकार के स्वभाव का संचार होता है। इस प्रकार कहानी के विषय से अलग उसका शीर्षक नहीं सुझाया जा सकता। इसे रस्मी और घिसा-पिटा भी नहीं होना चाहिए। यद्यपि शीर्षक की नवीनता और उचितता से कहानी की कलात्मक सफलता उजागर होती है। यदि शीर्षक छोटा हो तो उसमें तकरार या विस्तार की आशंका नहीं रहती। अच्छे शीर्षक प्रायः छोटे रखे जाते हैं। यहाँ यह बात मन में बिठा लेनी चाहिए कि यद्यपि कहानी के लिए अच्छे शीर्षक की अति आवश्यकता होती है, लेकिन इसका यह अर्थ नहीं कि

---

1. नामवर सिंह : कहीनी नयी कहानी, पृष्ठ 14
2. ''कथानक के मूल को केन्द्रीय विचार, उद्देश्य या बीज कहा जा सकता है। उद्देश्य से अभिप्राय उस विचार या सामग्री से है, जिसने उसको लिखने के लिए प्रेरित किया हो। जो उस कहानी के प्रेरणास्त्रोत या संक्षेप में उसके विश्लेषण की आत्मा है।''

   —ई०एम० अलब्राइट : दि शार्ट स्टोरी, पृष्ठ 18
3. ''अच्छा शीर्षक समुचित स्पष्ट, आकर्षक, नया एवं संक्षिप्त होता है।''

   —चार्ल्स बेरिट : शार्ट स्टोरी राइटिंग, पृष्ठ 67

शीर्षक में सनसनी या चौंका देने का तत्त्व सम्मिलित करना आवश्यक है। कहानी का ढाँचा प्रस्तुत करने में गंभीरता की आवश्यकता अपरिहार्य है। वर्तमान युग से पहले शीर्षक रखने में कहानी के किसी पात्र की बुनियाद बनाया जाता या किसी विशेष घटना, किसी भावना या विचार को। कभी-कभी किसी विशेष स्थान या संबंध के नाते शीर्षक का निर्माण होता था। प्रायः कहानियों में केन्द्रीय वातावरण या अन्तिम जिज्ञासा को शीर्षक बना दिया जाता था। प्रेमचन्द ने कहानियों के शीर्षक के चुनाव में परम्परागत क़िस्सों के प्रभाव को अधिक स्वीकार किया है। इसीलिए उनकी कहानियाँ साधारणतः 'बाँका जमींदार', 'शिकारी राजकुमार'; 'डामुल का क़ैदी' या ऐतिहासिक कहानियों में 'राजा हरदोल', 'रानी सारंधा', के नामों से सुशोभित हैं। प्रेमचन्द ने जिन स्थानों पर घटनाओं का वातावरण और प्रभाव को शीर्षक बनाया है वहाँ शीर्षकों में बड़ी रोचकता पैदा हो गयी है। उदाहरणत—'सिर्फ़ एक आवाज़', 'कफ़न', 'शंख़नाद', 'एक आँच की कसर', 'धोखा' आदि।

प्रारम्भ

कहानी के शीर्षक के समान उसकी प्रारंभिक पंक्तियाँ पाठक को अपनी ओर आकर्षित करती हैं, जिनमें कहानीकार अपनी वर्णन शैली, गर्मी एवं गहरायी से कहानी का वातावरण तैयार कर देता है। उसके उद्देश्य से परिचित कराता है। यदि कहानीकार सफल होता है तो पाठक के मन में जिज्ञासा और कार्य की भावना जाग जाती है, जो रचना के विभिन्न आयामों से तादात्म्य रखती है। कहानी की सफलता के लिए प्रारंभिक सफलता आवश्यक है। कहानी के प्रारम्भ के विभिन्न प्रकार होते हैं, जैसे किसी घटना या जीवनी के वर्णन से, किसी दृश्य का चित्रण करके, दो या दो से अधिक पात्रों के संवाद या अंत को आरंभ में प्रयोग करके आदि। प्रेमचन्द ने अपनी कहानियों के आरंभ में इन सभी प्रकारों का प्रयोग किया है और इससे उनकी कहानियों की विविधता में बढ़ोत्तरी हुई है।

मध्य या चरमोत्कर्ष

इसे कहानी के शरीर और आत्मा का स्थान प्राप्त है। क्योंकि घटनाओं का क्रम, पात्रों का निर्माण, संवादों की रचना, कर्म का टकराव या चरमोत्कर्ष परिणाम या उद्देश्य सब इसी भाग में तैयार होते हैं। कहानी की रचना में कहानीकार संक्षेप और अर्ध अभिव्यक्ति को वरीयता देता है। क्योंकि अनावश्यक विस्तार से प्रभाव के वंचित होने की आशंका रहती है। अथवा उसमें आश्चर्य के तत्त्व सम्मिलित करता जाता है, ताकि पाठक का मन घटनाओं के क्रम में अरुचि एवं बिखराव का अनुभव न कर सके, बल्कि

आश्चर्य के कारण भावनाओं की सही दिशा में मार्गदर्शन हो सके। वह कहानीकार के साथ चुपचाप लक्ष्य की ओर बढ़ता रहे।

कहानी के चरमोत्कर्ष में संघर्ष और विविधता से जान पैदा होती है। सफल कहानीकार की दृष्टि चरमोत्कर्ष के विभिन्न आयामों का अनुभव करती रहती है। यदि ध्यान से देखा जाय, तो प्रारम्भिक दौर की कहानियों में चरमोत्कर्ष जो व्यावहारिक रूप में जड़ हो गया था, वर्तमान युग में दोबारा गतिमान हुआ है। इस प्रकार कहानी परिवर्तन अथवा उन्नयन की ओर अग्रसर रहती है। अब यह कहानीकार की रचनाशक्ति और कलात्मकता पर आधारित है कि वह कहानी के चरमोत्कर्ष का चुनाव किस बिन्दु से करता है। विभिन्न कहानियों से उदाहरण दिये जा सकते हैं कि चरमोत्कर्ष विशेष पहलू के उजागर करने से पैदा हुआ है। प्रेमचन्द की प्रसिद्ध कहानी 'कफ़न' का चरमोत्कर्ष इसका सबसे अच्छा उदाहरण है जो सामाजिक वातावरण के अन्याय के वर्णन से पैदा होता है—

''दोनों एक-दूसरे के मन की बात ताड़ रहे थे। बाजार में इधर-उधर घूमते रहे, कभी इस बजाज़ की दुकान पर गये, कभी उसकी दुकान पर। तरह-तरह के कपड़े, रेशमी और सूती देखे, मगर कुछ जँचा नहीं। यहाँ तक शाम हो गयी। तब दोनों न जाने किस दैविक प्रेरणा से किसी मधुशाला के सामने आ पहुँचे और जैसे किसी पूर्व निश्चित व्यवस्था से अन्दर चले गये। वहाँ जरा देर तक दोनों असमंजस में खड़े रहे। फिर घीसू ने गद्दी के सामने कहा–साधू जी एक बोतल हमें भी देना।

इसके बाद कुछ चिखौना आया, तली हुई मछली आयी और दोनों बरामदे में बैठकर शांतिपूर्वक पीने लगे। कई कुज्जियाँ ताबड़तोड़ पीने के बाद दोनों सुरूर में आ गये।

घीसू बोला—कफ़न से क्या मिलता? आखिर जल ही तो जाता। कुछ बहू के साथ तो न जाता।''

अन्त

कहानी के अन्त को उसके प्रारम्भ के समान महत्त्व दिया गया है, जबकि कुछ आलोचकों ने इसका महत्त्व प्रारम्भ से अधिक माना है, क्योंकि यह निर्माण से बढ़कर पूर्णता का लक्ष्य होता है। कहानी के रचनाकार्य में चरमोत्कर्ष के पश्चात् का ठहराव कला की बारीकियाँ चाहता है। घटनाओं के रेल-पेल, पात्रों की उन्नति, सामाजिक दृष्टि के उजागर करने के बाद अन्त का समय आता है, जो कलाकार की सभी योग्यताओं का आधार बन जाता है। एलेरी सेल्ज़विच ने कहा था कि कहानी भी घुड़दौड़ जैसी होती

है, जिसका प्रारम्भ और अन्त सबसे महत्त्वपूर्ण होता है।[1] कुछ आलोचकों ने भी अन्त को प्रारम्भ के समान महत्त्व दिया है। इसको कहानी का अति महत्त्वपूर्ण अंश माना है।[2] कहानी के अन्त के बारे में कोई योजनाबद्ध नियम नहीं बनाया गया है। साधारणतः उसे चरमोत्कर्ष के समान माना गया है। यहाँ मुख्य बिन्दु यह होगा कि उनका आन्तरिक सम्बन्ध जितना सुन्दर होगा, कहानी उतनी ही और प्रभावित होगी। कुछ कहानीकारों ने चरमोत्कर्ष के बिना प्रयोग किये हैं, यह पहली के मुक़ाबले में कठिन है और कहानीकार के कलात्मक गुणों को व्यक्त करती है। वरना साधारण परिवेश में कहानी अप्राकृतिक और अस्तरीय हो सकती है। कहानी के अन्त के अध्ययन में यह बात विशेष ध्यान चाहती है कि उसका अन्त प्रारम्भ से मिलता-जुलता हो। प्रारम्भ और अन्त के घुले-मिले न होने पर प्रभाव खंडित हो जाता है। जिसको कहानीकार का मन ऊहापोह का घोलक माना जाता है। कहानी के अन्त में अनजानेपन की विशेषता होनी चाहिए क्योंकि यदि पाठक मन में अन्त की रूपरेखा स्वयं तैयार कर ले, तो उसकी दिलचस्पी कम ही नहीं बल्कि समाप्त हो जाती है। लेकिन उसका अजूबा होना भी ठीक नहीं, इस तरह कहानीकार यथार्थता से परे हटकर कल्पना के लोक में भटकने लगता है। कहानी सही जीवन को व्यक्त करने के स्थान पर कल्पना और आदर्श में खो जाती है।

पात्र निर्माण

कहानी के क्रम में चरित्र-चित्रण को उपन्यास और नाटक की अपेक्षा कम महत्त्व दिया गया है वरन् कुछ समालोचकों ने इसे कहानी के अनावश्यक अंश के रूप में दिया है। कहानी के पात्रों में केवल संकेत ही किये जा सकते हैं। इनका विवरण प्रस्तुत करना संभव नहीं।[3] इसका दूसरा पहलू यह है कि कथानक में व्यक्तियों के सम्मिलित होने से घटनाओं और वातावरण में प्राण उत्पन्न हो जाता है, क्योंकि जीवन व्यक्तिगत मानवीय सोच एवं कर्म का दूसरा नाम है। कहानी के संक्षिप्त क्षेत्र में जीवन के सभी सत्य को नहीं प्रस्तुत किया जा सकता। इसके विभिन्न एवं अनेक पहलुओं की ओर कुछ संकेत ही संभव होते हैं, जिनमें किसी विशेष घटना, प्रभाव या भावना को उजागर करने के लिए पात्रों से सहायता ली जाती है। जिन कहानियों में एक से अधिक पात्र लाये जाते हैं वह साधारणतया किसी विशेष पात्र के सहायक होते हैं। जीवन के उस अति महत्त्वपूर्ण पहलू को उजागर करने में सहायता करते हैं जो पात्र का केंद्रीय उद्देश्य है।

---

1. एलेरी सेल्ज़विच और डोमनोवीच : नावेल एण्ड स्टोरी, पृष्ठ 267
2. लक्ष्मीनारायण लाल : हिन्दी कहानियों की शिल्पविधि का विकास, पृष्ठ 326
3. एच०ई० बीट्स : माडर्न शार्ट स्टोरी, पृष्ठ 20

वर्तमान युग में पात्रों की अति महत्त्वपूर्ण विशेषता उनका स्वाभाविक होना बताया गया है। क्योंकि काल्पनिक पात्रों का कार्यक्षेत्र भी बनावटी होता है। सच्चे और प्राकृतिक पात्रों से कहानियों में जान पड़ती है। उनमें प्रतिदिन के जीवन की परछाइयाँ उभरने लगती हैं। प्रेमचन्द ने उपन्यासों में पात्र निर्माण की समस्या पर विचार व्यक्त करते हुए जिन बिंदुओं को उभारा है वह कहानी पर भी उचित प्रतीत होते हैं—

''अगर पाठक को यह भाव हो कि इस दशा में ऐसा नहीं होना चाहिए था, तो उसका यह आशय हो सकता है कि लेखक अपने चरित्र को अंकित करने में असफल रहा। चरित्रों में कुछ-न-कुछ विशेषता रहनी चाहिए। जिस तरह संसार में कोई दो व्यक्ति समान नहीं होते उसी भाँति उपन्यास (कहानी में भी) न होना चाहिए। कुछ लोग तो बातचीत या शक्ल-सूरत से विशेषता उत्पन्न कर देते हैं लेकिन असली अन्तर तो वह है जो चरित्रों में हो।''[1]

प्रेमचन्द के उपर्युक्त विचार में काल्पनिक पात्रों के लिए स्थान नहीं रहता, यद्यपि काल्पनिक पात्रों के सहारे प्रतीकात्मक अर्थ एवं संज्ञान संभव है, क्योंकि केंद्रीय बिन्दु जीवन के अवलोकन के दृष्टिकोण पर आधारित होता है, जो साहित्यकार के विचार एवं राय का नेतृत्व करता है। उसकी चेतना को स्पष्ट तथ्यों की ओर बढ़ने का अवसर देता है। जीवन जीने के प्राकृतिक अंदाज़ में कहानी के पात्रों के सहारे विविधता पैदा की जाती है। उसका प्रभाव-क्षेत्र विस्तृत किया जाता है। साथ-ही-साथ पात्र का घटनाओं और वातावरण से एक होना आवश्यक है। असंबंधित और अपूर्ण पात्रों से कहानी का ढाँचा बिख़र जाता है।[2] इस संबंध में इस सचाई पर दृष्टि रखना चाहिए कि कहानी में पात्र की उन्नति की सम्भावनाएँ उसके सीमित क्षेत्र और सीमाओं की बुनियाद पर नहीं होते, जैसा कि डॉ० मसीहुज़्ज़माँ ने लिखा है—

''(कहानी) एक छोटी अस्तित्व है और जीवन के किसी एक यथार्थ को उजागर करती है, एक छोर स्पष्ट करती है। इसलिए इसके पात्र भी अपनी विभिन्न एवं विविध विशेषताओं के साथ व्यक्त न होंगे।''[3]

कहानी में एकता का तत्त्व कहानी को ऐसे अंदाज़ में कहानी कहने पर विवश करता है, जो किसी विशेष बिन्दु से कहानी के पूर्ण कर्म को संबंधित कर सके। कहानी

---

1. प्रेमचन्द : कुछ विचार, पृष्ठ 101-102
2. ''पात्र कर्म से उजागर होते हैं और कर्म पात्र को स्पष्ट करता है। घटना कर्म का दूसरा नाम है।''
   —सेवन ओ फ़ावलीन : दि शार्ट स्टोरी पृष्ठ 165
3. मसीहुज़्ज़माँ : मुख़्तसर अफ़साना निगारी का फ़न, निकहत, मई 1948 ई०

में पात्रों के विभिन्न व विविध उतार-चढ़ाव वर्णित नहीं होते, बल्कि पात्र के आस-पास के वातावरण के विभिन्न पहलू भी प्रस्तुत किये जा सकते हैं। कहानी में साधारणतया ढले-ढलाये पात्र प्रस्तुत किये जा सकते हैं, जिनके व्यक्तित्व व स्वभाव का मात्र एक पहलू उजागर किया जाता है। यदि कहानी में किसी व्यक्तित्व के जीवन की विभिन्न घटनाओं को प्रस्तुत करना हो तों कहानीकार अपना कर्म जिस बिन्दु से आरंभ करता है, उसी के आस-पास कहानी का ताना-बाना तैयार कर देता है, जिससे पात्र निर्माण के अनुसार उसका दृष्टिकोण एकांगी हो जाता है।

पात्र निर्माण की सफलता में कलाकार के व्यक्तित्व ज्ञान को बुनियादी स्थान प्राप्त है। स्पष्ट साधारण और प्रतिदिन की परिचित बातों के अलावा यदि उसकी दृष्टि किसी अछूते पहलू को स्पष्ट करने में सफल होती है तो कहानी में विविधता के अलावा ताज़गी और प्रभाव पैदा हो जाता है, इसी बुनियाद पर पात्र की कला को सूक्ष्म दृष्टि की आवश्यकता पड़ती है। पात्र निर्माण के रचनात्मक कार्य के दो माध्यम हो सकते हैं विश्लेषणात्मक या प्रत्यक्ष, नाटकीय या परोक्ष। विश्लेषणात्मक या प्रत्यक्ष पात्र निर्माण में कहानीकार अपने पात्र के संबंध में वर्णनात्मक या प्रतीकात्मक शैली में वर्णन करता है, इसकी रचना-प्रक्रिया आसान है और हिन्दी-उर्दू कहानियों मे बहुत प्रचलित है। कहानीकार को अपने पात्र से पूरी जानकारी होती है। उसका हुलिया, व्यक्तित्व, रंगरूप, वातावरण सब कुछ सीधे-सादे अंदाज़ में पढ़नेवाले के सामने होता है। प्रेमचन्द की कहानियों के अधिकतर पात्र इस सिद्धांत पर खरे उतरते हैं, किन्तु उसकी दूसरी कठिन स्थिति यह है कि कहानीकार स्वयं पात्र का रूप धारणकर आपबीती के रूप में घटनाओं और वातावरण पर प्रकाश डाले। इस प्रकार कहानी के कुछ पात्र आरोपित और अनावश्यक हो जाते हैं। कहानीकार का व्यक्तित्व सब पर हावी रहता है। यह रचना-प्रक्रिया रुचिपूर्वक वर्णन शैली में सबसे अधिक महत्त्वपूर्ण है। कहानीकार अपने व्यक्तित्व, वातावरण, उमंगों, इच्छाओं, विचारों को प्रस्तुत करने के अलावा समालोचक की तरह विश्लेषण एवं अर्थपूर्ण परिणाम भी देता है। विश्लेषणात्मक या प्रत्यक्ष पात्र निर्माण में प्रायः कहानीकार किसी दूसरे पात्र के सहारे एक विशेष पात्र को गढ़ता है। इसमें कहानीकार स्वयं पृष्ठभूमि में रहता है। उसके विनिर्मित पात्र उसकी भावना एवं विचार प्रस्तुत करते हैं। इस तरह पात्र निर्माण में अनावश्यक विस्तार की आशंका हो जाती है, क्योंकि विशेष घटनाओं के वर्णन में कभी-कभी अधिक स्थान मिल जाता है, जिससे कहानी का साँचा ढीला हो जाता है, किन्तु यदि उसमें समन्वय या सामंजस्य रखा जा सका, तो सफल कहानी जन्म ले सकती है। इसका उदाहरण प्रेमचन्द की कहानी 'गिला' है।

कहानी में नाटकीय या परोक्ष पात्र निर्माण को संवाद में रचना-प्रक्रिया के सहारे

प्रस्तुत किया जाता है।[1] जिन कहानियों में संवाद पर अधिक बल होता है, उनमें पात्रों का आपसी संवाद कथानक के उन्नति का सहारा बनता है; वे एक-दूसरे के सहायक बनते हैं। रचना-प्रक्रिया के मानक पर पात्र निर्माण में वातावरण के बदलाव को केन्द्रीय स्थान प्राप्त होता है और कहानीकार पृष्ठभूमि से पात्रों को उभारता है। यहाँ प्रेमचन्द मनोवैज्ञानिक प्रक्रिया पर बल देते हैं, लिखते हैं—

''वर्तमान आख्यायि का मनोवैज्ञानिक विश्लेषण और जीवन के यथार्थ और स्वाभाविक चित्रण को अपना ध्येय समझती है। उसमें कल्पना की मात्रा कम, अनुभूतियों की मात्रा अधिक होती है। इतना ही नहीं बल्कि अनुभूतियाँ ही रचनाशील भावना से अनुरंजित होकर कहानी बन जाती हैं।''[2]

हिन्दी-उर्दू कथाकारों में प्रेमचन्द पहले कलाकार हैं, जिन्होंने अपनी कहानियों के पात्रों में तादात्म्य स्थापित करने का प्रयास किया। इसे कहानी के बुनियादी तत्त्व में सम्मिलित किया। प्रारम्भ में उनका पात्र निर्माण व्यक्तित्व के गुणों या अवगुणों के वर्णन तक सीमित था, परन्तु बाद में उन्होंने जीवन की सभी सुन्दरता पात्र निर्माण में मिला दी। उन पर अपने स्वाभाविक वर्णन शैली से यथार्थता की छाप लगा दी। इसे अस्वीकार नहीं किया जा सकता कि प्रेमचन्द ने अपनी आदर्शवादी प्रवृत्ति की पूर्णता के लिए प्रायः पात्रों के सहारे कुछ अनुचित बातें भी प्रस्तुत की हैं किन्तु सामूहिक रूप से पात्र निर्माण को कलात्मकता प्रदान करने में उनके युग या उनसे पूर्व का कोई लेखक उनकी बराबरी नहीं कर सकता। उन्होंने अनगिनत सफल कहानियाँ मात्र पात्रों की नींव पर रची हैं; उदाहरणार्थ 'बड़े घर की बेटी', 'माँ', 'बड़े भाई साहब', 'सुभागी', 'बूढ़ी काकी', 'ईश्वरीय न्याय', 'कुसुम', 'घरजमाई', 'बेटीवाली विधवा' आदि।

संवाद

कहानी में संवाद को बुनियादी तत्त्व में सम्मिलित नहीं किया जा सकता। कुछेक सफल कहानियाँ बिना संवाद भी लिखी गयी हैं। वर्तमान युग में इसे बिल्कुल अलग शैली में प्रयोग किया जा रहा है। संवाद से कहानी में एक स्वाभाविक प्राकृतिक निखार पैदा होता है, जिससे पाठक की जिज्ञासा और आश्चर्य में वृद्धि होती है। इसके सहारे कथानक की उन्नति में सहायता मिलती है जिससे और पात्रों के गुणों और अवगुणों का स्पष्टीकरण हो जाता है। संवाद की विशेषताओं को संक्षिप्त रूप से इस प्रकार रखा जा

---

1. ई० एम० एल० ब्राइट : दि शार्ट स्टोरी, पृष्ठ 118
2. प्रेमचन्द : कुछ विचार, पृष्ठ 47

सकता है—

1. इसे स्वाभाविक होना चाहिए, पात्रों और वातावरण के अनुसार हों।
2. इसे संतुलित होना चाहिए, देश, समय या काल और घटनाओं के अनुसार ही भाषा-शैली में अन्तर होना चाहिए।
3. इसे पारस्परिक रूप से एक-दूसरे से तादात्म्य रखना चाहिए।
4. इसे संक्षिप्त होना चाहिए।
5. इसमें रुचि होनी चाहिए।

कहानी में संवाद के प्रकारों के अध्ययन में यह ध्यान रहे कि कभी-कभी कहानीकार अपने सामाजिक, राजनीतिक, सांस्कृतिक भावना का तृप्ति के लिए लम्बे किन्तु रुचिकर संवादों का सहारा लेता है, किन्तु इस प्रकार के संवाद कहानी के अंग नहीं बन पाते, बल्कि कहानी के प्रभाव को खंडित कर देते हैं। ऐसे संवादों की रचना में अधिक गहरी और दूरदर्शी दृष्टि के कलाकार की आवश्यकता होती है। संवाद की उपर्युक्त विशेषता बाह्य विश्लेषण के साधन का स्थान रखती है क्योंकि कहानी की रचना के दूसरे पहलुओं की तरह संवाद भी कलाकार की व्यक्तिगत दूरदर्शिता का दर्पण होता है। प्रेमचन्द को संवाद की विशेषता का सही रूप से ज्ञान और विवेक था वरना वह न कहते—

''वार्तालाप केवल रस्मी नहीं होना चाहिए। प्रत्येक वाक्य को, जो किसी चरित्र के मुँह से निकले, उसके मनोभावों और चरित्र पर कुछ-न-कुछ प्रकाश डालना चाहिए। बातचीत का स्वाभाविक परिस्थितियों के अनुकूल सरल और सूक्ष्म होना ज़रूरी है।''[1]

संवाद को मनुष्य की प्रकृति और रहन-सहन के अनुसार होना चाहिए, किन्तु इसमें पुनरावृत्ति की आशंका रहती है। कभी-कभी वाक्य का अर्थ स्वयं उजागर होने लगता है। इससे कहानी की रुचि में कमी आ जाती है। कहानी की रचनात्मक प्रक्रिया खंडित होकर बिखर जाती है, इसलिए कहानीकार को संवाद में बराबर ऐसे पहलुओं को पैदा करना चाहिए, जो पाठक के मन को संतोष प्रदान कर सकें और उसके वर्णन में स्वाभाविक उन्नति का भान होता रहे। कहानी में संवाद के प्रयोग की तीन विधियाँ हैं—

1. उसमें नाटक की तरह मात्र संवाद हों, उन्हीं के सहारे कहानी की रचना हो।

---

1. **प्रेमचन्द : कुछ विचार, पृष्ठ 102**

2. इसमें संवादों के मध्य, जहाँ आवश्यकता हो, कहानी के पात्रों की विशेषता उनकी भावनाओं एवं भावों को उजागर किया जाय।
3. इसमें पात्रों की भावनाओं और भावों के वर्णन के अलावा कहानी की रचना-प्रक्रिया से सम्बन्धित संकेत किये जायँ।

प्रेमचन्द की कहानियाँ संवाद के अनुसार विविध और विभिन्न सम्भावनाएँ रखती हैं। उनकी प्रारम्भिक कहानियों और बाद के समय की कहानियों में संवाद के अनुसार स्वाभाविक उन्नति का आभास होता है। प्रेमचन्द की कहानियों में संवादों की अधिकता नहीं होती, प्रायः उनकी कहानी का पात्र अपने संवाद कुछ वाक्य में समाप्त कर देता है, बल्कि कभी-कभी मात्र दो-एक शब्दों में ही, किन्तु कुछ कहानियों में लम्बे संवाद भी हैं; जैसे—कुसुम, रियासत का दीवान, गृहनीति आदि। प्रेमचन्द की बाद की कहानियों में संवाद नामों के बिना दिये गये हैं। इनमें अधिकतर सफल हैं क्योंकि इनमें स्वाभाविक उन्नति है और पाठक की रुचि बनी रहती है। प्रेमचन्द की सफलता है कि उन्होंने पात्रों के मन और भावना के विभिन्न स्तरों का ध्यान रखा है। उनके संवादों में नाटकीयता है और स्वाभाविकता भी। उन्होंने समय एवं काल के अनुसार संवाद लिखे हैं। 'राजपूत की बेटी', 'गुनाह का अग्निकुंड', 'राजा हरदोल' आदि में संवाद शक्ति और मर्दानी की भावना भरपूर है और 'शतरंज के खिलाड़ी', 'पूस की रात', 'मिस पद्मा', 'कफ़न', 'नशा', 'जादू', 'लैला', 'ममता' आदि में संवादों से कथानक की उन्नति होती है। प्रेमचन्द के संवादों की सफलता का राज उनके मनोविज्ञानी और स्वाभाविक होने की विशेषता से है। 'कफ़न' के संक्षिप्त संवाद अपने अर्थ-विस्तार के आधार पर लाजवाब हैं—

''घीसू हँसा—अबे कह देंगे रुपये कमर से खिसक गये। बहुत ढूँढ़ा, मिले नहीं। लोगों को विश्वास न आयेगा, लेकिन फिर वही रुपये देंगे।

माधव भी हँसा, इस अनपेक्षित सौभाग्य पर। बोला—बड़ी अच्छी थी बेचारी। मरी भी तो खूब खिला-पिलाकर।''

इसी प्रकार सती की मुलिया और उसके पति के संवाद देखे जा सकते हैं जिसमें मुलिया अपने पति से छिपाकर किसी अन्य व्यक्ति से एक उपहार स्वीकार करती है परन्तु उस पर मनोवैज्ञानिक प्रतिक्रिया होती है, देखिए—

''कल्लू उठ बैठा—क्या बात है? कहो तो रोती क्यों हो?

मुलिया—राजा तमाखू माँगने नहीं आया था। मैंने तुम से झूठ कहा था।

कल्लू हँसकर बोला—वह तो पहले ही समझ गया था।

मुलिया—वह मेरे लिए एक चुनरी लाया था।

तुमने लौटा दी?''

प्रेमचन्द की शैली का यही निराला अंदाज संवाद की जान बन गया है उन्होंने संवाद में बड़ी सफलता अर्जित की है। उनके संवादों में गम्भीरता, यथार्थवादिता, मनोवैज्ञानिक विचार के साथ-साथ जिज्ञासा और रुचि उजागर है जो पाठक को अपनी ओर आकर्षित करती है।

वातावरण

कहानी में जीवन के विभिन्न पहलुओं को उजागर करने के कारण वातावरण का महत्त्व बढ़ जाता है, क्योंकि साहित्यिक एवं कलाकार जिस ज्ञानश्री से तृप्त होता है, वह उसकी कर्मभूमि से अधिक दूर नहीं हो सकता। अतः कहानीकार वातावरण का प्रतिबिम्ब प्रस्तुत करता है। कहानी के कथानक और पात्र से उसका सीधा सम्बन्ध है। कहानी का वातावरण प्रेम-प्रसंग और समयचक्र के साथ बदलता रहता है। यह भूत, वर्तमान और भविष्य किसी समय से सम्बन्धित हो सकता है, उसका सफल चित्र प्रस्तुत करना वातावरण का चित्र प्रस्तुत करना है। इसे कहानी की पृष्ठभूमि के रूप में भी प्रयोग किया जा सकता है, इसलिए कथानक से इसका गहरा सम्बन्ध है।

कहानी का वातावरण आर्थिक सत्यता पर आधारित होने के अलावा मानसिक और काल्पनिक भी हो सकता है। सामाजिक वातावरण की प्रस्तुति में बाह्य यथार्थ की ओर ध्यान दिया जाता है। काल्पनिक या मनः वातावरण के लिए आन्तरिक विचार नेतृत्व करते हैं, किन्तु कलात्मक प्रस्तुति के स्तर पर दोनों प्रकार के चित्रण एकदम भिन्न नहीं होते, बल्कि उनमें कलात्मक समन्वय और सामंजस्य पैदा करता है। कहानी के बाह्य वातावरण के अनुसार उसका आन्तरिक वातावरण भी बनता है, जिससे कहानी में जिज्ञासा का भाव शक्ति प्राप्त करता है, क्योंकि स्थानीय प्रभाव पाठक के मन को कहानी से एकजुट करते रहते हैं। वह घटनाओं एवं वातावरण की यात्रा में कलाकार का सहयोगी होता है।[1]

कला का ऐसा कठिन गन्तव्य, जिसमें पाठक एवं श्रोता रचनाकार के साथ-साथ परस्पर एक-दूसरे के सहयोगी हो जायें, उसी प्रकार के वातावरण में साँस लेने लगें, जो

1. ''स्थानीय रंग का कार्य किसी काल एवं स्थान के वास्तविक वातावरण तथा पात्र एवं घटनास्थल के सविस्तार वर्णनों के मध्य सामंजस्य स्थापित करना है। जबकि कहानी के वातावरण का काम किसी विशेष समय पर पात्र एवं घटना स्थान के साथ किसी पात्र को भावनाओं एवं अनुभूतियों में तादात्म्य स्थापित करना है।'' इस प्रकार देखा जा सकता है कि एक को मस्तिष्क से समझाया जा सकता है तो दूसरे काम संबंधी भावनाओं से।

—ई० एम० गिलन कलार्क : ए मैनुअन ऑफ़ दि शार्ट स्टोरी, पृष्ठ 72

कहानी के पात्रों ने पैदा की हो, कलाकार के उच्च रचनात्मक विशिष्टताओं को उजागर करती हैं। किसी काल्पनिक वातावरण का चित्र प्रस्तुत करना आसान होता है, क्योंकि उसके ताने-बाने तैयार करने में रचनाकार को स्वतंत्रता रहती है, लेकिन समाज और जीवन से सम्बन्धित वातावरण के विस्तृत वर्णन में यदि एक ओर अरुचि के शिकार हो जाने की आशंका रहती है, तो दूसरी ओर विस्तार से परहेज करने पर बनावट में यथार्थ के समाप्त होने का डर रहता है जिससे प्रभाव में कमी आ जाती है। सामाजिक वातावरण के प्रस्तुत करनेवाले का उद्देश्य और अनुकरण नहीं होता है। उसे उच्च स्तर के मार्गदर्शन का दायित्व निभाना पड़ता है। वह अपने आस-पास के वातावरण से कुछ ऐसे पहलुओं का चुनाव करता है, जिसमें अपने विचारशैली से नये क्षेत्र पैदा कर सके।

वातावरण का चित्र प्रस्तुत करने के लिए निश्चित सिद्धांत नहीं है, बल्कि कहानीकार की व्यक्तिगत पसन्द और कहानी के कलात्मक उद्देश्यों के अनुसार उनकी तकनीक बनती-बिगड़ती रहती है। कभी वर्णन शैली सादी एवं चित्रित होती है, तो कभी आंशिकता के वर्णन से गहराई पैदा की जाती है। कभी प्रतीकात्मक शैली में आंशिकता का वर्णन करने के बजाय अर्थ के भीतर उत्पन्न करके संज्ञान को दिशा दी जाती है। ध्यान रहे कि अलंकारपूर्ण भाषा के युग में वातावरण का वर्णन भाषा की तराश-ख़राश एवं साज-सज्जा की भेंट जाता था, जिसमें भावनात्मकता को केन्द्रीय महत्त्व प्राप्त था। इसका रिवाज समय के युग के साथ समाप्त हो गया और अब उस युग के शेष रूप में प्रेमचन्द की कहानियों में 'दुनिया का सबसे बड़ा अनमोल रत्न' और 'सोज़े-वतन' की अन्य कहानियाँ देखी जा सकती हैं। प्रेमचन्द की कुछ स्तरीय कहानियाँ भी वातावरण के प्रस्तुत करने के साथ रोमानियत की परछाइयों से चलती हैं।

प्रेमचन्द के वातावरण के प्रस्तुतीकरण में प्रायः टैगोर की छाप दिखायी पड़ती है, लेकिन वह उनके समान कहानी का अविभाज्य अंग नहीं बनाते, जिसका कारण दोनों कलाकारों के सामाजिक वातावरण में अन्तर होने के अलावा रचनात्मक कार्य में विचार बिन्दु का विरोध भी है। टैगोर ने साहित्य के भावनात्मक स्तर को केन्द्रीय स्थान दिया था।[1] लेकिन प्रेमचन्द साहित्य को यथार्थवाद की दृष्टि से देखते थे। उन्होंने कहानी के विषय को वातावरण और परिस्थिति के अनुसार रखने का प्रयास किया, जिसे अपने अनुभव की गहराई से और वर्णन शैली की ताज़गी से निखार दिया। 'पूस की रात' का यह उदाहरण देखा जा सकता है—

''थोड़ी देर में अलाव जल उठा, उसकी लौ ऊपरवाले पेड़ की पत्तियों को धू-धूकर जलाने लगी–इस लहलहाते प्रकाश में बाग़ के ऊँचे पेड़ ऐसे प्रतीत होते

---

1. **टैगोर : साहित्य के पथ पर, पृष्ठ 124**

थे, जैसे इस असीमित अँधेरे को अपने सिरों पर सँभाले हुए हों। अँधेरे के इस अथाह समुन्दर में यह प्रकाश एक नाव जैसा प्रतीत होता था।''

इस तरह के उदाहरण प्रेमचन्द की कहानियों के अलावा कुछ पाश्चात्य एवं प्राच्य कहानीकारों के यहाँ आसानी से खोजे जा सकते हैं। वातावरण की इस प्रस्तुति में अनोखापन होने के बावजूद कलाकार की रचनात्मक शक्तियाँ मुर्दा भावनाओं को चलायमान कर देती हैं। इनके सहारे कहानी की आन्तरिक स्थिति में वृद्धि हो जाती है, जो प्रेमचन्द के युग के किसी दूसरे कलाकार के अधिकार क्षेत्र से दूर है। प्रेमचन्द और उनके युग की कहानियों में वातावरण प्रस्तुति साधारणतः वर्णनात्मक शैली में की गयी है, जिसमें विश्लेषणात्मकता नहीं है। प्रेमचन्द ने कहानियों के वातावरण प्रस्तुति में मनोवैज्ञानिक पहलुओं पर ध्यान दिया, जिसमें उनको सफलता भी मिली।

उद्देश्य

साहित्य की दूसरी विधाओं की तरह कहानी में उद्देश्य का मुद्दा भी परस्पर विरोधाभासी वक्तव्यों से भरा है। यदि इस विषय पर विद्वानों के विरोधाभासी विचार इकट्ठे किये जायँ, तो अनेकानेक वक्तव्यों को सुनकर बुद्धि ही भ्रष्ट हो जाये। किन्तु इतनी बात संतोष के साथ कही जा सकती है कि कहानी में कहने और सुनने की प्रवृत्ति पाठक, श्रोता और रचनाकार के मध्य का संबंध उद्देश्यपूर्ण होने का प्रथम प्रमाण है। यद्यपि इसके उद्देश्य के मूल तत्त्वों के चुनाव में मतभेद हो सकता है, क्योंकि एक ओर शुद्धकला के पोषक कहानी को मौज-मस्ती या व्यक्तिगत अनुभवों के उजागर करने का सहारा मानते हैं, दूसरी ओर साहित्यकारों और आलोचकों का एक समूह कहानी को सामाजिक एवं ऐतिहासिक भूमिका में रखकर जीवन के विभिन्न समस्याओं का विश्लेषण करने का माध्यम स्वीकार करता है। हमारे विचार में कलाकार की रचना-प्रक्रिया में बौद्धिक ख़ैमें की सभी सम्भावनाएँ सोयी रहती हैं। इसमें जीवन जीने के ढंग में रवैये के अनुसार कार्यप्रणाली का निर्धारण हो सकता है। प्रोफ़ेसर सैयद हुसैन एहतेशाम का विचार है—

''साहित्यकार के आसपास की दुनिया, उसकी सुन्दरता और उसकी कुरूपता, उसकी कशमकश और उसका उलझाव, उसमें बसनेवालों की इच्छाएँ और मायूसियाँ, स्वप्न और उमंगें, रंग और रूप, बहार और पतझड़ इसके विषय बनते हैं और विभिन्न ऐतिहासिक युगों में मानवीय भावनाओं से उनका संबंध एक जैसा नहीं होता, बल्कि मनुष्य का आर्थिक जीवन उसकी जटिलताओं के साथ बदलता रहता है।''[1]

---

1. सैयद एहतेशाम हुसैन : ज़ौक़े-अदब और शऊर, पृष्ठ 103

प्रेमचन्द से पूर्व और पश्चात् की कहानियों में उद्देश्य का वर्णन विभिन्न प्रकारों से हुआ है। पहले वातावरण को कथ्य के अधीन माना जाता था। जिसे वर्तमान में कहानी की रचना-प्रक्रिया का एक अंग मात्र माना जाता है। जो तकनीकी रूप से कहानी के कलात्मक पहलू के अधीन होता है। प्रेमचन्द की उद्देश्यता व्यापक रूप में रचना-प्रक्रिया का अंग बनकर कहानी की संरचना का भाग बनती है। उन्होंने अवास्तविक और काल्पनिक बातों से अलग हटकर भारत के जीवन, सामाजिक समस्याएँ, व्यक्ति के व्यक्तिगत एवं आन्तरिक त्रस्ती की अभिव्यक्ति को अपनी कला का उद्देश्य माना था, जिसे अपने व्यक्तिगत अनुभवों के आधार पर हाड़-मांस प्रदान किया था। उनकी कहानी का उद्देश्य इतना व्यापक, ऊँचा और गहरा है कि उसमें उनके समकालीन भारतीय जनों के जीवन के सारे उद्देश्य, समस्याएँ, वातावरण और प्रभाव का वर्णन सम्मिलित हो गया है। उन्होंने व्यक्ति या मानव के सामाजिक मूल्यों के अच्छे पहलू उजागर किये हैं। कलाकार की शैली, भावना और अनुभव की योग्यताएँ उच्च रचना के रूप में सामने आती हैं। रचनात्मक संसार में सफलता उच्च उद्देश्यों से मिलती है या कलात्मक उत्कृष्टता से। इस पर विवाद हो सकता है लेकिन इसमें संदेह नहीं कि साहित्यकार और कलाकार वास्तविक जीवन की प्रेरणाओं से अनभिज्ञ नहीं रह सकता। प्रेमचन्द की कथाओं में उद्देश्य के पहलू ढूँढने में पाठक को अधिक समस्या या कठिनाई नहीं होती क्योंकि जीवन से संबंधित उनका दृष्टिकोण दृढ़ और स्पष्ट है। इसका विवरण किसी आगामी अध्याय में विस्तारपूर्वक किया जायगा।

वर्णन शैली

कहानी की शैली की समस्या कहानी की अभिव्यक्ति से संबद्ध है, जिसकी सीमाओं का निर्धारण कहानीकार की व्यक्तिगत पसन्द-नापसन्द करती है। कथा के वर्णन में उसका दृष्टिकोण कहानी की शैली से प्रत्यक्ष रूप में जुड़ा होता है। कहानी में शैली के महत्त्व और स्थान के बहस में सामंजस्य के आधार पर विरोध सम्भव है, किन्तु इसके साथ पहलुओं को दृष्टिगत नहीं किया जा सकता। प्रत्येक वाक्य कमी और अधिकता के प्रभाव से डाँवाँडोल हो जाता है। प्रत्येक वाक्य को किसी-न-किसी रूप में कहानी की घटना या कर्म से संबद्ध होना चाहिए। इसके उपयोग के ढंग भिन्न हो सकते हैं और कहानी की आवश्यकता के अनुसार इसकी पारिभाषिक शब्दावली शास्त्रीय भाषा एवं लोक भाषा में भी लिखी जा सकती है। लेकिन यह बात हर समय अपरिहार्य रहेगी कि कहानी का पूर्ण प्रभाव शैली के कार्य से किस सीमा तक जीवन प्राप्त कर रहा है या नहीं कर रहा है। कथाकार उपेन्द्रनाथ अश्क का मत है—

''यदि कोई कहानी जीवन का चित्रण नहीं करती, जीवन को समझने में

हमारी सहायता नहीं करती, तो वह दिलचस्प हो सकती है, कला के दृष्टिकोण से उत्तम भी हो सकती है, पर जीवन के लिए उसका कोई लाभ नहीं है।''[1]

काडवेल का विचार है कि आलंकारिक भाषा से कहानी को क्षति पहुँचती है क्योंकि इस प्रकार श्रोता या पाठक कहानी की प्रवृत्तियों में डूब जाने के बजाय आलंकारिता से आनंदित होने लगता है लेकिन काडवेल के इस विचार को पूर्ण रूप से सत्य के रूप में नहीं स्वीकार किया जा सकता।[2] भारतीय साहित्य के अतिरिक्त अंग्रेज़ी में भी इसके अच्छे उदाहरण मिलते हैं कि आधुनिक विचारों की अभिव्यक्ति में हेनरी जेम्स और अर्नेस्ट हेमिग्वे ने अपने पारिभाषिक एवं ज्ञानात्मक की शब्दावली की भाषा के प्रयोग के बावजूद सफल कहानियाँ लिखीं। सत्य यह है कि भाषा, विवेक और अनुभूति के सम्प्रेषण का माध्यम होती है। इस बात का निर्धारण साहित्यकार के रचनात्मक कौशल से होता है। इसी कार्य में वर्णन शैली के महत्त्व की समस्या उत्पन्न होती है, क्योंकि साहित्यिक विवेचन में शैली को शरीर और विचार को आत्मा का स्थान प्राप्त है। कुछ लोगों के निकट शैली को शरीर का आवरण जैसा स्थान प्राप्त है। इस प्रकार कहानी के विवेचन में कहानी की वास्तविकता और अभिव्यक्ति पर एक साथ ध्यान देने की आवश्यकता होती है। इसके विभिन्न पहलुओं का अनुभव प्राप्त करने के लिए शैली के उपयोग और मानक पर निम्नलिखित विभाजन किया जा सकता है—

वर्णनात्मक शैली

इसमें कहानीकार का व्यक्तित्व उसकी कहानी से अलग रहता है। कहानीकार निष्पक्ष रूप से स्थितियों और घटनाओं का वर्णन करता है। कहानी का नायक कोई 'दूसरा आदमी' या 'वह' होता है। जिस कथ्य में बुद्धिपरक विवरण और व्याख्या को भावनाओं का रूप दिया जाता है, उसे कहानी का सरलतम ढंग कहा गया है, जो प्रारम्भिक युग में अधिक प्रचलित था और धीरे-धीरे कला के क्लिष्ट माँगों के आधार पर घटता जा रहा है। प्रेमचन्द की कुछ कहानियाँ वर्णनात्मक शैली में लिखी गयी हैं। उनमें कहने या सुनाने की भावना अधिक प्रबल है। प्रेमचन्द की कहानी 'आत्माराम' में वर्णनात्मक शैली का एक उदाहरण यह है—

''दीदू गाँव में महादेव सुनार एक प्रसिद्ध आदमी था। वह अपने छप्पर में प्रातः से संध्या तक अँगीठी के सामने बैठा खट-खट किया करता था।''

---

1. उपेन्द्रनाथ अश्क : हिन्दी कहानी का अन्तरंग परिचय, पृष्ठ 39
2. क्रिस्टोफ़र कॉडवेल : एलूज़न एण्ड रियल्टी, पृष्ठ 201

आत्मकथात्मक शैली

इसमें कहानीकार के व्यक्तित्व एवं गुण के वर्णन से कहानी जन्म लेती है। पात्र या नायक 'मैं' के रूप में उपस्थित होता है और अपने जीवन की कोई घटना या दुर्घटना का वर्णन करके कहानी की रचना करता है। आत्मकथात्मक शैली में कहानी रचना के तीन ढंग होते हैं—

1. यह कि कहानी का केन्द्रीय पात्र आरम्भ से अन्त तक अपने जीवन की घटनाओं व प्रभावों का वर्णन करता है।
2. यह कि कहानी के विभिन्न पात्र एक के पश्चात् अनेक अपने जीवन की घटनाओं का वर्णन करते हैं। एक कहानी से दूसरी कहानी जन्म लेती रहती है। उनमें आपस में आन्तरिक संबंध होता है।
3. यह कि ऐसी कहानियाँ जिनमें कहानी का मुख्य पात्र स्वयं उसका रचयिता होता है। वह सारी घटनाओं को अपने अनुभव एवं अनुभूति के रूप में प्रस्तुत करता है।

आत्मकथात्मक शैली की कहानियों में कथात्मकता होती है और कथ्य स्पष्ट और रुचिकर होता है। उसकी घटनाओं का आधार साधारणतः सामाजिक घटनाओं और परिवर्तन पर होता है। कभी-कभी आश्चर्यचकित घटनाएँ आत्मकथात्मक शैली की कहानियों में चरम उत्कर्ष का रूप धारण कर लेती हैं।

स्मरणात्मक शैली

इस प्रकार की कहानी डायरी के पृष्ठ जैसी होती है। पात्र अपने जीवन की घटनाएँ डायरी के रूप में लिपिबद्ध करता है, जो कहानी का रूप ले लेती हैं। इस प्रकार की कहानियाँ आत्मकथात्मक शैली से मिलती हैं, क्योंकि दोनों में कहानीकार के कार्य लगभग एक-से रहते हैं। डायरी में यह भी सम्भव है कि कोई विशेष पात्र अपने सम्पूर्ण जीवन की घटनाओं और दुर्घटनाओं को लिखता जाय, जिससे कहानी की रचना हो जाय या विभिन्न पात्रों की डायरियों की विभिन्न घटनाओं के क्रम और व्यवस्थित रूप से कहानी बने। स्मरणात्मक शैली की कहानियों में भूतकाल की घटनाएँ प्रस्तुत की जाती हैं, जिनसे भविष्य के चिह्न दृष्टिगोचर हो सकते हैं, लेकिन वर्तमान की किसी घटना को स्मरणात्मक शैली की कहानियों में स्थान नहीं मिलता। स्मरणात्मक शैली की कहानियों में ध्यान और विचार से अधिक भावनाएँ भरी रहती हैं। इसमें मनोवैज्ञानिक विश्लेषण के अच्छे अवसर उपलब्ध होते हैं और कहानीकार की व्यक्तिगत विशेषता के अनुसार कलात्मक गुण बिखरते हैं।

पत्रात्मक शैली

इसमें घटनाओं का वर्णन पत्रों के माध्यम से किया जाता है। कभी-कभी किसी पात्र के पत्राचार में आपसी संबंध खोजकर कहानी की संरचना की जाती है। लेकिन प्रायः कहानियों में दो या उससे अधिक पात्रों के पत्र होते हैं और उन्हीं में कहानी का ताना-बाना तैयार होता है। प्रभावात्मकता की दृष्टि से ऐसी कहानियाँ साधारणतः असफल होती हैं। इसे दूसरी शैलियों के मुक़ाबले सर्वप्रियता नहीं मिल सकी लेकिन इनमें अनुभव की शैली के अधिक अवसर रहते हैं, जिसका कला की दृष्टि से बहुत महत्त्व है। इस प्रकार की कहानियों में साधारणतया सामाजिक स्थितियों और प्रभावों को स्थान मिलता है। लेकिन इनमें व्यक्ति की व्यक्तिगत उलझनों, समस्याओं, असफलताओं का वर्णन प्रभावपूर्ण ढंग से किया जा सकता है। घटनाओं के अनेक पहलू झिझक और बनावट के आवरण में छिपे रहते हैं। सामान्यतः व्यक्तिगत सम्मत्ति को स्थान प्राप्त होता है।

मिश्रित शैली

यह स्वयं कोई शैली नहीं है, बल्कि इसमें सारी शैलियों का मिश्रण होता है। इस शैली की प्रयोगात्मकता अत्यन्त महत्त्वपूर्ण है, क्योंकि इसमें किसी एक शैली तक कला सीमित नहीं रहती, यद्यपि इसकी रचना-प्रक्रिया एक विस्तृत शैली की खोज में सक्रिय रहती है। प्रायः देखा गया है कि कहानीकार किसी विशेष शैली के बंधन से स्वतंत्र रहे, तो उसको अपनी कहानी की रचना में विभिन्न शैलियों के सम्मिश्रण से विशेष तौर पर सहायता प्राप्त होती है। वह अपनी व्यक्तिगत पसन्द से अधिक कहानी की आवश्यकता पर ध्यान दे सकता है। कहानी में सारी शैलियों को बाह्य रूप में बरतने में स्वतंत्र होता है। समकालीन कहानियों में इस तरह के प्रयोग प्रायः देखे जा सकते हैं। शैली की स्वतंत्रता से कहानी में भिन्नता के अवसर व्यापक हो गये हैं और कहानी की कलात्मक ऊँचाइयों में अनुभवों की उपज शाश्वत आनंद उत्पन्न पैदा करती है।

शैली के अध्ययन में इस सचाई पर भी दृष्टि रखनी चाहिए कि साहित्यिक विधा की विभिन्न शैलियों में व्यापकता उत्पन्न करने का कोई निश्चित आधार नहीं है। इनमें प्रत्येक क्षण एक नवीन चेतना का अनुभव होता रहता है, बल्कि कभी-कभी साहित्यिक विधाओं की बाह्य सीमाएँ टूटकर बिखर जाती हैं और कहानी के कुछ टुकड़े कविता का रूप धारण कर लेते हैं। यह व्यापकता की चरम सीमा है, क्योंकि समस्त ललित कलाओं में आन्तरिक तौर पर एक लय और संबंध होता है, जो विभिन्न साहित्य-विधाओं तथा सौन्दर्यशास्त्र के अनेक विभागों में गतिशील होता है।

□□□

अध्याय : दो

कलात्मक सिद्धान्त

प्रेमचन्द के रचनात्मक व कलात्मक सिद्धान्त अस्पष्ट एवं अबोध नहीं हैं। उनकी रचनात्मक और कलात्मक दृष्टि में विवेक और अनुभूति तथा नवीन आयाम दीख पड़ते हैं। सम्भवतः इसी कारण उनकी कलात्मक और साहित्यिक रचनाओं का जीवन समाप्त नहीं हो सका है। उसमें सम्मिलित कलात्मक यथार्थ अपने युग के रचनात्मक कार्यों का इतिहास बन गये हैं। यही कल्पना और यथार्थ रचना-प्रक्रिया में सम्मिलित होकर कहानी के समकालीन संवेदनशीलता से तादात्म्य स्थापित करती है। लेकिन कलात्मक सिद्धान्त के अध्ययन में इस तथ्य को दृष्टिगत नहीं करना चाहिए कि यदि कला पर नियम और सिद्धान्त के बंधन अतिक्रमण करने लगते हैं, तो कला को स्वाभाविक उन्नति के खंडित हो जाने का भय उत्पन्न हो जाता है। इसे दूसरे शब्दों में यूँ भी कहा जा सकता है कि साहित्यिक मूल्यों की प्राप्ति के लिए जो मानक निश्चित होते हैं, वही उसकी विवशता का कारण बन जाते हैं। क्योंकि इस प्रकार कलाकार को परम्परागत नियमों पर होना पड़ता है। उसकी रचनात्मक शक्तियों पर बाह्य बन्धनों का बोझ बढ़ जाता है। उसे अपनी प्राकृतिक स्वतंत्रता को त्याग करके बाह्य बन्धनों के बीच वर्णन की शैली की काट-छाँट और दूसरी कलाएँ दिखाने का गुण पैदा करना पड़ता है। साहित्यिक इतिहास में से किसी बड़े महान् कलाकार की रचनात्मक शक्तियाँ परम्परागत नियमों को तोड़ देती हैं, तो कला के नियम और बन्धन की नवीन सीमाएँ और नये लक्ष्य निश्चित हो जाते हैं। फिर इन्हीं नवीन मानकों पर विश्लेषण और आलोचना का कार्य आरम्भ हो जाता है। इसका आधाररूपी कारण यह है कि यदि कला की स्वाभाविक उन्नति के नियम को जड़ मान लिया जाय तो साहित्य के अंकुरित एवं विकसित होने की ही शक्ति समाप्त हो जायेगी। साहित्य मानवीय विवेक को विकसित करने के स्थान पर शब्दात्मक चमत्कार में गिरफ्तार करके मानव जीवन को असफल एवं भ्रष्ट कर देगा। समस्त क्रांतियों के समान कला में भी सार्थक पहलुओं की पुनरावृत्ति से क्रांतियाँ जन्म लेती रही हैं। साहित्यिक इतिहास अपने प्रत्येक युग के चिंतन एवं विचार तथा सामाजिक समस्याओं में परिवर्तन होने के कारण जीवन के गत्यात्मक मूल्यों के समान नये क्षितिज की खोज करती रहती है। साहित्य युग के प्रभाव को सीधे तौर पर प्राप्त करता है, जिसके पक्ष और विपक्ष में सामाजिक मूल्य बनते और सँवरते रहते हैं।

कला के मानक को परिवर्तनशील मान लेने के पश्चात् कलाकार के रचनात्मक विवेक को गत्यात्मक और उन्नतिशील मानना होगा; क्योंकि उसमें जीवन की जिन परिस्थितियों को विषय बनाया जाता है, उनकी स्थितियाँ समय और वातावरण के आधार बदलती रहती हैं। इसमें परिस्थितियों के आपसी टकराव से प्राचीन और अर्वाचीन तथ्यों के अनेक पहलू उजागर होते हैं। उनको समेटने के प्रयास में कभी-कभी अनेक रंगीन फूलों का गुलदस्ता तैयार हो जाता है। साहित्य एवं कला की मूल समस्याओं में कलाकार की व्यक्तिगत विशेषताएँ, सफलताएँ, असफलताएँ और रचनात्मक शक्तियाँ सम्मिलित रहती हैं। उसके जीवन के संघर्ष से उसकी कला अलग नहीं की जा सकती। क्योंकि साहित्य के दूसरे मूल्यों के समान उसे कलाकार की व्यक्तिगत प्रवृत्ति से अधिक सामूहिक परिस्थिति और स्थिति का द्योतक बनना पड़ता है। यदि साहित्यकार या कलाकार के मस्तिष्क पर प्रभाव डालनेवाले कार्यों को कलात्मक आधार से बाह्य और आन्तरिक कार्यों में विभक्त कर दिया जाय, तो आन्तरिक कार्यों के आधार पर कहा जा सकता है कि किसी रचना से संबंधित बहस, जो कलाकार के अनुभव, प्रभाव और ज्ञान के अनुसार उजागर होते हैं, उसके बाह्य ढाँचा भाषा और शब्दों की कारीगरी के अधीन होता है। किन्तु कला का बाह्य कर्म कलाकार के साहित्यिक सिद्धांतों व विचारों से रचना को व्यापकता प्रदान करता है। किसी भी रचना में वातावरण और देश की परिस्थिति को छोड़ा नहीं जा सकता। कलाकार का जीवन भी उसके समकालीन सामाजिक व्यक्तियों के समान ही व्यतीत होता है। सुख के अवसरों पर प्रसन्नता व्यक्त करता है और दुःख की स्थिति में दुःख व्यक्त करता है।

कलात्मक आवश्यकताओं को बाह्य और आन्तरिक भागों में विभक्त कर देने से सम्भव है कि साहित्य के बाह्य विश्लेषण में सुविधा हो जाये, किन्तु इससे कलाकार के विवेक का जानना, मनोवैज्ञानिक गुत्थियों का पता लगाना, नयी सम्भावनाओं की खोज करना कठिन हो जायेगा, क्योंकि इससे रचना की आधारभूत एकता टूटकर बिखर जायेगी। उसकी रचनात्मक शक्ति, जो उसके रचयिता के प्रभाव और अनुभव से सीधे जुड़ी होती है, विवेक से उत्पन्न सम्भावनाओं को व्यक्त करती रहती है, जिसमें विवेक के अनुसार रचनात्मक प्रक्रिया बनती और सँवरती रहती है। इन तथ्यों को दृष्टिगत करके सही विश्लेषण सम्भव नहीं हो सकता। कलाकार के विवेक का अध्ययन व्यक्ति की व्यक्तिगत गहराइयों में उतरने में सहायता करता है। उसकी मनोवैज्ञानिक प्रवृत्ति का पता देता है और उसके कलात्मक सिद्धांत के आधार का पता लगाने में सहायक होता है किन्तु इस खोज एवं अन्वेषण में कलात्मक समस्याओं को पौराणिक या कथाओं के संसार में गुम कर देने से विचार के प्रकार या गुण बदल जायँगे, परन्तु चूँकि मानव-विवेक

चित्रकला, काव्यकला, निर्माणकला या संगीत में भी एकता ढूँढ लेता है। कथाओं और कहानियों में इसके कारणों को ढूँढने की सामर्थ्य रखता है। इसलिए अपनी बातें प्रारम्भ करने के लिए कोई भी माध्यम अपनाया जा सकता है। कहानी के सीमित क्षेत्र में किसी बड़ी पृष्ठभूमि का कोई विशेष अंग प्रस्तुत किया जाता है किन्तु इसके कलात्मक गुण दूसरे साहित्यिक विधा से भिन्न और विपरीत नहीं हों। इसलिए इसके अनुभव में दूसरी साहित्यिक विधाओं की समस्याएँ सम्मिलित हो जाती हैं। एक प्रकार से देखा जाय तो साहित्य के सारे रूपों में कलात्मक समस्याओं की प्रकृति एक जैसी होती है। यहाँ तक कि इन्हें गद्य और पद्य के आधार पर भी कलात्मक दृष्टि से विभाजित नहीं किया जा सकता। यद्यपि इसमें भ्रम नहीं कि कहानी, पद्य या कविता, नृत्य, संगीत, चित्रकला और निर्माणकला के रचयिता को कला के बाह्य रूप में देखा जाता रहा है, किन्तु साहित्य के आन्तरिक और मनोवैज्ञानिक अध्ययन में रचना की आन्तरिक गहराइयों में भी उतरना पड़ता है। इसी को ओ कानर ने कला में अदृश्य को दृश्य रूप में प्रस्तुत करना बताया है। उसका विचार है—

''रूप वास्तव में विचार की बाह्य सीमा है इसलिए रूप विचार से जितना मिलता-जुलता होगा उतने-ही उच्च कोटि का होगा।''[1]

सत्य यह है कि कला के दूसरे विभागों की तरह साहित्य का अपना आन्तरिक रूप होता है, जिसका साहित्यकार की चेतना से तादात्म्य होना आवश्यक होता है। किसी भी सची रचना के आन्तरिक और बाह्य प्रभावों में विरोध नहीं होता। कलाकार अपनी रचनात्मक शक्तियों से गूँगे को वाक्य कला में निपुण कर देता है। अदृश्य को दृश्य रूप प्रदान कर देता है और स्वप्न एवं कल्पना के संसार को जीते-जागते अनुभवों में बदल देता है किन्तु इस लक्ष्य तक पहुँचने के लिए जिस बौद्धिक साधना और रचनात्मक संघर्ष की आवश्यकता होती है उसमें कोरे अनुभव और रचनात्मक अनुभव का अन्तर भी स्पष्ट हो जाता है।[2] खुरदुरी और कोरी सचाइयों के नाम पर कुछ तथ्यों और गणनाओं को एकत्र कर देने से साहित्य की रचना नहीं हो सकती, क्योंकि यथार्थ स्वतः प्रभावित करने की क्षमता नहीं रखता जब तक कि कोई कलाकार अपने अन्तर्बोध और विवेक से उसमें जीवन-आत्मा न उत्पन्न कर दे।

---

1. बिलियम वान ओ कानर : फ़ार्म्स आफ़ फ़िक्शन, पृष्ठ 1
2. ''यह वर्णन की साधारण कला नहीं बल्कि कथात्मकता का व्यापक कला है, जो मेरे सामने है। और कथात्मकता में पुस्तक से बाहर किसी शक्ति से न्याय हेतु नहीं की जा सकती।''

—परसी लबक : दि क्राफ़्ट ऑफ़ फ़िक्शन, पृष्ठ 82

साहित्य की बाह्य संरचना में भाषा और लिपि को माध्यम माना गया है। कलाकार इसी क्षेत्र में अपने अनुभवों और प्रभावों को व्यक्त करता है। उसकी सफलता का मानक यह बनता है कि उसकी रचना में जीवन के अवलोकन का विस्तार जितना अधिक और गहरा होगा प्रभाव की स्थितियाँ भी उतना ही अधिक होंगी। इसीलिए कलात्मक शैली को व्यक्तित्व से प्रभावित होने और उसके व्यक्त करने का विशेष माध्यम माना जाता है।[1] इस अध्ययन में रचना और रचनाकार के संबंध को समझने का प्रयास किया गया है जिसमें कला की बाह्य आवश्यकताओं को आन्तरिक प्रवृत्ति के समान आधारभूत महत्त्व प्रदान किया गया है। अग्र पृष्ठों में कहानी के जिन कलात्मक आधारों का विश्लेषण किया गया है उनमें साहित्यकार का व्यक्तित्व, कला की सार्थकता और समकालीन संवेदनशील के विभिन्न पहलुओं को आधार बनाया गया है।

साहित्य का उद्देश्य

प्रेमचन्द ने जब यह कहा कि लेखक जो कुछ लिखता है अपनी कुरेदन से लिखता है,[2] तो इसमें रवीन्द्रनाथ टैगोर के उस उक्ति की ध्वनि सुनायी देती है कि मेरे अन्दर एक वियोगिनी बैठी हुई है। परन्तु टैगोर और प्रेमचन्द में यह आधारभूत अन्तर है कि टैगोर का विचार मात्र रचनात्मक त्रासदी तक सीमित है, जबकि प्रेमचन्द ने अपनी इस एक उक्ति में भी रचना-प्रक्रिया को व्यक्तिगत अनुभूति को व्यक्त करने का माध्यम बताया है। प्रेमचन्द का यह दृष्टिकोण उनके लेखन में बराबर दिखायी देता है। साहित्य की अन्तर्बोध की स्थिति जीवन के विस्तृत उद्देश्य से विचलित नहीं होती, यद्यपि उनसे सहयोग करके सार्वजनिक संघर्ष की ओर मोड़ देती है। प्रेमचन्द ने साहित्यकार की रचनात्मक त्रासदी को व्यक्ति के दायित्व से जोड़कर देखा है। उनके विचार में कला को कलाकार के व्यक्तिगत और सार्वजनिक जीवन से अलग करके नहीं देखा जा सकता। इसके माध्यम से कलाकार के स्वभाव की तहें खोजी जा सकती हैं। ललित कला के दूसरे विभागों के समान यदि साहित्य को भी उसके रचयिता का रचनात्मक उपलब्धि मान लिया जाये, तो रचना के महत्त्व को ध्यान में रखते हुए दो प्रकार की स्थितियों का सामना करना पड़ेगा—रचना क्यों और किस लिए? इसी प्रश्न को यूँ भी प्रस्तुत किया जा सकता है कि रचना को अस्तित्व में लाने में कौन-सी प्रवृत्तियाँ सक्रिय होती हैं या साहित्य की रचना के लिए साहित्यकार में किन गुणों का होना आवश्यक है। इस समस्या के

---

1. मिडिलडन मरे : दि प्राब्लम ऑफ़ स्टाइल, पृष्ठ 5
2. शिवरानी देवी : प्रेमचन्द घर में, पृष्ठ 149

विश्लेषण में साहित्यकार का सम्पूर्ण व्यक्तित्व, विवेक प्रवृत्ति, पसन्द एवं नापसन्द को समझना होगा। उसके नैतिक, साहित्यिक और सौन्दर्यात्मक दृष्टिकोण को देखना होगा, क्योंकि संसार के विभिन्न देशों के सामाजिक जीवन की माँगें एक जैसी नहीं हो सकतीं। वर्गात्मक और अवर्गात्मक व्यवस्था में साहित्यकारों के दृष्टिकोण में अन्तर होगा, क्योंकि मानव-कल्पना साहित्य की रचना का कारण बनती है, किन्तु जीवन को भौतिकता या जड़ता से स्वतंत्र नहीं होती।

साहित्य और साहित्यकार को समझने में अधिकांश अतिशयोक्ति से काम लिया गया है बल्कि उसको अस्वाभाविक गुणों से अलंकृत कर दिया गया है। यूनानियों ने तो यहाँ तक कह दिया कि केवल साहित्यकार और ईश्वर ही रचना कर सकते हैं! यही विचार किसी-न-किसी रूप में अफ़लातून, अरस्तू और होरेस के सामने रहा और हैगल ने सौन्दर्यात्मकता से रुचि को गुण और अरस्तू के समान विवेचन का माध्यम माना है। समकालीन कुछेक लेखकों ने फ्रायड के प्रभाव में साहित्य को काम भावना को व्यक्त करने का माध्यम कहना प्रारम्भ कर दिया है। फ्रायड ने साहित्य को अतृप्त इच्छाओं को व्यक्त करने का माध्यम माना है, जो मानव के अवचेतन में छिपी रहती हैं। उसके स्वप्न रूपक के रूप में कहानी में ढलते हैं, जिस साहित्य में इसका उन्नयन हो जाता है, वह अच्छे रचनात्मक कार्य के रूप में बदल जाता है।[1] एडलर ने यौनाकर्षण को जीवन का आधार माना है। उसका विचार है कि साहित्यकार अपने रचना में इन्हीं अनुभव या इन्द्रिय ज्ञान की तीव्रता को कम करने के लिए संघर्ष करता है। इसी प्रकार के विचारों को दूसरे योरोपीय आलोचकों और विद्वानों ने भी व्यक्त किया है, जो साहित्यकार के उत्तरदायित्व को कम करने का प्रयास करते हैं। हडसन ने साहित्य के कारणों को चार भागों में विभाजित किया है—

1. अपनी भावनाओं को व्यक्त करने की इच्छा।
2. व्यक्ति और उनके कार्यों में रुचि।
3. दुनिया को समझने की इच्छा।
4. एक परम्परा से प्रेम।

उपर्युक्त रचनात्मक प्रकारों के अध्ययन मे साहित्य की आधारभूत प्रेरणाओं से दो-चार होना पड़ता है। मानव की इच्छाओं से बँधा हुआ माना जाये तो उसके उद्देश्यों के विभिन्न पहलुओं पर ध्यान देने की आवश्यकता होगी। प्रेमचन्द ने जब रचना-प्रक्रिया को

---

1. नगेन्द्र : पाश्चात्य काव्यशास्त्र की परम्परा, पृष्ठ 337

दैवी-शक्ति के वरदान रूप स्वीकार किया और उसके बिना पुस्तकों के बड़े अध्ययन को निरर्थक बताया,[1] तो उनके सामने साहित्य का स्वच्छंदतावादी (विचित्र) दृष्टिकोण था। दूसरे स्थान पर लिखते हैं—

''इसमें शक नहीं कि साहित्यकार पैदा होता है, बनाया नहीं जाता, पर यदि हम साहित्य और जिज्ञासा से प्रकृति की इस देन को बढ़ा सकें, तो निश्चय ही हम साहित्य की अधिक सेवा कर सकेंगे।''[2]

लगभग इसी प्रकार के विचार स्काट जेम्स के थे कि पश्चिम का कवि (कलाकार) कभी भी दैवी विशेषता से अलग नहीं रहा।[3] यह सही है कि हिन्दी-उर्दू साहित्य पर पाश्चात्य साहित्य के समान स्वच्छंदतावादी काल्पनिक आंदोलन प्रभाव न डाल सका, बल्कि स्वच्छंदतावादी (रोमानी) प्रवृत्ति मात्र ऊपरी और बाह्य रूप रखती है। हिन्दी-उर्दू साहित्य में स्वच्छंदतावादी प्रवृत्ति कल्पना की उड़ान तक सीमित रही। प्रारम्भ में मात्र इसे रंगीन कथाओं और काल्पनिक कहानियों तक सीमित रखा गया, किन्तु इस स्थिति में भी उद्देश्यपूर्ण बनी रही। स्वच्छंदतावाद के इसी प्रवृत्ति का विश्लेषण करते हुए प्रोफ़ेसर सैयद एहतेशाम हुसैन ने लिखा है—

''स्वच्छंदतावादी एक वैयक्तिक प्रवृत्ति होने के साथ-साथ ऐतिहासिक और दार्शनिक भार भी उत्पन्न कर देता है, किन्तु प्रत्येक स्थान पर व्यक्तिगत चेतना की तीव्रता के परिणाम स्वरूप स्वच्छंदतावाद का जादू जागता है और जड़ता को तोड़ने, असंतुष्टि से भावनात्मक तौर पर मुक्ति प्राप्त करने, कल्पना की तीव्रता की सहायता से स्वप्नों में अपने संसार का निर्माण करने, वस्तुओं को नित नये रूप में देखने और साधारण गुणों को खोजने का भाव दूसरी भावना पर भारी हो जाता है।''[4]

प्रेमचन्द हिन्दी-उर्दू के प्रथम कहानीकार हैं जिन्होंने प्रारम्भ में एवं स्वच्छंदतावादी प्रभाव स्वीकार किये। प्रेमचन्द के स्वच्छंदतावाद में कभी-कभी आध्यात्मिक प्रवृत्ति भी सम्मिलित हो जाती है किन्तु उनका दृष्टिकोण साहित्य के उपयोगिता पर आधारित रहता है। इसलिए साहित्य का भौतिक विचार हावी रहता है। एक स्थान पर लिखते हैं—

''साहित्य केवल मन बहलाव की चीज़ नहीं। मनोरंजन के सिवा उसका कुछ और भी उद्देश्य है। वह अब केवल नायक-नायिका के संयोग-वियोग की

---

1. प्रेमचन्द : साहित्य का उद्देश्य, पृष्ठ 38
2. वही, पृष्ठ 15
3. आर०ए० स्काट जेम्स, मेकिंग ऑफ़ लिट्रेचर, पृष्ठ 19
4. सैयद एहतेशाम हुसैन : एतबारे-नज़र, पृष्ठ 113

कहानी नहीं सुनाता, किन्तु जीवन की समस्याओं पर भी विचार करता है और उन्हें हल करता है।''[1]

साहित्य उद्देश्यों के निर्धारण में प्रेमचन्द का रवैया अधिकतर भावनात्मक हो जाता है, परन्तु वह वैयक्तिक स्वभाव के नहीं थे, साहित्य की सामाजिकता के पक्षधर थे। साहित्य को उच्च मानव मूल्यों का द्योतक मानते थे, इस प्रकार कोई ऐसा संघर्ष, जो साहित्य को पूर्णरूपेण आंतरिक बनाये, उनको स्वीकार नहीं था, क्योंकि इस प्रकार का साहित्य पूर्णरूप से मानव संघर्ष से परिपूर्ण जीवन के लिए लाभदायक नहीं रहता। उनके विचार में साहित्य रचना में अप्राकृतिक भाव के गुणों से सम्मिलित नहीं करना चाहिए, जिसमें कलाकार को किसी प्रकार के आत्मविस्मृति और दीवानगी का शिकार होना पड़े या उसके रचनात्मक कार्य को आकस्मिक घटना के रूप में माना जाये।[2] यह साहित्य में व्यक्तिगत अनुभूति को नकारना नहीं है। प्रेमचन्द का विश्वास है कि साहित्य का जन्म कलाकार के व्यक्तिगत चेतना एवं अनुभव के बिना सम्भव नहीं है।[3] मात्र किसी उच्च उद्देश्य का बार-बार उद्घोष करने से साहित्य की रचना नहीं होती। सम्भव है कि किसी असामाजिक और अनैतिक रवैये के आधार पर कोई रचना जीवन के उच्च उद्देश्यों को व्यक्त न करती हो, किन्तु यदि उसमें साहित्यिक एवं सौन्दर्यात्मक पहलू झलकते हैं, तो उसे साहित्य के क्षेत्र से बाहर नहीं किया जा सकता, क्योंकि उससे कलाकार के मानसिक प्रवृत्ति की अभिव्यक्ति होती है। जितने बड़े उद्देश्य या विचार को साहित्य का विषय बनाया जायेगा, उतनी ही उस कला की माँगें बढ़ती जायेंगी।

प्रेमचन्द का साहित्य अनुभव और विवेक के विभिन्न आयामों के मध्य यात्रा करता है। उनके साहित्य का सामाजिक उद्देश्य उनकी व्यक्तिगत और रचनात्मक शक्ति से तादात्म्य रखता है। उसकी आन्तरिक और बाह्य संभावनाएँ भी प्रयोगात्मक शक्तियों से बँधी रहती हैं। प्रेमचन्द की कलात्मक रचना व्यावसायिक उद्देश्य की प्राप्ति या आमोद-प्रमोद तक सीमित नहीं होती। साहित्यिक उद्देश्य, सामाजिक उत्तरदायित्व और नेतृत्व दायित्व का वहन करता है। किन्तु कलाकार की रचनात्मक शक्ति को प्रेमचन्द ने आध्यात्मिक एवं दैवीय प्रभाव के अधीन माना है। एक स्थान पर लिखते हैं—

''ईश्वर की दी हुई शक्ति ही महत्त्वपूर्ण है, जब तक यह शक्ति न होगी, प्रचार, शिक्षा, अभ्यास, सब बेकार हो जायेंगे।''[4]

---

1. प्रेमचन्द : साहित्य का उद्देश्य, पृष्ठ 4
2. आर०ए० स्काट जेम्स, दि मेकिंग ऑफ़ लिट्रेचर, पृष्ठ 199
3. लक्ष्मीकान्त वर्मा : नये प्रतिमान पुराने लक्ष्य, पृष्ठ 65
4. प्रेमचन्द : कुछ विचार, पृष्ठ 61

प्राचीनकाल से इस प्रकार के विचार रचना की कलात्मक शक्ति को ईश्वरीय देन समझने पर बाध्य करते रहे हैं, यद्यपि काव्य रचना को दैवीय वरदान को उसके शाब्दिक अर्थों में स्वीकार कर लेने की स्थिति में मानवीय विवेक चेतना को पराजय भी मानना पड़ेगा। किन्तु इसके बावजूद सहस्त्रों वर्षों तक यही सिद्धांत सही और उचित समझा जाता रहा है। प्राचीन सभ्यता के देशों में इसे दृढ़ विश्वास की स्थिति प्राप्त थी। प्रेमचन्द ने इसे देशी परिपाटी के रूप में स्वीकार किया, जो उनके धार्मिक स्वभाव के विशेष प्रवृत्ति का द्योतक भी है, किन्तु इसके बावजूद जीवन का सारा उहापोह, प्रभाव, सीमाएँ और आधारभूत गुणों के संबंध में उनका सिद्धान्त पूर्णरूपेण भौतिक रहता है। उन्होंने 'ईश्वरीय देन' के रूप में जिस शक्ति को स्वीकार किया है, वह कलाकार की अनुभूति की स्थिति हो सकती है, जिसे प्राचीन भारतीय विद्वानों एवं विचारकों ने 'प्रतिभा' के नाम से याद किया है। प्रेमचन्द को भारत के अतीत से जो असीम लगाव है, उसने धर्म के तथा कथित ठेकेदारों से दुराव के अलावा उनको आध्यात्मिकता के कुछ पहलुओं की ओर मोड़े रखा, किन्तु जब यही भावना जीवन के गत्यात्मक मूल्यों से टकराती है, तो प्रेमचन्द अपने विश्लेषण के आधार पर भौतिकता की ओर मुड़ जाते हैं। साहित्य में उद्देश्य के निर्धारण में प्रेमचन्द कई प्रकार की भूल-भुलैया से गुज़रते हैं, किन्तु अन्ततः उसका ौतिकवादी पहलू हावी हो जाता है और प्रेमचन्द यह कहने पर विवश हो जाते हैं—

''तत्त्वविहीन कहानी से चाहे मनोरंजन भले हो जाये, मानसिक तृप्ति नहीं होती। यह सच है कि हम कहानियों में उपदेश नहीं चाहते, लेकिन विचारों को उत्तेजित, मन के सुन्दर भावों को जाग्रत करने के लिए कुछ-न-कुछ अवश्य चाहते हैं। वही कहानी सफल होती है, जिसमें इन दोनों में से—मनोरंजन और मानसिक तृप्ति में एक अवश्य उपलब्ध हो।''[1]

कहानी में प्रचारात्मकता से बचकर रहना, उसमें ऐसे गुण पैदा करना कि मानव की भावना व्यक्त हो सके, कहानी में उद्देश्य को उजागर करने के माध्यम पर प्रश्नचिह्न लगाते हैं। इस समस्या को कहानी में इसी प्रकार समझना चाहिए, जिस प्रकार दूसरी साहित्य विधा में या ललित कला के विभिन्न विभागों या भागों में समझते हैं। कहानीकार घटना, व्यक्तित्व या प्रभाव के वर्णन में शैली के आधार से स्वतंत्र होता है। प्रेमचन्द की कहानियों को दृष्टिकोण के आधार पर निम्नलिखित भागों में विभाजित किया जा सकता है.—

---

1. प्रेमचन्द : साहित्य का उद्देश्य, पृष्ठ 45

1. **स्वतंत्रता आन्दोलन और गांधीवाद से प्रभावित कहानियाँ—**
   'लागडाट', 'मैकू', 'जुलूस', 'क्षमा', 'अनुभव', 'तावान', 'सुहाग का शव', 'समर यात्रा', 'सत्याग्रह', 'ऐक्ट्रस', 'अग्नि समाधि', 'ठाकुर का कुँआ', 'शराब की दुकान', 'जेल', 'डिमांस्ट्रेशन' आदि।

2. **आदर्श प्रभावित कहानियाँ—**
   'माल्किन', 'विस्मृति', 'क़ायर', 'एक आँच की कसर', 'दो सखियाँ', 'कुसुम', 'सुहाग का शव', 'मृत्यु के बाद', 'अलग्योझा', 'सभ्यता का रहस्य' आदि।

3. **यथार्थवाद से प्रभावित कहानियाँ—**
   'पूस की रात', 'सवासेर गेहूँ', 'कफ़न', 'बाबा जी का भोज', 'सज्जनता का दण्ड', 'शिकार', 'लांछन'-1, 'लांछन'-2, 'बूढ़ी काकी', 'मनोव्रत', 'घासवाली', 'सती', 'विश्वास', 'बोध', 'बेटी का धन', 'माँ', 'सौत', 'शांति', 'बड़े घर की बेटी', 'अलग्योझा', 'पंचपरमेश्वर', 'सती', 'मूठ', 'उपदेश', 'दो बहनें', 'भूत', 'सौभाग्य के कोड़े', 'कामना तरू', 'आगा-पीछा', 'नरक का मार्ग', 'गृहनीति', 'आभूषण', 'दो क़ब्रें', 'शंखनाद', 'फ़ातिहा' आदि।

उपर्युक्त सूची प्रतिनिधि या पूर्ण नहीं कही जा सकती। इसमें प्रेमचन्द की अनेक महत्त्वपूर्ण कहानियाँ छूट गयी हैं और कुछेक कहानियों का दो-बार उल्लेख कर दिया गया है। किसी प्रकार किसी रचना के पूर्ण प्रभाव को उजागर करनें में कहानी के सारे अंगों से न्याय नहीं किया जा सकता। एक कहानी कई प्रकार के गुणों से परिपूर्ण हो सकती है और उसको किसी एक गुण तक सीमित नहीं किया जा सकता। प्रेमचन्द की कहानियाँ उद्देश्यता के दृष्टिकोण से आरम्भ हुईं, चरमोत्कर्ष तक पहुँचीं और अन्त तक उद्देश्यता से पूर्ण होकर रची जाती रहीं। 'सोज़े-वतन' से उनकी कहानियों की यात्रा आरम्भ होती रही है। इसे कई प्रकार के उतार-चढ़ाव से गुज़रना पड़ता है। कुछ समालोचकों ने उन्हें गुणों के अनुसार विभाजन करने का प्रयास किया है, जिसमें समालोचक की समझौतावादिता उजागर है। किन्तु इस प्रकार की सारी सूचियों से एक बात बिना किसी संकोच के प्रमाणित है कि प्रेमचन्द की समस्त कहानियाँ उद्देश्यता से परिपूर्ण हैं।

प्रेमचन्द ने जीवन को व्यक्त करने के उद्देश्य को साहित्य में इतना तीव्र कर दिया है कि उनकी रचनाओं पर प्रोपेगेण्डे का लेबल लगाया गया, जिसे उन्होंने प्रसन्नतापूर्वक स्वीकार भी कर लिया। उत्तर में लिखते हैं—

"जो प्रोपेगेण्डा नहीं कर सकता वह विचारों से दूर है और उसे लेखनी करने का कोई अधिकार नहीं है। मैं इस प्रोपेगेण्डे को खुले दिल से स्वीकार करता हूँ। मेरा विरोध तो उस प्रोपेगेण्डे से है जो आदर, प्रसिद्धि, मान-सम्मान और धन की लालच के लिए किया जाता है।"[1]

एक दूसरे स्थान पर लिखते हैं—

"प्रोपेगेण्डे में अगर आत्म-विज्ञापन न भी हो, तो एक विशेष उद्देश्य को पूरा करने की व उत्सुकता होती है, जो साधनों की परवाह नहीं करती। साहित्य शीतल-मन्द सभी है जो सभी को शीतल और आनंदित करता है। प्रोपेगेण्डा आँधी है, जो आँखों में धूल झोंकती है, हरे-भरे पेड़ों को उखाड़ फेंकती है और झोपड़ी और महलों दोनों को हिला देता है। रसविहीन होने के कारण आनंद की वस्तु नहीं। यदि वह सत्य और सुन्दर के समीप ले जाता है, तो साहित्य है, नहीं ले जाता तो प्रोपेगेण्डा या उससे भी निकृष्ट है!"[2]

साहित्य में प्रोपेगेण्डे की समस्या सम्प्रेषण एवं मूल समस्याओं से सम्बद्ध है, क्योंकि उद्देश्यपूर्ण साहित्य के लिए सम्प्रेषण एवं संचार अनिवार्य है। इसमें व्यक्ति संतुलन की समस्या पर मतभेद किया जा सकता है, क्योंकि साहित्यिक सम्प्रेषण एवं संचार का अर्थ मात्र गणनाएँ और घटनाओं की रिर्पोट तैयार करना नहीं होता। प्रेमचन्द ने साहित्य के गुणों का वर्णन करते हुए कहा था—

"साहित्य की बहुत-सी परिभाषाएँ दी गयी हैं पर मेरे विचार में इसकी सर्वोत्तम परिभाषा 'जीवन की समालोचना' है, चाहे वह निबन्धों के रूप में हो या कहानियों या काव्य के रूप में। इसे हमारे जीवन की आलोचना और व्याख्या करनी चाहिए।"[3]

इस प्रकार साहित्य को जीवन की समालोचना का माध्यम मान लेने के बाद सम्प्रेषण एवं संचार की कमी या प्रोपेगेण्डे के कारण उद्देश्यता की निम्नस्तरीय व्याख्या दोनों की सम्भावना कम हो जाती है। जीवन की आलोचनात्मक परिचर्चा में सामंजस्य आवश्यक होता है। साहित्यकार के लिए आवश्यक नहीं होता कि उसका विश्लेषण न्यायिक फ़ैसले के समान स्पष्ट और दो-टूक हो। साहित्य में उद्देश्य का मात्र व्यक्त करना सुन्दर नहीं होता, बल्कि उसकी कलात्मक रुचिपूर्णता के अनुसार उद्देश्यता के प्रभाव में

---

1. प्रेमचन्द : साहित्य का उद्देश्य, पृष्ठ 32
2. वही
3. वही, पृष्ठ 36

वृद्धि होती है। इसी प्रभाव को साहित्यिक उपयोगिता कहा जा सकता है, जो प्रेमचन्द के विचार में अति महत्त्वपूर्ण है। प्रेमचन्द ने सामाजिक कार्य को साहित्य के लिए आवश्यक माना है। प्रेमचन्द व्यक्तिगत प्रवृत्ति और भावना से अधिक प्रभावित नहीं होते क्योंकि यह जीवन को समझने का नकारात्मक रवैया है जिसमें कर्म और संघर्ष का पल्लू छूट जाता है। साहित्यकार अपने व्यक्तित्व के आसपास जालें बुनने लगता है। प्रेमचन्द ने साहित्य के सामूहिक प्रभाव के महत्त्व पर बल दिया है, जिससे अधिक-से-अधिक लोग लाभान्वित हो सकें।

साहित्य की उपयोगिता को स्वीकार कर लेने से सौन्दर्य-बोध क्षरित नहीं होता, बल्कि उसका प्रभाव दूरगामी होता जा रहा है। इस कड़ी में प्रेमचन्द ने स्पष्ट रूप से अपने विचारों को व्यक्त किया है—

''मुझे यह कहने में कोई हिचक नहीं कि मैं और चीज़ों की तरह कला को भी उपयोगिता की तुला पर तौलता हूँ। निस्संदेह कला आनन्द की कुंजी है। ऐसा कोई रुचिगत मानसिक और आध्यात्मिक आनन्द नहीं, जो अपनी उपयोगिता पहलू न रखती हो।''[1]

सौन्दर्य की इच्छा की आध्यात्मिक एवं अर्थपूर्ण प्रसन्नता की उपयोगी मानने की स्थिति में साहित्य की सार्थकता स्पष्ट हो जाती है। साहित्यकार की व्यक्तिगत पसन्द और नापसन्द से अधिक समाज कल्याण की समस्याओं को महत्त्व प्राप्त हो जायेगा। वह विलासिता को व्यक्त करने से परहेज़ करेगा। दृष्टिकोण के बदलने के कारण उसके सौन्दर्यबोध का मानक भी बदल जायेगा। इसको प्रेमचन्द ने प्रचारात्मक कहा है—

''हमें सुन्दरता की कसौटी बदलनी होगी, अभी तक यह कसौटी अमीरी और विलासिता के ढंग की थी। हमारा कलाकार अमीरों का पल्ला पकड़े रहना चाहता था, उन्हीं की क़द्रदानी पर उसका आस्तित्व अवतरित था और उन्हीं के सुख-दुःख, आशा-निराशा, प्रतियोगिता और प्रतिद्वंद्विता की व्याख्या कला का उद्देश्य था। उसकी निगाह अन्तःपुर और बंगलों की ओर उठती थी। झोपड़े और खंडहर उसके ध्यान के अधिकारी न थे, कभी इनकी चर्चा भी करता था, तो इनका मज़ाक़ उड़ाने के लिए, ग्रामवासियों की देहाती वेशभूषा और तौर-तरीक़े पर हँसने के लिए। उसका शीन-क़ाफ़ दुरुस्त न होना या मुहावरों का ग़लत उपयोग उसके व्यंग्य विद्रूप की स्थायी सामग्री थी। वह भी मनुष्य है उसके भी हृदय है और उसमें आकांक्षाएँ हैं, यह कला की कल्पना के बाहर की बात थी।''[2]

---

1. प्रेमचन्द : साहित्य का उद्देश्य, पृष्ठ 11
2. वही, पृष्ठ 13

सौन्दर्य के मानक के बदल जाने से साहित्यिक और सौन्दर्यात्मक मूल्यों को निरस्त करना उद्देश्य नहीं है। सत्य यह है कि सामाजिक और सौन्दर्यात्मक मूल्यों में कोई विरोध नहीं होता। सामाजिक मूल्यों के अनुसार सौन्दर्यात्मक मूल्य बनते हैं स्वस्थ सौन्दर्यात्मक मूल्य में सामाजिक जीवन की आवश्यकता और अविभाजित तत्त्व सम्मिलित होते हैं। साहित्य सामाजिक जीवन की व्याख्या, आलोचना और नेतृत्व करने के साथ-साथ सौन्दर्यात्मक अनुभव प्रस्तुत करता है, जिसके माध्यम से विचार और कला के क्षेत्र का विकास होता है। साहित्य का उद्देश्य मानव जीवन से प्रेम करने के वृत्ति को विकसित करना और मानव के सौन्दर्यात्मक बोध में वृद्धि करना होता है। प्रेमचन्द लिखते हैं—

''कलाकार हममें सौन्दर्य की चेतना पैदा करता है और प्रेम की गरमाहट, उसका एक वाक्य, एक शब्द, एक रूपक इस प्रकार हमारे अन्दर जा बैठता है कि हमारी आत्मा प्रकाशमय हो जाती है, किन्तु कलाकार स्वयं सौन्दर्यात्मक अनुभव से शराबोर नहीं और उसकी आत्मा स्वयं उस ज्योति से ज्योतिमय न हो, तो हमें यह प्रकाश कैसे प्रदान कर सकता है।''[1]

कलाकार के सौन्दर्यात्मक मानक को प्रकृति से वरदान प्राप्त होता है। प्रेमचन्द के शब्दों में—

''हमने सूरज का उगना और डूबना देखा है, उषा और संध्या की लालिमा देखी है, सुन्दर सुगन्धित भरे फूल देखे हैं, मीठी बोलियाँ बोलनेवाली चिड़ियाँ देखी हैं, कलकलनिनादिनी नदियाँ देखी हैं, नाचते हुए झरने देखे हैं—उसी की बदौलत संस्कार होता है। यही उसका मुख्य उद्देश्य है।''[2]

सौन्दर्य मानक को प्रकृति से संबंधित करने का उद्देश्य साहित्य में प्रेम और भाईचारे की भावना को आगे बढ़ाना है। क्योंकि प्रेमचन्द का दृढ़ विश्वास है कि मानव स्वाभाविक रूप में निश्छल होता है। यदि अच्छे वातावरण में उसका पालन-पोषण हो, तो वह देवताओं की तरह महानता प्राप्त कर लेता है। उनके विचार में साहित्य का उद्देश्य भी यही है कि वह मानव की स्वाभाविक भावना को प्रेरित करे। एक स्थान पर लिखते हैं—

''मानव की प्रकृति देवताओं जैसी है। युग के मकड़जाल या धोखे या परिस्थिति से लाचार होकर वह अपनी पवित्रता खो बैठता है। साहित्य इसी

---

1. प्रेमचन्द : साहित्य का उद्देश्य, पृष्ठ 13
2. वही

पवित्रता को अपने स्थान पर दृढ़ करने का प्रयास करता है। उपदेशों से नहीं, नसीहतों से नहीं, भावना को भड़काकर, मन के संवेदनशील तन्तुओं पर चोट लगाकर, प्रकृति से एकांगता पैदा करता है।''[1]

साहित्यकार का उत्तरदायित्व

प्रेमचन्द की कहानियों में उद्देश्यता के तत्त्वों का अध्ययन करते हुए साहित्यकार के उत्तरदायित्व का विश्लेषण अवश्यम्भावी हो जाता है। साहित्यकार को समाज का अभिन्न अंग बताने के पश्चात् उसे उन सारे उत्तरदायित्वों को स्वीकार करना होता है, जो उस पर कुटुम्ब, बिरादरी और देश का नागरिक होने पर लागू होते हैं। इससे बढ़कर कला और संचार की समस्या भी कुछ ऐसे उत्तरदायित्व सुपुर्द करती है, जिसे कलाकार अपनी आत्मा सम्मिलित करके रचनात्मक शक्ति प्रदान करता है। साहित्यकार के उत्तरदायित्व कलाकार की दृष्टि से उतने ही महत्त्वपूर्ण हैं, जितने व्यक्ति और समाज की दृष्टि से। सत्य यह है कि साहित्यकार के इन दोनों उत्तरदायित्वों में कोई विरोधाभास नहीं होता, इन्हें उसके सामाजिक जीवन के विभिन्न पहलुओं के रूप में जाना जा सकता है।

साहित्यकार के उत्तरदायित्व की आवश्यकता इस आधार पर अधिक है कि कुछ प्रतिबद्धता ने विशेष राजनीतिक उद्देश्य को ध्यान में रखकर साहित्यकार के सामाजिक उत्तरदायित्वों से विलग रहने का सुझाव दिया है—'मैं क्यों कर लिखता हूँ?' इस समस्या पर प्रेचट, ग्राहम ग्रेन और एलिज़ाबेथ बावुन के विचार कई दृष्टि से रोचक और अर्थपूर्ण हैं। इनसे वर्तमान पश्चिमी और अमरीकी मस्तिष्क को समझने में सहायता मिलती है। प्रेचट का विचार है कि वह मात्र अपने लिए लिखता है। उसके विचार में साहित्यकार को प्रचारात्मक वर्णन शैली से इस प्रकार बचते रहना चाहिए, जैसे कोई पिशाच से बचता है। उसने साहित्यकार की निष्पक्षता पर अधिक बल दिया है, किन्तु जब अस्पताल की दुर्दशाओं के वर्णन से संबंधित एक कहानी पढ़कर एक नर्स ने उसे प्रशंसा का पत्र लिखा तो प्रेचट ने क्रोधित होकर उत्तर दिया कि कहानी की रचना के समय उसका उद्देश्य सामाजिक समस्याएँ प्रस्तुत करना नहीं था, वरन् उसका अपना सारा प्रयास श्रेष्ठ शब्दों के चयन और उनका चित्रात्मक वर्णन कर देने तक सीमित था। यदि उसमें किसी सामाजिक भावना की अभिव्यक्ति हो गयी हो तो उसे रचनाकार की मात्र व्यक्तिगत स्थिति मानना चाहिए। लगभग यही विचार एलिज़ाबेथ बावुन के भी हैं जो साहित्यकार को

---

1. प्रेमचन्द : कुछ विचार, पृष्ठ 76

सामाजिक जीवन से दूर रहने का सुझाव देती है, क्योंकि उसका उद्देश्य मात्र लिखते रहना है। ग्राहमग्रेन भी अपनी कहानियों में सामाजिक समस्याओं को उजागर करने से डरता है। किन्तु वह साहित्य को अनैतिक बनाने का विरोधी है। उसके विचारों में आस्तित्ववादी विचारक सार्त्र की ध्वनि सुनायी देती है, जो अपनी रचना को उस सार्वभौमिक मानव के लिए मानता है, जो किसी विशेष युग से संबंधित नहीं हो सकता, अलावा इसके कि, समुदाय, नस्ल या राष्ट्रीयता की भावना पर अपनी आन्तरिक शक्तियों के माध्यम से जीत दर्ज करता है।

साहित्यकार के दायित्वों को कुछ पाश्चात्य समालोचकों और विचारकों ने कल्पना, विचार और विश्वास के विभिन्न भागों में विभक्त किया है कि जो कुछ साहित्यकार लिख़ता है, उसे उसका विश्वास नहीं कहा जा सकता। इस विरोधाभास को बनाये रखने के राजनीतिक कारण हैं, क्योंकि इस प्रकार पूँजीवादी व्यवस्था के पोषक साहित्यकारों को पलायन मार्ग प्राप्त हो जाता है। इस प्रकार वह एक साथ अन्यायी और अन्यायभोगी दोनों की दृष्टि में प्रिय बन सकता है। उसकी दूसरी दिशा भी उतनी ही संगीन है कि मात्र बार-बार मज़दूर, किसान, समूह संघर्ष का नाम लेने से कल्याणकारी साहित्य की रचना नहीं होती। प्रो० सैयद एहतेशाम हुसैन के शब्दों में—

"यह विवेक के अनुसार जीवन को समझने की बात है, मूल्यों को अपनाने और पूरे कलात्मक विवेक के साथ अभिव्यक्ति की सारी शक्ति और कोमलता के साथ उसे प्रस्तुत करने की बात है। इस प्रकार हर साहित्यकार इस प्रश्न का उत्तर अपने विवेक के अनुसार देगा। और यदि वह दुनिया को शांति, संतुष्टि और सौन्दर्य से मालामाल देखना चाहता है, तो उसका यह उत्तर नहीं हो सकता कि वह अपने लिए लिखता है या उनके लिए लिखता है, जो इन मूल्यों के विरोधी हैं।"[1]

जीवन के विवेकपूर्ण अध्ययन की प्रक्रिया में उन प्रवृत्तियों का पर्यवेक्षण करना आवश्यक हो जाता है जो साहित्यकार व पाठक के मध्य सामंजस्य उत्पन्न करता है। साहित्यिक रचना में रचनाकार सामाजिक भावनाओं की अभिव्यक्ति पर प्रतिबन्ध से विवश नहीं होता बल्कि देखा गया है कि कलात्मक अभिव्यक्ति पर प्रतिबंध लगने और कारावास की प्रताड़नायें साहित्यकार में अपने विचारों के व्यक्त करने की इच्छा को अधिक तीव्र एवं शक्तिशाली कर देती हैं, क्योंकि साहित्यकार के अनुभवों को सामाजिकता प्रभावित करती रहती है। वह उन्हीं के अनुसार नयी समस्याओं और नये दायित्वों को स्वीकार करता है। साहित्यकार के अनुभव सामाजिक और आर्थिक होने के अतिरिक्त व्यक्तिगत

1. सैयद एहतेशाम हुसैन : ज़ौक़े-अदब और शऊर, पृष्ठ 19

भी होते हैं।[1] कलाकार को वर्गीय विवेक की आध्यात्मिक विचार की कठिन भूल-भूलैया में नहीं फँसाया जा सकता है। उसके कर्त्तव्य और दायित्व विवेक या विचार के विभिन्न आयाम और आर्थिक स्थिति से प्रभावित होते रहते हैं। साहित्यकार का विवेक उसके अन्तर्बोध का अंग होता है। प्रेमचन्द साहित्य को साधारण मस्तिष्क से उत्पन्न हुआ नहीं मानते, बल्कि साहित्यकार के आन्तरिक और आत्मिक स्थितियों का प्रस्तुतीकरण मानते हैं। रचनात्मक साहित्य को आत्मविस्मृत प्रवृत्तियों से उत्पन्न हुआ स्वीकार करते हैं।[2] इसके माध्यम से साहित्यकार की रचनात्मक शक्तियों में आत्मविस्मृत या अध्यात्मिक प्रभावों का अस्तित्व रचना को अमानवीय उपलब्धि कहने का तर्क उत्पन्न करती है। इस प्रवृत्ति को आगे बढ़ाने में वह सारे तत्त्व कार्यरूप में परिणत हो जाते हैं जो साहित्यकार के सामाजिक दायित्वों को नहीं मानते। प्रेमचन्द के मस्तिष्क का यह विरोधाभास उनके स्वभाव में अध्यात्मिक प्रवृत्ति के आधार पर विकसित हुआ है। उनकी इस प्रवृत्ति का उल्लेख उनके धार्मिक विचारों या सिद्धान्तों का विश्लेषण करते हुए विस्तृत रूप में आगे किया जायगा। यहाँ मात्र उन आयामों पर दृष्टि रखने की आवश्यकता है, जो उनकी मानवतावादिता के बावजूद साहित्य में अभौतिक विचारों के लिए राहें खोलती हैं। इसीलिए जब प्रेमचन्द ने कहा कि साहित्यवाद (पैदा) होता है, निर्मित नहीं किया जाता, तो साहित्यकार के सामाजिक प्रभावों से अधिक उसकी आन्तरिक प्रवृत्ति के लिए मार्ग प्रशस्त होते हैं। इन्हें प्रेमचन्द की अध्यात्मिक प्रवृत्ति का कम महत्त्वपूर्ण पहलू समझना चाहिए क्योंकि जब समाज के उद्देश्यों और साहित्यकार के सामाजिक दायित्वों की समस्या सामने आती है तो प्रेमचन्द स्पष्ट शब्दों में साहित्य 'साहित्य के लिए' साहित्य स्वांतःसुखाय की तरह के सिद्धान्तों का विरोध करते दीख पड़ते हैं। एक स्थान पर रोमांरोलां के संदर्भ में अपनी बात व्यक्त करते हैं—

''जिस कला पर जीविका का भार नहीं वह केवल शौक़ है, केवल व्यसन जो मनुष्य अपनी बेकारी का समय काटने के लिए करता है। यह केवल मनोरंजन है, दिमाग़ की थकान मिटाने के लिए! जीवन की मुख्य वस्तु कुछ और है मगर सचे कलाकार की कला ही उसका जीवन है। उसकी कला में वह अपनी सम्पूर्ण आत्मा से मरता है, लिपटता है। अभाव की उत्तेजना के बगैर कला में तीव्रता

---

1. ''लेखक को पब्लिक और गवर्नमेंट अपना ग़ुलाम समझती है, आख़िर लेखक भी कोई चीज़ है। वह सभी की मर्ज़ी के मुताबिक़ लिखे तो लेखक कैसा? लेखक का भी अस्तित्व है। गवर्नमेंट जेल में डालती है, पब्लिक मारने की धमकी देती है, इससे लेखक डर जाये और लिखना बन्द कर दे!''

   शिवरानी देवी : प्रेमचन्द घर में, पृष्ठ 148

2. प्रेमचन्द : कुछ विचार, पृष्ठ 61

कहाँ से आयेगी? व्यसन खिलौने बना सकता है, मूर्तियों का निर्माण करना उसके कलाकार का कार्य है, जिसकी सम्पूर्ण आत्मा उसके कार्य में हो।''[1]

एक दूसरे स्थान पर लिखते हैं—

''साहित्यकार का काम केवल पाठकों का मन बहलाना नहीं है। ये तो भाटों, मदारियों और विदूषकों का काम है। साहित्यकार का पद इससे कहीं ऊँचा है, वह हमारा पथप्रदर्शक होता है, वह हमारे मनुष्यत्व को जगाता है, हममें सद्भावों का संचार करता है, हमारी दृष्टि को फैलाता है... कम-से-कम उसका यही उद्देश्य होना चाहिए।''[2]

प्रेमचन्द ने साहित्यकार को समाज से अलग किसी दूसरे दायित्व का प्रचारक नहीं बनाया है। इस प्रकार साहित्यकार के दायित्व के निर्धारण में संशय नहीं उत्पन्न किये जा सकते, क्योंकि संसार के दूसरे साहित्यकारों के समान प्रेमचन्द ने भी साहित्य को सामाजिक नेतृत्व के उच्च पद पर आसीन किया है, जो प्राचीन भारतीय विचार एवं चिंतन से तादात्म्य रखता है, जिसमें साहित्यकार (कवि) को उसके दायित्वों के आधार पर 'ऋषि' के समान सम्मान प्राप्त था। प्रेमचन्द की दृष्टि में साहित्यकार का भी यही स्थान था। उन्होंने इसे शिव प्रवृत्तियों के नेतृत्व में मानवतावादी प्रवृत्ति उत्पन्न करने और व्यापक दृष्टिकोण प्रदान करने का माध्यम माना है। प्रेमचन्द ने रचनात्मक कलाकार की महानता पर बल दिया है, किन्तु मात्र निम्न आमोद-प्रमोद की भावना से उच्च रखने पर बल दिया। प्रेमचन्द ने साहित्यकार के दायित्वों को भौतिक दृष्टिकोण से समझने और समझाने का प्रयास किया है, जिससे आचार्य नन्द दुलारे वाजपेयी को शिकायत हुई कि प्रेमचन्द की दृष्टि व्यक्ति पर न रुक करके उसकी भावना पर रुकती है, क्योंकि प्रेमचन्द के विचार आदर्शवाद की उन प्रवृत्तियों से मेल नहीं खाते, जो साहित्यकार को आन्तरिक और अध्यात्मिक स्थितियों में बाँधकर रखते हैं।[3] प्रेमचन्द लिखते हैं—

''साहित्यकार का लक्ष्य महफ़िल सजाना और मनोरंजन का सामान जुटाना नहीं, उसका परदा इतना न गिराइये। वह देशभक्ति और राजनीति के पीछे चलने-वाली सचाई नहीं, बल्कि उनके आगे मशाल दिखाती हुई चलनेवाली सचाई है।''[4]

---

1. प्रेमचन्द : साहित्य का उद्देश्य, पृष्ठ 144
2. प्रेमचन्द : कुछ विचार, पृष्ठ 77
3. नन्ददुलारे वाजपेयी : हिन्दी साहित्य : बीसवीं शताब्दी, पृष्ठ 71
4. प्रेमचन्द : साहित्य का उद्देश्य, पृष्ठ 15

जीवन के नेतृत्व का कर्त्तव्य स्वीकार करने के पश्चात् साहित्यकार को जीवन को शुभ बनाने के लिए उन राजनीतिक और सामाजिक सिद्धान्तों का पालन करना पड़ेगा, जो मानवीय अधिकार, संसाधनों का समान विभाजन और विकास के एक जैसे अवसर उपलब्ध करता है क्योंकि मानव अपने निजी और व्यक्तिगत दायित्वों के अलावा अपने परिवार, वर्ग और देश के विकास और उद्देश्य पर दृष्टि रखता है। उसके व्यक्तित्व एवं विवेक पर आंतरिकता और वैयक्तिता का खोल नहीं चढ़ाया जा सकता। उसके विचार एवं चिंतन, पसन्द-नापसन्द, साहित्यिक और सौंदर्यात्मक दृष्टिकोण व नैतिक सिद्धान्त को आलोचना की खरी कसौटी पर कसने की अनुमति होगी। उसके कर्मों को सामाजिक व्यवस्था में मानवदिव्य सर्वमान्य मानक पर देखा जायेगा। प्रेमचन्द का युग अपने सामाजिक एवं राजनीतिक संघर्ष के कारण बहुत महत्त्वपूर्ण है। उन्होंने अपने सकारात्मक विचार के माध्यम से साहित्यकार और साहित्य का मार्ग दर्शन किया। उन्होंने साहित्यकार के दायित्वों को देश के राजनीतिक और सामाजिक संघर्ष का अंग माना है। साहित्यकार को महात्मा गांधी के प्रयासों में सहायक होने के लिए प्रेरित किया। प्रेमचन्द ने साहित्यकार का उद्देश्य समाज की सेवा माना था। इसी आधार पर उन्हें 'महाजनी सभ्यता' से दुराव था, जिसमें साहित्यकार अपनी श्रेष्ठता प्रदर्शित करते हैं, जन समुदाय पर शासन करते हैं, उनका रक्त चूसते और मूर्ख बनाते हैं।[1]

इस प्रकार साहित्यकार के दायित्वों में अन्याय और शोषण के विरुद्ध आवाज़ उठाना सम्मिलित हो जाता है, किन्तु उसके दायित्वों की सीमाओं पर भी ध्यान देना चाहिए कि व्यक्तिगत स्वतंत्रता के नाम पर दूसरों के अधिकारों का हनन करना, पूँजीवादी व्यवस्था की विशेषता है। इसी स्वतंत्रता की माँग में शोषण की नींव मज़बूत की जाती है। इस विचार के अपंग होने के कारण इसके पोषक साहित्यकार सुन्दर तर्कों के जाल में गिरफ्तार रहते हैं। निजी एवं व्यक्तिगत स्वतंत्रता के विभिन्न शब्दावलियों का आविष्कार करके लोगों की सरलता से अनुचित लाभ अर्जित करने की चेष्टा करते हैं। इसके विपरीत कुछ लोगों ने व्यक्तिगत स्वतंत्रता को असभ्य, असामाजिक मस्तिष्क की देन माना है, जो व्यक्ति को अपने स्वार्थ और असमर्थताओं की सीमाओं में जकड़ देता है। कुछ समालोचकों ने व्यक्तिगत स्वतंत्रता को व्यक्ति की आन्तरिक स्थिति व कार्य माना है, जिसमें विकास या उन्नति के लिए रचनात्मक शक्तियों की आवश्यकता होती है। इस प्रकार साहित्यकार के दायित्व की समस्या उसकी व्यक्तिगत स्वतंत्रता की माँग से संबंधित हो जाती है। निजी एवं व्यक्तिगत स्वतंत्रता के शाब्दिक भ्रमजाल से अलग हटकर साहित्यकार के दायित्व को कलाकार के विवेक और रचनात्मक विशेषताओं से

---

1. प्रेमचन्द : निबंध, महाजनी तहज़ीब, प्रेमचन्द स्मृति, पृष्ठ 264

संबद्ध करके देखा जाय, तो मानना पड़ेगा कि जो साहित्यकार समकालीन विचारों और प्रवृत्तियों के साथ-साथ सभ्य मूल्यों से जुड़ा रहता है, उसे सही रूप में आंतरिक प्रेरणा प्रदान करता है, वही अपने उद्देश्यों के दायित्वों का निर्वाह कर सकता है।[1] प्रेमचन्द का (रवैया) दृष्टिकोण स्पष्ट है। उन्होंने अपनी रचनाओं के माध्यम से साहित्यकार को अपने कार्यक्षेत्र को तीव्र करने पर प्रेरित किया है। प्रेमचन्द की रचनाएँ अपने युग की ऐतिहासिक दस्तावेज़ बन गयी हैं। उन्होंने साहित्यकार को विवेक के आधार पर सामाजिक आन्दोलन में सम्मिलित होने का सुझाव दिया, क्योंकि उनके विचार में साहित्यकार के उद्देश्यों में जनसाधारण का मार्ग दर्शन भी सम्मिलित है। साहित्यकार को समाज के लोगों से प्रेम और सहानुभूति का रवैया रखना चाहिए। ऐसे समाज में जहाँ धनी और निर्धन, शासक एवं शासित, पूँजीपति और श्रमिक एक साथ जीवन व्यतीत कर रहे हों, अन्याय और शोषण की सम्भावनाएँ जितनी तीव्र होंगी, साहित्यकार का रवैया भी उतना स्पष्ट होना चाहिए। इसमें निर्धन, दलित, पिछड़े और शोषित जनता से सहानुभूति उत्पन्न होना आवश्यक है। क्योंकि रोमां-रोलां के कथनानुसार—

''मानव समाज की बुराइयों को दूर करने की चेष्टा प्राणी मात्र का कर्त्तव्य है, जिसे अन्याय देखकर क्रोध नहीं आता वह यही नहीं कि कलाकार नहीं है, बल्कि वह मनुष्य भी नहीं है।''[2]

जीवन के अन्यायों से संबंधित प्रेमचन्द का यही दृष्टिकोण भी था—

''वह (साहित्यकार) मानवता, दिव्यता और भद्रता का बाना बाँधे होता है। जो दलित हैं, पीड़ित हैं, वंचित हैं... चाहे वह व्यक्ति हों या समूह उसकी हिमायत और वकालत करना उसका फ़र्ज़ है।''[3]

प्रेमचन्द समाज के दायित्व से मुँह मोड़नेवालों को साहित्यकार ही नहीं मानते। प्रगतिशील लेखक संघ के पहले अधिवेशन में अध्यक्षीय सम्बोधन में उन्होंने कहा था—

''प्रगतिशील लेखक संघ का नाम मेरे विचार में ग़लत है। साहित्यकार या कलाकार स्वभावतः प्रगतिशील होता है। अगर वह उसका स्वभाव न होता, तो शायद वह साहित्यकार ही न होता। उसे अपने अन्दर भी एक कमी महसूस होती और बाहर भी। उसी कमी को पूरा करने के लिए उसकी आत्मा बेचैन रहती है। अपनी कल्पना में वह व्यक्ति और समाज को सुख और स्वच्छंदता की जिस

---

1. रघुवंश : साहित्य का नया परिप्रेक्ष्य, पृष्ठ 41
2. प्रेमचन्द : साहित्य का उद्देश्य, पृष्ठ 143
3. वही, पृष्ठ 6

अवस्था में देखना चाहता है, वह उसे दिखायी नहीं देती। इसलिए वर्तमान मानसिक और सामाजिक अवस्थाओं से उसका दिल कुढ़ता रहता है। वह इन अप्रिय अवस्थाओं का अन्त कर देना चाहता है।''[1]

प्रेमचन्द का व्यक्तित्व और रचनाओं में साहित्यकार के दायित्वों से संबंधित उनके सिद्धान्त स्पष्ट हैं। प्रेमचन्द ने साहित्यकार के आत्मबोध के ऐसे आयाम को नकार दिया, जो समाज एवं राष्ट्र के दायित्वों के अलग-अलग भावों में नहीं रखा जा सकता। प्रेमचन्द के विरोधी भी स्वीकार करते हैं कि उन्होंने ऐसी कहानियाँ नहीं लिखीं, जो शुद्ध रूप से निराशावादी हों या जिनसे जीवन के व्यापक उद्देश्य पीछे छूटते हों।[2] प्रेमचन्द की रचनाओं में साहित्यकार का निजी और व्यक्तिगत रवैया उसके सामाजिक सिद्धान्त से भिन्न नहीं होता। प्रेमचन्द साहित्यकार के अपने रवैये में सहानुभूति को आवश्यक मानते हैं। एक स्थान पर लिखते हैं—

''पाठक सब कुछ क्षमा कर सकता है, लेखक में बनावट या दिखावा या प्रशंसा की लालसा क्षमा नहीं कर सकता।''[3]

निजी अनुभवों एवं निरीक्षणों की कमी या उसके व्यक्त करने में कोई कमी अच्छे साहित्य की रचना में बाधक होता है। कोई साहित्यकार मात्र दूसरों से लिए हुए अनुभवों एवं प्रयोगों से रचनात्मक कार्य नहीं कर सकता।[4] लक्ष्मीकान्त वर्मा का यह विचार सही है कि सामाजिक तत्त्व जीवन के महत्त्वपूर्ण भाग हैं, तो निजत्व की अभिव्यक्ति या निजी तत्त्व उसकी पूर्णता में सहयोग क्यों नहीं करेगा।[5]

यथार्थवाद

गत पृष्ठों में साहित्य के उद्देश्यों और साहित्यकारों के दायित्वों से संबंधित प्रेमचन्द

---

1. प्रेमचन्द : साहित्य का उद्देश्य, पृष्ठ 9
2. नन्ददुलारे वाजपेयी : प्रेमचन्द-साहित्य विवेचन, पृष्ठ 162
3. प्रेमचन्द : साहित्य का उद्देश्य, पृष्ठ 34
4. ''मैं बोली : ख़ुद तो सूखकर काँटा हो गये और दूसरों की फ़िक्र में दीवाने हैं। तब आप बोले– दीया होता है, उसका काम है रोशनी करना; सो वह करता है। उससे किसी का लाभ होता है या हानि इससे उसको कोई बहस नहीं ..... उसमें जब तक तेल और बत्ती रहेगी, तब तक वह अपना काम करता रहेगा जब तेल खत्म हो जायगा तब ठंडा हो जायगा।

   शिवरानी : प्रेमचन्द घर में, पृष्ठ 306
5. लक्ष्मीकान्त वर्मा : नयी कविता के प्रतिमान, पृष्ठ 225

के विचारों का विश्लेषण किया गया। इसी संदर्भ में साहित्यिक यर्थाथवाद की समस्याएँ भी सामने आयीं, क्योंकि साहित्यिक और रचनात्मक विचारों के प्रचार एवं प्रसार में सामाजिक जीवन की वास्तविक अभिव्यक्ति सम्मिलित हो जाती है।[1] किन्तु यथार्थवाद के नाम पर कुछ साहित्यकारों और विचारकों ने अपनी नकारात्मक प्रवृत्ति के आधार पर उसके तत्त्वों के निर्धारण में इतनी विविधता दिखायी है कि उसके विचारों से भ्रम का प्रचार-प्रसार हुआ। इसके विपरीत साहित्यिक इतिहास का भौतिक दृष्टिकोण स्वीकार करके यथार्थवाद को समाज की परिवर्तनशीलता एवं उन्नयन से सम्बद्ध कर दिया जाय तो साहित्य के रूप व रंग को नकारात्मकवादी प्रवृत्ति से मुक्ति मिल सकती है। यथार्थवाद की इस विचारधारा के विश्लेषण में तथ्य के मूल एवं प्रकार तथा महत्त्व की समस्याएँ उत्पन्न होती हैं। साहित्यकार इस रहस्य को भली-भाँति समझता है कि साहित्यिक रचना में किन तथ्यों की अभिव्यक्ति से जीवन सुखी एवं प्रसन्नतापूर्ण हो सकता है या क़िस प्रकार की बातें मानव मस्तिष्क के अग्राह्य पहलुओं तक पहुँचती है। किन्तु हर क्षण बदलते तथ्यों को पकड़ना और उनसे अच्छे तत्त्वों को निकालना सरल नहीं है। कलाकार को विशाल दृष्टि, गहरे अनुभवों और विस्तृत अवलोकन की आवश्यकता होती है।

यथार्थवाद घटना, प्रभाव या कार्य का हूबहू चित्रण करना नहीं है। यह साहित्य की एकांगी कल्पना है, जो कलाकार के विवेक को फ़ोटोग्राफ़ी तक सीमित कर देती है। इसी विचार ने साहित्य को तृतीय श्रेणी का नक़लचीपन माना है। यथार्थवादी कलाकार निरीह होकर आसपास की स्थिति से अनजान बनकर, अपने व्यक्तिगत अनुभवों और सामाजिक विचारों से दूर हटकर रचना को सचाई नहीं प्रदान कर सकता, बल्कि साहित्यकार और कलाकार अपने व्यक्तिगत संसार से अधिक अपने आसपास के वातावरण के फैलाव का अनुभव करता है, जिसमें शुभ-अशुभ, आशा-निराशा, स्वप्न-उमंग और निष्क्रियता संघर्ष के प्रभाव अपरिहार्य होते हैं। साहित्यकार का विवेक सामाजिक स्थिति के अनुसार ढलता रहता है। इसी आधार पर विभिन्न युगों का साहित्य एक-दूसरे से भिन्न होता है। सामाजिक परिवर्तन इसे नये विषयों का साहित्य अधिग्रहण करने पर विवश करता रहता है। यदि उसके देश की सामाजिक व्यवस्था बदल जाय, तो यथार्थवाद मानक भी परिवर्तित हो जायगा। सामाजिक यथार्थवाद में आर्थिक शुभ एवं अशुभ स्रोतों का पता लगाने या रूढ़िवादी और प्रगतिवादी मूल्यों या शक्तियों के विश्लेषण का कार्य पूरी समग्रता से किया जाता है। यद्यपि कभी-कभी यह प्रयास सकारात्मक हल प्रस्तुत करने से असमर्थ रहता है, किन्तु इसके कारण जीवन को समझने का कर्म प्रगतिशील रहता है क्योंकि साहित्यकार का मस्तिष्क एवं विवेक, विश्लेषण एवं

---

1. जगदीश गुप्त : भारती कला के पद चिह्न, पृष्ठ 126

अनुभूति से प्राप्त घटनाओं और स्थितियों से प्रभावित होता रहता है। इस प्रकार के यथार्थवाद को मार्क्स और एंगेल्स ने 'आलोचनात्मक यथार्थवाद' (Critical Realism) कहा है। बल्कि साम्यवादी जीवन व्यवस्था को व्यक्त करने के आधार पर इसे 'सामाजिक यथार्थवाद' (Socialistic Realism) कहा जाता है। हावर्ड फ़ास्ट ने इसका पूँजीवादी यथार्थवाद (Capitalistic Realism) से तुलनात्मक अध्ययन में लिखा है—

"बुर्ज़ुआ और साम्यवादी यथार्थवाद में अन्तर है। एक बड़ी सीमा तक सीमित, दूसरी सम्भावनाओं के अनुसार असीमित और इसे फिर दुहराने की आवश्यकता है। इसका मामला पार्टी या राजनीतिक विचारों से नहीं बल्कि अपने विस्तृत अर्थों में दृष्टिकोण और अनुभूति से संबद्ध है।"[1]

इन्हीं विचारों को प्रोफ़ेसर सैयद एहतेशाम हुसैन ने अधिक सुन्दर रूप में प्रस्तुत किया है—

"यथार्थ, को उसके विभिन्न रूपों में पहचानने के लिए हर कहानी के विषय का अध्ययन सामाजिक एवं आर्थिक प्रवृत्ति, वर्गात्मक अन्तर्विरोध और जीवन के संघर्षों के प्रकाश में करना चाहिए, क्योंकि यही यथार्थ कभी विकास के रूप में उजागर हो सकता है, कभी विघटन का, कभी जीवन उल्लास और उन्नयन का द्योतक हो सकता है। कभी मायूसी और लाचारी, कभी जीवन की समस्याओं से संघर्ष का चित्र प्रस्तुत कर सकती है और कभी पलायन की। यथार्थ अपने युग के दर्शन और कर्म में उजागर होता है और उसकी अभिव्यक्ति साहित्यकार और कहानीकार की इच्छा के अनुसार होती है।"[2]

आचार्य हजारीप्रसाद द्विवेदी ने यथार्थवादी साहित्यकार की निम्नलिखित विशेषताएँ वर्णित की हैं—

"(1) वक्तव्य वस्तु के इर्द-गिर्द की प्रत्येक बात का व्यौरेवार विवरण उपस्थित करता है और गंदी घिनौनी समझी जानेवाली चीज़ों का विशेष रूप से उल्लेख करता है। (2) समसामयिक घटनाओं और रीति-रस्मों का विस्तारपूर्वक उल्लेख करता है। (3) वक्तव्य वस्तु के अत्यन्त क्षीणसूत्र से संबद्ध नगण्य व्यक्तियों की भी चर्चा करता है। (4) भिन्न-भिन्न पात्रों की बोलियों का हूबहू लेखन करता है और उनमें यदि जुगुप्सित अश्लील गालियाँ भी हों, तो उन्हें ज्यों-का-त्यों रख देने से नहीं हिचकता। (5) विभिन्न व्यवस्था और पेशे के लोगों के

---

1. हावर्ड फ़ास्ट : लिट्रेचर एण्ड रियलटी, पृष्ठ 47
2. सैयद एहतेशाम हुसैन : रवायत और बग़ातव, पृष्ठ 58

पारिभाषिक शब्दों को चुन-चुनकर संग्रह और व्यवहार करता है। (6) घटना की सचाई का वातावरण उपस्थित करने के लिए चिट्ठियों, सनदों और प्रामाणिक समझी जाने योग्य बातों को उपस्थित करता है।''[1]

सामाजिक यथार्थवाद में आर्थिक संबंध एवं समस्याएँ उत्पन्न होती हैं। साहित्य की उपयोगिता की बात चलती है। जीवन के आंदोलनात्मक शक्तियों को सकारात्मक करने का प्रयास किया जाता है और साम्राज्यवाद, पूँजीवाद और व्यक्तिवाद को उजागर करने का प्रयास किया जाता है; बल्कि कुछ लोगों ने यह दावा किया है कि उनकी अभिव्यक्ति ही यथार्थवाद है, जो इससे पहले साहित्य में स्वतंत्रतापूर्वक प्रस्तुत नहीं की जा सकती थी। इसमें संदेह नहीं कि यथार्थ अपने उद्देश्य के प्रमाण में सत्य और प्रमाणित दृष्टिकोण है। उन सत्यताओं का वर्णन करने से घबराता नहीं, जो उसकी कल्पना को दृढ़ करती है। किन्तु किसी रचना में मात्र आस-पास की गंदी और घिनौनी बातों का उल्लेख, रहन-सहन का वर्णन, घटनाओं से संबंधित साधारण लोगों की बातें, प्रतिबंधित और नंगी गालियाँ लिख देने से कोई साहित्यकार यथार्थवादी होने का अधिकारी नहीं हो सकता। साहित्य परवारी की बतौनी या ज्योतिष की कुंडली के समान एकांगी नहीं बनाया जा सकता। यथार्थवाद की इसी कल्पना से परेशान होकर प्रेमचन्द ने कहा था—

''मैं यथार्थवादी नहीं हूँ, कहानी में वस्तु ज्यों-की-त्यों रखी जाय, तो वह आत्मकथा हो जायगी। कारीगर के समान साहित्यकार का यथार्थवादी होना आवश्यक नहीं, वह हो भी नहीं सकता। साहित्य की रचना मानव समूह को अग्रसर करने, उठाने के लिए ही होती है—आदर्शवादी अवश्य हो परन्तु यथार्थ और प्राकृतिक अन्दाज़ के विपरीत न हो। इसी प्रकार यथार्थवादी भी आदर्शवाद को न भूले तो अच्छा है।''[2]

इसी प्रकार प्रेमचन्द ने जब यह कहा—

''Realist हममें से कोई भी नहीं है। हममे से कोई भी जीवन को उसके यथार्थ रूप में नहीं दिखाता, बल्कि उसके वांछित रूप में ही दिखाता, मैं नग्न यथार्थवाद का प्रेमी भी नहीं हूँ।''[3]

उन्होंने यथार्थवाद के इस निम्न विचार को नापसन्द किया है जो यथार्थवाद के

---

1. हज़ारी प्रसाद द्विवेदी : हिन्दी साहित्य, पृष्ठ 428
2. प्रेमचन्द : कुछ विचार, पृष्ठ 36
3. प्रेमचन्द : चिट्ठी पत्री सं० 2, पृष्ठ 14

अर्थ में किसी बात को उसी रूप में प्रस्तुत कर देने तक सीमित कर देता है, यद्यपि दूसरी ओर शब्दों के घटिया प्रसार-प्रचार का भी तरफ़दार होता है। इसके माध्यम से बताया गया यथार्थ अस्वीकार कर देता है, क्योंकि उसके विचार में मात्र शब्द के अन्दर मूल अर्थ निहित होता हैं। ये प्रवृत्ति यथार्थवाद को अवचेतन के अँधेरे में डाल देती है। साहित्यकार का विचार एवं कला का उलझाव ही उलझाव मिलते हैं।

प्रेमचन्द के आदर्श यथार्थवाद में यथार्थवाद के तत्त्व इस प्रकार घुल-मिल गये हैं कि उन्हें अलग-अलग भागों में विभाजित नहीं किया जा सकता। यदि उनकी कहानियों के विषय-वस्तु का अध्ययन सामाजिक एवं आर्थिक दृष्टिकोण से किया जाय और समाज के वर्गीय संघर्ष शासक और पूँजीपति शोषितपूर्ण रवैयों और किसानों, मज़दूरों के संघर्ष को दृष्टि में रखा जाय तो प्रेमचन्द को समझने में कठिनाई नहीं होती कि उनका यथार्थवाद जिस सामाजिक व्यवस्था का चित्रण कर रहा था, उसमें सामाजिक यथार्थवाद को आधारभूत महत्त्व प्राप्त है।

साहित्यिक विश्लेषण में यथार्थवाद के माध्यम से तार्किक परिणामों तक पहुँचने की सम्भावना बढ़ जाती है, क्योंकि जीवन के भौतिक लक्ष्यों से विभिन्न समस्याएँ उत्पन्न होती हैं, जिनके कारणों के विश्लेषण में साहित्यकार का मस्तिष्क प्रभावित होता रहता है। विभिन्न साहित्यकारों के अनुभवों के आयाम अनेक हो सकते हैं। उनमें आपस में तादात्म्य भी हो सकता है, जो साहित्यकार के बाह्य परिवेश पर आधारित होता है। इस कार्य में अनेक प्रश्न उत्पन्न होते हैं—ऐसा क्यों है? इसको कैसा बनाया जाय? अतृप्ति पर अधिकार करने के क्या माध्यम हैं? आदि। प्रेमचन्द ने अपनी दूरदर्शिता के आधार पर इन समस्याओं को अच्छी प्रकार समझ लिया था। उन्हें सामाजिक जीवन के उन मकड़ जालों का अनुमान था, जो मानवीय विवेक को कल्पनावादिता की दृढ़ शृंखला में जकड़कर उसकी शक्ति कम कर देते हैं। प्रेमचन्द को निर्धनों और दलितों की प्रसन्नता के छीने जाने के कारणों और परिणामों की जानकारी थी। इसलिए बड़े जोर से शोषक वर्ग पर हमले करते थे। उनका आलोचनात्मक यथार्थवाद युवा शरीर के अंगों के चित्रण, उनके उभारों क़ो दर्शाने तथा उनके गिनने तक सीमित नहीं था। वरन् वह सामाजिक जीवन के नासूर की सड़न पर नश्तर लगाते थे, जिसके आधार पर उन्हें घृणा के प्रचार का आरोप भी सहना पड़ा। किन्तु यथार्थवाद का भौतिक दृष्टिकोण जिस प्रकार समस्याओं का हल ढूँढता है, उसके बोध से प्रेमचन्द दूर रह गये।

अली सरदार जाफ़री का मत है—

"(प्रेमचन्द की) कहानियों का आधार कई सामाजिक या आर्थिक समस्याएँ होती हैं। किन्तु उसका हल सामाजिक और आर्थिक नहीं होता बल्कि व्यक्तिगत

होता है वह क्रांति के बजाय व्यक्तित्व व आध्यात्मिक सुधार की ओर चले जाते हैं और एक आदर्शवादी ढंग प्रस्तुत करते हैं जो कार्य रूप में सम्भव नहीं है।''[1]

प्रेमचन्द ने समस्याओं का हल ढूँढ़ने में एक प्रकार के आदर्शवादी यथार्थवाद पर बल दिया था, जिसके आधार पर उनके साहित्यिक सिद्धान्त मध्यमार्गी अथवा समझौतावादिता के शिकार हो गये हैं, जिसके विभिन्न विवरण दिये जाते रहे हैं। एक बार उन्होंने अपने उद्देश्य को स्पष्ट करते हुए कहा था—

''नग्न यथार्थता और नग्न आदर्शवादिता, दोनों अतिवाद हैं। नग्न सत्य सिर्फ़ पुलिस की रिर्पोट हो जाती है और नग्न आदर्श प्लेटफ़ार्म का फ़तवा।''[2]

प्रेमचन्द ने कुछेक स्थानों पर एवं अभौतिक आदर्शवाद और यथार्थवाद को मिलाने का प्रयास भी किया है। इसने उनकी कहानियों की यथार्थवादिता को खंडित किया है। इन अवसरों पर उन्होंने समस्याओं के हल ढूँढने में भौतिक संसाधनों को न केवल कभी-कभी छोड़ा है बल्कि एक प्रकार के अध्यात्मिक और व्यक्तिगत रवैये के तहत ह्रदय परिवर्तन के माध्यम से बुराइयों में अच्छाइयाँ उत्पन्न करने का प्रयास किया है जिससे कहानी का पूरा प्रभाव अस्वाभाविक हो गया है।

आचार्य नन्ददुलारे बाजपेयी ने सही लिखा है—

''कोई कलाकार या तो यथार्थवादी हो सकता है या आदर्शवादी। यह दोनों सरासर भिन्न सिद्धांत हैं और कला की शैली हैं। किसी एक रचना में इनको मिलाना सम्भव नहीं है। साहित्यिक रचनाएँ यथा पूर्ण आदर्शवाद या आदर्शवादी यथार्थता नाम की कोई वस्तु नहीं हो सकती ''[3]

इस यथार्थवाद के अविभाज्य आदर्शवाद का अनुभव किया जाय तो इसमें अतीत के लिए अथाह प्रेम दिखायी देगा, जिसमें भारत के सामाजिक जीवन के विघटन को रोकने के कार्य में वर्गीय संघर्ष नहीं मिलता है, बल्कि प्राचीन परम्पराओं के बल पर जब साधारण में स्वाभिमान की भावनाओं को गति देने का प्रयास दिखायी देगा।

डॉ० नगेन्द्र का मत है—

''आदर्शवाद और यथार्थवाद में मूल विरोध है। पहले का आधार भावगत

---

1. अली सरदार जाफ़री : तरक़्क़ीपसन्द अदब, पृष्ठ 133
2. प्रेमचन्द : कुछ विचार, पृष्ठ 36
3. नन्ददुलारे वाजपेयी : प्रेमचन्द साहित्यिक विवेचन, पृष्ठ 21

दृष्टिकोण और दूसरे के लिए वस्तुगत दृष्टिकोण अनिवार्य है। आदर्शवाद यथार्थवादी नहीं होगा।''[1]

यद्यपि प्रेमचन्द ने समाज की बुरी रस्मों, अन्याय, शोषण पर तीव्र और दो टूक प्रहार किये हैं और उन्हीं के आधार पर सामाजिक मूल्यों को प्रतिपादित करने का प्रयास किया है किन्तु इस पर भी परम्परावादी होने का लेबल लगता रहा है। विश्लेषण किया जाय तो इस प्रवृत्ति के पीछे विदेशी वस्तु और पश्चिमी सभ्यता के विरोध की भावना कार्य करती है। इसी आधार पर उनकी रचनाओं में राष्ट्रीय नेताओं और ऐतिहासिक व्यक्तित्वों को उभारा गया है। विश्लेषण की दृष्टि से देखा जाय तो अपने सीमित विचारों के बावजूद आदर्शवाद में मानवीय समाज को अच्छा बनाने की इच्छा दबी थी, जो प्रेमचन्द को अत्यधिक प्रिय थी। चूँकि प्रो० आले अहमद सुरूर के शब्दों में—

''उन्होंने जीवन को अच्छी प्रकार से देखा था और पूर्णरूप से देखा था।''[2]

इसलिए जीवन को समझने-समझाने और आगे बढ़ाने में आदर्शवाद का विचार नहीं था, बल्कि प्रेमचन्द इसे श्रमिकजनों में आर्थिक संघर्ष तीव्र करने का माध्यम बनाने के पक्षधर थे।

प्रेमचन्द ने सुविचारित रूप से दलित एवं पिछड़े वर्ग की समस्याओं में रुचि ली और उन्हें अपनी रचनाओं में जीवन के विस्तृत आयाम में प्रस्तुत किया। उन्होंने इन समस्याओं पर निष्कर्षयुक्त बातें की हैं, जो स्वयं उन पर भी सत्य होती हैं और उनके सामाजिक यथार्थवाद के अध्ययन में सहायक हो सकती हैं। उनके शब्द प्रसिद्ध हैं—

''हमारी कसौटी पर वह साहित्य खरा उतरेगा जिसमें उच्च चिंतन हो, स्वाधीनता का भाव हो, सौन्दर्य का सार हो, सृजन की आत्मा हो, जीवन की सचाइयों का प्रकाश हो जो हममें गति, संघर्ष और बेचैनी पैदा करे—सुलाये नहीं, क्योंकि और ज़्यादा सोना मृत्यु का लक्षण है।''[3]

मनोवैज्ञानिक दृष्टिकोण

प्रेमचन्द की कहानियों में मनोवैज्ञानिक तत्त्वों को आधारभूत महत्त्व प्राप्त है, बल्कि इन्हें अच्छी कहानी का मानक माना जाता है कि उसमें कोई वैज्ञानिक विचार प्रस्तुत किया

---

1. नगेन्द्र : प्रेमचन्द और गोर्की, (सं० शचीरानी गुर्टू, पृष्ठ 118)
2. आले अहमद सुरुर : तंक़ीदी इशारे, पृष्ठ 37
3. प्रेमचन्द : साहित्य का उद्देश्य, पृष्ठ 19

जाय।[1] मनोवैज्ञानिक जटिलताएँ भी उनकी कहानी के मनोवैज्ञानिक अध्ययन में सम्मिलित हो जाती हैं। काल्पनिक साहित्य के अतिरिक्त नैतिक एवं सामाजिक साहित्य में भी मनोवैज्ञानिक पहलुओं का महत्त्व है और कलाकार अपने उद्देश्यों की व्याख्या में अपनी रचना के पात्रों के मनोवैज्ञानिक कार्यों को प्रस्तुत करता है। विशेषतया सीमित क्षेत्र की कहानियों में कुछ विशेष पात्रों, दृश्यों और घटनाओं में समय और स्थान की एकता के बन्धन के आधार पर मनोवैज्ञानिक तत्त्व के आयाम विस्तृत हो जाते हैं, क्योंकि इस प्रकार संक्षिप्त से विस्तृत तक पहुँचने में मनोवैज्ञानिक विचारों से बहुत सहायता मिल जाती है।

कहानी अपने कथ्य की लम्बाई-चौड़ाई, गहराई और विस्तार के बावजूद जीवन के कुछ पहलुओं की अभिव्यक्ति तक सीमित होती है। कहानी छोटी हो या बड़ी इसमें उपन्यास या नाटक के समान विभिन्न पात्रों, घटनाओं और दृश्यों को विस्तृत रूप से प्रस्तुत करने की गुंजाइश नहीं होती। कहानी का पूरा कार्य कुछ सीमित पात्रों की रूपरेखा और घटनाओं एवं दृश्यों के प्रभाव तक सीमित रहता है, इसलिए कहानीकार अपने पात्रों के आमोद-प्रमोद, संवाद और कार्यों की छोटी-छोटी बातों को गत्यात्मकता प्रदान करने के उद्देश्य से मनोवैज्ञानिक तत्त्वों से सहायता प्राप्त करता है। कहानी में कर्म के अवसर सामान्यतया कम होते हैं। इसलिए इसमें कहानीकार का रचनात्मक कर्म एक विशेष रूप धारण कर लेता है। वह मनोवैज्ञानिक विश्लेषण में समय और स्थान की दूरियों को खींचकर निकट कर देता है। कहानी के पात्रों में मनोवैज्ञानिक दृष्टिकोण के माध्यम से भूत, वर्तमान और भविष्य की घटनाओं के वर्णन में एकात्मकता उत्पन्न की जा सकती है। प्रोफ़ेसर एहतेशाम हुसैन के शब्दों में—

"समय के फैलाव को समेटने के लिए पात्र का मनोवैज्ञनिक विश्लेषण एक सामान्य तकनीक का रूप ले चुका है। कहानीकार पात्र के विचारों के साथ भूत, वर्तमान और भविष्य सबकी यात्रा कर आता है और उसकी बहुत-सी विशेषताओं को इस प्रकार उजागर करने का प्रयास करता है कि जिस लक्ष्य तक पढ़नेवालों को ले जाना चाहता है या जिस उद्देश्य को प्रस्तुत करना चाहता है उसमें सहायता मिले।"[2]

इस प्रकार पात्रों की मानसिक स्थिति पढ़नेवालों के सामने स्पष्ट हो जाती है, जिन्हें साहित्यकार अपने स्वाभाविक और बाह्य अनुभवों के प्रकाश में समझता रहता है, क्योंकि

---

1. प्रेमचन्द : कुछ विचार, पृष्ठ 40
2. सैयद एहतेशाम हुसैन : तंक़ीद और अमली तंक़ीद, पृष्ठ 50

पात्र की मनः और मनोवैज्ञानिक स्थिति बाह्य और स्वाभाविक भूमिका में तैयार होती है। कभी-कभी कहानियों में सही मनोवैज्ञानिक दृष्टि न होने के कारण विरोधाभासी और टकराव की स्थिति उत्पन्न कर दी जाती है। किन्तु यदि उनकी बाह्य पृष्ठभूमि सही होती है, तो इन स्थितियों को भी बौद्धिक बिम्बों की सहायता से समझा जा सकता है। मनोवैज्ञानिक पात्रों की मनःस्थिति साहित्यकार की मनःस्थिति से जुड़ी होती है, क्योंकि साहित्यकार भी सामाजिक आधार पर अपने पात्र के समान जीवन व्यतीत करता है। सामाजिक दृष्टिकोण के बिना मनोवैज्ञानिक स्थिति बहुत सीमित या निश्चित हो जाती है। उनका कार्य शारीरिक मनोविज्ञान के वर्णन में बँध जाता है क्योंकि मात्र काम-भावना और अन्तर्बोध के आयाम को मनोवैज्ञानिकता का केन्द्र नहीं माना जा सकता।

प्रेमचन्द के युग से फ्रायड के मनोविश्लेषण विचारधारा ने भारतीय मस्तिष्क को प्रभावित करना प्रारम्भ कर दिया था, जिसके उचित एवं अनुचित प्रयोग ने समकालीन कहानियों को कई प्रकार की मनोवज्ञानिक भूल-भूलैया का शिकार किया है। इसका एक कारण यह है कि हमारे साहित्य में मनोविश्लेषण के आधारभूत बहस का वास्तुनिष्ठ अध्ययन नहीं किया जा सका है। दूसरे यह कि फ्रायड के जिस सिद्धान्त का कोरा अनुकरण किया गया है, उसके अनुभव सामान्य स्वीकारोक्ति प्राप्त करने से दूर थे, क्योंकि इनसे मानव जीवन के सामाजिक कार्यों की पूर्ति नहीं होती है। उनका संबंध भारतीय संस्कृति और सामाजिक जीवन से स्थापित नहीं हो सकता, किन्तु इसमें संदेह नहीं कि मनोविश्लेषण ने काम प्रवृत्ति को महत्त्व दिया, जिससे वैज्ञानिक अभिव्यक्ति पर बल दिया जाने लगा। मनोविज्ञान में काम को आधारभूत महत्त्व प्राप्त है, बल्कि इसे विश्व व्यापक मानव जीवन व्यवस्था में तृप्ति प्राप्त करने में भाव के समानान्तर माना गया है; किन्तु इसके आयाम सामाजिक एवं सांस्कृतिक घटनाओं के अनुसार बदलते रहते हैं। भारतीय साहित्य में प्राचीन काल से काम भावनाएँ लिपिबद्ध की जाती रही हैं, किन्तु उन पर धार्मिक एवं नैतिक रस्म-रिवाज और सामाजिक व्यवस्था के दृढ़ क़ानून लागू रहे हैं; यद्यपि समकालीन युग की कहानी में मनोविश्लेषणात्मक प्रभाव के आधार पर काम की लहर फैली हुइै है किन्तु इसकी स्थिति सामान्यतः वैयक्तिक और एकांगी है। काम की सामूहिक और सामाजिक स्थिति के संबंध में प्रोफ़ेसर सैयद एहतेशाम हुसैन के विचार ध्यान देने योग्य हैं—

''इतिहास, भूगोल, मानवविज्ञान, अर्थशास्त्र और समाजशास्त्र से सामग्री लेकर एक ऐसे सामाजिक मनोविज्ञान की रचना करना, जिसमें व्यक्ति का कार्य, संयुक्त और जटिल सांस्कृतिक और वर्गीय जीवन से उसके संबंध को व्यक्त करें। यहाँ व्यक्ति, व्यक्ति भी रहता है और समाज का एक भाग भी। उसकी मनोविश्लेषणात्मक स्थिति व्यक्तिगत होते हुए भी उस वर्गीय और सामाजिक

संबंध को व्यक्त करेगी जिससे बाहर रहना या कम-से-कम अलग होना सम्भव नही है।''[1]

प्रेमचन्द की कहानियाँ सामान्यतः बड़े कैन्वस पर लिखी होती हैं, जिनमें कई प्रकार के पात्र, घटनाओं और प्रभावों को भूत, वर्तमान और भविष्य के विभिन्न आयामों से गुज़रना पड़ता है। कुछ कहानियों में कई-कई परतें और प्रभाव इकट्ठा कर दिये गये हैं, किन्तु उनको देखने का रवैया बाहरी तथ्यों पर आधारित होता है। उनमें प्रायः मनोविश्लेषण की चाशनी नज़र आ जाती है, परन्तु आन्तरिकता का ऐसा गहरा प्रभाव, जो अपने आप में जीवन की जटिलताओं को उजागर कर दे, प्रेमचन्द की अधिकांश कहानियों में अप्राप्य हैं। मनोविश्लेषणात्मक अध्ययन में रचनात्मकता, चेतना और अवचेतना, मानसिक स्थिति और प्रचार एवं प्रसार की समस्याओं के अतिरिक्त वैज्ञानिक और विश्लेषणात्मक दृष्टिकोण अवश्यम्भावी होता है। इसमें संदेह नहीं कि वर्तमान मानव के मनोविश्लेषण की गुत्थियाँ उलझती जा रही हैं, किन्तु यह विश्वास भी गहरा होता जा रहा है कि मनोविश्लेषणात्मक भावना की रचना न तो शून्य में होती है और न किसी अध्यात्मिक शक्ति से, बल्कि उसका जन्म स्वतः आरोपित, बाह्य प्रभाव और चेतन और अवचेतन की परतों में होता है। मनोविश्लेषणात्मक अभिव्यक्ति में ऐतिहासिक यथार्थ और सामाजिक, राजनीतिक एवं नैतिक समस्याएँ सम्मिलित होती हैं, जो विभिन्न प्रकार के विचारों की राहें तैयार करती हैं और व्यक्ति एवं व्यक्तित्व की आंतरिक और बाह्य संसार में नये प्रतीकों को जन्म देती हैं।

कहानी में मनोविश्लेषणात्मक अभिव्यक्ति से रचनात्मक कार्य को किसी बिन्दु पर केन्द्रित करने में सहायता मिलती है। उपन्यास या नाटक में कई प्रकार के प्रभाव और कार्य होते हैं जिनकी विस्तृत रूप में चर्चा हो सकती है, किन्तु कहानी में ऐसा करना सम्भव नहीं होता, क्योंकि कहानियों के गुणों को उभारने में मनोविश्लेषणात्मक बिन्दुओं से सहायता प्राप्त की जा सकती है। प्रेमचन्द ने एक स्थान पर लिखा है—

''वर्तमान आख्यायिका या उपन्यास का आधार ही मनोविज्ञान है। घटनाएँ और पात्र तो इसी मनोवैज्ञानिक सत्य को स्थिर करने के लिए लाये जाते हैं। उनका स्थान बिल्कुल गौण है; जैसे–'सुजान भगत', 'मुक्ति मार्ग', 'पंचपरमेश्वर', 'शतरंज के खिलाड़ी' और 'महातीर्थ' नामक सभी कहानियों में एक-न-एक रहस्य को खोलने की चेष्टा की गयी है।''[2]

---

1. सैयद एहतेशाम हुसैन : तंक़ीद और अमली तंक़ीद, पृष्ठ 57
2. प्रेमचन्द : कुछ विचार, पृष्ठ 63

प्रेमचन्द ने अपनी जिन कहानियों की चर्चा मनोविश्लेषणात्मक होने के संबंध में की है, उनको वर्तमान युग में मनोविश्लेषणात्मक अध्ययन के लिए अधिक महत्त्व नहीं दिया जाता। उन कहानियों में घटनाओं और दुर्घटनाओं का समावेश मनोवैज्ञानिक कशमकश से अधिक महत्त्व रखता है। उनमें कहानीकार का रवैया सरासर बाह्य और वर्णनात्मक है। मनोविश्लेषणात्मक दृष्टिकोण से प्रेमचन्द की कहानियों के अनेक लक्ष्य दिखायी देते हैं। उनकी प्रारम्भिक कहानियों में कथात्मकता और वर्णनात्मकता होने के आधार पर मनोवैज्ञानिक समस्याओं की सम्भावना कम थी। यद्यपि बाद के युग में 'बूढ़ी काकी' जैसी कहानियों में मनोविश्लेषणात्मक प्रभाव गहरा दिखायी देता है जिसके उन्नति का स्पष्ट रूप उनकी कहानी 'मनोवृत्ति' में दिखायी देता है। डॉ० देवराज उपाध्याय का विचार है—

" 'मनोवृत्ति' को प्रेमचन्द की मनोविश्लेषणात्मक कहानियों में सबसे ऊँचा स्थान देना चाहिए।"[1]

इस कहानी में किसी मनोवैज्ञानिक समस्या को खोला नहीं गया है, किन्तु इसके पूरे वर्णन और रवैये में मनोवैज्ञानिक प्रभाव उजागर हैं। कहानी कहने का ढंग जटिल नहीं है, इसमें सीधे और सपाट ढंग से चित्र खींचा गया है। विभिन्न व्यक्तियों के विरोधाभासी विचार इकट्ठा करके कहानी का आधारभूत केन्द्र तैयार किया गया है। तड़के गांधी पार्क के एक बेंच पर एक लड़की सोती हुई दीख पड़ती है। अलग-अलग लोग उसे देखते हैं और अपनी-अपनी मानसिक स्थिति के अनुसार बातें बनाते हैं। हाशिम और बसन्त नवयुवक खिलाड़ी हैं, सबके विचार अलग-अलग दिशाओं में अनुमानों की भूल-भूलैया से गुजरते हैं। इनमें मनोविश्लेषणात्मक अन्तर्द्वन्द्व है, बसन्त और हाशिम की वार्ता पर ध्यान दें—

"बसन्त ने कहा, इसे और कहीं सोने की जगह न मिली?

हाशिम ने जवाब दिया–कोई वेश्या है, लेकिन वेश्या भी तो इस तरह बेशर्मी नहीं करतीं।

वेश्या यदि बेशर्म न हो तो वेश्या नहीं।

बहुत-सी ऐसी बातें हैं जिनमें कुलबधू और वेश्या दोनों एक-सा व्यवहार करती हैं। कोई वेश्या मामूली तौर पर सड़क पर सोना नहीं चाहती।

रूप छवि दिखाने का नया आर्ट है।

आर्ट का सबसे सुन्दर रूप छिपाव है, दिखाव नहीं। वेश्या रहस्य को ख़ूब समझती है।

---

1. देवराज उपाध्याय : आधुनिक हिन्दी कथा और मनोविज्ञान, पृष्ठ 192

उसका छिपाव केवल आकर्षण बढ़ाने के लिए है

मात्र यहाँ सो जाना, यह प्रमाणित नहीं करता कि यह वेश्या है इसकी माँग में सिन्दूर है।''

यह संवाद दो व्यक्तियों के मध्य हो रहे हैं किन्तु इनकी रचना में आंतरिक एकालाप की स्थिति उत्पन्न हो गयी है, जिसने मनोविश्लेषणात्मक अन्तर्द्वन्द्व की सम्भावनाओं को बढ़ा दिया है। इस कहानी का प्रत्येक पात्र धीरे-धीरे अपने मनोवैज्ञानिक संसार से बाहर निकलता है और स्वाभाविक ढंग से अपनी गुत्थियाँ सुलझाने का प्रयास करता है। कहानीकार का रचनात्मक कार्य पात्रों के आंतरिक प्रभावों से जुड़ा रहता है। उसकी सद्भावना बाह्य संसार से हटकर मानसिक एवं मनोवैज्ञानिक अन्तर्द्वन्द्व की ओर ध्यान खींच लेती है।

किन्तु इस रचनात्मक कार्य को मनोवैज्ञानिक स्वप्न से सीधे रूप से जोड़ा नहीं जा सकता, क्योंकि इसमें स्वप्नों की रचना अविवेकी प्रवृत्ति की छत्रच्छाया में होती है। इसके माध्यम से साहित्यिक रचना में स्वप्नों के समान धुँधला चित्र प्रस्तुत किया जा सकता है। प्रेमचन्द की कहानियों का मनोविज्ञान अविवेकीय कार्य से संकलित नहीं होता क्योंकि उनकी मनोविश्लेषणात्मक कहानियाँ दूसरी कहानियों के समान सामाजिक चेतना से जुड़ी रहती हैं। प्रेमचन्द मनोवैज्ञानिक विश्लेषण के माध्यम से सामाजिक जीवन को सौहार्दपूर्ण बनाने के लिए प्रयासरत रहते थे। उनकी कहानियों में मनोविश्लेषण के अंधे कुओं की चाह नहीं है, जिससे कुछ व्यक्तित्ववादियों को इनमें गहराई की कमी दिखायी देती है, क्योंकि प्रेमचन्द का मनोविश्लेषण आन्तरिकता के खोल में बन्द होने के बजाय जीवन के विस्तृत निमंत्रण का अवलोकन देती है।

इस संबंध में इस रोचक सत्य पर दृष्टि रखना चाहिए कि मनोविश्लेषण के अध्ययन को कुछ साहित्यकारों ने रूढ़िवादिता, अमानवीय, दानवतापूर्ण व्यवहार और पूँजीवादी व्यवस्था का पोषित रूप माना है। किन्तु पूर्ण रूप से साहित्य में मनोविश्लेषण का रिवाज बढ़ता जा रहा है यद्यपि हिन्दी-उर्दू में मनोविश्लेषण को अधिक प्रसिद्धि नहीं मिल सकी। इसके मानक पर साहित्यिक विश्लेषण इक्का-दुक्का ही सही दिखायी देने लगे हैं। मनोविश्लेषण से बढ़ती रुचि का कारण आज के मानव की अपनी मनोवैज्ञानिक जटिलताएँ हैं, जिनकी परतों को खोलने का संघर्ष उसे अधिक उलझनों में डाल रहा है। इसलिए साहित्य और कला में मनोवैज्ञानिक अन्तर्द्वन्द्व सीधे रूप में समाविष्ट हो रहा है। डॉ० अख़्तर ओरैंवी के शब्दों में—

''साहित्य एवं काव्य में मात्र रोगात्मक भावनाओं, विचारों एवं स्वभावों और मात्र बीमार पात्रों का प्रकटीकरण नहीं हुआ करता, बल्कि उनमें स्वास्थ्य

और जीवन के जलवे भी अधिकांशतया होते हैं। मनोविश्लेषण की विशेष कर्मभूमि उन्मादी बीमारियाँ हैं।''[1]

प्रेमचन्द ने भी दूसरे कहानीकारों के समान, ऐसे पात्रों की रचना की है, जो उन्मादी बीमारियों से ग्रसित रहे हैं। इन पात्रों का मनोविश्लेषण करने में उन्हें भी उन मनोविश्लेषणात्मक अनुभवों के मध्य गुजरना पड़ा है जो कभी-कभी अपरिपक्व लेखक के अस्वास्थ्यप्रद तत्त्वों को व्यक्त करनेवाला बना देते हैं। किन्तु चूँकि प्रेमचन्द का रचनात्मक रवैया सामाजिक यथार्थ पर आधारित होता है, इसलिए उन्होंने मनोवैज्ञानिक पात्रों के माध्यम से जीवन का ऐसा आयाम प्रस्तुत किया है, जिसमें मानव अपने पूर्ण अस्तित्व और वातावरण के साथ एकाकार होकर उभरता है। उसके मस्तिष्क और वातावरण की खींचातानी, क्रिया-प्रतिक्रिया में बाह्य यथार्थ मनोवैज्ञानिक यथार्थ का रूप ले लेते हैं। प्रेमचन्द का रवैया स्पष्ट और स्वाभाविक होता है किन्तु जब रचनात्मक प्रक्रिया में प्रतीकात्मक और सौन्दर्यात्मक सूरतों की रचना करते हैं तो मनोवैज्ञानिक गहराई में स्वच्छंदतावादी व्यक्तिवाद का जन्म होता है। मनोवैज्ञानिक समालोचक डॉ० शकीलुर्रहमान का विचार सही है कि प्रेमचन्द के मस्तिष्क ने इसके माध्यम से स्वच्छंदतावादी पात्रों की रचना में सहायता की है। यदि इसका विश्लेषण किया जाय, तो यथार्थ को बदलने की क्रिया को पहचाना जा सकेगा।[1] प्रेमचन्द का मनोवैज्ञानिक यथार्थवाद उनकी कला के महत्त्वपूर्ण स्रोतों में है, जो साहित्यिक आकर्षण रखती है, इसका अध्ययन उनके विचार और विवेक के जीवंत मानवतावादी प्रवृत्ति के मानक पर किया जा सकता है। प्रेमचन्द की कहानियों में व्यक्तिवाद की घुटन, एकांतता की अनुभूति, अविश्वास और मृत्यु को व्यक्त नहीं किया जाता, बल्कि उनकी मनोवैज्ञानिक चेतना जटिलताओं को सुलझाकर जीवन को सौहार्दपूर्ण बनाने की इच्छा रखती है, जिससे उनके पात्र संघर्ष करते नज़र आते हैं। इसी आधार पर प्रेमचन्द की अनुभूतियाँ प्रायः सकारात्मक मूल्यों की वरीयता को स्वीकार करती हैं।

प्रेमचन्द की कहानियों में सामाजिक मूल्यों की खोज रहती है, जिसमें अनुभूति के आधार पर मनोविश्लेषण अधिक सक्रिय नहीं हो सकते। किन्तु यदि मनोविज्ञान को उसके विस्तृत अर्थों में स्वीकार कर लिया जाय, तो उसमें जीवन के विभिन्न आयाम स्थान पाते हैं, किन्तु मनोविज्ञान का ऐसा विचार जो व्यक्ति की मानसिक जटिलताओं, उलझनों, कामभावना तक सीमित हो, प्रेमचन्द की कहानियों का विषय नहीं बनता, क्योंकि उनके विचार में मनोविश्लेषण के नाम पर अनैतिक समस्याओं को प्रस्तुत करना,

---

1. अख़्तर ओरैंवी : क़द्रो-नज़र, पृष्ठ 153
1. शकीलुर्रहमान : अदबी क़द्रें और नफ़सियात, पृष्ठ 71

सामाजिक जीवन के कर्त्तव्यों से दूर होने के समान है। प्रेमचन्द मनोविश्लेषणात्मक यथार्थ का वर्णन करने में मानवीय भावना के अच्छे रूप प्रस्तुत करते हैं। उच्च मानवीय मूल्यों की सुरक्षा, संरक्षण और विकास में प्रयासरत रहते हैं। मानव जीवन में आनंद के स्रोतों को उबलता हुआ देखने के इच्छुक रहते हैं। प्रेमचन्द की कहानियों में मनोवैज्ञानिक मानसिकता का द्योतक नहीं हो सकता, बल्कि मानव के अच्छे विचारों को कुरेदता है।

अध्याय : तीन

सामाजिक विचारधारा

प्रेमचन्द साहित्य को सामाजिक प्रवृत्तियों का द्योतक मानने के साथ-ही-साथ भविष्य का पथ-प्रदर्शक भी मानते थे। इस सिद्धान्त के परिप्रेक्ष्य में उनकी रचनाओं का अध्ययन रोचक और महत्त्वपूर्ण हो जाता है। इससे उनके अध्ययन की दिशाएँ या परतें निश्चित हो जाती हैं। क्योंकि कला को साहित्यकार के निजी और व्यक्तिगत क्रिया-प्रतिक्रिया तक सीमित करने के बजाय सामूहिक जीवन से संबंधित करने की स्थिति में विस्तृत परिप्रेक्ष्य उत्पन्न होते हैं और साहित्य सामाजिक समस्याओं तक पहुँचने का माध्यम बनता है। उसके उद्देश्यों का विस्तृत उल्लेख करता है। कलाकार की गहरी दृष्टि उन अदृश्य गुत्थियों को हल कर देती है, जो भ्रम और कल्पनाओं की परतों में लिपटी होती है। प्रेमचन्द भौतिक एवं सामाजिक समस्याओं का हल सामाजिक ज्ञान के आधारभूत उद्देश्यों में मानते थे, क्योंकि मानव जीवन के सामाजिक एवं नैतिक मूल्यों और भावनाओं एवं विचारों में तादात्म्य कला और कलात्मक रचनाओं के माध्यम से प्राप्त हो सकता है, जिसको व्यक्त करने का सबसे अच्छा माध्यम श्रेष्ठ साहित्य होता है।

प्राच्य साहित्य में सामाजिक जीवन के आधारभूत मूल्यों के अनगिनत रंगों और गन्धों को प्रतिबिम्बित किया गया है, किन्तु यह दावा नहीं किया जा सकता कि सामाजिक विज्ञान के समान साहित्य एवं कला के माध्यम से जीवन के विभिन्न पक्षों के नियम एवं बाधाओं की पूर्ण और स्पष्ट व्याख्या एवं परिभाषा हो गयी है या इसकी सीमाओं एवं सम्भावनाओं को निश्चित कर दिया गया है, किन्तु इतना कहना अतिशयोक्ति न होगा कि प्राच्य साहित्य में मानवीय जीवन के अभिप्रायों और उद्देश्यों से आयात किया गया है। चूँकि देशी एवं राष्ट्रीय विशेषताओं के आधार पर एक प्रकार के नैतिक मूल्य दूसरे स्थान पर अनावश्यक या घातक हो सकते हैं; अतः कुछ शाश्वत मूल्य आस्तित्व में आये, जिनकी आधारभूमि व्यापक हो। इससे एक बड़ा लाभ हुआ कि साहित्य सीधे-सादे केस-रिपोर्ट या आँकड़ों की व्याख्या होने से बच गया। इसमें मानवीय जीवन के अनुभवों और चेतनाओं के असंख्य फाटक खुल गयें, जिनसे गुज़रकर रचनाकार अपने रचनात्मक उद्देश्यों या लक्ष्य तक पहुँचने में सफलता प्राप्त कर सकता है। परन्तु एक बड़ी हानि यह हुई कि कभी-कभी निश्चित विचार और कल्पनाओं में बँधकर असंभावित

एवं अकाल्पनिक घटनाओं, परिस्थितियों और भावनाओं को स्थान मिलने लगा। किन्तु बाद के युगों में समय और परिस्थितियों के परिवर्तन के साथ अपने-आप संतुलन स्थापित हो गया और साहित्य को समाज का दर्पण कहा जाने लगा।

विश्व साहित्य की सामान्य परम्परा के अनुसार प्राचीन भारतीय साहित्यों में भी उद्देश्य को वरीयता प्राप्त रही है। साहित्य ने समाज के पथ-प्रदर्शन में अपनी असाधारण विशेषताओं को कार्य रूप में परिणत किया है। कलाकारों ने अपनी रचनात्मक शक्तियों के आधार पर समाज का निर्माण और जनसाधारण के लाभ के उद्देश्यों की ओर ध्यान दिया है। प्राचीन भारतीय साहित्य, विशेष रूप से संस्कृत में इसके सर्वोत्तम उदाहरण मिलते हैं। लेखकों ने अपने निजी एवं व्यक्तिगत लाभ या उद्देश्य को व्यक्त करने के बजाय जीवन के ठोस यथार्थों की ओर ध्यान दिया। उन्होंने विभिन्न सामाजिक बाधाओं में बँधने के बजाय अद्वितीय उदारवादिता, विशाल हृदयता और विचार एवं दृष्टि की सूक्ष्मता का प्रमाण दिया। प्राचीन भारतीय साहित्य में यदि एक ओर गहरी सामाजिक दृष्टि है, तो दूसरी ओर रचनाकार के व्यक्तिगत जीवन भी उजागर होते हैं। साहित्यिक रचनाओं से एक साथ व्यक्ति और समाज को प्रकाश मिलता है। विवेचन की तरलता मिलती है। प्राचीन भारतीय साहित्यकारों, कवियों और विचारकों ने व्यक्ति की निजी इच्छाओं को अन्तिम माना है। समाज और सामान्य जन के पथ-प्रदर्शन के कर्त्तव्य पूरे किये और वर्णन संगीन यथार्थों को भी शाश्वत मूल्यों के रूप में प्रस्तुत किया। डॉ० हज़ारीप्रसाद द्विवेदी का मत है—

"आप करुणा विगलित हृदय की धड़कन के साथ विधवा के मर्मस्पर्शी वेदन पढ़ जायेंगे। अपमानिता का साश्रु क्रन्दन सुन जायेंगे, निर्दयता का उच्छ्‌वासपूर्ण आवेग बर्दाश्त कर जायेंगे। पर बहुत कम ऐसा देखेंगे कि कवि ने एक बार भी आपका हृदय दहला देने के लिए विद्रोह के साथ कहा हो कि यह अन्याय है, हम इसका विरोध करते हैं। व्यक्तित्व की इतनी ज़बरदस्त उपेक्षा संसार के साहित्य में दुर्लभ है, क्योंकि संस्कृत का कवि अपने आपको अपने सुख-दुःख को अभिव्यक्त करने के लिए कविता करने नहीं बैठता।"[1]

भारत के प्राचीन विद्वानों और विचारकों ने साहित्यकार के व्यक्तित्व को साहित्य और समाज के मध्य एक माध्यम माना था। उसे समाज के उद्देश्य और उपदेश को अस्वीकार करने का अधिकार प्राप्त नहीं था, बल्कि उसे उनका सहायक और सहायतार्थ बनना होता था। आधुनिक विचारों के अध्ययन एवं बोध के कारण समकालीन भारतीय रचनाकारों में व्यापकता आ गयी है, किन्तु इसका अर्थ यह नहीं होता कि किसी नयी

---

1. हज़ारीप्रसाद द्विवेदी : हिन्दी साहित्य की भूमिका, पृष्ठ 105

नींव पर भवन तैयार करने का दावा किया जाय। पिछले कुछ वर्षों में साहित्यकार के व्यक्तित्व की समस्याओं और वाद-विवाद ने विचारात्मक और रचनात्मक आधार पर एक नयी दिशा प्राप्त की है। इसे समाज और साहित्य के संबंध में व्यक्ति के निजी व्यक्तित्व को उजागर करने का माध्यम भी माना जाने लगा। यह प्राचीन नियमों को तोड़ता नहीं, बल्कि उनके विस्तार में कुछ नये आयामों को उजागर करता है, क्योंकि साहित्यकार का निजपन और व्यक्तित्व ही रचना का स्रोत होता है, जो सामाजिक एवं सांस्कृतिक जीवन के अथाह समुद्र से सिंचित होता रहता है। रचनात्मक कार्य साहित्यकार के व्यक्तित्व को लगातार प्रभावित करते रहते हैं। रचनाकार आस-पास के बाह्य प्रभावों को भी अपने अन्तर्मन में बिठा करके एक सौन्दर्यात्मक क्रम के साथ प्रस्तुत करता है। क्योंकि जो रचना सौन्दर्य के मानकों पर पूर्ण उतरेगी वही स्वतः सामाजिक एवं नैतिक मूल्यों से परिपूर्ण होगी। किसी सुन्दरता की अनुभूति ही सामाजिक एवं नैतिक यथार्थों का आधार है। प्रेमचन्द के सामाजिक एवं नैतिक सिद्धान्त के विश्लेषण में इस सत्य पर ध्यान देना आवश्यक है कि उन्होंने मानवीय भावनाओं और चेतनाओं को प्रस्तुत करने में जीवन के शाश्वत मूल्यों को वरीयता दी है। उनके समालोचक का कर्त्तव्य है कि वह देखे कि उसमें सौन्दर्यात्मक, नैतिक और सामाजिक मूल्यों का मेल सही है या नहीं।

प्रेमचन्द के सामाजिक विचारों के अध्ययन में अधिक जटिलता नहीं है। उनकी रचनाओं में साहित्य और समाज के संबंध को बहुत स्पष्ट रूप में समझने का प्रयास मिलता है, किन्तु प्रोफ़ेसर वकार अज़ीम के शब्दों में—

''सुधार के जिस रास्ते पर कहानी कहनेवाला साहित्यकार चलता है, वह बुज़ुर्गी की नहीं, मित्रता की राह है, श्रेष्ठता की नहीं, समानता की राह है। और तर्क की राह होते हुए भी कल्पना की रंगीनी और भावना की नरमी की राह है।''[1]

प्रेमचन्द ने जिस वर्ग की समस्याओं को अपनी रचना का विषय बनाया है, उसमें उन्होंने पथ-प्रदर्शक बनने से अधिक उनके मध्य एक व्यक्ति बनना पसन्द किया और निष्पक्षता का पक्षधर बनकर किसी उच्च कुर्सी से आदेश देने के बजाय उन समस्याओं को व्यक्तिगत रूप से परखा है। उन्होंने अपनी लेखनी को माध्यम बनाया है। उनकी दृष्टि में साहित्य आदर्श स्थान रखता है, जो जीवन के सुधार का आधार या माध्यम हो सकता था। प्रेमचन्द ने निराशा को व्यक्त नहीं किया, बल्कि जीवन के आशावान मूल्यों को उभारने का प्रयास भी किया। ऐसे समय में जब समाज पर निराशा हावी हो, मायूसी और असमर्थता अपना स्थान बना रही हो इस प्रकार के उद्यम का प्रदर्शन स्वतः एक उच्च एवं महान् उपलब्धि है।

---

1. वक़ार अज़ीम : फ़न और फ़नकार, पृष्ठ 64

प्रेमचन्द ने समाज पर साहित्य के प्रभावों को विशेष महत्त्व दिया है, क्योंकि इससे सामाजिक कार्यों में मानवों के पथ-प्रदर्शन में सहायता मिलने की संभावना होती है। प्रारम्भ में यह कार्य धर्म ने किया था। प्राचीन युग में साहित्य धर्म से आच्छादित था या धार्मिक साहित्य से! प्रेमचन्द ने डॉ० इन्द्रनाथ मदान के नाम एक पत्र में अपनी बात स्पष्ट कर दी है—

"हमारा उद्देश्य जनमत तैयार करना है, इसलिए मैं सामाजिक विकास में विश्वास करता हूँ। अच्छे तरीक़ों के असफल होने पर ही क्रांति होती है, मेरा आदर्श है प्रत्येक को समान अवसर का प्राप्त होना। इस सोपान तक बिना विकास के कैसे पहुँचा जा सकता है।"[1]

धर्म ने दीर्घकाल तक आम लोगों को प्रभावित किया है। कालांतर में मानवों के पथ-प्रदर्शक का स्थान साहित्य को प्राप्त हुआ। प्रेमचन्द ने समाज की आवश्यकताओं की ओर संकेत किया है—

"पुराने ज़माने में समाज की लगाम मज़हब के हाथ में थी। मनुष्य की आध्यात्मिक नैतिक सभ्यता का आधार धार्मिक आदेश था और वह भय या प्रलोभन से काम लेता था। पाप और पुण्य के मसले उसके थे। अब साहित्य ने यह काम अपने ज़िम्मे ले लिया है और सौन्दर्य प्रेम पर अधिकार जमाने का प्रयत्न करता है।"[2]

इस प्रकार प्रेमचन्द के विचारों के दो केन्द्र स्पष्ट होते हैं, जिन पर ध्यान देना आवश्यक है, ये केन्द्र हैं—

1. साहित्य और समाज का संबंध अवश्यम्भावी एवं आवश्यक है, और
2. साहित्य, समाज के पथ-प्रदर्शन का सर्वोत्तम माध्यम है।

प्रेमचन्द के सामाजिक रवैये के संबंध में आचार्य नन्ददुलारे वाजपेयी ने व्यंग्यात्मक रूप में लिखा है कि समय ने प्रेमचन्द का उतना साथ नहीं दिया, जितना प्रेमचन्द ने समय का साथ दिया है।[3] यह व्यंग्य यथार्थ पर आधारित है। विदेशी प्रभाव के आधार पर मूल्यों के टकराव में प्रेमचन्द का युग विरोधाभास का शिकार हो गया था। प्रेमचन्द की परिपक्व दृष्टि थी कि उन्होंने समय के अनुसार भारतीय साहित्य को गर्त में गिरने से बचाने

---

1. इन्द्रनाथ मदान : प्रेमचन्द, एक विवेचन, पृष्ठ 154
2. प्रेमचन्द : साहित्य का उद्देश्य, पृष्ठ 5
3. नन्ददुलारे वाजपेयी : हिन्दी साहित्य, बीसवीं शताब्दी, पृष्ठ 89

का प्रयास किया। उन्होंने साहित्य की तीव्रता को समाज के मदमस्त शरीर से एक कर दिया, जिसके तीव्र झटकों ने जागने की लहरें उत्पन्न कर दीं। यह कार्य भी क्या कम है?

सामाजिक पीठिका

प्रेमचन्द के सामाजिक सिद्धान्तों के अध्ययन में उनके युग की सामाजिक पृष्ठभूमि को नकारा नहीं जा सकता, जो अपनी विशिष्ट परम्परा एवं विशेषताएँ रखता है। अंग्रेज़ी सरकार के पहले भारतीय समाज ग्राम की इकाई पर आधारित था। पूरे देश में हज़ारों, लाखों ग्राम फैले हुए थे, जिनकी अर्थव्यवस्था कृषि पर आधारित थी। इन ग्रामों में आवश्यकता की सारी वस्तुएँ पैदा की जाती थीं। समाज वस्तुविनिमय अर्थव्यवस्था पर आधारित था। ग्रामवासियों के जीवन की नींव, जाति-पाँति के नियमों पर आधारित थी, जो मानव जिस जाति में पैदा होता था वही उसका व्यवसाय निश्चित होता था। दूसरी संस्था ग्रामपंचायत थी, जो गाँव के संबंध में स्वायत्त होती थी—वही न्यायालय, सुरक्षा और लगान की वसूली का माध्यम थी। राजा या शासक वर्ग को एक निश्चित मात्रा में पंचायत की सहायता से प्राप्ति हो जाती थी। भूमि पर स्वामित्व के अधिकार का दावा किसी प्राचीन शासक ने नहीं किया। ग्राम्य जीवन का एक और महत्त्वपूर्ण आयाम 'संयुक्त परिवार' का आधार था। के० एम० पणिक्कर का विचार है कि व्यावहारिक जीवन में यही 'संयुक्त परिवार' अन्तर्निहित राष्ट्रीयता के विचार को दृढ़ करते हैं। कोई भी हिन्दू इन सीमाओं के बाहर समाज या समूह को अस्वीकार करता है।[1]

उद्योग और शिल्पकला में हस्तकला को उत्कृष्ट स्थान प्राप्त था। मशीनों और कारख़ानों के न होने से ग्राम ही केन्द्र होते थे। वस्तुओं की उपज और प्रयोग में ग्राम न केवल आत्मनिर्भर थे, बल्कि नगरों को भी निर्यात करते थे जो सामान्यतः ऐसे स्थानों पर आबाद होते थे, जहाँ धार्मिक स्थान का महत्त्व प्राप्त हो—प्रयाग, काशी जैसे कुछ नगर आदि।

यह सामाजिक व्यवस्था हिन्दू राजाओं के दौर में थी, जिसे कुछ साधारण परिवर्तनों और सुधारों के पश्चात् मुस्लिम शासकों ने भी स्वीकार कर लिया। व्यवस्था के मामले में मुस्लिम शासकों ने भारतीय जीवन-पद्धति से भिन्न या अलग कोई आन्दोलन या मुहिम आरंभ नहीं किया। एक नयी व्यवस्था का प्रबंध पहली बार अंग्रेज़ों के शासनकाल में हुआ। इसके आर्थिक और राजनीतिक कारण थे, क्योंकि अंग्रेज़ यहाँ

---

1. के० एम० पणिक्कर : हिन्दू सोसायटी एट क्रास रोड्स, पृष्ठ 81

व्यापारी के रूप में आये थे। औद्योगिक क्रांति ने उन्हें ऐसी आर्थिक आवश्यकताओं से सामना करा दिया था कि उन्हें या तो अपने व्यापार के लिए मंडियाँ ढूँढ लेना था या़ अपने ही देश में आर्थिक दुर्दशा में ग्रस्त होकर जीते जी मर जाना था। नयी मंडी की खोज में उन्होंने भारत को अपना केन्द्र बनाया, जहाँ परिस्थितियों की विडम्बना ने देशवासियों के आपसी द्वेष के कारण, अपनी व्यवस्था में व्यापारिक लाभ को सर्वोपरि रखा और इंग्लैण्ड में प्रचलित नियमों पर भूमि का नये सिरे से बन्दोबस्त किया। निजी सम्पत्ति क़ा क़ानून बनाया और क्रय-विक्रय के अधिकार प्रदान किये।[1] फिर तो ब्रिटेन के ज़मींदार वर्गों के समान भारत में ज़मींदार कार्यरत हो गया। ये ज़मींदार वर्ग अंग्रेज़ों का वफ़ादार और सहायक था।[2] अंग्रेज़ों ने जनता को उद्योग और शिल्पकला से अलग करके कृषि की ओर अधिक-से-अधिक आकृष्ट किया ताकि लंदन और लंकाशायर के कारख़ानों के लिए कच्चा माल और उनके तैयार किये हुए सामान के लिए मंडी मिल सके। मार्क्स का विचार है :

''अंग्रेज़ी कपड़ों के उद्योग ने भारत के उद्योग पर गहरा प्रभाव डाला।''

1834-35 ई० में गवर्नर जनरल ने स्वयं लिखा—

''व्यापार के इतिहास में इस घटना का उदाहरण नहीं मिलेगा, भारत की ज़मीन जुलाहों और बुनकरों की हड्डी से बेरंग हुई जा रही है।''[3]

इसे कार्य रूप में परिणत करने के लिए पूरे देश में रेलवे लाइनों का जाल बिछा दिया गया और परिवहन के विभिन्न साधन प्रचलित किये गये। इससे देशी जीवन में शहरियत को बढ़ावा मिला और नौकरी या अन्य प्रलोभनों से देहात के लोग शहरों में स्थानान्तरित होने लगे। प्राचीन भारतीय देहातों की व्यवस्था तथा भारत की इस नयी व्यवस्था को इस प्रकार रखा जा सकता है[4]—

1. राजनीतिक एकता स्थापित हुई, जो 1857 ई० से पूर्व भी व्यवस्थित थी, जो मुग़ल काल से अधिक व्यवस्थित हो गयी। बिजली के तार के रिवाज के पश्चात् अधिक दृढ़ और स्थिर हो गयी।
2. देशी सेना स्थापित हुई जो 1857 ई० से पूर्व भी व्यवस्थित थी, किन्तु बाद में अंग्रेज़ी सेना अधिक स्थायी साबित हुई।

---

1. रजनी पामदत्त : इंडिया टुडे, पृष्ठ 212
2. नरेन्द्र देव : राष्ट्रीयता और समाजवाद, पृष्ठ 82
3. कार्ल मार्क्स : कैपिटल, खण्ड 1, अध्याय-5, भाग-5, पृष्ठ 432
4. कार्ल मार्क्स : सेलेक्टेड वर्क्स, खण्ड 1, पृष्ठ 253-55

3. स्वतंत्र प्रेस अस्तित्व में आया, जो लगातार उन्नति करता रहा।
4. भूमि पर व्यक्तिगत स्वामित्व का आरम्भ हुआ।
5. एक नये समाज का प्रारम्भ हुआ जो शासन की आवश्यकताओं को पूर्ण कर सके और पाश्चात्य ज्ञान एवं साहित्य से परिपूर्ण और आलंकारिक हो।
6. जहाज़ों के माध्यम से यूरोप का निरन्तर और कम समय की यात्रा का युग प्रारम्भ हुआ।
7. इन सबमें महत्त्वपूर्ण कार्य रेलों के विकास, रास्तों के बन्दोबस्त और सिंचाई की सुविधा उपलब्ध कराना था।

भारत को कृषक देश बनाये रखने के आधार पर अंग्रेज़ों को स्वयं को व्यवस्थित करने के अवसर अधिक अच्छे रूप में हासिल हुए। कृषि से संबंधित सामान के क्रय में उत्साहवर्धन ने देशी आबादी की एक बड़ी संख्या को देहातों में सीमित और क़ैद कर दिया। आर्थिक अव्यवस्था के आधार पर सामान्य जीवन नष्ट हो गया। रजनी पामदत्त के शब्दों में—

''भारत के बारे में सबसे अधिक अविश्वसनीय यथार्थ यह है कि इसकी धरती धनी है और इसके लोग निर्धन हैं।''[1]

शिक्षा के प्रकाश से वंचित लोगों में अन्धविश्वास को बढ़ावा मिला। सामाजिक परम्परा को धार्मिक सिद्धान्तों का स्थान प्राप्त हो गया। विघटन और पतन में विद्वानों और शासकों के वर्ग ने अपनी स्वाभाविक उन्नति खो दी। भाग्यवादिता के आर्थिक अव्यवस्था के युग में संतोष, हर इच्छा के अनुरूप रहने को ही ईश्वर की इच्छा, और शासकों की बड़ाई को धार्मिक पुस्तकों के माध्यम से साबित किया जाने लगा। नारी को भारतीय सामाजिक जीवन में चिरकालीन निरादर विरासत में मिला था। इस नयी व्यवस्था ने भी नारी को विपदा के खड्ड से बाहर निकालने का प्रयास नहीं किया। अंग्रेज़ों ने पूरे भारतीय जीवन को अपने व्यापार के तराज़ू पर तोला। सामाजिक सुधार में भी यही रवैया रहा; किन्तु कुछ नये विचारों के प्रकाश, कुछ परिस्थितियों के बदलाव या सौभाग्य, जो चाहिए कहिये, कुछ भारतीयों ने बदले हुए तेवर पहचान लिये। पहले हिन्दू समाज ने इस बदलाव के क्रम को जानने का प्रयास किया। राजा राममोहन राय ने 'ब्रह्मसमाज' की नींव रखी,

---

1. रजनी पामदत्त : इंडिया टुडे, पृष्ठ 21

जो बाद में भारतीय राजनीति को आधुनिक विचारों से परिचित होने का माध्यम बना।[1] इन्होंने महिला के अधिकारों और अवयस्क विवाह आदि को अपना क्षेत्र बनाया। उनके प्रयासों से 'सती-प्रथा' को अवैध घोषित कर दिया गया। राजा राममोहन राय के बाद 'ब्रह्मसमाज' का मार्गदर्शन देवेन्द्रनाथ के हाथ आया। उनका निजी झुकाव अंग्रेज़ी सभ्यता और संस्कृति के प्रति था। उन्होंने 1832 ई० में 'ब्रह्म मैरिज एक्ट' पास कराया, जिसके कारण दो विभिन्न जातियों में विवाह को क़ानूनी अधिकार प्राप्त हो गया।

उस समय के भारत में ईसाई प्रचारकों की कार्य-प्रणाली विशेष रूप से बढ़ी। उन्होंने धर्म परिवर्तन के अलावा सामाजिक कार्यों में भी भाग लिया। विशेष रूप से बंगाल के अकाल के अवसर पर जनता में रुपये और सामान, अनाज बाँटे। दूसरी महत्त्वपूर्ण सुधारवादी संस्था 'प्रार्थना-समाज' थी जो बहुत दिनों से 'परमहंस' के नाम से गुप्त रूप में महाराष्ट्र में क्रियाशील थी। इस संस्था की सदस्यता के लिए एक रोचक शर्त यह थी कि इसके सदस्यों को मुसलमानों और ईसाइयों के साथ खाना पड़ता था। 1867 ई० में कश्यप चन्द्र सेन ने इसको पुनः संगठित किया। उन्होंने छोटी-छोटी जातियों की समाप्ति, विधवा विवाह, नारी शिक्षा, अवयस्क विवाह से संबंधित उद्देश्यों की पूर्ति के लिए बनाया। तीसरी महत्त्वपूर्ण सुधारवादी संस्था 'आर्य-समाज' थी, जिसकी स्थापना 1875 ई० में स्वामी दयानन्द सरस्वती ने की। इस संस्था ने भारतीय समाज और जीवन पर गहरा प्रभाव डाला। इसके आधारभूत उद्देश्यों में प्राचीन वेदों के आधार पर नये हिन्दू समाज की पुनरावृत्ति थी। नये दृष्टिकोण से प्राचीन विचारों का अध्ययन किया गया। 1849-51 ई० के मध्य बंगाल और महाराष्ट्र में सुधारवादी आंदोलन प्रारम्भ हुए। ईश्वरचन्द्र विद्यासागर ने शास्त्रों से विधवा-विवाह के पक्ष में प्रमाण प्रस्तुत किये और 1857 ई० में क़ानून बनवाया। 1887 ई० से 'भारत समाज सुधार सोसायटी' कार्यरत हुई।

मुसलमानों में सुधारवादी आंदोलन अपेक्षाकृत विलम्ब से प्रारम्भ हुए। इसका आधारभूत कारण यह था कि 1857 ई० की क्रांति का आरम्भ यद्यपि सेना के जवानों से हुआ था, किन्तु मुस्लिम आलिमों के भाग लेने के कारण इसे धार्मिक तीव्रता प्राप्त हो गयी थी, जिसके आधार पर अंग्रेज़ शासक क्रांति का समस्त दायित्व मुसलमानों के सिर पर डालते थे।[2] उसने मुसलमानों में एक प्रकार का भय उत्पन्न कर दिया। इसकी प्रतिक्रिया में मुस्लिम आ़लिमों ने अंग्रेज़ी शिक्षा एवं संस्कृति को अधर्म का द्योतक घोषित

---

1. एम०सी० ज़करियाज़, रिनेसा इंडिया, पृष्ठ 61
2. सैयद आबिद हुसैन : हिन्दुस्तानी मुसलमान, आईना-ए-अय्याम में, पृष्ठ 34

कर दिया। इस प्रतिक्रिया की भी प्रतिक्रिया हुई। उच्च और मध्यम वर्गों के कुछ लोगों ने व्यक्तिगत और निजी तौर से अंग्रेज़ों के सामने सिर झुका दिया, किन्तु सामूहिक रूप से मुसलमानों को नये प्रकाश की ओर मोड़ने का सेहरा नवाब अब्दुललतीफ़ के सिर पर है, जिन्होंने 1863 ई० में कोलकता में 'मुहमडन लिटरेटी सोसायटी' स्थापित की, ताकि उच्च और मध्यम वर्गों के मुसलमानों को अंग्रेज़ी भाषा और साहित्य के अध्ययन हेतु मोड़ा जा सके। उन्होंने जनता को आकर्षित करने के लिए अपने पक्ष में आलिमों के फ़तवा भी प्राप्त कर लिये। यह संस्था अपने सीमित उद्देश्य के आधार पर जनता में प्रचलित और प्रसिद्ध न हो सकी। अपने प्रत्येक कार्यकलाप में अंग्रेज़ों के समर्थन पर आधारित रही। सरसैयद ने इन समस्याओं को व्यापक आधार प्रदान किया।[1] इसे सरसैयद की उस व्यापक शैक्षिक, धार्मिक, सांस्कृतिक और सामाजिक आन्दोलन का पूर्ववर्ती माना जा सकता है, जो भारतीय मुसलमानों के जीवन में पुनर्जागरण का स्थान रखता है।

सरसैयद ने प्रारम्भ में सुधार और अधिकारों की सुरक्षा के संघर्ष में हिन्दू और मुसलमान दोनों के लिए सेवाएँ प्रदान कीं, किन्तु बाद में उनके विचार मुसलमानों की ओर केन्द्रित हो गये। डॉ० सैयद आबिद हुसैन ने 'इंडियन एसोसियेशन' के एक एड्रेस का, जो लाहौर में 1884 ई० में सरसैयद की सेवा में प्रस्तुत किया गया, संदर्भ देकर लिखा है—

"न केवल बौद्धिक और शैक्षिक प्रयासों में, बल्कि वायसराय की लेजिस्लेटिव कौंसिल और सक्रियता से कमीशन की सदस्यता के समय में भी वह बड़े श्रद्धा और सक्रियता से संयुक्त राष्ट्रीय भलाई के लिए कार्य करते रहे, जिसको शिक्षित हिन्दू और मुसलमान सामान्य रूप में स्वीकार करते थे।"[2]

सरसैयद के सुधार प्रारम्भ में धार्मिकता पर आधारित थे। उन्होंने विभिन्न पुस्तकें लिखकर मुसलमानों के विरुद्ध अंग्रेज़ों या ईसाइयों के कुछ काल्पनिक आरोपों का खण्डन किया। साथ-ही-साथ मुसलमानों के मन से उनकी घृणा को समाप्त करने या कम करने के लिए विभिन्न प्रकार के प्रमाण प्रस्तुत किये। इसमें अतिवादिता के शिकार भी हुए।[3] सरसैयद के विचारों को व्यापकता उस समय प्राप्त हुई, जब उन्होंने 1862 ई० में 'सांइटिफ़िक सोसायटी' स्थापित की, जिसके उद्देश्यों में संयुक्त राष्ट्रीय लाभ

---

1. सरसैयद : पायनियर, अप्रैल 1884
2. सैयद आबिद हुसैन : हिन्दुस्तानी मुसलमान, आईना-ए-अय्याम में, पृष्ठ 54
3. अल्ताफ़ हुसैनी हाली : हयाते-जावेद, पृष्ठ 177

सम्मिलित थे।[1] इसके पश्चंात् उन्होंने कलकत्ता विश्वविद्यालय में उर्दू विभाग की स्थापना के लिए आवेदन किया, जिसमें असफल होने पर 1870 ई० में 'कमेटी ख़्वास्तगाने-तालीमे-मुसलमान' स्थापित की और मुसलमानों की उच्च शिक्षा के लिए संघर्ष आरम्भ किया।

इसी समय 1872 ई० में इलाहाबाद कालेज स्थापित हुआ, जो कलकत्ता विश्वविद्यालय से संबद्ध था; इसमें पहली बार उर्दू की उच्च शिक्षा प्रारम्भ हुई और शमशुलउलेमा मौलाना ज़का उल्लाह 'वकनाक्यूलर' के 'प्रोफ़ेसर' नियुक्त हुए। 1887 ई० में इलाहाबाद विश्वविद्यालय में स्थानान्तरित कर दिया गया। सरसैयद ने 1875 ई० में अलीगढ़ में एक मदरसा स्थापित किया, जो बाद में 'मुहमडन ऐंग्लो ओरियण्टल कालेज' होकर बहुत दिनों तक इलाहाबाद विश्वविद्यालय से संबद्ध रहा, फिर 1920 ई० मे विश्वविद्यालय होकर मुसलमानों के केन्द्रीय शिक्षा संस्थान का स्थान प्राप्त कर गया। मुसलमानों में अंग्रेज़ी शिक्षा के प्रचलन से उनके सामाजिक जीवन में बड़े परिवर्तन हुए।

उन्नीसवीं शताब्दी के भारतीय सामाजिक आन्दोलनों का विश्लेषण किया जाय, तो निष्कर्ष-युक्त यथार्थ उद्घाटित होते हैं। प्रथम यह कि उस समय के सारे आन्दोलन धार्मिक सुधारों की भावना से परिपूर्ण थे। द्वितीय यह कि रीति-रिवाज़ और अन्धविश्वासों, विरोध किसी विद्रोह या क्रांति के आधार पर नही था, बल्कि सामाजिक जीवन में रीति-रिवाज से खिन्न होकर सुधार का प्रयास किया जा रहा था। तृतीय यह है कि इस सुधारवाद में सदैव के समान जीवन को अच्छा बनाने के सपने थे; यद्यपि इसमें कुछ ऐसे पहलू स्थान पा गये, जो विभिन्न जातियों के विरोधाभासों को उजागर करते थे। इसलिए एक प्रकार की व्यापक दृष्टि की आवश्यकता हुई, उन्हें प्राचीन भारतीय विरासत के साथ-साथ अभारतीय चिंतन एवं विचार से भी लाभान्वित होना पड़ा।

राष्ट्रीय आन्दोलन में सामाजिक परिवर्तन का विचार भिन्न रूप में 1919 ई० में सामने आया। जब महात्मा गांधी ने इसे नेतृत्व की बागडोर अपने हाथों में ली। उन्होंने विदेशी वस्त्रों का बायकाट करके 'भारतीय खादी' के प्रयोग पर बल दिया और कांग्रेसी स्वयंसेवकों के लिए खद्दर पहनना और चरखा चलाना अनिवार्य बना दिया। महात्मा गांधी से पूर्व समस्त आन्दोलन ने जनता की भावनाओं को स्पंदित कर दिया कि वह अपना शोषण करनेवाले वर्ग विशेष रूप से जमींदारों और तालुकेदारों के विरोध में संगठित हो गये। इसी युग में देहातों के आर्थिक जीवन में एक बड़ा परिवर्तन हुआ। किसानों और

---

1. सैयद आबिद हुसैन : हिन्दुस्तानी मुसलमान, आईना-ए-अय्याम में, पृष्ठ 46

मज़दूरों के शोषण के लिए साहूकारों और व्यापारियों के वर्ग की सक्रियता बढ़ी। विश्व युद्ध और 1929 ई० की विश्व व्यापक मंदी ने प्रतिदिन की आवश्यकताओं में कपड़ा, अनाज, नमक आदि के मूल्यों में वृद्धि कर दी, जिससे निर्धन जनता की महाजनों से क़र्ज़ लेने की विवशता बढ़ गयी। उनकी सम्पत्ति धीरे-धीरे रहन और विक्रय होने लगी। महाजनों को अंग्रेज़ी शासन का वरदहस्त प्राप्त था। उनका धनी वर्ग नगरों में रहता था, वहीं से अपने कारिंदों और पियादों के माध्यम से ज़मींदारी और कृषि की व्यवस्था करता था। बाह्य रूप से यह कारिंदे और पियादे इसी वर्ग से आते थे, जो किसानों और मज़दूरों का वर्ग हो सकता था, किन्तु इस दुधारी तलवार ने किसानों और मज़दूरों को काटा और ख़ूब काटा। इस अन्याय के विरुद्ध प्रतिक्रिया को सामाजिक से अधिक राजनीतिक दृष्टिकोण से देखा गया, किन्तु सामाजिक आन्दोलन ने संघर्ष को एक नये रूप में प्रस्तुत कर दिया। सुधारों की इच्छा मात्र कांफ्रेंसों और मीटिंगों में प्रस्तावों की स्वीकृति तक सीमित न रह सकी, बल्कि इसी समय जन-आन्दोलन प्रारम्भ हो गया। इसमें संदेह नहीं कि इस परीक्षा में जनता को हिंसा एवं अत्याचार के विभिन्न स्तरों को तय करना पड़ा, किन्तु यही उनकी जागरूकता का माध्यम साबित हुआ।

ग्रामीण समस्याएँ

प्रेमचन्द ने भारतीय समाज के विभिन्न वर्गों में ग्रामीण समस्याओं का सहानुभूतिपूर्वक विश्लेषण करके भलाई की सम्भावनाओं की ओर ध्यान केन्द्रित किया, क्योंकि नयी शासन-व्यवस्था ने भारतीय ग्रामों को नयी समस्याओं से दो-चार कर दिया था। कृषि ने बनियावृत्ति धारण कर लिया था। प्रजा को अपदस्थ करने में अंग्रेज़ी सरकार तालुक़ेदारों, ज़मींदारों और महाजनों के साथ सहयोग कर रही थी। उस औनी-पौनी व्यवस्था में लूटपाट का बाज़ार गर्म था। परिवारों के बढ़ने के आधार पर खेतों को छोटे-छोटे भागों में बाँटा जा रहा था। छोटे किसानों के साथ-साथ बड़े किसानों का एक वर्ग भी था, जो अपनी भूमि की व्यवस्था छोटे किसानों से कराता था और उनकी आय में एक भाग का भागीदार होता था, इन समस्त लोगों, जागीरदार, तालुक़ेदार, ज़मींदार, महाजन, कारिंदे और पियादे, तहसील और ज़िला के प्रशासक, थानेदार और सिपाही, किसान, मज़दूर, दलित, वेश्या आदि के जीवन से संबंधित प्रेमचन्द ने न केवल गंभीरता से विचार किया था, बल्कि उनका सामाजिक मानकों पर विश्लेषण भी किया था। डॉ० रामविलास शर्मा के शब्दों में कहा जाय तो प्रेमचन्द ने 'ग्राम-कथाओं' से ही कहानी कहना सीखा था।[1]

1. रामविलास शर्मा : प्रेमचन्द और उनका युग, पृष्ठ 134

प्रेमचन्द की विशेषता है कि उन्होंने सामान्य ग्राम्य जीवन पर असाधारण कहानियाँ लिखीं, जो साधारण जीवन के विशेष आयामों को प्रस्तुत करती हैं।

अंग्रेज़ी शासन-व्यवस्था ने गाँव की स्वायत्तता छीन ली, तो वह भी आत्मनिर्भर न रह सका। ग्रामीण जीवन में अति आवश्यक वस्तुएँ, कपड़ा, बर्तन, चाय, चीनी, माचिस, छाता, क़ैंची, चूड़ी, दर्पण इत्यादि क़स्बों और शहरों से आयात की जाने लगीं। इससे ग्रामीण व्यवस्था पर गहरा प्रभाव पड़ा और सबसे अलग-थलग रहने की प्रवृत्ति में कमी आ गयी। अपने यहाँ की फ़सल बर्बाद होने पर दूसरे ज़िलों से सहायता भी मिलने लगी। नक़दी रुपये को क्रय-विक्रय में प्रयोग किया जाने लगा। इस प्रकार शताब्दियों से प्रचलित 'वस्तु-विनिमय व्यवस्था' समाप्त हो गयी। रेल और दूसरे साधनों से आवागमन की सुविधाएँ बढ़ीं तो गाँव के लोग भी आय बढ़ाने के लिए शहरों में आने लगे। यद्यपि ऐसे लोगों की संख्या गाँव में बसनेवाली की अपेक्षा अधिक न थी, किन्तु उन्होंने शहरी जीवन के लिए एक प्रकार की मोहकता उन लोगों के मन में भी उत्पन्न कर दी, जो अपने गाँव तक सीमित थे। इस प्रवृत्ति को बढ़ाने में शासन से अधिक अंग्रेज़ व्यापारियों ने पहल की और शहरियत के लाभ को गाँव-गाँव में फैलाना प्रारम्भ किया, जिसके पीछे लोगों की भलाई से अधिक अपने व्यापारिक लाभ थे। प्रेमचन्द इसे अच्छी प्रकार समझते थे। 22 जनवरी 1936 ई० के 'जागरण' में व्यंग्यात्मक रूप में उन्होंने लिखा था—

''बिल्ली बख़्शे मुर्ग़ा लँडूरा ही रहेगा! जिसके पास न खाने को है और न पहनने को वस्त्र वह ब्राडकास्टिंग सुनकर अपना मनोरंजन न करेंगे, तो कौन करेगा? व्यापार चलाने की कितनी बढ़िया नीति है। यह व्यापारी मानवीय प्रकृति की दुर्बलताओं को ख़ूब समझते हैं और उससे ख़ूब अपना मतलब गाँठते हैं, मनोविज्ञान उनकी व्यवसाय का छिपा मुख्य साधन है। कलौंच से कलौंच आदमी में भी आमोद-विनोद की प्रवृत्ति होती है, यह व्यवसायी उसी स्थल पर निशाना लगाता है और शिकार मार लेता है।''[1]

8 मई 1933 ई० के 'जागरण' में लिखा था—

''भारतीय किसानों की इस समय जैसी दयनीय दशा है, उसे कोई शब्दों में अंकित नहीं कर सकता। उनकी दशा को वह स्वयं जानते हैं या उनका भगवान जानता है। ज़मींदार को समय पर मालगुज़ारी चाहिए, सरकार को समय पर लगान चाहिए। खाने को दो मुट्ठी चावल, पहनने के लिए चीथड़ा चाहिए, चाहिए

1. प्रेमचन्द : विविध प्रसंग, खण्ड 2, पृष्ठ 504

सब-कुछ पर एक ओर तुषार और अतिवृष्टि फ़सल को चौपट कर रही है, एक ओर आँधी उनके रहे-सहे खेत को भी नष्ट कर रही है। दूसरी ओर रोग, प्लेग, हैज़ा, शीतला उनके जवानों को हरी-भरी और लहलहाती जवानी में उसी तरह दुनिया से उठाये लिये चली जा रही हैं, जिस तरह लहलहाता खेत अभी छह दिन पूर्व के पत्थर-पाले से जल गया। गल्ला पैदा हो रहा है, पर भाव इतना मंदा है कि कोई दो वक़्त भोजन भी नहीं कर सकता। स्त्री के तन पर जो दो-चार गहने थे, वे साहूकार के पेट से पचकर सरकारी मालगुज़ारी के पेट में चले गये। नन्हें बच्चे जो चीथड़ा ओढ़कर जाड़ा काटते थे, वही अब उनका पिता पहनकर अपने तन की लाज ढाँक रहा है। माता के पास केवल इतना ही वस्त्र है, जितने से वह घूँघट काढ़ सके—धोती चाहे ठेहुने तक क्यों न खसक आये।''[1]

प्रेमचन्द ने अपने अनेक सम्पादकीयों में किसानों, मज़दूरों की समस्याओं का विश्लेषण किया है। नयी परिस्थिति में जमींदारों के दायित्व, महाजन और किसानों के संबंध, किसानों के ऋण, खेती की चकबन्दी, सामाजिक और राजनीतिक संस्थाएँ, सहकारी बैंक, किसान सहायता ऐक्ट इत्यादि पर उन्होंने अपने विचारों को स्पष्ट रूप से प्रस्तुत किया। यद्यपि इन समस्याओं के विश्लेषण में उनकी भावुक शैली किसानों की बर्बादी वर्णन करने में यथार्थ से अधिक सद्‌भाव को दर्शाती है। पाठकों को उन्हीं के समान निर्धनों और दबे-कुचले लोगों के प्रति हमदर्दी बना देते हैं। अली जवाद ज़ैदी के शब्दों में—

''प्रेमचन्द के यहाँ जो वस्तु सबसे अधिक महत्त्वपूर्ण स्थान रखती है, वह देहाती जीवन की सही और हू-बहू चित्रण है—किसानों की दुर्दशा और ज़मींदारों, पुलिसवालों और पूँजीपति की लूटखसोट का हाल पढ़कर क्या और कुछ करने की इच्छा से कितनी ही आँखें आँसुओं से भींग जाती हैं।''[2]

प्रेमचन्द अपने समकालीन जीवन के द्योतक हैं। वह यथार्थ जीवन के इतने निकट थे कि उनके प्रस्तुत किये हुए यथार्थ उस युग के किसी भी गाँव में देखे जा सकते थे। प्रेमचन्द का गाँव से असाधारण प्रेम मानवता के उन्हीं उच्च उद्देश्यों के आधार पर था जो एक मानव को कष्ट में देखकर दूसरे मानव के मन में स्वाभाविक रूप में उत्पन्न होता है। प्रेमचन्द ने किसानों की निजी एवं व्यक्तिगत समस्याओं को देश की सामूहिक चेतना का अंग बना दिया, उनमें आपसी सहयोग से सामूहिक संघर्ष उत्पन्न करने का प्रयास

---

1. प्रेमचन्द : विविध प्रसंग, खण्ड 2, पृष्ठ 490
2. अली जवाद ज़ैदी : प्रेमचन्द की ज़िन्दगी और तसानीफ़ पर एक नज़र, 'ज़माना' प्रेमचन्द विशेषांक 1937

किया। प्रेमचन्द ने 'मंत्र' में शहरी और देहाती जीवन का अन्तर उजागर किया है और 'लोकमत का सम्मान' में उन प्रभावों का विश्लेषण किया है, जिसमें गाँव का सीधा-सादा, परिश्रमी बेचू धोबी शहर में आकर आर्थिक रूप से संतोष प्राप्त कर लेता है किन्तु अपने देहाती समाज के सम्मानपूर्वक जीवन को खो देता है। अन्त में स्वीकार करता है कि शहर में अच्छी नीयतवाले आदमी का निर्वाह संभव नहीं! 'पंच परमेश्वर' में उन्होंने न्याय की शक्ति को व्यक्त किया है और गाँववालों में स्वाभाविक ईमानदारी को दर्शाया है। शैख़ जुम्मन और अलगू चौधरी आपस में शत्रु होते हैं किन्तु जब न्याय के मसनद पर बैठते हैं, तो उसका मर्यादा के अनुकूल निर्णय करके न्याय की शक्ति में वृद्धि कर देते हैं। इसे प्रेमचन्द की आदर्शवादिता का प्रतीक माना जा सकता है।

डॉ० मसीहुज़्ज़माँ का विचार सही है कि प्रेमचन्द उर्दू के कहानीकारों में इस आधार पर वरीयता रखते हैं कि उन्होंने गाँव की समस्याओं को अपना विषय बनाया।[1] भारतीय गाँव यूरोपीय या किसी दूसरे देश के गाँवों से बहुत भिन्न हैं। ये गाँव शहरी जीवन का अंग नहीं हैं, बल्कि उनके पास शहरों से भिन्न-विभिन्न सामाजिक और नैतिक मूल्यों, राष्ट्रीय एवं परम्परागत विश्वास हैं, जिन पर उन्हें गौरव का आभास होता है। इसकी सुरक्षा के लिए प्राणों की आहुति देने के लिए तत्पर रहते हैं। यद्यपि गाँव के लोग अनेक वर्गों में बँटकर रहते हैं, उनका जीवन छोटी-छोटी जातियों की इकाइयों में बँटा रहता है, फिर भी उनके जीवन की आधारभूत एकता नहीं टूटती। ये लोग प्रतिदिन के जीवन, रहन-सहन, रोजगार, दुःख और विवाह आदि में अपने परिपाटी से दृढ़तापूर्वक बँधे रहते हैं। इनको अध्ययन की सरलता के लिए तीन खानों में रखा जा सकता है। व्यवसाय के अनुसार, धर्म के अनुसार और जाति-पाँति के अनुसार, जिनमें प्रथम अधिक महत्त्वपूर्ण है। इस विभाजन का कारण वर्गीय व्यवस्था से भिन्न होता है। यदि व्यवसाय के अनुसार वर्ग बनाये गये होते, तो एक जाति में एक ही व्यवसाय के लोग दिखायी देते, किन्तु सारे दूध बेचनेवाले अहीर, वस्त्र बुननेवाले जुलाहे, सब्ज़ी उगानेवाले काछी और मांस बेचनेवाले क़साई नहीं होते।[2]

ग्रामीण जीवन में व्यावसायिक वर्ग का बड़ा महत्त्व है। प्रत्येक जाति की एक अलग पंचायत होती है, जिसकी सभा सामान्यतः किसी शुभ अवसर पर आहूत होती है। जाति का चौधरी सरपंच (राजा) बनता है, बाक़ी जाति प्रजा! यदि किसी जाति का कोई व्यक्ति पंचायत या सरपंच से अवहेलना करे, तो उसे पूरी जाति भाँति-भाँति से कष्ट पहुँचाती

1. मसीहुज़्ज़माँ : मेयारो-मीज़ान, पृष्ठ 109
2. किंग्सले ड्यूस : दि पायुलेशन ऑफ़ इंडिया एण्ड पाकिस्तान, पृष्ठ 161

है, बल्कि कुछ संगीन स्थितियों में सामाजिक संबंध भी तोड़ लिये जाते हैं। जाति के मामले में देहातों के नियम शहरों में भी चलते हैं, क्योंकि इन शहरी नागरिकों के सामाजिक और पारिवारिक संबंध देहातों में भी होते हैं। प्रेमचन्द ने अपनी कहानियों में जाति-बिरादरी के ग़लत रवैयों की आलोचना की है। उनकी कहानी 'मृतक भोज' में सेठ धनीराम की मृत्यु के पश्चात जाति के भोज के लिए मकान और गहने बेचे जाते हैं, तो प्रेमचन्द धनीराम की विधवा के शब्दों में इस रवैये की आलोचना करते हैं—

''आप लोग क्या इतने निर्दयी हैं, आप लोगों को लावारिस बच्चों पर दया नहीं आती, क्या इन्हें भिखारी बनाकर छोड़ोगे?''

इस व्यवस्था में सम्पत्ति का समान बँटवारा संभव नहीं है, बल्कि वर्गीय शोषण की सम्भावना रहती है। यदि प्राचीन भारत से वर्तमान तक के आर्थिक व्यवस्था पर दृष्टि रखी जायँ, तो इसके कई महत्त्वपूर्ण आयाम उजागर होते हैं, जो देशीय समाज के कुछ महत्त्वपूर्ण विचारणीय समस्याओं की ओर संकेत करते हैं। यही सामाजिक व्यवस्था देहाती मज़दूरों और किसानों में उद्योग-धन्धों की संस्थाएँ स्थापित करने में बाधक सिद्ध हुई। इसमें बाप से बेटे को विरासत में कला मिलती रही और बस! हिन्दुओं में वर्गीय विभाजन आपसी एकता का केन्द्र है। उनकी व्यापारिक संस्था है, जो मार्गदर्शन के कर्त्तव्य निबाहती है। ऐतिहासिक दृष्टिकोण से देखा जाय तो अपने परम्परावादी स्वभाव के अतिरिक्त इसी व्यवस्था ने हिन्दू समाज को अविभाजित बनाकर राजनीतिक हमलों की हानियों को सहने की शक्ति प्रदान की है, बल्कि यह दावा भी किया जाता है कि इस वर्गीय व्यवस्था ने भारतीय समाज को आधारभूत स्थायित्व एवं संतोषवादिता प्रदान की है।[1] वर्गीय व्यवस्था में धर्म का शिकंजा अधिक कसा होता है। ब्राह्मण को हिन्दू समाज का उच्चतम पद प्राप्त है, इसमें पवित्रता, अध्यात्मिकता, ज्ञान एवं बुद्धि और श्रेष्ठता का प्रतीक और राज्य एवं शासन-व्यवस्था का महत्त्वपूर्ण अंग समझा जाता है। यद्यपि प्रेमचन्द का समय आते-आते ब्राह्मण की सर्वोच्चता घट गयी थी, किन्तु हिन्दुओं के सामाजिक जीवन को धार्मिक संरक्षण प्राप्त होने के कारण उसे देवताओं का स्थान प्राप्त था। वह अपनी इस स्थिति का लाभ उठाकर दलित, पिछड़े और निर्धन लोगों का शोषण करता था। प्रेमचन्द ने अपनी प्रसिद्ध कहानी 'सद्‌गति' में लिखा था—

''ज़मींदार भी कुछ खाने को देता है, शासक भी बेगार लेता है, तो थोड़ी बहुत मज़दूरी दे देता है, यह उनसे बढ़ गये।''

इस शोषण के पीछे किसानों का गँवारपन और अंधविश्वास है। जिसमें ब्राह्मण

1. जी०बी० जथार तथा के०जी० जथार : इंडियन इकोनामिक्स, पृष्ठ 81

को दैवीय रूप में लिखते हैं—

"ब्राह्मण के रूप में भला कोई मार तो ले, घर भर का सत्यानाश हो जाये, हाथ-पाँव गल-गलकर गिरने लगें।"

'सद्गति' के दुःखी चमार की इस श्रद्धा में सामाजिक और आर्थिक दुर्व्यवस्था का दबाव सम्मिलित है क्योंकि गाँव के सीमित जीवन में ख़ुशहाली की कल्पना धर्म की छत्रच्छाया में ही विकसित होता था। यह अंधविश्वास एक यथार्थ के रूप में धार्मिक विश्वास बन गया था कि यदि कोई अपने सांसारिक जीवन में कष्टों एवं दुःखों को भोग रहा है, तो परलोक में ईश्वर की ओर से उचित मानदेय मिलेगा। फिर वहाँ का जीवन स्थायी और आरामदायक होगा। धर्म के इस विचार को धार्मिक प्रचारक व्यावसायिक रूप में अत्यन्त बलपूर्वक स्थापित करते और अनपढ़ लोगों का जीवन इन्हीं भूल-भूलैया में क़ैद रहता।

वर्गीय व्यवस्था का एक महत्त्वपूर्ण पहलू संयुक्त परिवार भी है। भारतीय ग्रामीण जीवन में संयुक्त कुटुम्ब को इस सीमा तक मानव सम्मान प्राप्त है कि उससे अलग हटने को सामाजिक जीवन में अपराध का स्थान दिया जाता है। इस व्यवस्था को शताब्दियों से बिना रोक-टोक के बनाये रखा गया। यदि कुटुम्ब का कोई व्यक्ति अपने संयुक्त परिवार से अलग होकर अपना जीवन व्यतीत करना चाहता, तो उसके संयुक्त परिवार का मुखिया और दूसरे परिवारों के मुखिया बाधक होते थे, क्योंकि इस प्रकार उन्हें अपनी व्यवस्था में जीवन की कड़ी टूटती दिखायी पड़ती। संयुक्त परिवार को ग्रामीण जीवन में आधारभूत महत्त्व प्राप्त है। इनमें कभी-कभी तीन या उससे भी अधिक पीढ़ियों के लोग एक साथ जीवन व्यतीत करते हैं। यह व्यवस्था आर्यों की विजय के साथ सम्पूर्ण देश में फैली, जो प्राचीन यूनान और रोम के 'पैट्रिया पोस्टेस्टास' से अधिक मिलती-जुलती है। इन्हीं के समान परिवार का सबसे बूढ़ा व्यक्ति परिवार का मालिक और मुखिया होता है और एक स्त्री भी वैसा ही सम्मान एवं अधिकार रखती है। यही दोनों समस्त पारिवारिक, धार्मिक और सामाजिक मामले में अधिकार रखते हैं। इनके नाते देहाती जीवन में व्यवस्था स्थापित रहती है, इसमें आपसी सहयोग से विकास करने का विचार रहता है किन्तु इसने एक भयनाक शोषण का वातावरण पैदा कर दिया। प्रत्येक व्यक्ति अपनी जीविका स्वयं अर्जित करने के बजाय एक व्यक्ति के परिश्रम के फल को सारे परिवार के लोग मिलकार खाने लगे। प्रेमचन्द ने अपने निजी जीवन में संयुक्त परिवार से बड़े कठोर अनुभव प्राप्त किये थे, किन्तु सामूहिक रूप से इसकी सार्थकता के क़ायल और परिवारों के विभाजन के विरोधी थे क्योंकि उनके विचार में वर्तमान व्यवस्था में देशी, सामाजिक एवं आर्थिक शक्ति घट जाती है। भारत की कृषिव्यवस्था में खेती के छोटे-छोटे टुकड़े हो जायँ, तो

गाँव के समाज में अव्यवस्था फैल जायेगी। परन्तु यह तथ्य अपने स्थान पर स्थापित है कि उस समय के मशीनी और औद्योगिक व्यवस्था को ग्रामीण जीवन प्रभावित कर चुका था और संयुक्त परिवारों की इकाइयाँ टूटने लगीं थीं।

प्रेमचन्द अन्य सुधारकों के अनुयायी होकर परिवारों को संयुक्त रखने के मुहिम में व्यस्त रहे। उनकी कहानी 'अलग्योझा' में रघु की पत्नी घरवालों से अलग होने की इच्छा व्यक्त की तो प्रेमचन्द रघु की भावना को इन शब्दों में प्रस्तुत की—

''रघु सन्नाटे में आ गया, एक दिन तक उसके मुँह से आवाज़ ही न निकली, अलग होने की उसने कभी स्वप्न में भी कल्पना न की थी। उसने गाँव में दो-चार परिवारों को अलग होते देखा था, वह ख़ूब जानता था, रोटी के साथ लोगों के हृदय भी अलग़ हो जाते हैं, अपने हमेशा के लिए ग़ैर हो जाते हैं फिर उनमें वही नाता रह जाता है जो गाँव के और आदमियों में।''

इसी प्रकार 'बड़े घर की बेटी' में आनन्दी अपने देवर से असंतुष्ट है, उसके विरुद्ध अपने पति से कहती है, किन्तु जब अलग होने की बारी आती है, तो अस्वीकार कर देती है। इस अवसर पर प्रेमचन्द ने आनन्दी की बड़ाई इन शब्दों की है—

''आनन्दी एक बड़े ऊँचे कुल की लड़की थी, उसके बाप एक छोटी-सी रियासत के तालुक़ेदार थे, विशाल महल, एक हाथी, तीन कुत्ते, बाज़, बहरी शिकारे, झाड़फ़ानूस, आनरेरी मजिस्ट्रेटी और ऋण, जो एक प्रतिष्ठित तालुक़ेदार के योग्य पदार्थ है, सभी यहाँ विद्यमान थे। नाम था भूपसिंह। बड़े उदारचित्त और प्रभावशाली पुरुष थे। पर दुर्भाग्य से लड़का एक भी न था। सात लड़कियाँ हुईं और दैवयोग से सब-की-सब जीवित रहीं। पहली उमंग में तो तीन ब्याह खोलकर किये। पर पन्द्रह-बीस हज़ार रुपये का क़र्ज़ सिर पर हो गया तो आँखें खुलीं। हाथ समेट लिया। आनन्दी चौथी लड़की थी वह अपनी सब बहनों से अधिक रूपवती और गुणवती थी। दूसरे ठाकुर भूपसिंह उसे बहुत प्यार करते थे। सुन्दर सन्तान को कदाचित् उसके माता-पिता भी अधिक चाहते हैं।''

इस कहानी में आनन्दी ने अलग्योझा से बचने के लिए जो ढंग अपनाया है, उसके पात्र में आदर्शवादिता और हृदय परिवर्तन की स्थिति उत्पन्न हो गयी है। डॉ० गंगाप्रसाद विमल ने इससे निष्कर्ष निकाला है कि 'बड़े घर की बेटी' में संयुक्त परिवारों के सामंती ढाँचे के टूटने के प्रतीक हैं, क्योंकि यही प्रेमचन्द के समय का ऐतिहासिक यथार्थ है।[1] उस युग की दूसरी महत्त्वपूर्ण विशेषता पारिवारिक उच्चता का आभास है जिसे प्राचीन

---

1. गंगाप्रसाद विमल : प्रेमचन्द, पृष्ठ 98

काल से बुर्ज़ुवा समाज महत्त्वपूर्ण अंग है, लेकिन प्रेमचन्द अपने उदार दृष्टिकोण के आधार पर वंशगत अथवा विशेषताओं को महत्त्व नहीं देते। उन्होंने परिवार के आधार पर श्रेष्ठता की मनोग्रंथि को कम करने का प्रयास किया और ऐसी कहानियाँ लिखीं जिनसे यह प्रवृत्ति कम हो सके। 'सुभागी' और 'मालकिन' की विधवाओं का दूसरा विवाह जाति-बिरादरी की परवाह के बिना होता है। इस प्रकार के अनेक उदाहरण प्रेमचन्द की कहानियों में खोजे जा सकते हैं।

प्रेमचन्द की कहानियों में ग्रामीण व्यवस्था की कृषि से संबंधित आधारों का अच्छा विश्लेषण मिलता है। भारत की तीन-चौथाई आबादी कृषि पर जीवन व्यतीत करती है, जो भाग्य या दूसरे प्राकृतिक संसाधनों पर विश्वास करती है। प्रेमचन्द ने ग्रामीण किसानों के जीवन में संघर्ष, क्रिया, श्रम और उपवास को मौलिक महत्त्व दिया। किसान ऋणों में जीवन व्यतीत करता है और ऋणों की विरासत छोड़कर मर जाता है। उसके जीवन में हौसला और उमंग की जगह नहीं। उसकी इच्छाएँ प्रतिदिन की साधारण आवश्यकताओं की पूर्ति न होने पर ध्वस्त होती रहती हैं। वह अन्न उत्पादक होने के बावजूद भूख और निर्धनता में जीवन व्यतीत करता है। प्रेमचन्द आर्थिक अव्यवस्था का चित्रण करते हुए लोगों से उनके संकल्प को दृढ़ करने का उपदेश देते हैं।

'ख़ून सफ़ेद' के इस दृश्य पर ध्यान दीजिये—

''बैसाख की वह जलती हुई धूपीय आग के झोंके ज़ोर-ज़ोर से हरहराते हुए चल रहे थे, ऐसे समय में हड्डियों के अगणित ढाँचे, जिनके शरीर पर किसी प्रकार का कपड़ा न था, मिट्टी खोदने में लगे हुए थे, मानो वह मरघट भूमि थी, जहाँ मुर्दे अपने हाथों अपनी क़ब्रें खोद रहे थे।''

इसी प्रकार एक दूसरी कहानी 'बलिदान' में ज़मींदारों की कठिनाइयों का भी चित्रण किया था—

''ओंकारनाथ चिढ़कर बोले—तुम समझते हो कि हम यह रुपये लेकर अपने घर में रख लेते हैं और चैन की वंशी बजाते हैं। लेकिन हमारे ऊपर जो कुछ गुज़रती है, वह हमीं जानते हैं। कहीं यह चंदा, कहीं वह इनाम, इनके मारे कचूमर निकल जाता है। बड़े दिन में सैकड़ों रुपये डालियों में उड़ जाते हैं—जिसे डाली न दो, वही मुँह फुलाता है। जिन चीज़ों के लिए लड़के तरसकर रह जाते हैं, उन्हें बाहर मँगाकर डालियों में सजाता हूँ। उस पर कभी क़ानूनगो आ गये, कभी तहसीलदार, कभी डिप्टी साहब का लश्कर आ गया। सब मेरे मेहमान होते हैं। अगर कहूँ, तो नक्कू बनूँ और सबकी आँखों में काँटा बन जाऊँ। साल में हजार-बारह सौ मोदी को इस रसद ख़ुराक में देने पड़ते हैं। यह सब कहाँ से आवे? बस

यही जी चाहता है कि छोड़कर निकल जाऊँ।''

यह दोनों वक्तव्य यथार्थवादी प्रेमचन्द के हैं, जिनका क़लम घटनाओं की संगीनी और किसानों और ज़मींदारों की कुपरिस्थिति का यथार्थपरक विश्लेषण प्रस्तुत करता है इसलिए अली सरदार जाफ़री का विचार है कि प्रेमचन्द की महानता का रहस्य यही है कि उन्होंने बड़ी सत्यता और तीव्रता से किसानों और मज़दूरों की मानसिक स्थिति और मध्यम वर्ग के दृष्टिकोण को इस विशिष्टता से प्रस्तुत किया जब देशी जीवन में बड़े बदलाव हो रहे थे।[1] दूसरी ओर कुछ आलोचकों को प्रेमचन्द का यही रवैया अच्छा नहीं दिखायी देता है और उन पर घृणा के प्रचार का आरोप लगा देते हैं। यह आरोप छोटा और आधारविहीन न सही, किन्तु इस यथार्थ पर दृष्टि करने की आवश्यकता है कि प्रेमचन्द ने समस्याओं की छाती चीरकर यथार्थों को उजागर किया है। प्रेमचन्द बौद्धिक स्तर पर प्रायः प्रताड़ित लोगों से सहानुभूति रखते थे, उन्होंने छोटे ज़मींदारों से सहानुभूति व्यक्त की है; क्योंकि एक जमींदार वर्ग असली रूप में किसानों का वर्ग है। इनमें अधिकतर लोग उपवास से जीवन व्यतीत करते थे। 12 अक्टूबर, 1932 ई० के 'जागरण' में लिखा था—

''कृषकों की तरह कितने ज़मींदार भी क़र्ज़दार हैं। छोटे-छोटे ज़मींदारों का कहना ही क्या, अक्सर बड़े-बड़े ज़मींदार भी लाखों रुपये मालगुज़ारी अदा करते हैं, क़र्ज़ के बोझ से दबे हुए हैं। ज़मींदारों और काश्तकारों में अन्तर यही है कि काश्तकार मेहनत करके भी क़र्ज़दार हैं पर ज़मींदार केवल अपनी फ़िज़ूलख़र्ची और विलासिता के कारण क़र्ज़दार हैं। बड़े ज़मींदार का तो कहना ही क्या, ज़मींदारी शान में अपने हाथ से कोई काम करना पसन्द नहीं करते। उनकी गुज़र छीन-झपट से होती है। अब सरकार बुन्देलखण्ड और पंजाब की तरह इस प्रांत में भी ज़मींदारों की जायदाद की रक्षा के लिए क़ानून बनाने का विचार कर रही है। पुराने ज़मींदार ख़ानदानी ज़मींदारों के विषय में सरकार का ख़्याल है कि उन्हें अपने असामियों से स्नेह होता है और वे ज़मींदारी के काम में निपुण होते हैं।''[2]

प्रेमचन्द को ज़मींदार वर्ग से सहानुभूति नहीं, जिसका कारण इस वर्ग के शोषक रवैये थे, क्योंकि उनके आर्थिक ख़स्ताहाली का कारण उनका अपना व्यक्तित्व होता था, जो तथाकथित दिखावे, सम्मान या विलासिता के लिए ऋण से काम चलाते थे। प्रेमचन्द की कहानियों में 'उपदेश' सम्भवतः अकेली कहानी है, जिसमें उन्होंने किसानों और

---

1. अली सरदार जाफ़री : तरक़्क़ीपसन्द अदब, पृष्ठ 127
2. प्रेमचन्द : विविध प्रसंग, खण्ड 2, पृष्ठ 482

ज़मींदारों की समस्याओं को एक स्तर पर रखकर प्रस्तुत किया है; किन्तु पूर्णरूपेण उनकी सहानुभूति किसानों से रहती है और ज़मींदारों की समस्याओं को उनकी अदूरदर्शिता और भटकाव का परिणाम मानते हैं।

प्रेमचन्द की कहानियों में गाँव के जीते-जागते लोग दिखायी देते हैं; कुर्मी, काछी, धोबी, नाई से लेकर राजा साहब, नवाब साहब, ख़ान बहादुर, ख़ान साहब, रायबहादुर, राय साहब और उनके अहलकारों की लम्बी सूची है, उनमें किसानों का उपवास, ऋण, मुक़दमेबाज़ी, सरकार और ज़मींदार के अत्याचार, उनके निजी जीवन की ख़स्ताहाली, धोखा, मक्कारी, अन्धविश्वास और धार्मिक भटकाव का विस्तृत उल्लेख मिलता है। उन्होंने किसी तमाशाई या सुधारक के समान बाह्य प्रभाव के रूप में समस्याओं का अनुभव लेने के बजाय स्वयं भी उसी वातावरण में रच-बसकर उन्हें देखा और अपनी रचनात्मक विवेक रचनात्मक ढंग और मानववादिता की भावना की छत्रच्छाया में जीवन्त और गत्यात्मक चित्र प्रस्तुत किये हैं कि पाठक प्रभावित हुए बिना नहीं रह सकता। उनके दृष्टिकोण, व्यवहार, आदर्शवादिता से विरोध किया जा सकता है, किन्तु उनके असाधारण रचनात्मक गुणों को मानना पड़ता ही है। प्रेमचन्द किसानों की समस्याओं के विश्लेषण में कभी-कभी अभौतिक रवैया भी अपनाते हैं। कुछ भौतिक समस्याओं को आध्यात्मिक और धर्म के माध्यम से हल करने का प्रयास करते हैं, किन्तु सामूहिक रूप से उनका दृष्टिकोण प्रगतिशील और मानववदिता से प्रभावित रहता है।[1] प्रोफ़ेसर सैयद एहतेशाम हुसैन के शब्दों में—

''वह भारतीय लोगों की आत्मा में उतरकर उनके दुःख-दर्द, उनकी कुंठा एवं व्याकुलता, उनकी निराशा और आशा, उनके सपनों और विचारों को देख सकते थे, वह उन्हें इस जाल से निकालकर एक अच्छे जीवन की ओर अग्रसर करना चाहते थे, जिसमें वह सदियों से जकड़े हुए थे। वह सीधे लोगों के पास गये और उनके कष्टों और सुखों में सम्मिलित हुए, उन्होंने लोगों की अपेक्षा दूसरे वर्गों के अन्यायों का पर्दाफ़ाश किया।''[2]

दलितों की समस्याएँ

प्रेमचन्द की कहानियों में दलितों की समस्याओं का अध्ययन करने से पूर्व इस यथार्थ को मन में बिठा लेना चाहिए कि दलितों और दूसरे आर्य हिन्दुओं में वंशगत कोई

---

1. प्रेमनारायण टण्डन : प्रेमचन्द और ग्राम समस्या, पृष्ठ 123
2. सैयद एहतेशाम हुसैन : तंक़ीद और अमली तंक़ीद, पृष्ठ 123

अन्तर नहीं है, बल्कि उनकी वर्गीय व्यवस्था में व्यवसाय के अनुसार 'शूद्रों' को अपने ही भाई—ब्राह्मण, क्षत्रिय और वैश्य की सेवाएँ सुपुर्द हुई थीं। प्राचीनकाल में दलितों को बिखरे हुए आदमियों का स्थान प्राप्त था, किन्तु बाद के युग में ब्राह्मणों को सामाजिक और धार्मिक जीवन में विशिष्टता प्राप्त हो गयी और उनकी बिखरे आदमियों से घृणा ने दलितों को सामान्य सामाजिक जीवन से अलग कर दिया। उसका एक कारण यह था कि दलितों में ढेर सारे लोग धार्मिक और सामाजिक जीवन में बौद्ध धर्म के उपासक थे या उन्होंने दूसरे हिन्दुओं के समान मांस खाना (गऊ मांस) छोड़ा न था, बल्कि उन्होंने उच्च जाति के हिन्दुओं के विरुद्ध प्रतिक्रिया में अपनी सामाजिक और आर्थिक व्यवस्था अलग से स्थापित कर ली थी, जिसमें श्रम के आधार पर जीविका का विवरण होता था। दलितों का जीवन कष्टदायक परिश्रम और उत्पादन के साधनों के समान विभाजन पर आधारित था। उन पर सामंती व्यवस्था की छाप नहीं पड़ने पायी थी या कम पड़ी थी। दलितों के जीवन में राजनीतिक क्रांति का प्रभाव दिखायी नहीं देता, क्योंकि उन्हें अपवित्र मानकर राष्ट्रीय जीवन की धारा से अलग कर दिया गया था। बाबा साहब डॉ० भीमराव अम्बेडकर का विचार है कि वर्तमान दलितों का सिलसिला 400 ई० के पश्चात् से आरम्भ होता है, क्योंकि उसके पश्चात् से ही व्यावसायिक जाति की कठोरता में वृद्धि हुई।[1] अतिवादिता में दलितों को सामान्य मानवों का स्थान देने से भी परहेज़ किया गया। उनके श्रम और कड़े परिश्रम का शोषण किया गया। दलितों की सेवा से लाभान्वित होना उच्च जाति के लोगों का अधिकार माना जाने लगा। इस अमानवीय रवैये को शताब्दियों से धार्मिक संरक्षण प्राप्त रहा। इन दलितों की कड़ी में मुसलमानों को सम्मिलित नहीं किया गया, यद्यपि व्यवसायों के बँटवारे में हिन्दू दलितों के समान मुस्लिम दलित भी भारत में सामाजिक घृणा के शिकार रहे हैं। उनसे मुस्लिम समाज में हिन्दुओं के समान सामाजिक अलगाव का व्यवहार किया जाता रहा है। खेदजनक है कि महात्मा गांधी और दूसरे दलित नेताओं ने मुस्लिम दलितों की उपेक्षा की। भारतीय लोकतंत्र का संविधान तैयार किया गया, तो उसमें अन्य दलितों के अधिकारों की सुरक्षा की व्यवस्था की गयी, परन्तु मुस्लिम दलितों के लिए किसी प्रकार की व्यवस्था नहीं की गयी। इस तीव्र अन्तर के रवैये के आधार पर कुछ लोग भारतीय संविधान की धर्मनिरपेक्षता पर प्रश्नचिह्न लगा देते हैं। इस विषय पर इससे अधिक लिखना अपनी लेखन सीमा से बाहर निकलना होगा।

उन्नीसवीं शताब्दी के अन्त और बीसवीं शताब्दी के आरम्भ में दलितों की ख़स्ताहाली के विरुद्ध कई आन्दोलन आरम्भ हुए। महामना पंडित मदन मोहन मालवीय और उनसे पूर्व स्वामी श्रद्धानन्द ने उसको धार्मिकता प्रदान की और दलितों को शुद्धि

1. **भीमराव अम्बेडकर : अछूत कौन और कैसे, पृष्ठ 11**

आन्दोलन का अंग बनाया। महात्मा गांधी ने दलितों की समस्याओं को सामाजिक दृष्टिकोण से देखा और उन्हें राष्ट्रीय स्वतंत्रता आन्दोलन में सम्मिलित किया। उन्होंने सविनय अवज्ञा आन्दोलन में दलितों की समस्याओं को आधारीय स्थान दिया और छूत-छात को हिन्दू समाज का कलंक बताया। महात्मा गांधी को अपने मिशन को पूर्ण करने में कई प्रकार के विराधों का सामना करना पड़ा, क्योंकि वह देश की प्राचीनता की जिन परम्पराओं से संबंधित रखना चाहते थे, उनमें दलितों को समानता का स्थान प्राप्त न था, बल्कि हिन्दुओं की पवित्र पुस्तकों में दलितों के विरुद्ध आदेश लिखे थे। महात्मा गांधी कहते हैं—

''हमको विश्वास के आधार पर स्वयं को धोखा नहीं देना चाहिए कि संस्कृत में जो कुछ छपा है, वही शास्त्र है, उसका पालन करने के लिए बाध्य हैं, जो नैतिकता के आधारभूत समस्याओं के विरुद्ध हो सकता है, जो तर्क के विपरीत है, इसे शास्त्र नहीं कहा जा सकता, चाहे वह कितनी ही पुरानी क्यों न हों।''[1]

किन्तु इसके साथ-साथ वह दलितों को यह अच्छी सलाह भी देते थे कि जब तक सामंती हिन्दुओं का हृदय परिवर्तन नहीं हो जाता, उन्हें अपनी वर्तमान स्थिति को संतोष के साथ सहन करते रहना चाहिए।[2] विचारों का यह विरोधाभास उनके अभौतिक प्रवृत्ति पर आधारित था, क्योंकि महात्मा गांधी समाज में जाति-पाँति के अस्तित्व के विरोधी नहीं थे, बल्कि अपने पुनर्जन्म के आधार पर उच्च बिरादरी में पैदा होने को वरदान समझते थे। महात्मा गांधी दलितों के लिए समाजिक क्रांति नहीं ला सकते थे। सच तो यह है कि दलितों की सामाजिक बदहाली और अपमान, मानवतावादी महात्मा गाँधी के मन एवं मस्तिष्क को प्रभावित करने तक सीमित थी, फिर यह भी था कि इतनी बड़ी आबादी को अनदेखा करके राष्ट्रीय स्वतंत्रता आन्दोलन में सफलता मिलना कठिन ही नहीं असम्भव था। यह और इसी प्रकार के अन्य कारण थे, जिन्होंने महात्मा गांधी को दलितों का पक्षधर बना दिया था। महात्मा गांधी अपने सुधारवादी कार्यक्रमों के माध्यम से दलितों को देश की राजनीति के मूल धारा में मिलाना चाहते थे, किन्तु प्रेमचन्द की दलितों से सहानुभूति की नींव आर्थिक संसाधनों पर आधारित थी। उन्होंने 'जागरण' में 26 दिसम्बर, 1932 ई० को लिखा था—

''हरिजनों की समस्या केवल मन्दिर प्रवेश से हल होनेवाली नहीं है। इस

---

1. एम० के० गाँधी : बापू के हरिजन, पृष्ठ 27
2. वही, पृष्ठ 7

समस्या की आर्थिक बाधाएँ धार्मिक बाधाओं से कहीं (अधिक) कठोर हैं। अशिक्षित हिन्दू समाज में ज़्यादा-से-ज़्यादा 5 फ़ीसदी रोज़ाना मन्दिर में पूजा करने जाते होंगे। 5 फ़ीसदी न कहकर अगर 5 फ़ीसदी हज़ार कहा जाय तो उचित होगा। शिक्षित हरिजन भी मन्दिर प्रवेश को कोई महत्त्व नहीं देते। हरिजनों के अपने देवता अलग हैं। मंदिर प्रवेश का अधिकार पाते ही वे अपने देवताओं को उठाकर दरिया में नहीं फेंक देंगे। हिन्दू जाति उन्हें यह अधिकार देकर केवल अपना कलंक दूर करेगी; जैसे मृतक श्राद्ध करके हम केवल अपनी आत्मा को शान्त करते हैं। यदि हम अपने भाइयों को उठाना चाहते हैं, तो हमें ऐसे संसाधन पैदा करने होंगे, जो उन्हें उठने में सहायता करें, विद्यालयों मे उनके लिए छात्रवृत्तियाँ निश्चित करना चाहिए, नौकरियाँ देने में उनके साथ थोड़ी छूट करनी चाहिए।''[1]

गांधीवादी कांग्रेसी दलितों और उच्च जाति हिन्दुओं के मध्य क्षणिक ही सहीं, अन्तर शेष रखना चाहते थे या दलितों को कुछ सुविधाएँ प्रदान करके उच्च जाति के हिन्दुओं से अलग-थलग रखना चाहते थे, किन्तु प्रेमचन्द दलितों के साथ किसी प्रकार के अन्तर को नापसन्द करते थे। दलित छात्रों के लिए अलग छात्रावास स्थापित करने पर उन्होंने लिखा था—

''नागापुर में हरिजन बालकों के लिए अलग एक छात्रावास बनाया गया, इससे तो अछूतपन मिटेगा नहीं और दृढ़ होगा। उन्हें तो साधारण छात्रालयों में बिना किसी विचार के स्थान मिलना चाहिए।''[2]

प्रेमचन्द ने दिल्ली के नगर निगम चुनाव मे दलितों के सफल होने पर ख़ुशी व्यक्त की और कानपुर में उनकी पराजय पर दुःख प्रकट किया। कानपुर नगर निगम के माध्यम से दलितों को घरों की सुविधा प्राप्त होने के संबंध में 19 जून 1933 ई० के 'जागरण' में लिखा था—

''हरिजनों के उद्धार का काम रुपये में पन्द्रह आने हमारी म्यूनिसिपैलिटियों पर निर्भर है। अगर यह संस्थाएँ अपने मेहतरों और के लिए ऐसी सुविधाएँ पैदा कर दें, जिनसे वे आसानी से सफ़ाई का काम कर सकें, अच्छे और साफ़ मकानों मे रह सकें, अच्छा भोजन और वस्त्र पा सकें, और अपने बच्चों को मदरसों में भेज सकें, तो हरिजन समस्या बहुत कुछ हल हो जाती है।''[3]

---

1. प्रेमचन्द : विविध प्रसंग, खण्ड 2, पृष्ठ 455
2. वही, पृष्ठ 450
3. वही, पृष्ठ 468

किन्तु इस यथार्थ को अनदेखा नहीं करना चाहिए कि महात्मा गांधी के प्रभाव में आकर कभी-कभी प्रेमचन्द भी दलितों की आर्थिक और सामाजिक समस्याओं को आर्थिक संसाधनों से हल करने के बजाय अध्यात्मिक और कल्पनात्मक मानकों पर ढूँढ़ने लगते हैं। प्रेमचन्द भी गांधीवादी सामाजिक समानता के लिए काल्पनिक भूल-भूलैया से बड़ी कठिनाई से निकल पाते हैं। किन्तु फिर भी सामूहिक रूप से प्रेमचन्द की सहानुभूतियाँ दलित, पिछड़े, निर्धन और असहाय के साथ रहती हैं।

महात्मा गांधी ने 1932 ई० में दलितों की अलग राष्ट्रीयता के निर्णय के विरुद्ध आमरण अनशन की घोषणा की, तो प्रेमचन्द ने उन्हें श्रद्धांजलि प्रस्तुत करते हुए लिखा—

''उस महान् आत्मा के अनशन व्रत ने, उसकी तपस्या ने केवल सात दिनों में यह दिखला दिया कि वास्तव में तपस्या की रानी बलवन्ती होती है। उस महान् आत्मा की तपस्या ने, ब्रिटिश के महान् राजीनीतिज्ञों के द्वारा तैयार की हुई, इस सुदृढ़ दीवार को, जो हिन्दू अछूतों को अलग करने के लिए बड़े गहन कौटिल्य के सीमेंट से तैयार की गयी थी, विध्वंस कर दिया। छूत-अछूत का वह मसला, जो आगामी गृहयुद्ध का संकेत कर रहा था और इसी के लिए ब्रिटिश राजनीतिज्ञों ने, जिसकी नींव को दृढ़ किया था, हल हो गया।''[1]

इसी प्रकार महात्मा गांधी ने पहली बार दलितों के मंदिर में प्रवेश के आन्दोलन का नेतृत्व किया तो प्रेमचन्द दिलो-जान से इस संघर्ष में सम्मिलित हो गये। उन्होंने वाराणसी के सनातन धर्मी नगर में रहने के बावजूद निडर होकर अपने विचारों को व्यक्त किया। धर्म के तथाकथित प्रतिनिधियों पर खुलकर आक्रमण किये। और 'ब्राह्मण सम्मेलन' को काशी का कलंक घोषित किया। 5 अक्टूबर, 1932 ई० के 'जागरण' में लिखा है—

''जिस काशी में धर्म की ध्वज गाड़कर शास्त्र की वेदी पर पंडित लोग बैठे हुए हैं, उसी काशी में उनकी बात सुननेवाला कोई नहीं है। उनके साथ कितनी जनता है और महात्मा जी के आन्दोलन में कितनी जनता है, यह बिल्कुल स्पष्ट है। फिर भी न जाने दो-चार पंडितों को कैसी सनक सवार है कि आँधी में गुड्डी उड़ाने का उपहासास्पद दुस्साहस कर बैठते हैं।''[2]

इसी प्रकार धर्म के नाम पर ब्राह्मणों का दलितों से दानपुण्य प्राप्त करने पर भी

---

1. प्रेमचन्द : विविध प्रसंग : खण्ड 2, पृष्ठ 448
2. वही, पृष्ठ 443

प्रेमचन्द तीव्र प्रतिक्रिया व्यक्त करते हैं। देखिए—

"अछूत के पैसे तो आप बेधड़क लेते हैं, अछूत कोई मन्दिर बनावे, आप दलबल के साथ जायेंगे, मन्दिर में देवता की स्थापना करेंगे, तब माल खायेंगे ही,–अछूत ने उसे छुआ न हो, दक्षिणा लेंगे, इसमें कोई पाप नहीं, न होना चाहिए, लेकिन अछूत मन्दिर में नहीं जा सकता, इससे देवता अपवित्र हो जायेंगे। अगर आपके देवता ऐसे निर्बल हैं कि दूसरों के स्पर्श से अपवित्र हो जाते हैं, तो उन्हें देवता कहना ही मिथ्या है। केवल वही देवता हैं जिसके सम्मुख जाते ही चाण्डाल भी पवित्र हो जाये। हिन्दू उसी को अपना देवता समझ सकता है। पतितों का उद्धार करनेवाले ठाकुर ही हमारे ठाकुर हैं, जो पतितों के दर्शन मात्र से पतित हो जाये, ऐसे ठाकुर को दूर से ही नमस्कार है।"[1]

प्रेमचन्द की कहानियों में दलितों की समस्या विश्लेषण में डॉ० रामविलास शर्मा ने लिखा है कि दलित आन्दोलन से प्रेमचन्द को गांधी जी के समान श्रद्धा नहीं थी।[2] हमारे विचार से उनका यह विचार सही नहीं है। परिस्थितियाँ सरासर विपरीत हैं। प्रेमचन्द के सम्पादकीयों, लेखों और कहानियों को देखिए जिनमें उन्होंने अपने विचारों को स्पष्ट किया, तो अनुभव होगा कि दलितों की ख़स्ताहाली का वर्णन करने में प्रेमचन्द भावुक हो जाते हैं। इसका एक कारण उनका स्वच्छंदतावादी होना ही है। कहीं-कहीं समस्याओं की जटिलता क्षणिक संतोष की छाया में आश्रय लेती है, किन्तु जैसे ही आदर्शवाद और स्वच्छंदतावाद का प्रभाव समाप्त होता है, प्रेमचन्द भौतिक दृष्टिकोण से समस्याओं का हल ढूँढ़ते दिखायी देते हैं। उनकी सहानुभूतियाँ स्वाभाविक रूप से निम्न वर्गों के साथ रहती हैं, जो शताब्दियों से शासक और धनिक वर्गों के शोषण का कारण बनते रहे हैं। उनकी दृष्टि में ये वर्ग केवल चमार, पासी, मेहतर, धोबी आदि जातियों तक सीमित नहीं है, बल्कि इसमें ऐसे घुमक्कड़ और ख़ानाबदोश भी सम्मिलित हैं, जो भूमि का स्वामी न होने के आधार पर सामान्य किसानों से भी कम महत्त्वपूर्ण और निम्न समझे जाते हैं। घुमक्कड़ों के संबंध में स्वच्छंदतावादी दृष्टिकोण साधारणतया वनों में विचरण का ऐसा वातावरण उत्पन्न करती है, जो विचारों की भूल-भूलैया में उलझने का अंवसर प्रदान कर दी है। उनके साथ अपनी सारी सहानुभूति के अलावा उनकी कमियों को छुपाया नहीं है। इसका सबसे अच्छा उदाहरण उनकी कहानी 'कफ़न' है, जिसमें उन्होंने मनोविश्लेषण करके उस वर्ग के जीवन के महत्त्वपूर्ण आयामों पर प्रकाश डाला है। माधव और उसके पिता घीसू की सुस्ती पर व्यंग्य करते हैं। ये लोग दिन-रात घर में इस समय तक सुस्त

---

1. प्रेमचन्द : विविध प्रसंग : खण्ड 2, पृष्ठ 448
2. रामविलास शर्मा : प्रेमचन्द और उनका युग, पृष्ठ 121

बने लेटे रहते हैं कि जब तक उपवास की स्थिति नहीं आ जाती, फिर बड़ी मजबूरियों के बाद लकड़ी तोड़ने या मज़दूरी के लिए बाहर निकलते हैं। वे अपने जाननेवालों से ऋण माँगते—अवसर पाने पर अपने गाँववालों के खेतों से आलू, मटर आदि भी चुरा लेते, मज़दूरी करने से सामान्यतः परहेज़ करते, यदि कोई उन्हें बुलाता तो मनमानी मज़दूरी माँगते। जब माधव की पत्नी प्रसव पीड़ा में जीवन-मृत्यु से संघर्ष कर रही थी तो उन्हें ध्यान आया :

''मरना ही है तो जल्दी मर क्यों नहीं जाती!''

क्योंकि इस प्रकार उनके आराम में व्यवधान पड़ता था। दोनों अलाव के पास बैठे, एक-दूसरे से कहते हैं :

''जाकर देखते क्या दशा है उसकी?''

दोनों में कोई उसकी हाल-चाल जानने को तैयार नहीं, क्योंकि उन्हें अन्देशा है कि यदि कोई एक अलाव के पास से हटा तो दूसरा उसके भाग का आलू खा जायगा। विवश एवं प्रताड़ित महिला इसी दशा में मर जाती है, बाद में ये दोनों पिता-पुत्र उसे मुर्दा देखकर मक्कारी से रोने-पीटने लगते हैं। उसके क्रिया-कर्म के लिए चन्दा बटोरते हैं लेकिन क्रिया-कर्म न करके उसी पैसे से मदिरा पीते हैं। दोनों मदिरा पीकर अर्धनग्न होकर हुल्लड़ मचाते हैं और वहीं मदमस्त होकर गिर पड़ते हैं।

दलितों के जीवन में सुस्ती और आरामपसन्दी का चित्रण करने में प्रेमचन्द ने यह मनोवैज्ञानिक विन्दु दृष्टिगत रखा है कि जब उन्हें अत्यधिक परिश्रम के पश्चात् भी जीवनधारा सुलभ नहीं होती, तो क्यों न इसके विपरीत कर्म किया करें। उपवास और ग़रीबी में मृत्यु का सामना करना है तो श्रम का कष्ट भी क्यों किया करें, क्योंकि इस प्रकार भावनात्मक संतुष्टि प्राप्त हो जाती है कि हमारे परिश्रमों का फल किसी दूसरे को नहीं मिल रहा है। प्रेमचन्द ने इस कहानी में समाज में निर्धनता की नंगी सत्यता को प्रस्तुत कर दिया—

''घीसू ने समझाया—क्यों रोता है बेटा, ख़ुश हो कि वह मायाजाल से मुक्त हो गयी। जंजाल से छूट गयी, बड़ी भाग्यवान थी, जो इतनी जल्दी माया-मोह के बन्धन तोड़ दिये और दोनों वहीं खड़े होकर गाने लगे, ठगनी क्यों नैना झमकावे, ठगनी!''

दलितों में श्रमिकों की संख्या समाज के दूसरे वर्गों से कम नहीं होती। यही लोग जमींदारों, महाजनों के अलावा बड़े किसानों के सहायक होते थे। मर्दों के अलावा औरतें और बच्चे भी सेवा करते। उनमें लिंग, आयु और क़द के अन्तर के बिना प्रत्येक व्यक्ति

परिश्रम का आदी होता। निर्धनता, अज्ञानता और महात्मा गांधी का आन्दोलन उनके लिए डूबते को तिनके का सहारा थी, जिसने उनमें स्वाभिमान की लहर उत्पन्न कर दी थी। प्रेमचन्द अपने लेखों और सम्पादकीयों के माध्यम से इस लहर को तेज़ कर रहे थे। कहानी में सम्पादकीय और लेखों के समान दो टूक बातें नहीं हो सकती थीं। इसके लिए प्रतीकात्मक शैली अपनाते। प्रेमचन्द ने समकालीन जीवन में दलितों की समस्याओं के विभिन्न और अनेक पहलुओं की ओर संकेत किया है। 'जुर्माना' में नगर निगमों से संबंधित यथार्थों का सफल विश्लेषण किया है। उन्होंने अल्लारखी जमादारिन और दरोग़ा के पात्रों के माध्यम से समाज की कड़ी आलोचना की है। दारोग़ा अपनी जेब गर्म करने के लिए बिना कारण जुर्माना करता है, किन्तु जब पूरा वेतन मिलता है और दरोग़ा का दिमाग सही हो जाता है। 'दूध का दाम' इस कड़ी की महत्त्वपूर्ण कहानी है। सुरेश ने मंगल की माता का दूध पिया था, किन्तु मेहतर का पुत्र होने के नाते वह अपने माता-पिता की मृत्यु के पश्चात् दूध-शरीक भाई के घर में रहने के लिए स्थान नहीं पाता और द्वार पर नीम के नीचे पलने (रहने) लगता है। उसके साथ कुत्ते का बच्चा भी पलता रहता है और दोनों में प्रगाढ़ मित्रता हो जाती है। एक बार मंगल बड़े अपमान के साथ घर से निकाल दिया जाता है तो कुछ दूर जाकर पुनः भूख और प्यास से परेशान होकर लौट आता है। कुत्ते का बच्चा मोती भी उसके साथ है। देखता है कि लोग घर में खाना खा रहे हैं। वह एक कोने में दबकर खड़ा हो जाता है। कहार ने पत्तल समेटा और फेंकने चला तो मंगल उसके सामने आ गया। उसे पत्तल खाने को मिल गया किन्तु उसे कहार के इन वाक्यों की चुभन भी सहनी पड़ी—

''देखा पेट की आग ऐसी होती हैं ये लात मारी हुई रोटियाँ न मिलतीं तो क्या करते?''

यह उस कृपा का बदला था कि मंगल की माँ ने अपने बच्चे मंगल के स्थान पर अपना दूध प्रसन्नतापूर्वक अपने जमींदारों के बेटे को दे दिया था। इस प्रकार के अन्यायों को प्रेमचन्द सामाजिक समानता के दृष्टिकोण से बराबर सामने करते रहते थे। 'ठाकुर का कुआँ' में जोखू चमार की पत्नी अपने बीमार पति के लिए रात में पानी भरने ठाकुर के कुएँ पर आती है। एकाएक ठाकुर का दरवाजा खुलता है, परेशानी में भाग खड़ी होती है। सामंती और जागीरदारी व्यवस्था के कठिनतम दण्डों ठाकुर के 'कौन है? कौन है?', में उसका पीछा करती हैं। कानून और दण्ड का प्रभाव उन निम्न लोगों का अलग-अलग रूपों में होता है।

एक दूसरी कहानी 'प्रेम का उदय' में भोंदू अपने वर्ग के दूसरे ख़ानाबदोश लोगों के समान परिश्रम से जीविका अर्जित है। उसकी पत्नी बंटी उधर्मा महिला है, जो किसी

प्रकार संतुष्ट नहीं होती। वह देखती है कि दूसरे लोग चोरी करके बहुत सामान घर लाते हैं। उनकी पत्नियाँ बनी-ठनी रहती हैं। उसके विवश करने पर भोंदू चोरी करता है और गिरफ़्तार हो जाता है। पुलिसवाले जाँच-पड़ताल के लिए बंटी को भी गिरफ़्तार करते हैं किन्तु अपने पति को अत्याचार में गिरफ़्तार देखकर अपराध स्वीकार कर लेती है और घूस में चोरी का माल देकर उसे छुड़ा लेती है, जिससे भोंदू को ठेस लगती है कि उसका सम्मान मिट्टी में मिल गया! प्रेमचन्द ने घुमक्कड़ों के जीवन का विश्लेषण करने में उनके स्वभाव के असामाजिक तत्त्वों और विचारों का बेलाग विश्लेषण किया है।

'मंत्र' में उन्होंने तथाकथित शिक्षित लोगों के दिलों के अँधेरे और कुहरे से परिचित कराया है। एक निर्धन बूढ़ा अपने पुत्र के इलाज के लिए डॉ० चड्ढा के पास जाता है, वह इस कारण उसकी सहायता करने से मना कर देता है कि यह उसके क्रीड़ा का समय है। उसका कहना था कि यदि इस क्रीड़ा को लोगों की सेवा बलि चढ़ा देगा, तो उसका स्वास्थ्य बिगड़ जायगा। निर्धन बूढ़े का बेटा मर गया, वह तड़पता रह गया। ईश्वरलीला, कुछ दिनों के पश्चात् इसी प्रकार की संगीन घटना डॉ० चड्ढा के सामने आयी, उसके बेटे को सर्प ने काट लिया। प्रेमचन्द ने निर्धनता और निम्न लोगों की मानवीय भावनाओं के सुन्दर उदाहरणों को जिन कहानियों में प्रस्तुत किया है उनमें 'मंत्र' को विशेष महत्त्व प्राप्त है। बूढ़ा डॉ० चड्ढा के प्रति अत्यधिक घृणा और तिरस्कार भावना रखते हुए भी डॉ० चड्ढा की सहायता के लिए आधी रात को उसके घर पहुँचता है। इस कहानी में प्रेमचन्द ने निर्धन और धनी के स्वभाव का विरोधाभास बड़ी सफलता से उजागर किया है। प्रेमचन्द के आदर्श पात्रों में निम्न-वर्ग के व्यक्ति विभिन्न सामाजिक, आर्थिक और धार्मिक भावनाओं के स्पष्टीकरण का माध्यम बनते हैं, जिन्हें प्रेमचन्द अपने आशावादी दृष्टिकोण से अच्छे जीवन के भविष्य का आधार बना देते हैं।

नारी चित्रण

नारी के व्यक्तित्व में प्रकृति ने सुन्दरता, मनोहरता और आर्कषण के साथ-साथ जटिलता, रहस्यात्मक और कल्पनात्मक गुणों को उत्पन्न करके उसको विश्व साहित्य में सौन्दर्यात्मक चित्रण और रहस्य उद्बोधन का विषय बना दिया है। भारतीय साहित्य और हिन्दी-उर्दू साहित्य भी इससे अछूता नहीं है, बल्कि किसी सीमा तक कवियों और लेखकों पर नारी के सवार होने की शिकायत की गयी है, किन्तु प्रेमचन्द नारी को दूसरे रूप में देखते थे। उस युग में नारी जागरूकता का आन्दोलन प्रारम्भ हो चुका था। नारी ने हज़ारों वर्षों से देवी कहलाने के बावजूद, जो तीव्र अन्याय सहे थे, उसके विरुद्ध वातावरण बन चुका था। दूरदर्शी नेताओं और साहित्यकारों ने नारी की सामाजिक महत्ता

पर बल देना प्रारम्भ कर दिया था। प्रेमचन्द ने नारी को मानव जीवन में कर्म, भावना और चरित्र की आधारभूत विशेषता का पोषक माना है। प्रेमचन्द के विचार देखिए—

''नारी चरित्र में अवस्था के साथ मातृत्व का भाव दृढ़ होता जाता है। यहाँ तक कि एक समय ऐसा आता है कि जब नारी की दृष्टि में युवक मात्र पुत्र-तुल्य हो जाते हैं। उसके मन में वासना का लेश नहीं रह जाता, किन्तु पुरुषों में यह अवस्था कभी नहीं आती! उनकी कामेन्द्रियाँ क्रियाहीन भले ही हो जायँ, पर विषय-वासना संभवतः और भी बलवती हो जाती है। पुरुष वासनाओं से कभी मुक्त नहीं हो पाता। ज्यों-ज्यों अवस्था ढलती जाती है, त्यों-त्यों ग्रीष्म ऋतु के अंतिम काल की भाँति उसकी वासना की गरमी भी प्रचण्ड हो जाती है, वह तृप्ति के लिए नीच साधनों का सहारा लेने को भी प्रस्तुत हो जाता है। जवानी में मनुष्य इतना नहीं गिरता। उसके चरित्र में गर्व की मात्रा अधिक रहती है, जो नीच साधनों से घृणा करती है। वह किसी के घर में घुसने के लिए ज़बरदस्ती कर सकता है, किन्तु परलोक के रास्ते नहीं जा सकता है।''

ऊपरी तौर से देखा जाय तो ये बातें 'भूत' के एक पात्र पंडित जी के बारे में कही गयी हैं। इस कहानी में प्रेमचन्द ने अपनी पत्नी की ओर से एक निकट के संबंधी की खिंचाई की थी कि उसने पत्नी के मरने के थोड़े ही दिनों पश्चात् अपनी एक ऐसी साली से विवाह किया था, जो उसके घर पर पली-बढ़ी थी, जिसे उसने अपने बच्चों के समान गोद में खिलाया था[1] यह भावना प्रेमचन्द के हृदय से संबंध रखती है। उन्होंने अपने समकालीन विशेष रूप से शरच्चन्द्र के समान नारी को कहानी साहित्य में यौनसुख की अभिव्यक्ति तक सीमित नहीं किया था। प्रेमचन्द ने नारी को बेटी, बहन, प्रेमिका और पत्नी के अनेक और विभिन्न भावनाओं को व्यक्त करने का माध्यम माना है। उन्होंने नारी के कमनीयता, कोमलता और मनोहरता को स्वीकार किया है, किन्तु उसका काम जीवन विवाह के पश्चात आरम्भ होता है, किन्तु यदि इसका यौनसुख विवाह से पूर्व जीवन को लिप्त करने लगे, तो उसे सामाजिक जीवन में भटकाव और व्यभिचार पर आधारित मानते हैं। प्रेमचन्द नारी को सती-सावित्री मानते हैं और उसकी शुचिता को सबसे महँगा आभूषण, मानते हैं। यही विचार सारे प्राच्य सुधारकों के हैं। प्रेमचन्द जीवन में काम के अमल-दख़ल से अपरिचित नहीं हैं, बल्कि यह यथार्थ उनकी कहानियों में बिखरा पड़ा है कि व्यक्ति के अधिकतर चाल-चलन में यौनाकर्षण के आयाम सम्मिलित होते हैं, किन्तु उनकी आदर्शवादिता बाधाएँ उत्पन्न करती रहती हैं किन्तु दूसरी स्थिति में यदि मर्द की भाँति नारी भी भावनाओं की अग्नि, उमंगों, मोहकता और आत्मा की स्वच्छता की इच्छा

---

1. अमृतराय : प्रेमचन्द, क़लम का सिपाही, पृष्ठ 395

में विवाह से पूर्व यौनसुख को आरम्भ कर दें, तो प्रेमचन्द उस पर पत्थर मारने का आदेश देने के बजाय, उसके लिए दया और क्षमा का वातावरण तैयार करते हैं।

प्रेमचन्द की कहानियों में ऐसी नारियों की कहानियाँ मिल जायँगी, जो समाज के अत्याचारों के विरुद्ध कष्टों और दिक्कतों का सामना करती हैं। 'नैराश्य लीला' की कैलाशी अपने वियोग का दुःख कम करने के लिए प्रारम्भ में अपने माता-पिता के उपदेश से मनोरंजन का आँचल पकड़ती है, फिर धर्म का और अन्त में स्कूल टीचर हो जाती है। अपने कार्यकलाप में प्रत्येक बार उसकी असाधारण व्यस्तता माता-पिता को अच्छी नहीं लगती। वह एक कार्य के बाद दूसरे कार्य में उसको डालते रहते हैं, किन्तु कैलाशी स्कूल टीचर होने के पश्चात् धृष्टता करने लगती है। अपने पिता के मना करने पर भी एक बीमार युवती की सेवा-सत्कार करने के लिए उसके घर जाती है और कहती है—

''दादा आप व्यर्थ में झुँझलाते हैं, इस बेचारी की जान बच जाये, मैं तीन दिन नहीं, तीन महीने तक इसकी सेवा करने को तैयार हूँ। आख़िर ये देह किस दिन काम आयेगी।''

एक दूसरी कहानी—'दो सखियाँ' में भी इन्हीं विचारों को विभिन्न मुद्रा में प्रस्तुत करते हैं—

''सुन्दरता में आकर्षण है, किन्तु इस आकर्षण का नाम मोह है, ठहरनेवाली बात नहीं, केवल धोखे की टट्टी है, प्रेम का एक ही घर है—वह सेवा है।''

नारी-जीवन की आधारभूत समस्याएँ जो इसके जीवन को विभिन्न अग्नि परीक्षाओं से गुज़रनी पड़ती है, प्रेमचन्द की कहानियों का विषय बनते हैं, उन्होंने इन समस्याओं का हल खोजने का प्रयास किया है। उनकी कहानी 'उद्धार' इसका उत्तम उदाहरण है। यदि माता-पिता विवाह के समय लड़के और लड़की के आयु अन्तर, भावनाओं और विचारों और आपसी पसन्द और नापसन्द पर ध्यान नहीं देते, बल्कि बेटी को अन्धे कुएँ में धकेलकर कर्त्तव्य से छुटकारा पा लेना चाहते हैं, तो प्रेमचन्द उनकी तीव्र आलोचना करते हुए कहते हैं कि वह—

''लड़की के शत्रु हैं, कसाई हैं, हत्यारे हैं!''

उन्हें समाज की अदालत में दण्ड मिलना चाहिए। यदि लड़की अपने स्वाभाविक लोक-लज्जा के कारण मुँह नहीं खोल सकती, तो उसके मँगेतर को विद्रोह कर देना चाहिए, जो मर्द होने के नाते सामाजिक जीवन से स्वतंत्र हैं। जब तपेदिक़ का रोगी हज़ारीलाल अपने विवाह के दिन एकाएक लापता हो जाता है, तो प्रेमचन्द को अम्बा की मुक्ति से प्रसन्नता होती है। किन्तु ऐसा कम ही होता है कि इस प्रकार के देवता मिल

जायँ। होता तो यह है कि यौनविकृति के पोषक, सुरा-सुन्दरी के पीछे भागनेवाले अधिकांश लोग समाज में मान-सम्मान का जीवन व्यतीत करते हुए दीख पड़ते हैं।

प्रेमचन्द ने जीवन की विडम्बनाओं को निकट से देखा था, किन्तु वे समाज के जिन आदर्श मानकों के उपासक थे, उनकी ओर से मुँह मोड़ना असंभव था। उन्होंने नारी को सेवा और त्याग की देवी मानकर पूजा की है। इस प्रकार उन्हें जीवन के जटिल यथार्थों का समना करने से मुक्ति मिलती है। नारियों के संबंध में यह विचार प्राचीनकाल से भारत में प्रचलित रहा है। प्रेमचन्द की कहानियों में 'जीवन का शाप' और 'शिकार' में स्पष्ट किया गया है कि नारी धन से अधिक प्रेम और वफ़ादारी का धैर्य चाहती है। पति और पत्नी में कोई एक-दूसरे का अधीन नहीं होता, बल्कि आपसी रूप में अपने क्रियाकलाप, वफ़ादारी और सेवा के माध्यम से एक-दूसरे के हो जाते हैं। ये विचार कई कहानियों; जैसे—'घरजमाई', 'शिकार', 'शांति', 'पूस की रात' इत्यादि, में रचनात्मक और कलात्मक गुणों के साथ सफलतापूर्वक प्रस्तुत किये गये हैं।

प्रेमचन्द की कहानियों में नारी को प्राचीन भारतीय परम्परा का द्योतक माना गया है। प्रेमचन्द ने भारत के इतिहास से कुछ ऐसी नारियों को पात्र चुन लिये हैं, जिनमें आदर्श नारियों की सारी विशेषताएँ विद्यमान हैं। उनकी सुन्दरता कवि की कल्पना जैसी है, परन्तु प्रेमचन्द मात्र सुन्दरता को आधार नहीं मानते, वरन् उसके सतीत्व को सुन्दरता पर वरीयता देते हैं; उनकी आदर्श महिला वही है, जो अपने पति को देवता मानती है।

इसमें संदेह नहीं कि प्रेमचन्द के पात्र भारतीय सभ्यता और सामाजिक इतिहास से लिये गये हैं, किन्तु वह अतीत से अधिक वर्तमान से संबंधित हैं। भारतीय जीवन में नारी को त्याग, बलिदान, सेवा के अलावा आत्मसम्मान एवं सतीत्व का द्योतक माना गया है। प्रेमचन्द की आदर्श नारियों में इन गुणों को आवश्यक विशेषता का स्थान प्राप्त है। उनका विश्वास था कि जिस नारी को आत्मसम्मान की परवाह नहीं, अपना सतीत्व अपने हाथों से गँवा दी, उसने अपने संसार को नरक बना लिया। 'बहिष्कार' की गोविंदी सतीत्व खोजाने के डर से जान दे देती है। 'दो सखियाँ' की चन्दा भी अपने सतीत्व और पवित्रता पर दिलो-जान से फ़िदा है। 'सती' की मुलिया और 'घासवाली' की मुलिया भी सतीत्व पर जान देती है। पहली मुलिया का अपने देवर की ललचायी दृष्टि का उत्तर देखिए—

''उसने करनफूल मुलिया की ओर बढ़ा दिया। मुलिया ने उसकी ओर देखा भी नहीं, चूल्हे की ओर ताकती हुई बोली–लाला तुम्हारे पाँव पड़ती हूँ, मुझे मत छेड़ो। ये सारी विपत्ति तुम्हारी ही लायी हुई है, तुम्हीं मेरे शत्रु हो। फिर भी तुम्हें लज्जा नहीं आती, कहते हो–भैया किस काम के हैं। मुझे तो अब वह पहले से भी ज्यादा अच्छे लगते हैं। जब मैं न होती, तो वह दूसरी सगाई कर लेते, अपने हाथों ठोकर खाते। आज मैं ही उनका आधार हूँ वह मेरे सहारे जीते हैं, अगर मैं इस

संकट में उसके साथ दगा करूँ, तो मुझसे बढ़कर अधम कौन होगा? जबकि मैं जानती हूँ कि इस संकट का कारण मैं ही हूँ।''

दूसरी मूलिया अपने गाँव के ठाकुर से कहती है—

''मुलिया के होंठों पर अवहेलना की मुस्कराहट झलक पड़ी, बोली–फिर भी अगर मेरा आदमी तुम्हारी औरत से बातें करता, तो तुम्हें कैसा लगता! तुम उसकी गर्दन काटने पर तैयार हो जाते कि नहीं! बोलो, क्या समझते हो कि महावीर चमार है, तो उसकी देह में लहू नहीं है, उसे लज्जा नहीं है, अपनी मर्यादा का विचार नहीं? मेरा रूप-रंग तुम्हें भाता है। क्या घाट के किनारे मुझसे सुन्दर औरतें नहीं घूमा करतीं? मैं उनके तलुओं की बराबरी नहीं कर सकती। तुम उनमें से किसी से क्यों नहीं दया की भीख माँगते? क्या उनके पास दया नहीं है? मगर वहाँ तुम न जाओगे! क्योंकि वहाँ जाते तुम्हारी छाती दहलती है। मुझसे दया माँगते हो, इसलिए न कि चमारिन हूँ, नीच जाति हूँ और नीच जाति की औरत जरा-सी घुड़की, धमकी या जरा-सा लालच से तुम्हारी मुट्ठी में आ जायेगी। कितना सस्ता सौदा है! ठाकुर हो न, ऐसा सस्ता सौदा क्यों छोड़ने लगे? फिर आगे बढ़कर अधिक कठोर शब्दों में कहती है—जाकर किसी खत्रानी के चरणों में सिर रखो तो मालूम हो कि चरणों पर सिर रखने का फल क्या मिलता है! फिर यह सिर तुम्हारी गर्दन पर न रहेगा।''

किन्तु वह सम्भव नहीं कि हवस की ललचायी दृष्टि हमेशा असफल ही रहे! भाँति-भाँति के पुरुषों में अपना उद्देश्य प्राप्त करनेवाले कभी-कभी दूसरे की बर्बादी का ध्यान दिये बिना अपनी यौनविकृति को संतुष्ट कर लेते हैं और नारी किसी बेबसी की दशा में अपना समर्पण कर देती है। पुरुष समाज में अपनी श्रेष्ठता के आधार पर यथावत् बना रहता है। वह अपने प्रतिद्वन्द्वी का जीवन बर्बाद करके उसे पतित बना देता है। नारी केवल फ़रियादी रह जाती है।

''कामिनी की विफल आँखें चारों ओर से हताश होकर रूपचन्द की ओर पहुँचीं, दया-भिक्षा की प्रार्थना थी और व्याकुलता थी, वह मन-ही-मन कहती थी, मैं स्त्री हूँ, अबला हूँ, ओछी हूँ। तुम पुरुष हो, बलवान् हो, साहसी हो। यह तुम्हारे स्वभाव के विपरीत है। मैं कभी तुम्हारी थी और यद्यपि समय मुझे तुमसे अलग किये देता है, किन्तु मेरी लज्जा तुम्हारे हाथ में है। तुम मेरी रक्षा करो।''

'धर्मसंकट' की कामिनी जब यह शब्द कहती है, तो प्रेमचन्द का दिल पिघलता है, किन्तु उनकी सहानुभूतियाँ शर्तों से बँधी रहती हैं। उनके विचार में नारी इसी रूप में क्षमायोग्य है, जब उसके मन में किसी घटना के पश्चात् भी अपने पति के लिए स्थान शेष रहे। आत्मसम्मान और उत्तम चरित्र का यही दृष्टिकोण उनकी दूसरी कहानियों; जैसे

'परीक्षा' और 'राजा हरदोल', में भी दिखायी देता है।

प्रेमचन्द की परम्परावादिता उनको कई प्रकार की आदर्शवादिता का शिकार बना देती है। उन्हें समस्याएँ स्वाभाविक यथार्थ के प्रकाश में विश्लेषण करने के बजाय परम्परागत नैतिक मूल्यों की सुरक्षा में व्यस्त कर देती है। इसके परिणामस्वरूप नारी को समाज में समानता अधिकार के प्रयोग से वंचित कर देते हैं। यद्यपि बाह्य रूप में नारी की समानता के अधिकार की वकालत करते दिखायी देते हैं किन्तु व्यावहारिक रूप में उसे पुरुष को निरंकुश शासक नहीं मानते, उस पर कुछ प्रतिबंध भी लगाते हैं; जैसे पहली पत्नी के रहते हुए दूसरे विवाह को एक पक्ष के अधिकार को दूसरे के माध्यम से हड़पना समझते हैं और पुरुष के एक से अधिक विवाह करने को सामाजिक अपराध मानते हैं, क्योंकि इस प्रकार नारी सामाजिक जीवन की महत्ता से वंचित हो जाती है, जिस पुरुष के लिए उसने एक दिन अपना सब कुछ बलिदान कर दिया था, वही विभिन्न प्रभाव में आकर 'कायर' के केशव के समान कहने लगता है—

''पुरानी बातों को भूल जाओ, उस समय मैंने उन कठिनाइयों पर विचार भी नहीं किया था।''

या इसकी दूसरी स्थिति 'दो क़ब्रें' के रमीन्द्र के रूप में उजागर होती है जो यह दुहाई देता है—

''तुम्हारी वजह से....।''

यही कारण है कि प्रेमचन्द ने 'बरात' में देवकीनाथ और फूलवती को दूसरे विवाह के अपराध में मृत्युदण्ड दिया। उनमें एक ने गृहस्थी से मुँह मोड़ा था और दूसरे ने दूसरे विवाह का प्रयास किया।

प्रेमचन्द ने गृहस्थी जीवन के विभिन्न आयामों पर विचार किया था और उनकी समस्याओं के लिए हल ढूँढ़े थे। 'दो सखियाँ' में विवाह को अध्यात्मिक विकास का माध्यम और नारी और पुरुष के आपसी यौनसंबंध का औचित्य माना है। इस दृष्टिकोण से विधवा के दूसरे विवाह का औचित्य उत्पन्न होता है। प्रेमचन्द को इस समस्या से निजी आकर्षण था, इसका व्यावहारिक प्रमाण यह था कि उन्होंने स्वयं एक विधवा से विवाह किया था। इसमें संदेह नहीं कि भारतीय समाज में विधवा-विवाह को अच्छी दृष्टि से नहीं देखा जाता था, जिसका कठोरपन मध्यम और उच्चवर्ग में अधिक था। निम्नवर्ग में सामान्यतः विधवाओं का विवाह होता था, क्योंकि ये नारियाँ अशिक्षित और निम्न होने के आधार पर किसी सहारे के बिना जीवन व्यतीत करने से असमर्थ होती थीं। उनको एक ऐसे पुरुष की आवश्यकता होती थी, जो उनका भरण-पोषण कर सके। इस वर्ग

में विवाह की आध्यात्मिक और धार्मिक प्रवृत्ति भी सिर्फ़ नाम की होती थी, बल्कि सामाजिक जीवन में एक समझौता के अनुसार पुरुष और स्त्री में यौनसंबंध स्थापित हो जाता। प्रेमचन्द ने गाँव के जीवन में विवाह की इसी प्रवृत्ति को स्वीकार किया था, जो विधवा के संबंध में प्रचलित था। उन्होंने गाँव की विधवाओं के विवाह की समस्याओं पर कहानियाँ लिखीं और उनकी भरपूर वकालत की।[1] प्रेमचन्द अपनी कहानी 'अलग्योझा' में दो बच्चों की माँ मुलिया का विवाह उसके देवर से करा दिया, तो उसकी भावनाओं का वर्णन इन शब्दों में किया—

''वैधव्य के शोक से मुरझाया हुआ मुलिया का पीत बदन कमल की भाँति अरुण हो उठा। दस वर्षों में जो कुछ खोया था, वह इसी एक क्षण में मानो ब्याज के साथ मिल गया। वही लावण्य, वही विकास, वही आकर्षण, वही लोच।''

इसी प्रकार की भावनाएँ दूसरी कहानियों में भी दिखायी देती हैं। 'सुभागी' में बचपन की विधवा अपने अथक परिश्रम और वफ़ादारी का इनाम राष्ट्र और जाति की परवाह किये बिना ज़मींदार सज्जन सिंह की बहू बनकर प्राप्त करती है। 'मालकिन' की विधवा नायिका प्यारी का विवाह उसके हलवाहे से होता है; यद्यपि दोनों के मध्य आयु का अधिक अन्तर है। 'बालक' का गंगू एक विधवा से विवाह करने के पश्चात् उसकी संतान के बारे में कहता है कि यदि मैंने एक बोया हुआ खेत ख़रीदा है तो उसकी फ़सल क्या मात्र इस आधार पर छोड़ दूँ कि इसे मुझसे पहले किसी दूसरे ने बोया था। नारी को धरती से उपमा देने में उसके जननी होने की कल्पना या विचार पुनरावृत्ति में सम्मिलित है। प्रेमचन्द के धार्मिक विचारों के संबंध में यथास्थान विस्तृत बहस की जायगी। यहाँ सामूहिक रूप से यह समझ लेना चाहिए कि प्रेमचन्द ने नारी को सामान्यतः माँ के रूप में देखा है और उसमें श्रद्धा, ममता, सतीत्व, त्याग और बलिदान की विशेषता को उजागर किया है। उन्हें विश्वविद्यालय की छात्राओं को पाश्चात्य सभ्यता और संस्कृति से

---

1. डॉ० कमल किशोर गोयनका ने 4 फ़रवरी 1973 ई० के दैनिक 'हिंदुस्तान' दिल्ली में अपने लेख 'प्रेमचन्द का एक चौंकाने वाला पत्र' में डॉ० रघुवीर सिंह के प्रश्न के उत्तर में प्रेमचन्द के 17 मई, 1932 ई० के पत्र का उदाहरण देते हुए लिखा है कि हिंदू विधवा-विवाह के संबंध में प्रेमचन्द के विचार बदल गये थे। हमारे विचार में इस पत्र की सत्यता संदिग्ध है। प्रेमचन्द ने केवल इस पत्र के निकट के वर्षों में, 'अलेग्योझा' (अक्टूबर 1929 ई०), 'सुभागी' (मार्च 1930 ई०), 'स्वामिनी' (सितम्बर 1931 ई०) में हिन्दू विधवा-विवाह को विषय बनाया, बल्कि इस पत्र के लगभग एक वर्ष बाद 'मासूम बच्चा' (अप्रैल 1933 ई०) में हिन्दू विधवा-विवाह पर ज़ोर दिया था।

प्रभावित देखकर रंज होता है।[1] इसी प्रकार की कहानियों में 'नैराश्य' को विशेष महत्त्व दिया जा सकता है, जिसमें उन्होंने उन स्थितियों का चित्रण किया है, जिनमें सन्तान न होने के बिना नारी का अपना घर नरक बन जाता है। प्रेमचन्द ने नारियों को गृहिणी के रूप में महत्त्व दिया है। उनकी दृष्टि में नारी शिक्षा के द्वारा प्रदान की गयी स्वतंत्रता भी दोषपूर्ण थी।

पश्चिमी सभ्यता और संस्कृति के अंधानुकरण से उत्पन्न परिस्थिति को प्रेमचन्द ने कई कहानियों का विषय बनाया है। और प्रायः विचारणीय समस्याओं को चिह्नित किया है। 'मिस पद्मा' आधुनिक विचारों से प्रभावित हैं, विवाह को परतंत्रता समझती हैं और पुरुष से स्वच्छंद यौनसंबंध को बुरा नहीं समझती हैं। अपने स्वभाव का पुरुष खोज करके स्वच्छंदतापूर्वक यौनसंबंध बना लेती हैं। जब पानी सिर से ऊँचा हो जाता है तो उसे अपनी भूल का अनुभव होता है और विवाह की सार्थकता को मान जाती है। 'शांति' की नायिका जो पहले लजानेवाली, सिर नीचे किये रहनेवाली, पूजा करनेवाली, रामायण पढ़नेवाली और घर का काम करनेवाली थी अपने पति के कहने पर पश्चिमी जीवन-शैली अपना लेती है और उसमें इस प्रकार रच-बस जाती है कि वही बाबू जी जब मानसिक रोगों से ग्रसित होकर मृत्युशय्या पर पड़ जाते हैं, तो वह उनकी सेवा और सुश्रूषा के बजाय पति की मृत्यु से उत्पन्न होनेवाली समस्याओं के बारे में सोचती है—

''एक दिन मैं तीसरे पहर कुर्सी पर लेटी हुई अंग्रेज़ी पुस्तक पढ़ रही थी। अचानक मन में यह विचार उठा कि बाबू जी का बुख़ार असाध्य हो जाय तो? पर इस विचार से लेशमात्र दुःख न हुआ। मैं इस शोकमय कल्पना का मन-ही-मन आनन्द उठाने लगी। मिसेज़ दास, मिसेज़ नायडू, मिसेज़ श्रीवास्तव, मिस खरे, मिसेज़ शरण अवश्य ही मातम फ़र्ज़ी करने आवेंगी उन्हें देखते ही मैं सजल नेत्र हो उठूँगी और कहूँगी-बहनो! मैं लुट गयी, हाय मैं लुट गयी, अब मेरा जीवन अंधेरी रात के भयावह वन या श्मशान के दीपक के समान है, परन्तु मेरा अवस्था पर

---

1. ''आप बोले.........लड़कियों को तो देखो, तितली की तरह फुदक रही हैं। यहीं के आदत के अनुसार घर भर को इसी तरह की बनाने की कोशिश करेंगी। ये यहाँ सीखेंगी तो क्या, रहे-सहे माता-पिता के गुण ही खोकर जायेंगी। अब इनको शादी के लिए माता-पिता को ज़्यादा-से-ज़्यादा क़ीमत देनी पड़ेगी, क्योंकि दूसरे के घर जब तक इन्हें उड़ान को काफ़ी दौलत न मिलेगी, तो इनका जीवन दूभर हो जायेगा।

मैं बोली- ये ग्रेजुएट हो जाने के बाद क्या कुछ कमा न सकेंगी? और क्या ये बिना शादी के नहीं रह सकेंगी? आप बोले- जब ये दूसरों के पैसे पानी की तरह बहा रही हैं, तब अपनी कमाई का हिस्सा किसी के लिए ये कब छोड़ सकेंगी।''

शिवरानी देवी : प्रेमचन्द घर में, पृष्ठ 166

दुःख न प्रकट करो। मुझ पर जो पड़ेगी, उसमें उस महान् आत्मा के मोक्ष के विचार से सह लूँगी। इस प्रकार मन-ही-मन में एक शोकपूर्ण व्याख्यान की रचना कर डाली। यहाँ तक कि अपने उस वस्त्र के विषय में निश्चय कर लिया, जो मृतक के साथ श्मशान जाते समय पहनूँगी।''

प्रेमचन्द की कुछ दूसरी कहानियों; जैसे—'क़ैदी', 'उन्माद', 'शाप'—में भी इन्हीं विचारों को व्यक्त किया गया है। किन्तु इससे यह निष्कर्ष निकालना सही न होगा कि प्रेमचन्द को नारी के समानता के अधिकार, स्वतंत्र विकास और सामाजिक संघर्ष की समस्याओं में रुचि नहीं थी। प्रेमचन्द ने अपनी कहानियों में स्वतंत्रता आंन्दोलन में नारियों की राजनीतिक सरगर्मियों को खुले दिल से सराहा है, बल्कि उनकी महत्त्वपूर्ण कहानियों में इसके उत्तम उदाहरण ढूँढ़े जा सकते हैं। 'सती की चिन्ता', 'माँ' की करुणा, 'जेहाद' की श्यामा, 'अनुभव' की देवी जी, और 'गुनाह का अग्निकुण्ड' की ब्रजनंदनी आदि स्वतंत्रता आन्दोलन में सम्मिलित होती हैं। 'सुहाग की साड़ी' की गोरा के समान विदेशी सामान का बायकाट करती है और 'जुलूस' की मृदुला के समान पूरे परिवार का बलिदान प्रस्तुत करती हैं। दूसरी कहानियों में भी नारियों के क्रियात्मक संघर्ष के असाधारण उदाहरण प्रस्तुत किये गये हैं; जैसे—'पत्नी से पति', 'शराब की दुकान', 'जुलूस', 'जेल', 'समर-यात्रा' आदि।

नारियों के अधिकार के संबंध में प्रेमचन्द का दृष्टिकोण एक सीमा तक परम्परागत और रूढ़िवादी था। उस युग के दूसरे सुधारक भी नारी का आदर्श उसका गृहिणी होना ही मानते थे—सभा की परी नहीं! प्रेमचन्द नारी को अच्छी शिक्षा और प्रशिक्षण के पक्षधर अवश्य थे, किन्तु उसे गृहिणी और घरेलू जीवन को सुखमय बनाने तक सीमित रखते थे। नारी को सामाजिक जीवन में सारे अधिकार प्रदान करना, तो अलग प्रेमचन्द को नारियों का नौकरी करना भी पसन्द नहीं था[1] क्योंकि इस प्रकार उनके विचार में पुरुषों की बेकारी बढ़ती थी। 'नैराश्यलीला' की नायिका अपने पिता के बन्धनों से उकताकर बड़े जोश में कहती है—

''तो कुछ मालूम भी हो कि संसार मुझसे क्या चाहता है! मुझमें जीव है, चेतना है, जड़ क्योंकर बन जाऊँ! मुझसे यह नहीं हो सकता कि अपने को

---

1. **''मै बोली- मैं देखती हूँ कि यहाँ भी काफ़ी स्त्रियाँ नौकरी करने लगी हैं।**
आप बोले- नौकरियाँ करने लगी हैं, मगर वह अच्छा नहीं है, मैं इसको अच्छा नहीं समझता। अब इसका नतीजा क्या हो रहा है? अब पुरुष और स्त्री दोनों नौकरियाँ करने लगे, तब इसके माने क्या हैं? रुपये ज़्यादा आ जायेंगे। उसी का तो यह फल है कि पुरुषों की बेकारी बढ़ रही है।''
शिवरानी देवी : प्रेमचन्द घर में, पृष्ठ 192

अभागिनी, दुखिया समझूँ और एक टुकड़ा रोटी खाकर पड़ी रहूँ। ऐसा क्यों करूँ? संसार मुझे जो चाहे समझे, मैं अपने को अभागिनी नहीं समझती। मैं अपने आत्मसम्मान की रक्षा आप कर सकती हूँ। मैं इसे अपना घोर अपमान समझती हूँ कि पग-पग पर मुझ पर शंका की जाय, नित्य कोई चरवाहों की भाँति मेरे पीछे लाठी लिये घूमता रहे कि किसी खेत में न जा पड़ूँ। यह दशा मेरे लिए असह्य है।''

नारी के इन अनुभवों और विचारों का सामना करने में प्रेमचन्द को बड़ी दिक़्क़त होती है, क्योंकि वह नारी को पुरुष के जीवन की पूर्णता के लिए वफ़ादारी और सेवा की भावना का सर्वश्रेष्ठ उदाहरण समझने तक सीमित रखना चाहते हैं। यही बातें वर्गीय विभाजन में शोषण का माध्यम बनती हैं, जिसे प्रेमचन्द का आदर्शवादी स्वभाव पिता के हृदय में उसका दूसरा विवाह कर देने का विचार उत्पन्न करता है और माता सोचती है कि बिना नाविक के नाव का पार लगना कठिन है, जिधर हवा लगेगी, बह जायेगी!

प्रेमचन्द के नारी-जीवन के विभिन्न और अनेक आयामों के प्रस्तावित हल से मतभेद हो सकता है और घटनाओं के क्रम में भी स्वाभाविक विकास के बजाय आदर्शवादिता दिखायी पड़ सकती है। किन्तु इसमें संदेह नहीं कि प्रेमचन्द का दृष्टिकोण प्रायः सामाजिक और नैतिक होता है। उन्होंने अपनी कहानियों में ऐसा वातावरण उत्पन्न करने का यत्न किया है, जिसमें जीवन में आपसी सद्भाव से अच्छे भविष्य की आशा की जा सके। प्रेमचन्द स्त्री और पुरुष के मध्य विरोधाभासों के विभिन्न रूपों का अवलोकन करते हैं किन्तु उनकी समस्याओं का हल ढूँढने में टकराव के बजाय सहयोग का दृष्टिकोण अपनाते हैं। दोनों पक्ष (वादी-प्रतिवादी) के मध्य प्रेम, सहमति का वातावरण उत्पन्न करने का प्रयास करते हैं। 'जीवन का शाप' में सम्पादक महोदय की पत्नी पति से क्षुब्ध होकर मायके चली जाती है; बाद में उसे अपनी ग़लती का एहसास होता है। 'लांछन' में शोहदे और मेहतर के बहकाने पर देवी को अपने पति के प्रति अविश्वास उत्पन्न हो गया है, फिर क्या था भरापूरा घर बर्बाद हो गया है।

स्त्री और पुरुष के मध्य विरोध और असहयोग के रूप में बर्बादियों से बचने के लिए तलाक़ एकमात्र हल है। दुनिया के विभिन्न धर्मों में किसी-न-किसी रूप में तलाक़ को उचित माना गया है। डॉ० राधाकृष्णन के अनुसार यजुर्वेद युग के भारत में भी इसकी परम्परा थी[1] किन्तु प्रेमचन्द ने अतीत को जिस ऐतिहासिक युग से स्वीकार किया था, उसमें नारी की समानता के अधिकार में कमी आ गयी थी, इसलिए तलाक़ की अनुमति शेष नहीं रही थी। प्रेमचन्द की कहानियों में गाँव के जीवन के जिन पहलुओं का उल्लेख

---

1. एस० राधाकृष्णन : धर्म और समाज, पृष्ठ 168

मिलता है, उसमें तलाक़ का मामला अधिक महत्त्व नहीं रखता; किन्तु देश के शहरी जीवन में तलाक़ के अवसर बार-बार आते रहते हैं। प्रेमचन्द ने एक स्थान पर अपने विचारों को व्यक्त किया था—

''सर्वहारा वर्ग में तलाक़ साधारण-सी बात है। केवल तथाकथित उच्चवर्ग में ही उसने गम्भीर रूप धारण कर लिया है। अपने श्रेष्ठतम रूप में विवाह भी एक प्रकार का समझौता है और समर्पण ही है। यदि कोई दम्पति सुखी होना चाहते हैं, तो उन्हें एक-दूसरे के लिए गुंजाइश रखनी चाहिए।.... जब इस बात का निश्चय ही नहीं है कि तलाक़ हमारी वैवाहिक बुराइयों को दूर करेगा, मैं उसे समाज पर लादना नहीं चाहता। हाँ, कुछ मामलों में तलाक़ आवश्यक हो जाता है। ग़रीब स्त्री को बिना कुछ गुज़ारा दिये तलाक़ दे दिया जाये, यह माँग केवल कुत्सित व्यक्तिवाद के परिणामस्वरूप की जाती है। समानता के आधार पर निर्मित समाज में इस माँग को कोई स्थान नहीं है।''[1]

इस पर डॉ० ओम् अवस्थी ने विचार व्यक्त किया है—

''वस्तुतः लिखने को तो प्रेमचन्द ने डॉ० मदान को लिख दिया कि कुछ परिस्थितियों में तलाक़ आवश्यक हो जाता है, किन्तु यथार्थतः वह इसे तनिक भी पसन्द नहीं करते, यहाँ तक कि इसका कहानी में रूप-चित्रण भी उन्हें नागवार गुज़रती है।''[2]

प्रेमचन्द अपनी कहानियों में तलाक़ से इस सीमा तक परहेज़ करते हैं कि कभी-कभी कथानक की कलात्मकता पर भी चोट पड़ जाती है। 'धिक्कार' की मानी का दूसरा विवाह होता है, किन्तु उसका परिणाम आत्महत्या में परिणत हो जाता है। 'कुसुम' की नायिका को आभास होता है कि उसका पति धन के लोभ में पड़कर दूसरी स्त्री की ओर आकर्षित है, तो उसके मन में विद्रोह की भावना उत्पन्न हो जाती है और अपने पति से तलाक़ लेना चाहती है, किन्तु प्रेमचन्द आदर्शों के सर्द थपेड़ों से उसकी भावना को ठण्डा कर देते हैं। 'मालकिन' में कुछ दूसरी समस्याएँ प्रस्तुत की गयी हैं। इसमें कहानी की नायिका प्यारी और उसके हलवाहे जोखू के प्रेम का आकर्षक चित्रण है। प्यारी सामाजिक बन्धनों के विरुद्ध विद्रोह करके अपनी पसन्द का पति चुन लेती है। इसी प्रकार कुछ दूसरी कहानियों में प्रेमचन्द युवती को पति पसन्द करने की पूर्ण स्वतंत्रता देने के पक्षधर दिखायी देते हैं, जिसके आधार पर कुछ आलोचकों ने उन्हें क्रांतिकारी प्रमाणित करने का प्रयास किया है; यद्यपि यहाँ प्रेमचन्द की क्रांतिवादिता अतीत की

---

1. इन्द्रनाथ मदान : प्रेमचन्द, एक विवेचन, पृष्ठ 155
2. ओम् अवस्थी : प्रेमचन्द की नारी भावना, पृष्ठ 40

पुनरावृत्ति से अधिक सत्यता नहीं रखती। वह हिन्दू समाज को प्राचीन भारत की सामाजिक व्यवस्था प्रदान कराने के पक्षधर थे, जिसमें युवती स्वतंत्रतापूर्वक अपने लिए पति चुन सकती थी।

स्त्री को पति के चुनाव में पूर्ण स्वतंत्रता उसी रूप में प्राप्त हो सकती है जब उसे पति को स्वीकार करने के साथ-साथ अच्छा न लगने की सूरत में छोड़ देने की स्वतंत्रता भी प्राप्त हो, इसकी दो स्थितियाँ होती हैं। पुरुष स्त्री को त्याग दे, जिसको 'तलाक़' कहते हैं—जो साधारणतया प्रचलित है, परन्तु इसकी दूसरी स्थिति यह है कि पुरुष नहीं वरन् स्त्री ही पुरुष को त्याग दे, इसको 'ख़ुला' कहते हैं। इसको पारिभाषिक रूप में 'ख़ुला देना' कहते हैं। दोनों स्थितियों को संवैधानिकता प्राप्त है। किन्तु प्रेमचन्द नारी को ख़ुला देने अथवा तलाक़ लेने (या विवाह-विच्छेद) का अधिकार देने को तैयार नहीं होते। (ख़ुला या विवाह-विच्छेद) से संबंधित प्रेमचन्द का दृष्टिकोण स्पष्ट नहीं है, जिसमें पत्नी असंतुष्ट होने की स्थिति में पति को छोड़कर दूसरा विवाह कर सकती है। तलाक़ में पुरुष अपनी स्त्री को छोड़ने का अधिकार रखता है। यथा सम्भव है कि प्रेमचन्द इन पारिभाषिक शब्दों 'ख़ुला' और 'तलाक़' के मध्य अन्तर से अपरिचित रहे हों, क्योंकि उन्होंने अधिकांशतः दोनों के संबंध में एक प्रकार के विचार व्यक्त किये हैं। इस पारिभाषिक अन्तर से अलग हटकर प्रेमचन्द तलाक़ को सामाजिक बुराइयों में गिनते थे। यद्यपि असंतुष्ट विवाहों का हल तलाक़ के रूप में मिल सकता है। तलाक़ या ख़ुला की सुविधा न होने पर अत्यन्त भयावह परिस्थिति उत्पन्न हो सकती है, जिसके कारण वेश्यावृत्ति उत्पन्न हुई, जो प्राचीन से वर्तमान तक भारत के लिए जटिल समस्या बनी हुई है।

प्रेमचन्द अपनी कहानियों में वेश्यावृत्ति की समस्याओं पर कई बार विचार कर चुके हैं। उन्होंने 'आगापीछा', 'दो क़ब्रें' और 'वेश्या' में वेश्यावृत्ति का सहानुभूतिपूर्वक विश्लेषण किया है, किन्तु तलाक़ या ख़ुला से बिल्कुल इनकार करने के कारण कोई व्यावहारिक समाधान प्रस्तुत करने से वंचित रह गये। सामाजिक जीवन में नारी के अधिकारों का विश्लेषण करने में उन्हें कभी उनकी परम्परावादिता, कभी आदर्शवादिता और कभी अवैज्ञानिक दृष्टिकोण ठोस सार्थक यथार्थ तक पहुँचने से रोकती है और प्रेमचन्द वेश्या को आश्रम में डालकर अपने कर्त्तव्यों की इतिश्री मान लेते हैं। उन सामाजिक यथार्थों का सार्थक या स्वाभाविक आधारों पर विश्लेषण नहीं करते, जिनमें वेश्यावृत्ति अतीत से वर्तमान तक किसी-न-किसी रूप में उपस्थित रही है। प्रेमचन्द तलाक़ के मामले में इस सीमा तक अतिवादिता के शिकार हैं कि 'सुहाग की साड़ी' में यूरोपीय समाज का उल्लेख करते हुए उसमें तलाक़ को भी सम्मिलित कर देते हैं, यद्यपि भारत में तलाक़ को न्यायालयी और सामाजिक स्वीकृति प्राप्त है।

प्रेमचन्द की कहानियों में नारी के सामाजिक जीवन की कुछ दूसरी समस्याएँ भी विषय बनती हैं। उनके युग में नारी घर की चहारदीवारी तक सीमित थी। प्रेमचन्द ने सीमित कार्यक्षेत्र में सही, किन्तु परदे का विरोध किया। विवाह में दहेज की समस्या को विशेष रूप से अपने विचारों का केन्द्र बनाया। उन्होंने विवाह में दहेज लेने और देने दोनों की निन्दा की, किन्तु अपने व्यावहारिक जीवन में दहेज के अभिशाप से सुरक्षित न रह सके। अपनी पुत्री के विवाह में दहेज देने पर बाध्य हुए। दहेज का मामला आज भी असह्य रोग है। परदा भी किसी-न-किसी प्रकार वर्तमान सामाजिक जीवन पर हावी है। इन विषयों पर प्रेमचन्द ने अच्छी कहानियाँ लिखीं हैं, जिनमें 'एक आँच की कसर', 'विद्रोही', 'दुराशा' आदि उनके स्पष्ट विचारों का उल्लेख करते हैं।

धार्मिक दृष्टिकोण

प्रेमचन्द देश के इतिहास के जिस अंतरिम युग से गुज़र रहे थे, उसमें राजनीति और धर्म आपस में घुल-मिल गये थे। स्वतंत्रता आन्दोलन के राजनीतिक संस्थाओं पर विदेशी शासन की दण्डात्मक कार्यवाहियाँ बढ़तीं, तो स्वतंत्रता के परवाने धार्मिक समूहों के आश्रयस्थलों में अपने कार्यकलापं जारी कर देते। स्पष्ट रूप में राजनीतिक क्रियाकलाप पकड़ में आ सकती है, किन्तु धार्मिक आवरण धारण करने के पश्चात कई प्रकार की छूट मिल जाती। इस युग में अर्द्ध-धार्मिक और अर्द्ध-राजनीतिक क्रियाकलाप के आधार पर आर्य-समाज को सामूहिक सर्वप्रियता प्राप्त थी। हिन्दू धर्म के समर्थकों की बड़ी संख्या आर्यसमाजी सम्मेलनों में भाग लेती थी, जिनमें कई राजनीतिक नेता भी होते थे। राजनीतिक लोगों की एक अच्छी संख्या आर्य समाज की सदस्य थी। आर्य-समाज ने दलितों के कल्याण, युवतियों की शिक्षा, अन्धविश्वास की समाप्ति आदि को अपने सुधारवादी कार्यक्रमों में सम्मिलित किया था, जिसके आधार पर हिन्दुओं का शिक्षित वर्ग उसके कार्यक्रम में विशेष रुचि लेता था, किन्तु आर्य समाज का नकारात्मक रोल भी था; उसने हिन्दू समाज को पुनर्वादिता में ग्रस्त कर दिया और संगठन के आन्दोलन जारी करके आपसी टकराव की भावना को भड़काया, जिसके विरुद्ध देश के सामाजिक जीवन के विभिन्न स्तरों पर तीव्र क्रिया-प्रतिक्रिया हुई। यहाँ तक कि 1926 ई० में स्वामी श्रद्धानंद की रशीद नामक एक मुसलमान युवक ने धार्मिक कट्टरवादिता के पागलपन में हत्या कर दी।

प्रेमचन्द अपने प्रारंभिक समय में कुछ दोस्तों; जैसे—मुशी दयानारायण निगम, गणेशशंकर विद्यार्थी, दुर्गासहाय सुरूर आदि से प्रभावित होकर आर्यसमाज की ओर आये, सदस्य बने; अतीत की पुनर्वादिता में सम्मिलित हुए। बाद में आर्यसमाज की

सदस्यता छोड़ दी, क़िन्तु उसकी सभाओं में भाग लेते रहे। अन्त तक उनके मन में आर्यसमाज के लिए लगाव बना रहा।

1935 ई० में आर्यसमाज की सभा की अध्यक्षता करते हुए कहा—

"मैं तो आर्यसमाज को जितनी धार्मिक संस्था समझता हूँ, उतनी तहज़ीबी संस्था भी नहीं समझता हूँ।.. क़ौमी ज़िन्दगी की समस्याओं को हल करने में उसने जिस दूरदेशी का सुबूत दिया है, उस पर हम गर्व कर सकते हैं...समाज के मानसिक और बौद्धिक धरातल की आर्यसमाज ने जितना उठाया है, शायद ही भारत की किसी संस्था ने उठाया हो।"[1]

प्रेमचन्द की आर्य सामाजिकता सीमित समय के लिए ही सही, उनके जीवन में और आज भी आलोचकों के व्यंग्य एवं उपहास का विषय बनी हुई है। आचार्य नन्ददुलारे वाजपेयी ने उन पर दोष लगाते हुए यहाँ तक लिख दिया—

"राष्ट्रीय आंदोलन के शिथिल पड़ने पर सन् 1924-25-26 ई० में प्रेमचन्दजी हिन्दू संगठन के नेता का रूप धारण कर चुके हैं।"[2]

आचार्य वाजपेयी का वाक्य 'राष्ट्रीय आंदोलन का कमज़ोर पड़ना' स्वयं स्पष्ट कर देता है कि प्रेमचन्द की आर्य सामाजिकता हिन्दू संगठन के कारण न थी, बल्कि उनके सामने आर्य-समाज के सुधार कार्यक्रम थे; इन कार्यक्रमों में प्रेमचन्द की रुचि थी। क्योंकि उनके विचार में आर्यसमाज धार्मिक होने के साथ-साथ सांस्कृतिक संस्था भी थी। प्रेमचन्द की आर्य सामाजिकता अलग ही रूप रखती है। इसमें किसी धर्म या उसके माननेवालों के लिए विरोध की भावना नही थी। उन्होंने शुद्धि और संगठन की तरह आंदोलन से अपने को अलग रखा। यद्यपि वह साम्प्रदायिकता की ओर गये, किन्तु प्रत्येक अवसर पर अपने अस्तित्व को बचाये रखा और सुरक्षित वापिस लौट आये जबकि हिन्दी और उर्दू के कितने ही साहित्यकार अन्त तक साम्प्रदायिकता की आग में ईंधन बने रहे। प्रेमचन्द की यह अदा भी निराली है कि उन्होंने मुस्लिम साम्प्रदायिकता के विरुद्ध मुस्लिम साम्प्रदायिकों की पत्रिकाओं में लिखा। मुस्लिम साम्प्रदायिकों के विरुद्ध लिखते हुए उनका लहज़ा अपेक्षाकृत नरम रहा, क्योंकि यह कर्त्तव्य मुस्लिम साहित्यकारों का था; लेकिन हिन्दू समुदाय के विरुद्ध ऐसा तीव्र आक्रामक रवैया अपनाया कि जिसका कोई दूसरा उदाहरण नहीं मिलता। इस मुहिम में अपने अभिन्न मित्र मुंशी दयानारायण निगम को भी

---

1. प्रेमचन्द : साहित्य का उद्देश्य, पृष्ठ 186-187
2. नन्ददुलारे वाजपेयी : हिंदी साहित्य, बीसवीं शताब्दी, पृष्ठ 93

क्षमा करने पर तैयार न हुए। उन्हें 'ज़माना' के लिए अत्यधिक ज्वलन्त उर्दू-लेख 'क़ह्तर्रिजाल' भेजते हुए 22 अप्रैल, 1923 ई० को लिखा—

''मलकाना शुद्धि पर एक मुख़्तसर मज़मून लिख रहा हूँ, मुझे इस तहरीक से सख़्त एख़्तेलाफ़ है, तीन-चार दिन में भेज दूँगा। आर्य-समाजवाले भिन्नायेंगे, लेकिन मुझे उम्मीद है कि आप ज़माना में इस मज़मून को जगह देंगे।''[1]

किन्तु बार-बार अवरोध करने के पश्चात्, नौ माह तक लेख के प्रकाशित होने का अवसर न आया तो झल्लाकर अपने तरकश के सारे तीर एक साथ निगम साहब पर चला दिये—

''आपने मेरे मज़मून को मुस्तरद कर दिया, ख़ैर कोई मुज़ायका नहीं। मैंने लिख डाला, दिल की आरज़ू निकल गयी।''[2]

अन्ततः मुंशी दयानारायण निगम ने लेख प्रकाशित कर दिया, तो हिन्दू समाज तड़प-तड़पकर रह गया। इसमें प्रेमचन्द ने हिन्दू आक्रामक साम्प्रदायिकता पर कोड़े लगाते हुए लिखा था—

''अगर हिन्दुओं में एक भी किचलू, मुहम्मद अली या शौकत अली होता, तो हिन्दू-संगठन और शुद्धि की इतनी गर्मबाज़ारी न होती।''[3]

प्रेमचन्द के यह व्यंग्यात्मक वाक्य, उन सुविधावादियों पर कोड़े के समान हैं, जो मुसलमानों के मध्य मुसलमानों को प्रसन्न करनेवाली बातें और हिन्दुओं के मध्य हिन्दुओं को प्रसन्न करनेवाली बातें करते रहते हैं। प्रेमचन्द साम्प्रदायिकता को उजागर करने में किसी प्रकार की मुरव्वत बरतने के पक्ष में न थे।

हिन्दू साम्प्रदायिकता के विरुद्ध प्रेमचन्द की तीव्र प्रतिक्रिया का दूसरा उदाहरण आचार्य चतुरसेन शास्त्री की बदनाम पुस्तक 'इस्लाम का विष-वृक्ष' है। प्रेमचन्द ने किताब नहीं पढ़ी थी—इसके बारे में सुना या पढ़ा था, इतना ही असह्य हो गया। तुरन्त अपने समान विचारवाले जैनेन्द्र कुमार को लिखा—

''इस चतुरसेन को क्या हो गया है कि 'इस्लाम का विषवृक्ष' लिख डाला! इसकी एक आलोचना तुम लिखो और वह पुस्तक मेरे पास भेजो। मैंने चतुर्वेदी जी से प्रस्ताव माँगा है। इस कम्युनल प्रोपेगेण्डा का ज़ोरों से मुक़ाबला करना

1. प्रेमचन्द : चिट्ठी पत्री, खण्ड 1, पृष्ठ 132
2. वही, पृष्ठ 140
3. प्रेमचन्द : क़ह्तुर्रिजाल, ज़माना, फ़रवरी 1924, ई०

होगा और यह ऋषभ भले आदमी भी इन चालों से धन कमाना चाहता है।''[1]

इसी व्याकुलता की स्थिति में उसी दिन 17 जुलाई, 1933 ई० को दूसरे समान विचारवाले मित्र और हिन्दी के प्रसिद्ध साहित्यकार और पत्रकार पंडित बनारसीदास चतुर्वेदी को लिखा—

''इस्लाम का विषवृक्ष, मैंने नहीं देखा है, मगर 'चित्रपट' में उसका जो विज्ञापन निकल रहा है, उसे मैं अच्छी तरह समझ सकता हूँ कि वह क्या है? यह साम्प्रदायिकता फैलाने की एक बेहद शरारत-भरी और नीच कोशिश है और उसका पर्दाफ़ाश करना ही होगा। किताब पढ़ने के बाद मैं ख़ुद उसके बारे में लिखने की सोच रहा था और जबकि आपने इस मामले को उठा लिया है, मैं दिलो-जान से आपके साथ हूँ। इसकी परवाह मत कीजिए कि हम लोग अल्प मत में हैं। हमारा लक्ष्य पवित्र है। जुलाई का 'हंस' पूरा हो गया, इसलिए मैं आपका नोट 'जागरण' में दे रहा हूँ अगर आप मेरे पास किताब भेज दें, तो मैं इस मसले पर एक सम्पादकीय लिखूँ।''[2]

इस पर भी उन्हें संतोष न हुआ तो अगले सप्ताह 'जागरण' में पूरी शक्ति लगाकर प्रहार किया—

''साम्प्रदायिक द्वेष को उत्तेजित करने की मनोवृत्ति साफ़ झलकती है। ऐसी ज़हरीली पुस्तकें बिकती ज़्यादा हैं, इसमें कोई सन्देह नहीं। मुसलमानों ने हिन्दुओं पर जो अत्याचार किये, उसका विशद और एकांगी विस्तार दिखाकर साम्प्रदायिक मनोवृत्तिवाली हिन्दू जनता में मुसलमानों के प्रति द्वेष बढ़ाया जा सकता है। यह ऐसा मुश्किल काम नहीं, लेकिन क्या इस द्वेष को भड़काना एक यशस्वी और ज़िम्मेदार लेखन की मर्यादा के अनुकूल है? दोष सभी धर्मों में निकाले जा सकते हैं। क्या हिन्दू धर्म दोषों से ख़ाली है। अपने-अपने समय में प्रभुता पाकर अत्याचार सभी जातियों ने किये हैं, लेकिन उन गयी बीती बातों को कीने की तरह पालना और उसका प्रचार करके जनता में द्वेष फैलाना राष्ट्र को सर्वनाश की ओर ले जाना है। 'रंगीला रसूल' के ढंग की पुस्तकों से देश का क्या कल्याण हो सकता है? 'इस्लाम का विष वृक्ष' में हम नहीं समझते कि इस तरह की लचर, बेबुनियाद, धोखे में डालने वाली बातों के प्रचार का इसके सिवा और क्या उद्देश्य है कि हिन्दुओं में इस्लाम और मुसलमानों के प्रति घृणा और द्वेष पैदा किया जाये। ऐसी मनोवृत्तिवालों से ईश्वर इस देश की रक्षा करे।''[3]

---

1. प्रेमचन्द : चिट्ठी पत्री, खण्ड 2, पृष्ठ 32
2. वही, पृष्ठ 82
3. प्रेमचन्द : विविध प्रसंग, खण्ड 2, पृष्ठ 414, 15

फिर और कोड़े लगाने के प्रयास में कृष्णदेव प्रसाद से तीव्र एवं कटु लेख लिखवाकर 'हंस' में प्रकाशित किया। हिन्दू सम्प्रदायिकता को उजागर करने की मुहिम, जिस कठोरता के साथ प्रेमचन्द ने चलायी, उसका उदाहरण नहीं मिलता। कम-से-कम किसी मुस्लिम साहित्यकार के इस प्रकार के प्रयास, जिसमें मुस्लिम साम्प्रदायिकता को उद्घाटित करने के लिए यही तन्मयता हो, इन पंक्तियों के लेखक की दृष्टि से नहीं आयी।

प्रेमचन्द हर प्रकार की साम्प्रदायिकता के विरुद्ध हैं, चाहे हिन्दू साम्प्रदायिकता हो या मुस्लिम साम्प्रदायिकता। 1930 ई० में अल्लामा न्याज़ फ़तेहपुरी ने हिन्दुस्तानी एकेडमी इलाहाबाद, से हिन्दुओं को उर्दू अनुवाद का कार्य मिलने पर विवाद उठाया कि उन्हें यह काम क्यों दिया गया : प्रेमचन्द को न्याज़ साहब की सोच तीर के समान लगी और इस विचारधारा की बखिया उधेड़ दी कि उर्दू मात्र मुसलमानों की भाषा है, हिन्दुओं की भाषा है, उन्होंने तीव्र एवं कटु लहजे में लिखा—

"उर्दू न मुसलमानों की बपौती है न हिन्दुओं की, उसको लिखने-पढ़ने का हक़ दोनों को हासिल है। हिन्दुओं का उस पर हक़ पहला है कि वह हिन्दी की एक शाखा है। हिन्दी पानी और मिट्टी से उसकी रचना हुई है और सिर्फ़ थोड़े-से अरबी-फ़ारसी शब्दों के दाख़िल कर देने से उसकी असलियत नहीं बदल सकती, उसी तरह जैसे पहनावा बदलने से राष्ट्रीयता या जाति नहीं बदल सकती।"[1]

प्रेमचन्द क्रोध और झल्लाहट में न्याज़ साहब की सोच के शिकार हो गये कि हिन्दी हिन्दुओं की भाषा है। इसको प्रेमचन्द के विचार की एक लहर समझना चाहिए और बस! सामूहिक रूप से देखा जाय, तो हिन्दुओं और मुसलमानों से संबंधित प्रेमचन्द का दृष्टिकोण बहुत स्पष्ट रहता है। वह भारत की संयुक्त सभ्यता एवं संस्कृति के पक्षधर थे। हिन्दुओं और मुसलमानों के मध्य अलगाव के विरोधी थे। धर्म के मामले में एकता चाहते थे। राम-रहीम के नाम पर अलगाववादी रवैया पसन्द न करते थे।[2]

धर्म ने मानवीय इतिहास में असाधारण महत्त्वपूर्ण कार्य किया है दूसरे प्राचीन सांस्कृतिक देशों के समान, भारत में धर्म को सामाजिक मूल्यों और समाजवादी व्यवस्था का उच्चतम अधिकार प्राप्त रहा है। धार्मिक विचारधारा विभिन्न युगों में मानव जीवन की आवश्यकताओं के अनुसार बदलती रही है, जिनकी महत्ता किसी-न-किसी रूप में उपस्थित है।

प्राचीन भारत का आश्रम समाज (व्यवस्था) वेदान्त, ईश्वरवादिता, भक्ति आदि

1. प्रेमचन्द : विविध प्रसंग, खण्ड 2, पृष्ठ 361
2. शिवरानी : प्रेमचन्द घर में, पृष्ठ 96

महात्मा गांधी के नेतृत्व में स्वतंत्रता आंदोलन के आदर्श बन गये, तो देश के सामाजिक जीवन में धार्मिक मूल्यों के प्रभाव का क्षेत्र विस्तृत हो गया। धर्म ने एक बार फिर न केवल सामाजिक और राजनीतिक आंदोलन का पक्ष लिया, बल्कि उसके संरक्षण का पद भी प्राप्त किया। प्रेमचन्द के निजी सिद्धान्त पर धर्म की गहरी छाप थी। उन्होंने हिन्दू धर्म को पैतृक विरासत के रूप में स्वीकार किया था। हिन्दूधर्म इस्लाम या ईसाइयत से इस आधार पर भिन्न धर्म है कि हिन्दूधर्म में एक प्रकार के विश्वास को स्वीकार करना अनिवार्य नहीं है, वरन् विचारों की विविधत् अनुमति है। चाहे वे विचार एक-दूसरे के प्रतिकूल ही क्यों न हों? इस्लाम तथा ईसाई धर्म में कुछेक मौलिक सिद्धान्त निश्चित हैं जिन पर विश्वास रखना उनके प्रत्येक धर्मावलंबी के लिए अनिवार्य है।[1]

हिन्दू धर्म की विशेषता यह है कि ईश्वर को एक एवं निर्गुण या निराकार माननेवाला भी हिन्दू, अनेक ईश्वरों का विश्वासी भी हिन्दू, राम और कृष्ण आदि को ईश्वर का अवतार माननेवाला भी हिन्दू, उनको न माननेवाला भी हिन्दू, मूर्ति-पूजा करनेवाला भी हिन्दू, मूर्ति-पूजा का विरोधी भी हिन्दू आदि।

ईरानी विचारक डॉ० अली शरीअती ने 'सामी धर्मों' (इस्लाम, ईसा, यहूदी आदि) और 'असामी धर्मों' (हिन्दूधर्म, बौद्धमत आदि) की आस्था के आधार पर एक-दूसरे से भिन्न मानते हुए अत्यन्त विचारोत्तेजक बिन्दु प्रस्तुत किये हैं। उनका विचार है कि असामी धर्मों में धार्मिक मार्गदर्शक निम्न वर्ग से आते हैं, बल्कि उनमें अधिकतर चरवा रहे हैं! अर्थात् असामी धर्मों में वर्गीय उच्चता राजाओं, शासकों आदि को प्राप्त रही है और सामी धर्मों में श्रमिक वर्ग और पिछड़े वर्ग को।[2] प्रेमचन्द की समस्या है कि वह अपने विश्वास में असामी हैं और श्रमिक वर्गों या पिछड़े वर्गों का शोषण सहन नही कर पाते।

प्रेमचन्द की धार्मिक् आस्था पर सनातन धर्म के प्रभाव को अस्वीकार नहीं किया जा सकता, जिसमें धार्मिक कर्मकाण्ड को महत्त्व प्राप्त है। बच्चे का जन्म से मृत्यु तक,

---

1. "मैं बोली—आख़िर आप राम को मानते हैं कि रहीम को?

   आप बोले—मेरे लिए राम, रहीम, बुद्ध, ईसा सभी श्रद्धा के पात्र हैं। और मैं इन सभों को महापुरुष समझता हूँ।

   मैं बोली—आख़िर आप हैं क्या?

   आप बोले—मैं एक इंसान हूँ, और जो इंसानियत रखता हो, इंसान का काम करता हो, मैं वही हूँ और उन्हीं लोगों को चाहता हूँ। मेरे दोस्त हिन्दू हैं, तो मेरे कम दोस्त मुसलमान भी नहीं हैं; और इन दोनों में मेरे नज़दीक कोई ख़ास फ़र्क़ नहीं है। मेर लिए दोनों बराबर हैं।"

2. अली शरीअती : इस्लाम और अली, पृष्ठ 23

पूरा जीवन (बल्कि मृत्यु के पश्चात् का जीवन भी!) ब्राह्मण के नेतृत्व एवं में व्यतीत होता है। प्रेमचन्द ब्राह्मणवाद के विरोधी थे। उन्होंने उसके विरोध में तीव्र प्रतिक्रिया व्यक्त की है। वह हिन्दू समाज में ब्राह्मणवाद की उच्चता किसी दशा में सहन करने को तैयार न थे।

प्रेमचन्द ने धार्मिक आस्था हिन्दू समाज की सभ्यता एवं सांस्कृतिक जीवन से ग्रहण की थी। जिसमें रस्म और रिवाज को आधारभूत स्थान प्राप्त है। प्रेमचन्द अपने युग के दूसरे हिन्दू सुधारवादियों के समान हिन्दू आस्था को रस्म और रिवाज की ज़ंजीरों से स्वतंत्र कराना चाहते थे। परन्तु उनका सामाजिक जीवन स्वाभाविक दृष्टि के बजाय आध्यात्मिक और काल्पनिक अन्तःमनों में आश्रय लेता था, जिसका स्पष्ट अनुभव नारी से संबंधित सिद्धांतों में होता है। इसका संकेत पिछले पृष्ठों में दिया जा चुका है। प्रेमचन्द मानव और प्रकृति के पारस्परिक पोषण के विचार में प्राचीन हिन्दू विचारों तक सीमित थे। प्रेम और भाईचारा, त्याग और बलिदान, स्वच्छता और पवित्रता को गुणों के रूप में एकतरफ़ा नारी के व्यक्तित्व या चरित्र का अंग स्वीकार करते हैं। इसे पुरुष के जीवन की पूर्णता का माध्यम बताते हैं। प्रेमचन्द ने नारी को साधारणतया जननी या माता के रूप में देखा है। इसका उल्लेख घरेलू जीवन में करते रहते हैं। शिवरानी देवी का कथन है कि प्रेमचन्द नये कपड़े धारण करते, तो उन्हें आकर नमस्कार करते और कहा करते कि मैं तुममे पूर्व जन्म की माता की झलक पाता हूँ।[1] उनकी एक कहानी 'रानी सारंधा' में राजपूत राजा अपनी पत्नी के उपदेश से प्रभावित होकर रो पड़ता है और एक सच्चे उपासक की तरह देवी के चरणों को चूम लेता है। माता और पत्नी के पर्याय संबंध का मामला हिन्दूधर्म के आधारभूत विश्वासों में सम्मिलित है। 'ऐतरेय-ब्राह्मण' में कहा गया कि पिता फिर अपनी पत्नी से उत्पन्न होता है—जायते पुनः!, इसी कारण से 'जाया' कहलाती है, क्योंकि वही उसकी दूसरी माता है। धार्मिक विश्वासों में शिव के प्रलय का विश्वास भी यही है कि नारी ने पत्नी का रूप त्यागकर शक्ति का रूप धारण कर लिया।

प्रेमचन्द के विचार में नारी आदर्श है। प्रेमचन्द नारी के प्रेम को उसके धार्मिक कर्त्तव्यों मे गिनते थे क्योंकि हिन्दू जीवन से संबंधित विश्वासों के अनुसार विवाह सांस्कृतिक सुख में वृद्धि का कारण होता है। नारी के जीवन में रत्यात्मकता असामाजिक तत्त्व बनकर उसके सुख की पूर्णता में भटकाव उत्पन्न करता है। सुख की पूर्णता के लिए चार बड़े उद्देश्य हैं—धर्म, अर्थ, काम और मोक्ष। इन विश्वासों के अनुसार आदर्श पत्नी

---

1. शिवरानी देवी : प्रेमचन्द और मिसेज़ प्रेमचन्द, 'ज़माना' प्रेमचन्द विशेषांक, 1937 ई०

प्रेम का पर्याय होती है, जो पुरुष को आनन्द और सुख से एकाकार करती है। ध्यान रहे कि प्राचीन भारत में स्वेच्छाचार को सामजिक स्वतंत्रता प्राप्त थी। महाभारत की घटना है कि श्वेतकुल की माता को उसके पिता की उपस्थिति में एक ब्राह्मण ले जाने लगा, तो पिता ने समझाया कि संसार की सारी नारियाँ स्वतंत्र हैं और हमें इस संबंध मे उनके साथ गायों के समान व्यवहार करना चाहिए।[1] प्रेमचन्द को प्राचीन भारत से अत्यधिक लगाव के बावजूद यह विचार स्वीकार नहीं किया, क्योंकि इस प्रकार सहस्त्रों वर्ष के सांस्कृतिक विकास कर्म को झुठलाना होता। उनका आदर्श एक दूसरे लक्ष्य की ओर ले गया। उन्होंने नारी की पवित्रता को उसके जीवन का अनमोल मोती माना है। प्रेमचन्द की धार्मिकता मानव जीवन के विस्तृत क्षेत्र प्राप्त है। उनको तथाकथित धार्मिकता से तीव्र विरोध था। उन्होंने अपने विचारों को विस्तार से व्यक्त किया है। तथाकथित धार्मिकता के विरोध में रूसी क्रांति का समर्थन करते हुए, उन्होंने मार्च 1934 ई० में 'हंस' में लिखा—

''इसमें कोई सन्देह नहीं कि अन्तर्राष्ट्रीय मानव संस्कृति और जीवन का बहुत ऊँचा आदर्श और आदि से संसार के विचारकों ने इसी आदर्श का प्रतिपादन किया है—'वसुधैव कुटुम्बकम्'—इसी आदर्श का परिचायक है। वेदान्त ने एकात्मवाद का प्रचार ही तो किया, आज भी राष्ट्रीयता का ऋण उन्हीं लोगों को लगा हुआ है, जो शिक्षित हैं, इतिहास के जानकार हैं। वे संसार को राष्ट्र ही के रूप में देख सकते हैं। संसार के संगठन की दूसरी कल्पना उनके मन में आ नहीं सकती।''[2]

उनकी कहानी 'प्रारब्ध' में धर्म के आन्तरिक पहलुओं पर प्रकाश डाला गया है—

''जैसे धरतीभूमि में बीज का असाधारण विकास प्रचार होता है, उसी प्रकार विश्वासहीन हृदय में जब विश्वास का बीज पड़ता है, तो उसमें सजीवता और विकास का प्रादुर्भाव होता है। उसमें विचार बदले व्यवहार का प्राधान्य होता है। आत्मसमर्पण उसका विशेष लक्ष्य होता है।''

प्रेमचन्द ने धोखा, मक्कारी पर आधारित तथाकथित धार्मिक लोगों का जी खोलकर उपहास किया है, ताकि विश्वास से टिकते हृदय में धर्म पहुँच सके और उनकी कर्म भावना जागृत हो जाय। उनकी कहानी 'सद्गति' इसका सबसे अच्छा उदाहरण है, जिसमें दुखी चमार अत्यन्त श्रद्धा एवं सम्मान से पंडित जी की सेवा में अपने बेटे की

---

1. एस० राधाकृष्णन : धर्म और समाज, पृष्ठ 168
2. प्रेमचन्द : विविध प्रसंग, खण्ड 2, पृष्ठ 334

सगाई की तिथि निश्चित कराने जाता है। ब्राह्मण देवता ने पहले तो इस शूद्र को देखकर ख़ूब नाक-भौं सिकोड़ा, किन्तु उससे पहले दुखी को अपनी बेगार में लगा दिया। वह बेचारा अपनी बीमारी और कमज़ोरी के बावजूद उनके कार्य में डट गया। उसको सायं तक इतना कार्य पड़ा कि पंडित जी के घर से निकलने के पूर्व उसका आत्मारूपी पक्षी शरीर के पिंजड़े से उड़ गया। पंडित जी को यह अशुभ समाचार मिला, तो बहुत घबराये। उसे अंतिम ठिकाने तक पहुँचाने के विचार करने लगे। उनके असमंजस के चित्रण में प्रेमचन्द की यथार्थपरक लेखनी बड़ी सफलता प्राप्त की है। क्रियाकर्म का यह दृश्य देखिए—

''पंडित जी ने एक रस्सी निकाली। उसका फंदा बनाकर मुर्दे के पैर में डाला, और फंदे को खींचकर कस दिया। अभी कुछ-कुछ धुँधला था। पंडित जी ने रस्सी पकड़कर लाश को घसीटना शुरू किया और गाँव के बाहर घसीट ले गये। वहाँ से आकर तुरन्त स्नान किया, दुर्गा पाठ पढ़ा और घर में गंगा जल छिड़का। उधर दुखी की लाश को खेत के गीदड़ और गिद्ध, कुत्ते और कौवे नोच रहे थे। यही जीवनपर्यन्त की भक्ति, सेवा और निष्ठा का पुरस्कार था।''

प्रेमचन्द ने अपनी कहानियों में अधिकतर स्थानों पर शवों के क्रियाकर्म, धूर्तता, मठाधीशों की विलासिता और स्वार्थवादिता पर अपने विचारों को व्यक्त किया है। उन्होंने धर्म को व्यक्ति और समाज की भलाई के बजाय शोषण का माध्यम बनते देखकर प्रायः अपने दुःख एवं क्रोध को व्यक्त किया है। प्रेमचन्द की इस धार्मिकता में महात्मा गांधी के विचारों से बड़ी समानता है। गांधी जी के समान उन्हें भी ह्रदय परिवर्तन का भरोसा था। प्रेमचन्द धर्म को ह्रदय परिवर्तन का माध्यम समझते थे। 'माता का ह्रदय' का देवता मानव को सही राह पर लाने के लिए ह्रदय परिवर्तन का माध्यम अपनाता है। 'बेटी का धन' में सूदख़ोर महाजन ह्रदय परिवर्तन के माध्यम से मुक्ति प्राप्त करता है। 'मुक्तिधन' का दादा भी इसी प्रकार का आदमी है, किन्तु इससे यह निर्णय लेना सही न होगा कि प्रेमचन्द के धार्मिक विचार ह्रदय परिवर्तन तक सीमित हैं। प्रेमचन्द के धार्मिक विचारों में मानव की सूक्ष्म भावनाओं को उभारने के प्रयास को वरीयता प्राप्त है। अपनी कहानी 'शंखनाद' में लिखा—

''जिस तरह पत्थर और पानी में आग छिपी रहती है, उसी तरह मनुष्य के ह्रदय में चाहे वह कैसा ही कुरूप और कठोर क्यों न हो, उत्कृष्ट और कोमल भाव छिपे रहते हैं।''

एक दूसरी कहानी 'ईश्वरी न्याय' में लिखा—

''सत्यवादी मनुष्य पर कोई विपत्ति पड़ती है, तो उसके साथ सहानुभूति

करते हैं, दुष्टों की विपत्ति लोगों के लिए व्यंग्य की सामग्री बन जाती है। उस अवस्था में ईश्वर अन्यायी ठहराया जाता है, मगर दुष्टों से किसी तरह मेरा उद्धार करो।"

हिन्दू धर्म के नियमों के संकलन में किसी विशेष व्यक्तित्व या वातावरण का योगदान नहीं है। हिन्दू धर्म ने स्वयं को इन अर्थों में अध्यात्मिकता भी निश्चित नहीं की है, जिन अर्थों में इस्लाम, ईसाई और यहूदी आदि ने दूतों और अंग्रेज़ों के माध्यम से प्रचार एवं उपदेश का संदेश दिया। उन्होंने पवित्र ग्रंथों को ईश्वरीय वचन भी नहीं कहा, उत्पत्ति-विधान एवं धर्मविधान में भेद न करके अनुभवी कार्य को प्राचीन माना। हिन्दू धर्म के तत्त्वों के संकलन में उसके साधुओं, संतों, ऋषियों और मुनियों के अनुभवों और प्रभावों को सम्मिलित किया गया है। उन्होंने उपमहाद्वीप के विभिन्न वातावरण, रस्मों एवं चिंतन को एक कड़ी में पिरो दिया है, क्योंकि उनके जीवन के सामाजिक मूल्यों में वैदिक आर्यों के ऐसे संघर्ष छिपे थे, जो द्रविड़ या दूसरी स्थानीय और बाह्य सांस्कृतिक प्रभाव की छत्रच्छाया में पलती रही थी। हिन्दूधर्म के चारों आधारभूत मानकों में वेद, स्मृति और उसके जानकार, धार्मिक महानुभावों की जीवनी और मानव की अपनी स्वाभाविक आत्मा के नियमों में श्रद्धा एवं विश्वास, ईमान एवं प्रेम के जिन उच्च उद्देश्यों को ध्यान में रखा गया है। उनमें आपसी तादात्म्य है, क्योंकि स्मृति वेदों का अंग है, जो बाद में ऋषियों के सहारे लोगों तक पहुँची। उनको वेदों पर वरीयता या समानता का स्थान प्राप्त नहीं है, यद्यपि धार्मिक महानुभावों की जीवनी को आधारभूत महत्त्व प्रदान करने का कारण यह हो सकता है कि उनके मानकों पर विचार एवं चिंतन कार्य एवं संघर्ष का अनुभव किया जा सके। बृहस्पति का वक्तव्य है कि प्रत्येक क्षेत्र, समुदाय और कुटुम्ब में प्राचीन प्रचलित रस्म और रिवाज को ज्यों-का-त्यों बनाये रखना चाहिए। यह विचार हिन्दुओं के स्वभाव और चरित्रों में अपनी सभ्यता एवं संस्कृति के लिए असाधारण धार्मिक भावना उत्पन्न करने का कारण बने, जो कभी रूढ़िवादिता के रूप में उजागर हुआ, तो कभी उसकी आत्मा की ध्वनि कहा गया।[1] एक समय तक प्रेमचन्द इस प्रवृत्ति से प्रभावित रहे। उन्होंने बुन्देलखण्ड के प्रवास के समय में अर्ध ऐतिहासिक विषयों पर कहानियाँ लिखीं, जिनमें इस प्रवृत्ति की ध्वनि सुनायी देती है। गहरा आंतरिक संबंध होता है, जिसको व्यक्त करने में कलाकार अपनी व्यक्तिगत दूरदर्शिता और जीवन-मूल्यों के अनुसार काम लेता है। यदि वह यथार्थ के वर्णन में सामाजिक चेतना एवं सामंजस्य न रख सके या उसके स्वभाव पर स्वच्छंदवादिता एवं आदर्शवादिता दृढ़ हो गयी, तो कभी-

---

1. एस० राधाकृष्णन : धर्म और समाज, पृष्ठ 126

कभी अस्वास्थ्यप्रद प्रवृत्ति के चोर दरवाज़े खुल जाते हैं। लेखक ख़तरों में गिरफ़्तार होकर रचनात्मक शक्ति खो बैठता है।

प्रेमचन्द की स्वच्छंदवादिता और आदर्शवादिता ने कहीं-कहीं उनकी धार्मिक भावना में तीव्रता उत्पन्न कर दी है, लेकिन उसमें अदूरदर्शिता, पक्षपात या साम्प्रदायिकता की गंध नहीं मिलती। प्रेमचन्द हिन्दू–मुस्लिम एकता के प्रबल समर्थक एवं प्रचारक थे। उन्होंने अनेक सम्पादकीय और नोट लिखकर अलगाव की खाई को पाटने का प्रयास किया। प्रेमचन्द की रचनाओं में हिन्दू–मुस्लिम एकता को सुदृढ़ करने का प्रयास दिखायी देता है। प्रोफ़ेसर प्रकाशचन्द्र गुप्त के शब्दों में—

''मुस्लिम संस्कृति के यहाँ आपको बड़े उच्च आदर्श दीखेंगे। किस,प्रकार दाऊद ने अपने पुत्र की हत्या करनेवाले को क्षमा कर दिया, तैमूर का पाषाण हृदय कैसे हमीदा के विचारों से पिघला, लैला के संगीत से किस प्रकार राजकुमार मोहित होकर फ़क़ीर हो गया। यह सब हमें यहाँ अंकित मिलेगा।''[1]

हिन्दू–मुस्लिम एकता की समस्याओं के विभिन्न और अनेक स्तर हैं, जो कि मात्र नारेबाज़ी के माध्यम से प्राप्त नहीं की जा सकती। उस युग में राष्ट्रीय एकता के विचार को राजनीतिक हिन्दुस्तानी लोगों के शोषण के लिए समुदायों में रूढ़िवादी तत्त्वों के साम्प्रदायिक भावना को भड़काती रहती थी। देश भर में साम्प्रदायिक दंगे होते रहते थे, जिससे स्वतंत्रता आंदोलन कमज़ोर होता था। प्रेमचन्द दूसरे बुद्धिजीवियों के समान इस परिस्थिति का सामना कर रहे थे और अपनी कहानियों में ऐसा वातावरण उत्पन्न कर रहे थे जो साम्प्रदायिकता के विषैले वातावरण को अनुकूल बनाने में सहायक हो सके, किन्तु उनके मन में एक खटक भी दिखायी पड़ती है। हिन्दुओं का एक वर्ग, जो उर्दू को सीने से लगाये था, शिकायती था कि मुसलमान उन्हें अनदेखा करते हैं। प्रेमचन्द के व्यक्तिगत पत्रों में भी इसकी छाया दिखायी देती है।

□□□

1. **प्रकाशचन्द्र गुप्त : नया हिन्दी साहित्य, एक भूमिका, पृष्ठ 112**

अध्याय : चार

राजनीतिक विचारधारा

गत अध्याय में प्रेमचन्द की कहानियों के सामाजिक विश्लेषण में प्रायः राजनीतिक समस्याएँ उभरकर सामने आयीं। उनकी समालोचना भी आवश्यक थी, क्योंकि सामाजिक चिंतन-मनन में राजनीतिक समस्याओं को आधारभूत स्थान प्राप्त है। इसलिए उचित जान पड़ा कि इनका अलग से विश्लेषण किया जाय। ज्ञातव्य रहे कि साहित्य में राजनीतिक विचार एवं चिंतन का प्रदर्शन स्वतः विवादित रहा है। कुछ समालोचकों ने साहित्यिक आलोचना में राजनीति की आवश्यकता और संबंध में मतभेद व्यक्त किया है। विशेष तौर पर वह लोग जो साहित्य में सामाजिक दृष्टिकोण के विरोधी हैं। राजनीतिक विचारधारा को व्यक्त करने से रोकते हैं, क्योंकि इस प्रकार चिंतन-मनन के भौतिक आधार व्यक्ति के स्वभाव, निजी और व्यक्तिगत अनुभव, गुणों और अवगुणों को आन्तरिक एवं आत्मिक स्थान प्रदान करने से परहेज़ करते हैं, किन्तु जिस प्रकार साहित्यकार को सामाजिक जीवन से अलग और स्वतंत्र नहीं किया जा सकता—उसी प्रकार उसकी रचना भी निजी अनुभव एवं अवलोकन के साथ-साथ देश के जीवन, सामाजिक सिद्धान्त और राजनीतिक व्यवस्था को प्रतिबिंबित करती है, बल्कि कभी-कभी उन्हीं परिस्थितियों को उजागर करने में सहायक हो जाती है। सामाजिक दायित्व के अनुसार साहित्य के समान राजनीति का उद्देश्य भी समाज और व्यक्ति के अधिकारों की सुरक्षा और नेतृत्व होता है। साहित्य जगत् ने प्रायः अपने आस-पास के सामाजिक एवं राजनीतिक परिस्थिति से विषय प्राप्त किया है। मानव जीवन के अनुभवों, प्रवृत्तियों या घटनाओं के प्रचार एवं प्रसार के फैलाव की पुनर्प्राप्ति में कलाकार का रचनात्मक जौहर छिपा रहता है।

पिछली दो-तीन सदियों में जिन क्रांतियों और आंदोलनों को दृढ़ता और सफलता मिली है, उनमें साहित्यकार के संघर्ष को अपरिहार्य स्थान प्राप्त रहा है। यदि जर्मनी और मार्क्सवाद को उजागर करने में गोरेस का कार्य स्मरणीय है, तो फ्रांसीसी क्रांति पर रूसो के विचारों की छाप देखी जा सकती है। गोर्की के उच्च साहित्यिक व्यक्तित्व ने 'अक्टूबर क्रांति' की दशा बदल डाली और अपने युग के रूसी लोगों में ऐसी सामाजिक एवं राजनीतिक दूरदर्शिता स्थापित कर दी, जिससे उन्हें साम्यवाद और मार्क्सवाद का रास्ता मिल सका। प्रेमचन्द भी साहित्यकारों की इसी बड़ी बिरादरी के व्यक्ति हैं। उनकी

कहानियों में अपने समय के राजनीतिक आंदोलनों का चित्रण मिलता है, जो बड़ी सीमा तक विश्व परिवेश और विचारों से आपस में सम्बद्ध हैं।

क्रांति और आर्थिक परिवर्तन को साहित्य का विषय बनाया जा सकता है, क्योंकि व्यक्ति और समाज की नैतिकता को न्याय पर संतुलित रखना साहित्य का आधारभूत उद्देश्य है। राजनीतिक सभ्यता और संस्कृति का गहरा संबंध है और किसी भी सभ्यता का संरक्षण और उन्नयन किसी राजनीतिक दृढ़ता के लिए भी सभ्यता एवं सांस्कृतिक विरासत की आवश्यकता होती है। भारत में मुग़ल राज्य लगभग दो सौ वर्ष अपनी शक्ति के बलों से स्थापित रह सका, परन्तु उसने जिस व्यवस्था और संस्कृति को बढ़ावा दिया—सदियों तक एक सीने से दूसरे सीने तक स्थानान्तरित होता रहेगा। यह राजनीति और संस्कृति के एक हो जाती है। जब विभिन्न मूल्य एक-दूसरे से पूरी तरह बनने लगते हैं, जो साहित्य और कला को संस्कृति एवं सभ्यता के सीमित सिद्धान्त तक केन्द्रित कर देते हैं, उसका भौतिक रूप स्वीकार नहीं करते, बल्कि उसे एक प्रकार की अध्यात्मिकता के अंतर्गत भावुकता से परवान चढ़ाना चाहते हैं।

सामाजिक विद्याओं में राजनीतिशास्त्र सशक्त विद्या है, जो कई प्रकार से अन्य विद्याओं के लिए जीवन-सामग्री उपलब्ध करता है। उसका निकट प्रतिद्वन्द्वी इतिहास है, जो पग-पग पर उसकी जवाबदेही करता है; लेकिन उसमें दम नहीं कि घटनाओं के क्रम को उलट-पलट सके, जो राजनीति का एक साधारण-सा कार्य है। साहित्य अपने युग की राजनीति से लिपटकर चलता है, उसकी जादूगरी में खोने के बजाय अमृत के झरने तक पहुँचने का दूत बनता है। कँटीले वनों की वादियाँ तय करते हुए राह में लक्ष्य पर निगाह रखना, वस्तुओं का अवलोकन, विश्लेषण और नाप-जोख करना नहीं भूलता। अब यह बात कलाकार या साहित्यकार की निजी प्रतिभा के सिवा वातावरण की अनुकूलता पर आधारित है कि उसने स्वयं को ऊपरी और बाहरी बातों तक सीमित कर रखा है या उसके आन्तरिक संबंधों का विश्लेषण किया है, किन्तु राजनीतिक और सामाजिक परिस्थितियों से विषय उपलब्ध करने में प्रत्येक साहित्यकार और कलाकार प्रयास करता रहता है। कालिदास के समक्ष यदि हिन्दू सभ्यता का राजनीतिक उत्कर्ष गुप्त राजाओं के वैभव के रूप में उपस्थित न होता, तो शकुन्तला के मुख से ये शब्द न निकलते कि जिस राजा को अपनी मर्यादा का ध्यान नहीं, उसकी सेवा में अपनी रचना प्रस्तुत करने से क्या लाभ? महमूद ग़ज़नवी की विजयगाथा 'फ़िरदौसी' के 'शाहनामा' में भी झलकती हैं। यदि मीर 'अनीस' के समक्ष इस्लामी इतिहास की एक महान् राजनीतिक और ऐतिहासिक घटना न होती, तो ऐसे उच्च मरसिये अस्तित्व में न आ सकते थे। रतननाथ सरशार का 'फ़साना-ए-आज़ाद' भी उनके समकालीन सामाजिक एवं राजनीतिक पतन का चित्र माना जा सकता है। इस प्रकार अनेक उदाहरण विश्व साहित्य

से प्रस्तुत किये जा सकते हैं।

प्राचीन भारत में राजनीति धर्म के अंतर्गत पोषित होती थी। यही कारण है कि भारतीय इतिहास में कई बार बाहरी आक्रमणों से देश एवं राष्ट्रीय जीवन को ख़तरा उत्पन्न होने की स्थिति में विनाशकारी परिस्थिति के होते हुए भी देश के आधारभूत मूल्य न केवल यह कि सही एवं सुरक्षित रहे, बल्कि बाहरी आक्रमणकारियों को भारत की सदियों पुरानी राष्ट्रीय सभ्यता की परम्परा ने अपने अस्तित्व में समाहित कर लिया; यद्यपि इसी प्रेरणा को प्राप्त करने में राजनीतिक मूल्य एवं कारणों की गतिशीलता होती रही है।[1] पं. इलाचन्द्र जोशी का मत है—

''जीवन से विच्छिन्न होकर कोई भी भावधारा, चाहे वह कैसी ही सुन्दर क्यों न हो, अन्त में कभी कल्याणकारी सिद्ध नहीं हो सकती।''[1]

इस समस्या पर अज्ञेय का मंतव्य अधिक तर्कसंगत है—

''साहित्यिक और राजनैतिक को दो पृथक् और विरोधी तत्त्व मान लेना किसी प्राचीन युग में थी, उचित न होता। आज के से संघर्ष युग में तो वह मूर्खतापूर्ण-सा ही है।.....साहित्य और राजनीति का असर एक-दूसरे पर होने से रोका भी नहीं जा सकता–चाहे राजनीति का युग हो, चाहे साहित्य का। नीत्शे 'साहित्यिक' था, लेकिन आधुनिक राजनीति पर उसके प्रभाव की उपेक्षा नहीं हो सकती। लेनिन को कोई भी साहित्यिक नहीं कहता, फिर भी आधुनिक साहित्य पर उसकी गहरी छाप है।''[2]

क्योंकि राजनीति को विस्तृत मानकों पर प्रयोग किया जाय, तो नैतिक एवं सामाजिक मूल्यों का स्थान अपना होता है। प्रेमचन्द का विचार है—

''साहित्यकार बहुधा अपने देशकाल से प्रभावित होता है। जब कोई लहर देश में उठती है, तो साहित्यकार के लिए उसे अविचलित रहना असंभव हो जाता है और उसकी विशाल आत्मा अपने देश-बन्धुओं के कष्टों से विकल हो उठती है और इस तीव्र विकलता में वह रो उठता है, पर उसके रुदन में भी व्यापकता होती है। वह स्वदेश का होकर भी सार्वभौमिक रहता है''[3]

साहित्यकार के विस्तृत सामाजिक दायित्वों का आभास प्रेमचन्द की विभिन्न रचनाओं में उजागर है। यद्यपि उन्होंने साहित्यकार को समाज और समुदाय का सुधारक

---

1. इलाचन्द्र जोशी : विवेचना, 49
2. स०हि० वात्स्यायन अज्ञेय : त्रिशंकू, पृष्ठ 77-78
3. प्रेमचन्द : साहित्य का उद्देश्य, पृष्ठ 24-25

नहीं माना है, किन्तु साहित्य को व्यक्ति के निजी अभिव्यक्ति तक सीमित करना भी पसन्द नहीं किया। प्रेमचन्द व्यक्ति की सामूहिक शक्ति को गति प्रदान करके निज को दुनिया से एक कर देना चाहते हैं। उनकी दृष्टि में राजनीति का उद्देश्य व्यक्ति की सामूहिक शक्ति को अच्छे जीवन के लिए गति प्रदान कर देना है। प्रेमचन्द का सोचा-समझा विचार था कि साहित्य के अच्छेपन से समाज के अच्छेपन का संकेत मिलता है। उन्होंने साहित्य में राजनीतिक कार्य को आवश्यक माना था और उसको व्यक्त करने के लिए परिस्थिति को व्यक्त करने पर दबाव दिया था। प्रेमचन्द के विचार में साहित्यकार का राजनीतिक हलचलों में सम्मिलित होना, न केवल यह कि अच्छा है—बल्कि उससे उसके रचनात्मक अनुभवों एवं विचारों के तत्त्वों को परखने के अवसर प्राप्त हो जाते हैं। साहित्य को राजनीतिक समस्याओं की व्याख्या एवं अर्थ के लिए प्रयोग किया जा सकता है। डॉ० सैयद एजाज़ हुसैन के शब्दों में—

"राजनीति से जीवन का प्रभावित होना तो ऐसी बात है, जो प्रकाश के समान उजागर है। इसको लिपिबद्ध करने के लिए साहित्यकार से भी निम्न दरजे का मुंशी हो सकता है, किन्तु उस मुंशी को पत्रकार कहा जायगा, वृत्तांतकार कहा जायगा, इतिहासकार कहा जायगा, साहित्यकार नहीं कहा जायगा; क्योंकि साहित्य के क्षेत्र में क़दम रखनेवाले के लिए गहरी दृष्टि, उच्च चेतना और कलाकारी के उत्तम गुणों से परिपूर्ण होना आवश्यक है। बिना इन बातों के चाहे कैसी ही सामग्री हो, निकृष्ट और अपरिपक्व रह जायगी।"[1]

1933 ई० में महात्मा गांधी के आंदोलन ने जनसाधारण के जीवन में जागृति की लहर उत्पन्न कर दी, तो प्रेमचन्द ने मुंशी दयानारायण निगम के पूछने पर लिखा—

"आपने मुझसे पूछा, मैं किस पार्टी में हूँ, मैं किसी भी पार्टी का नहीं हूँ, इसलिए कि दोनों में से पार्टी (स्वराज्य और रिपब्लिकन पार्टी) कुछ असली काम नहीं कर रही हैं। मैं तो उस आनेवाली पार्टी का मेम्बर हूँ, जो दरिद्रनारायण की सियासी तालीम को अपना विधान बनाये।"[2]

कितने पूर्व उसे प्रेमचन्द ने सोचा था!

इससे परिणाम निकालना ग़लत न होगा कि प्रेमचन्द के अन्दर का साहित्यकार अपने युग के राजनीतिक हलचलों से एकाकार न था। प्रेमचन्द भारत की सामाजिक उन्नति के लिए राजनीतिक दृढ़ता को आधारभूत महत्त्व देते थे। इसकी प्राप्ति के लिए अपने

---

1. सैयद एजाज़ हुसैन : अदब और अदीब, पृष्ठ 258
2. प्रेमचन्द : चिट्ठी और पत्री, खण्ड 1, पृष्ठ 129

अनुसार राजनीतिक सिद्धांतों की रचना करते थे। इसका विश्लेषण अपने स्थान पर किया जायगा, किन्तु इतना कहना आवश्यक है कि प्रेमचन्द को राजनीतिक विचारधारा में उलझाव का कारण वर्गीय संघर्ष से क्रांति की ओर अग्रसर होने के बजाय उनका कभी-कभी अध्यात्मिक रवैया होता है। प्रायः उनकी सामाजिक दूरदर्शिता आदर्शवाद और कल्पना के संसार में खोने लगती है और उनकी चिंतन-मनन एवं व्यवहार असार्थक दिखायी देने लगता है। प्रेमचन्द के राजनीतिक विचारों के बारे में रूसी लेखक वी० एम० बस्करोफ़नी का विचार उचित है कि प्रेमचन्द के आलोचक को, उन्हें उसी प्रकार देखना चाहिए जैसा कि लेनिन ने टालस्टाय को देखा था।[1]

प्रस्तुत अध्ययन में हमने प्रेमचन्द के राजनीतिक और सामाजिक सिद्धांतों को समझने में उनकी कहानियों के अलावा—पत्र, लेख, सम्पादकीय, टिप्पणी आदि से सहायता ली गयी है। ऐसा करना आवश्यक था, क्योंकि साहित्यकार का व्यक्तित्व, उसके विचार एवं चिंतन विपरीत खानों में विभक्त नहीं किये जा सकते। यह सम्भव नहीं है कि कहानीकार अपनी कहानियों में एक प्रकार का सामाजिक दायित्व व्यक्त करे और लेखों, सम्पादकीयों आदि में दूसरे प्रकार का! हर लक्ष्य पर साहित्यकार का दायित्व एक-सा रहता है। यह स्थिति कहानियों के अलावा दूसरी साहित्यिक विधा के लिए भी है, किन्तु यहाँ प्रेमचन्द की कहानियों का अध्ययन विचारणीय है, इसलिए उनके उपन्यास और नाटक पर ध्यान नहीं दिया गया है। प्रेमचन्द का व्यक्तित्व और चरित्र और उनकी रचनाओं में सामाजिक और राजनीतिक दायित्व की एक-सी लहरें दिखायी देती हैं। उनके अपने लेख, पत्र, सम्पादकीय में उन्होंने अपने युग के भयानक राजनीतिक ऊहापोह का चित्रण करते हुए निराशावाद से अक्सर अपना दामन बचाये रखा है। अपनी रचनाओं में निर्धनों, श्रमिकों और दबे-कुचले—दलित-पिछड़े वर्ग की समस्याओं को सहानुभूतिपूर्वक प्रस्तुत किया है।

राजनीतिक पीठिका

प्रेमचन्द की कहानियों की राजनीतिक घटनाओं का विश्लेषण करने से पूर्व उचित जान पड़ता है कि उनके राजनीतिक पीठिका का अध्ययन कर लिया जाय। प्राचीन भारत

---

1. ''लेनिन ने टालस्टाय के संबंध में कहा था- उनमें एक स्वस्थ विद्वेष की भावना दिखायी पड़ती है, साथ ही उन्नत अवस्था के लिए एकाग्र आकांक्षा भी....प्रेमचन्द के संबंध में -- विशेष तौर पर 1919 ई० में देशव्यापी आंदोलन के संबंध में लिखी उनकी रचनाओं के बारे में भी- यही बात कही जा सकती है।''

बी०एस० बस्करोफ़नी : प्रेमचन्द और गोर्की, (सं०) शची रानी गुर्टू, पृष्ठ 81

की राजनीतिक व्यवस्था वर्गीय विभाजन के आधार पर ब्राह्मणों और क्षत्रियों के निर्देशन में कार्यरत थी। समाज के समस्त लोगों को उनका आदेश मानना पड़ता था। इसलिए राजनीति और देश की समस्याओं का दायित्व भी समाज के उच्चवर्ग तक सीमित था। मुस्लिम राजाओं के युग तक अमीर और रईस ही राजनीतिक एवं व्यवस्थात्मक मामले में हस्तक्षेप करने के अधिकारी थे, जो राजा के आदेश से व्यवस्था और एकता के कार्य करते थे। मुस्लिम शासकों ने देश के संबंध में स्थानीय रिवाज और आदेशों का पालन किया और जन-साधारण राजनीतिक उथल-पुथल से बच गया। जन-साधारण के लिए यह नये राजा भी प्राचीन राजाओं के स्थान पर शासक बन गये। उनके दरबारों और दरबारियों की उदारता आर्थिक अव्यवस्था को कम करती रहती थी। भारतीय गाँवों पर राजनीतिक परिवर्तन का तुरन्त असर नहीं पड़ता, क्योंकि नये शासकों ने खेतों की सम्पत्ति और जन-साधारण के जीवन की समस्याओं को सुधार का विषय नहीं बनाया था। वर्तमान राजनीतिक व्यवस्था अंग्रेज़ी शासन की देन है। उन्होंने भारतीय भूमि का अधिग्रहण करके एकदम अलग प्रकार एवं उद्देश्य से प्रभावित होकर कार्य आरंभ किया। अंग्रेज़ों ने भारतीय संस्कृति के निम्न स्तरीय होने की घोषणा कर दी। उन्होंने देश की राजनीतिक व्यवस्था को अपने हाथ में लेने के पश्चात् भारत की सामंती व्यवस्था को करारी चोट पहुँचायी और ब्रिटेन के साम्राज्यवाद से पोषित पूँजीवाद को बढ़ावा दिया। इस संदर्भ में यह बात रोचक है कि ब्रिटानिया सरकार की ओर से प्रत्येक बार नया चार्टर देने के पूर्व ईस्ट इंडिया कम्पनी को कुछ नियमों का पालन करने का आदेश दिया जाता था, जिसमें इस पर दबाव होता था कि उसके एजेंट अपनी सीमाओं को विस्तृत करने का प्रयास न करें; किन्तु यह कार्यवाही मात्र काग़ज़ की कार्यवाही होने तक सीमित रहती थी।[1]

अंग्रेज़ों ने राजनीतिक और आर्थिक मोरचों पर युद्ध आरंभ कर रखा था। उन्होंने रियासतों के सुलहनामों में वादों से मुकरने के अलावा मशीन के माध्यम से उत्पादन बढ़ाने में प्रतिस्पर्धा को आधार बनाया, जिसमें उनको असाधारण सफलता मिली। मार्क्स का कहना है कि इस सामाजिक क्रांति को लाने के लिए अंग्रेज़ों ने निकृष्टतम माध्यमों का प्रयोग किया था।[2] इसकी प्रतिक्रिया में भारतीय जन-साधारण को आभास हुआ कि अंग्रेज़ी शासन उसके सामाजिक, आर्थिक और सांस्कृतिक विकास के लिए रुकावट है, इससे अंग्रेज़ों के विरुद्ध अविश्वास का वातावरण तैयार हुआ, किन्तु अभी समय की प्रतीक्षा थी, जो किसी राजनीतिक विद्रोह के रूप में उजागर होता।

1857 ई० की क्रांति के पीछे जनसाधारण का अविश्वास और लाचारी की

---

1. पट्टाभि सीतारमैया : हिस्ट्री ऑफ़ द कांग्रेस, पृष्ठ 3
2. कार्ल मार्क्स : सेलेक्टेड वर्क्स, खण्ड 1, पृष्ठ 354

कहानी छिपी हुई है, जिसके आर्थिक और राजनीतिक कारण थे। अंग्रेज़ों ने एक के बाद दूसरे विभिन्न समझौतों को तोड़कर राजनीतिक और सामाजिक अधिकारों को हड़पने का क्रम आरंभ कर रखा था, जिसका प्रभाव नवाबों और रईसों के पश्चात् किसानों की भूमियों के अधिग्रहण और नीलाम तक पहुँच गयी। उन्होंने अपने राजनीतिक आदेशों के प्रबंधन में बर्बरता और आचरणहीनता का भी प्रयोग किया। कभी-कभी इन्हीं के आधार पर भारतीय लोगों के मुक़दमों के फैसले तक किये जाते। भारतीय लोगों की धार्मिकता को भी अंग्रेज़ी के उपहास का विषय बनाया। उन्होंने ईसाई मिशनरियों के कार्यों में सहयोग किया, क्योंकि वह अंग्रेज़ी शासन की स्थिति को राजनीतिक रूप से दृढ़ करने में सहायक साबित हो रही थी। यह और इसी प्रकार के विभिन्न कारणों के आधार पर अंग्रेज़ों के विरुद्ध भारतीयों में विद्रोही भावना उत्पन्न हुई, जो प्रारम्भ में भारतीय सिपाहियों की विद्रोह भावना के रूप में उजागर हुई; जिसे नार्मन डी० पामर सरीखे इतिहासकार कुछ सिपाहियों का सीमित विद्रोह कहने का दुस्साहस करते हैं। अंग्रेज़ों के पोषक भारतीय इतिहासकार संगठित और व्यवस्थित ढंग से भारतीय स्वतंत्रता-संग्राम के आंदोलन के प्रभाव के वर्णन में पक्षपातपूर्ण रूप से काम लेते रहे हैं; किन्तु बाद में जब आंदोलनकारियों के लेख और आदेश प्राप्त हुए, तो अंग्रेज़ इतिहासकार भी आश्चर्यचकित रह गये। के० एम० पणिक्कर का कथन है कि विद्रोह के समस्त नेता ऐसे वर्गों से आये थे, जिनका धन और शासन अधिग्रहीत कर लिया गया था। वह अंग्रेज़ों को भारत से निकालने के मात्र एक उद्देश्य पर अडिग थे। उनकी कार्यशैली आश्चर्यजनक सीमा तक गुप्त और रहस्यपूर्ण थी। उनमें एक आदमी को दूसरे आदमी के बारे में भी जानकारी नहीं थी।[1]

यद्यपि इस महान् क्रांति में भारतीय विफल और अंग्रेज़ सफल हो गये, किन्तु उसके बाद अंग्रेज़ दुर्घटनाओं से ग्रस्त मानव के समान मानसिक संतुलन खो बैठे। अंग्रेज़ों ने अत्याचार एवं दुराचार के माध्यम से स्थिति को नियंत्रण में किया। भारतीयों की एकता को कम करने के लिए हिन्दुओं और मुस्लिमों में घृणायुक्त ग़लत प्रचार किये और साम्प्रदायिकता को हवा दी गयी। आरंभ में पदों और नौकरियों के बँटवारे में अतिवादिता की गयी, एक समुदाय को दूसरे समुदाय पर वरीयता देकर आपस में कशमकश उत्पन्न की गयी। इसने क्रांति के पराजित मस्तिष्कों को ऊपरी समस्याओं में उलझा दिया, साथ-ही-साथ देश की छोटी-छोटी सल्तनतों और रियासतों से समझौता करना आरंभ किया। इन राज्यों को अंग्रेज़ी संरक्षण में सारे व्यवस्था सम्बन्धी अधिकार दे दिये गये, जिसके कारण अंग्रेज़ी के अन्तर्गत शक्तिशाली वफ़ादारों का गिरोह तैयार हो गया, किन्तु अंग्रेज़ों

1. के० एम० पणिक्कर : ए सर्वे ऑफ़ इंडियन हिस्ट्री, पृष्ठ 206

के सारे विध्वंसात्मक प्रयासों के बावजूद भारत में अंग्रेज़ों से घृणा और अविश्वास का वातावरण बढ़ता गया। अंग्रज़ों ने अपनी सभ्यता और संस्कृति और भाषा से प्रभावित करने के अस्त्र भी प्रयोग किये, किन्तु इससे भारतीयों को उनकी दुर्बलताओं का आभास होता गया। इस युग में राष्ट्रीय स्तर पर अनेक सुधारवादी आंदोलन प्रारम्भ हुए, जिसके कारण भारतीयों में राजनीतिक चेतना और राष्ट्रीय भावना उभरी। जवाहरलाल नेहरू ने राष्ट्रीय जागृति का कारण भारतीयों में पश्चिमी जीवन का अवलोकन और अतीत गौरव माना है।[1] इससे ऐसी स्थिति का आभास होता है कि अंग्रज़ों को पुनः ख़तरे का आभास होने लगा था। उन्हीं दिनों ह्यूम अंग्रेज़ प्रशासक एलन एक्राविन को सात खण्डों पर आधारित गुप्त पुलिस की ऐसी रिपोर्ट मिली, जिसमें विभिन्न ज़िलों में विद्रोह फैलाने का वर्णन था।[2] उन्होंने अनेक एंग्लो भारतीय अधिकारियों से विचार-विमर्श के पश्चात् उस समय के गवर्नर-जनरल लार्ड डफ़रिन की सेवा में याचना प्रस्तुत की।

भारत के राजनैतिक एवं सामाजिक रूप में ह्यूम का विचार था कि समन्वय, भाईचारा और एकता उत्पन्न करने के लिए एक संस्था की स्थापना को अपरिहार्य है। उनका विचार था कि प्रांतीय गवर्नर इसकी सभाओं की अध्यक्षता किया करें, जिससे सरकारी अधिकारियों और उनके अधीनस्थों में सहयोग का अच्छा वातावरण तैयार हो सके, किन्तु लार्ड डफ़रिन ने इस विचार को नकार दिया क्योंकि उसका विचार था कि इस संस्था से विपक्ष का काम लिया जायगा।[3] बाद में लार्ड ने ह्यूम की योजना को स्वीकार कर लिया और 1885 ई० में भारतीय राष्ट्रीय कांग्रेस की नींव पड़ी, जो अपने क्रांतिकारी कार्यों के आधार पर भारत के राजनीतिक इतिहास की शोभा बनी; किन्तु आरंभ में इसकी स्थापना के उद्देश्य वह नहीं थे, जो बाद में निश्चित किये गये। कांग्रेस के संस्थापक ह्यूम ने स्वीकार किया कि पश्चिम विचार, शिक्षा, आविष्कार और उनके प्रयोगों ने ऐसा परिवर्तन उत्पन्न कर दिया था, जो लगातार बढ़ते जा रहे थे, उन्हें शांतिपूर्ण रूप से समाप्त कर देने की आवश्यकता थी।[4]

कांग्रेस के इतिहासकार डॉ० बी० पट्टाभि सीतारमैया ने कांग्रेस के इतिहास को संघर्ष और स्वतंत्रता आंदोलन की आकाशगंगा से उपमा दी है,[5] जो बाद की ऐतिहासिक

---

1. जवाहरलाल नेहरू : डिस्कवरी ऑफ़ इंडिया, पृष्ठ 392
2. बी० पट्टाभि सीतारमैया : हिस्ट्री ऑफ़ दि कांग्रेस, पृष्ठ 6
3. नरेन्द्रदेव : राष्ट्रीयता और समाजवाद, पृष्ठ 82
4. ए०आर० देसाई : सोशल बैकग्राउंड ऑफ़ इंडियन नेशनलिज्म, पृष्ठ 282
5. बी० पट्टाभि सीतारमैया : हिस्ट्री ऑफ़ दि कांग्रेस, पृष्ठ 1

परिस्थिति के सामने सही भी है, किन्तु यह भी सत्य है कि कांग्रेस के संस्थापक ह्यूम ने आरंभ से वाइसराय की कृपा के साथ सुधारवादी आधारों पर कार्य किया था, क्योंकि उनके निकट राजनीतिक समस्याओं पर विचार-विमर्श के लिए कलकत्ता की 'इंडियन एसोसिएशन', बंबई की 'प्रेसीडन्सी एसोशियेसन' और मद्रास की 'महाजन सभा' का अस्तित्व पर्याप्त था।[1] यद्यपि 28 दिसम्बर, 1885 ई० में कांग्रेस के अस्तित्व में आने के पश्चात् लगभग बीस वर्ष तक कांग्रेस ने भारतीयों की अगुवाई और राजनीतिक समस्याओं को हल करने के लिए कोई संघर्ष नहीं किया। उस समय कांग्रेस की कार्यवाहियाँ, 'इंडियन सीक्रेट कौंसिल' की समाप्ति, सरकारी नौकरी में सुविधा, भारतीय सेना में छँटनी और व्यवस्था सुधार आदि से संबंधित थीं, जिनको अंग्रेज़ों ने कभी महत्त्व नहीं दिया। उन दिनों कांग्रेस की सभा में ब्रिटिश शासन की स्तुति एवं संवेदना खुले मन से होती थी और इसके नेताओं के सारे प्रयास अपने अन्नदाता को प्रसन्न करके पुरस्कारस्वरूप कुछ प्राप्त करने तक सीमित होती थी तथा जन-सामान्य के अलावा विशिष्ट लोगों में अंग्रेज़ों की न्यायप्रियता की बड़ाई की जाती थी।

यह प्रवृत्ति उस समय परिवर्तित हुई जब कांग्रेस में लाला लाजपत राय, बाल गंगाधर तिलक, विपिनचन्द्र पाल आदि लोग सम्मिलित हुए। इसके पश्चात् 1920 ई० तक का समय 'होमरूल और सामाजिक आंदोलन' की पृष्ठभूमि मानी जा सकती है। इस युग में क़ांग्रेस के दोनों धड़ों में रस्साकशी होती रही और अंग्रेज़ी शासन 'बाँटो और राज करों' के सिद्धांत के अनुसार अलगाव उत्पन्न करता रहा। 1905 ई० में बंगाल को दो भागों में विभाजित कर दिया गया, जिसका उद्देश्य हिन्दुओं और मुसलमानों की एकता को समाप्त करना था।[2] यह स्थिति स्थायित्व न पा सकी, किन्तु साम्प्रदायिक भावना को बढ़ावा मिला और हिन्दू महासभा तथा में मुस्लिम लीग की स्थापना हुई।

मुस्लिम लीग कुछ मामलों में कांग्रेस के दायें पक्ष तथा हिन्दू महासभा के विचारों से सहमत थी। दोनों अपनी गतिविधियों में अंग्रेज़ी शासन की सहायक बनती थीं। कहने को इनके उद्देश्यों में अपने-अपने सम्प्रदाय के अधिकारों की सुरक्षा, शासक समूह से समझौता और देश की विभिन्न जातियों में प्रेम की भावना और आपसी सद्भाव उत्पन्न करना था, किन्तु व्यावहारिक रूप में यह कांग्रेस के विरोध तक सीमित थीं। वह अपने प्रतिक्रियावादी उद्देश्यों के आधार पर हिन्दुओं तथा मुसलमानों के बीच घृणा की भावना उभारने का माध्यम बनी। अंग्रेज़ों की कपट चालों की प्रतिक्रिया में एक क्रांतिकारी समूह भी उत्पन्न हुआ, जिसका विश्वास था कि अन्याय को समाप्त करने के लिए हिंसा का

1. बी० पट्टाभि सीतारमैया : हिस्ट्री ऑफ़ दि कांग्रेस, पृष्ठ 1
2. एच०सी०ई० ज़करियाज़ : रिनासेंट इंडिया, पृष्ठ 141

प्रयोग आवश्यक है। उनकी कार्यपद्धति कांग्रेसियों से भिन्न थी। उन्होंने समाचार-पत्रों के माध्यम से घृणा की भावना को उभारा और विदेशियों के विरुद्ध षड्यंत्र करके उन्हें समाप्त करने के कार्यक्रम बनाये। नवयुवकों को भरती करके विद्रोही सैनिकों की पलटन तैयार किये। बम और हथियारों के माध्यम से युद्ध का प्रशिक्षण दिया। इन दिनों कांग्रेस कई प्रकार के राजनीतिक हिचकोले खाती रही। उसने 1909 ई० में मिंटो मारले सुधारों को समर्थन दिया। प्रथम विश्वयुद्ध में अंग्रेज़ों से सहयोग किया। तुर्की की ख़िलाफ़त की समाप्ति पर असंतुष्ट मुसलमानों के आँसू पोंछे और दौलत एक्ट का विरोध किया, किन्तु धीरे-धीरे कांग्रेस ने अपनी शक्ति भी बढ़ायी, जिससे अंग्रेज़ों में आत्मविश्वास कम होने लगा और उन्होंने जलियाँवाला बाग़ के निहत्थे लोगों पर गोलियों की बौछार कर दी। 1918 ई० में दायें पक्ष के कांग्रेसी इससे अलग हो गये, उन्होंने अपनी अलग एक 'लिबरल पार्टी' गठित की, यहाँ से कांग्रेस के इतिहास का नया अध्याय आरंभ होता है।

1920 ई० से 1927 ई० तक कांग्रेस ने 'स्वराज्य' के माँग का नेतृत्व किया। उसका शुभारम्भ महात्मा गांधी के असहयोग आंदोलन से हुआ। इसके तीन आयाम थे—कौंसिलों का बहिष्कार, अदालतों का बहिष्कार, इसके अतिरिक्त सरकारी पदों, दरबारों, विदेशी सामान का बहिष्कार। महात्मा गांधी का विचार था यदि भारतीय जन सत्य और अहिंसा के नियमों पर सत्याग्रह करते रहे, तो एक वर्ष के भीतर अंग्रेज़ों को भारत छोड़ देना पड़ेगा, किन्तु ऐसा संभव न हो सका; तथापि महात्मा गांधी ने ही चौरीचौरा की हिंसात्मक घटना से प्रभावित होकर अपना आंदोलन समाप्त कर दिया। कांग्रेस में इस पर तीव्र प्रतिक्रिया हुई। पंडित मोतीलाल नेहरु, लाला लाजपत राय आदि ने जेल से विरोध किया। इससे अंग्रेज़ों को समझने का अवसर प्राप्त हुआ कि महात्मा गांधी को लोकप्रियता समाप्त हो गयी है, इसलिए उन्होंने उन्हें छह वर्ष की सज़ा देकर जेल में डाल दिया। इसी समय कुछ कांग्रेसी नेताओं ने 'कौंसिल में प्रवेश' की योजना बनायी, जिनमें पंडित मोतीलाल नेहरु तथा देशबंधु चितरंजन दास महत्त्वपूर्ण थे। कुछ कांग्रेसियों ने इसका विरोध किया, किन्तु जब उन्होंने 'स्वराज्य दल' के नाम से अलग एक संगठन बनाया, तो ऐसे कांग्रेसी जो महात्मा गांधी के रवैये से अप्रसन्न थे, इसमें सम्मिलित हो गये; किन्तु यह संगठन अधिक दिनों तक न चल सका और 1925 ई० में देशबंधु की मृत्यु के पश्चात् इसका प्रभाव समाप्त हो गया।[1] इस समय एक अंग्रेज़ी प्रतिनिधि मंडल

---

1. "स्वराज्य इन वाले एक साथ दो कार्य करना चाहते थे। अपनी लोकप्रियता स्थिर रखने के लिए वामपक्ष कांग्रेस का समर्थन करते थे और साथ-ही-साथ कौंसिल की सरकार पर भी विश्वास करते थे। इस कारण से वह ऐसे शब्दों के चक्कर में पड़ गये, जहाँ उन्होंने सहयोग को असहयोग समझना आरम्भ कर दिया।"

एम०सी० ज़करियाज़ : रिनासेंट इंडिया, पृष्ठ 240

स्थिति का अवलोकन करने के लिए भारत आया, जिसने अपने से ही यह निश्चित कर लिया था कि हिन्दू-मुस्लिम एकता असम्भव है, अतः उसने योजना बनायी कि वह मात्र उन मामलों पर विचार करेगा, जो दोनों सम्प्रदायों के लिए स्वीकार्य हो। भारतीय सहयोग ने योजना प्रस्तुत की, किन्तु इसे अंग्रेज़ प्रतिनिधि मंडल ने रद्द कर दिया।

कांग्रेस का लाहौर अधिवेशन (31 दिसम्बर, 1929 ई०) कई प्रकार से भारतीय इतिहास में बुनियादी महत्त्व रखता है। इसमें कांग्रेस ने देश के स्वतंत्रता आंदोलन को 'पूर्ण स्वतंत्रता' के लक्ष्य से प्रारम्भ करने की घोषणा की। कांग्रेस ने एक प्रस्ताव स्वीकार करके 'नेहरू रिपोर्ट' को निरस्त कर दिया।[1] इससे साम्प्रदायिक समस्याओं का दबाव पुनः बढ़ गया। इसी बीच महात्मा गांधी ने 'सविनय अवज्ञा आंदोलन' आरम्भ कर दिया और नमक कानून तोड़ने पर बल दिया। अंग्रेज़ों ने इस आंदोलन को कड़ाई से कुचलने का प्रयास किया। अनेक स्थानों पर लाठी चार्ज, गोलियों और कर्फ़्यू का प्रयोग किया गया। भगत सिंह और उनके साथियों को लाहौर षड्यंत्र के अपराध में प्राणदण्ड दे दिया गया। यद्यपि, महात्मा गांधी भगत सिंह आदि के दृष्टिकोण के समर्थक नहीं थे, किन्तु उन्होंने इस प्राणदण्ड का विरोध किया और इसको आजीवन कारावास में परिवर्तित करने की याचना की, किन्तु लार्ड इरविन ने इसे स्वीकार नहीं किया।[2] इसी समय महात्मा गांधी ने वाइसराय के साथ एक समझौता पर हस्ताक्षर किया, जो इतिहास में 'गांधी-इरविन पैक्ट' के नाम से प्रसिद्ध है। इसके अनुसार सारे क़ैदी जेल से रिहा कर दिये गये और महात्मा गांधी 'द्वितीय गोलमेज़ सम्मेलन' में भाग लेने के लिए लंदन गये, किन्तु हमेशा की तरह इस बार भी अंग्रेज़ों ने व्यावहारिक सहयोग से न केवल परहेज़ किया, बल्कि लंदन से वापसी में उन्हें गिरफ़्तार करके जेल में डाल दिया गया।

इसी बीच अंग्रेज़ी शासन ने दलितों की अलग राष्ट्रीयता की घोषणा कर दी, जिसके विरोध में महात्मा गांधी ने जेल से 41 दिन का व्रत रखने की घोषणा की। महात्मा गांधी को 8 मई, 1933 ई० को रिहा कर दिया गया और शासन ने कुछ सुधारों के साथ भारत सरकार अधिनियम 1935 ई० पास किया। इस अधिनियम ने भारतीय जागीरदारों

---

1. इस क्रम में कांग्रेस का प्रस्ताव यह था : "स्वतंत्र भारत में साम्प्रदायिक समस्याओं का हल राष्ट्रीय सिद्धांत से होगा, किन्तु सिखों ने और विशेष रूप से मुसलमानों ने और दूसरे अल्पसंख्यकों ने सामान्यरूप से नेहरू रिपोर्ट की राय पर अप्रसन्नता व्यक्त की है। इसलिए कांग्रेस इन सम्प्रदायों को विश्वास दिलाती है कि आगे किसी संविधान में वह कोई साम्प्रदायिक निर्णय स्वीकार न करेगी, जिससे सारे सम्प्रदाय संतुष्ट न हों।"

   बी० पट्टाभि सीतारमैया : हिस्ट्री ऑफ़ दि कांग्रेस, पृष्ठ 365

2. बी० पट्टाभि सीतारमैया : हिस्ट्री ऑफ़ दि कांग्रेस, पृष्ठ 451

और शासन के सम्बन्ध और भी दृढ़ कर दिये। शासन ने सम्पत्ति, सेना और विदेश के मामले को सुरक्षित रखते हुए प्रिवी-कौंसिल की सदस्यता का प्रस्ताव रखा, जिसे सामान्य रूप से अस्वीकार किया गया।[1] इसे देश के सारे राजनीतिक संगठनों ने रद्द कर दिया, अन्त में अंग्रेज़ों ने लाचार होकर इसी क़ानून में और अधिक फेर-बदल किये, जिससे उसका महत्त्व और भी कम हो गया। सर शराफ़त अहमद ख़ान लिखते हैं—

"यह क़ानून ऐसे अन्दाज़ में तैयार किया गया है कि स्वतंत्र व्यवहार सम्भव नहीं है। इसमें वास्तविक एकता की कमी रहेगी। इसमें देशभक्ति और देश की सुरक्षा की सम्भावना नहीं है।"[2]

किन्तु कुछ समय के पश्चात् कांग्रेस और मुस्लिम लीग दोनों ने इसे स्वीकार कर लिया और चुनाव के हलचल में साम्प्रदायिकता का प्रचार होने लगा।

स्वतंत्रता आंदोलन

प्रेमचन्द ने अपने साहित्य का उद्देश्य स्वतंत्रता-प्राप्ति माना था। उनकी सबसे बड़ी इच्छा थी कि भारतीय जन-मानस स्वतंत्रता आंदोलन में सफल हों। उनके विचार उन्हीं के शब्दों में देखिए—

"इस समय तो मेरी सबसे बड़ी आकांक्षा यही है कि हम स्वराज्य संग्राम में विजयी हों, धन या यश की लालसा मुझे नहीं रही। खाने भर को मिल जाता है, मोटर और बँगले की हवस नहीं; हाँ, यह ज़रूर चाहता हूँ कि दो-चार ऊँची कोटि की पुस्तकें लिखूँ, पर उनका उद्देश्य भी स्वराज्य विजय ही हो।"[3]

ये विचार प्रारम्भ से प्रेमचन्द्र की रचनाओं में दिखायी देते हैं। प्रेमचन्द को यह सौभाग्य प्राप्त है कि उनकी कहानियों का प्रथम संग्रह 'सोज़े-वतन' देश के राजनीतिक आंदोलन को आगे बढ़ाने और स्वतंत्रता की भावना को जागृत करने के शुभ आरोपों में विदेशी शासकों के प्रकोप का भाजन बना और इसकी समस्त प्रतियाँ अंग्रेज़ सरकार ने प्राप्त करके जला दी। प्रेमचन्द के शब्दों में—

"साहब ने मुझसे पूछा–यह पुस्तक तुमने लिखी है? मैंने स्वीकार किया। साहब ने मुझसे एक-एक कहानी का आशय पूछा, तुम्हारी कहानियों में 'सडीशन'

---

3. जवाहरलाल नेहरू : दि डिस्कवरी ऑफ़ इंडिया, पृष्ठ 437
1. शफ़ात अहमद ख़ाँ : दि इंडियन फ़ेडरेशन, पृष्ठ 357
2. प्रेमचन्द : चिट्ठी पत्री, खण्ड 2, पृष्ठ 77

भरा हुआ है। अपने भाग्य को बखानो कि अंग्रेज़ी की अमलदारी में हो। मुग़लों का राज्य होता, तो तुम्हारे दोनों हाथ काट लिये जाते। तुम्हारी कहानियाँ एकांगी हैं। तुमने अंग्रेज़ी सरकार की तौहीन की है आदि। फ़ैसला यह हुआ कि 'सोज़े-वतन' की सारी प्रतियाँ सरकार के हवाले कर दूँ और साहब की अनुमति के बिना कुछ भी न लिखूँ। मैंने समझा, चलो सस्ता छूटे! एक हज़ार प्रतियाँ छपी थीं; अभी मुश्किल से 300 प्रतियाँ बिकी थीं, शेष 700 प्रतियाँ मैंने 'ज़माना' कार्यालय से मँगवाकर साहब की सेवा में अर्पण कर दी।''[1]

'सोज़े-वतन' की समस्त कहानियों में स्वतंत्रता की भावना भरी पड़ी है। इसकी पाँच कहानियों में चार कहानियाँ (अर्थात् 'सिला-ए-मातम' के अतिरिक्त) देशभक्ति की भावना से भरपूर हैं। उनकी कहानियों के नायक देश की स्वतंत्रता को आत्मविभोर और स्वच्छंद दृष्टिकोण से देखते हैं। मातृभूमि के नाम पर धन-दौलत का बलिदान प्रस्तुत करने के लिए तन-मन-धन से तैयार रहते हैं। इसको अपने जीवन का पवित्रतम कार्य समझते हैं। इन कहानियों में राष्ट्रीय जीवन के उन सामाजिक एवं आर्थिक आयामों की ओर ध्यान नहीं दिया गया है, जो बाद में प्रेमचन्द के रुचिकर विषय बने। इन कहानियों में अतीत गौरवगान को उजागर करने का औचित्य है कि विदेशी प्रभाव के आधार पर राष्ट्रीय जीवन में हीन भावना का विष घुलता जा रहा था, जिसका उपचार अतीत की महानता की भावना को उजागर करने और देशभक्ति उत्पन्न करने से दूर हो सकता था। प्रेमचन्द ने 'सोज़े-वतन' की उर्दू भूमिका में अपने उद्देश्य को विस्तार दिया है—

''अब भारत के राष्ट्रीय विचारधारा ने प्रौढ़ता के शिखर पर एक और पग बढ़ाया और देशप्रियता की भावनायें लोगों के मन में सिर उभारने लगीं। क्योंकर सम्भवतया कि इसका प्रभाव साहित्य पर न पड़ता : यह कुछेक कहानियाँ इस प्रभाव का प्रारम्भ हैं तथा विश्वास है कि जैसे-जैसे हमारे विचार उच्च होते जायँगे, उसी रंग के साहित्य को दिन-प्रतिदिन उन्नति प्राप्त होती जायगी। हमारे देश को ऐसी पुस्तकों की अत्यन्त आवश्यकता है, जो नयी पीढ़ी के मन पर देश-प्रेम की महानता का चिह्न स्थापित करें।''

राष्ट्रीय स्वतंत्रता आंदोलन की राह में हिन्दू-मुस्लिम एकता की समस्या भारी पत्थर बन चुकी थी। विदेशी शासन, हिन्दू-मुस्लिम एकता समाप्त करने के लिए हर सम्भव प्रयास करता रहता था। नौकरियों और पदों में हिन्दुओं और मुसलमानों के पृथक्-पृथक् स्थान निश्चित करना, हिन्दू विश्वविद्यालय, मुस्लिम विश्वविद्यालय, रेलवे स्टेशनों पर हिन्दुओं और मुसलमानों के लिए पृथक्-पृथक् खाने-पीने की व्यवस्था, हिन्दू पानी,

---

1. प्रेमचन्द : जीवनसार, 'ज़माना' प्रेमचन्द विशेषांक, 1937 ई०, और 'हंस' फ़रवरी, 1932 ई०

मुस्लिम पानी आदि ऐसी वस्तुएँ थीं, जो मूल रूप में हिन्दू-मुस्लिम एकता को बिखेर देती थीं। 1857 ई० में हिन्दू-मुस्लिम एकता से अंग्रेज़ों को जो ख़तरा उत्पन्न हुआ था, उसके परिदृश्य में वह एकता की हर सम्भव शक्ति को समाप्त कर देना चाहते थे। भारतीय राजनीति के साम्प्रदायिक संगठन मुस्लिम लीग, हिन्दू महासभा आदि भी राष्ट्रीय जीवन को अलग-अलग खानों में विभक्त करती थीं। इनके विरोधाभासों में साम्प्रदायिकता, स्वतंत्रता आंदोलन के वातावरण को विषैला करती थी। इसको रोकने के लिए राष्ट्रीय जीवन के विभिन्न मोर्चों पर संघर्ष जारी था। डॉ० बेनीप्रसाद ने वस्तु-स्थिति का विश्लेषण करते हुए लिखा है :

"यदि साम्प्रदायिक दंगे होने लगते, तो उससे सामाजिक व्यवस्था की परम्पराएँ टूटतीं तथा उदारता पर आधारित संबंध विचलित होने लगते। लोग मानवता की ओर से हटकर पशुता की ओर बढ़ते। समाज में अनुदारता एवं निर्दयता बढ़ती जो लूटमार, आगज़नी, निर्दोषों पर छिपकर आक्रमण करने, वृद्धों, महिलाओं तथा निर्दोष बच्चों पर भी चोट नहीं करने से नहीं झेंपती थीं।"[1]

यह विश्लेषण वर्तमान भारत के सन्दर्भ में भी उतना ही प्रासंगिक है, जितना डॉ० बेनीप्रसाद के विश्लेषण के समय में था।

यह साम्प्रदायिकता आर्थिक आधार रखती थी। एक सम्प्रदाय के लोग सौदा करके दूसरे सम्प्रदाय से आर्थिक लाभ प्राप्त करना चाहते थे, जिससे आपसी रस्साकशी की प्रवृत्ति बढ़ती थी। मुसलमानों में आर्थिक दुर्दशा अधिक थी, क्योंकि उन्होंने अंग्रेज़ी शिक्षा एवं संस्कृति से दूर रहने के कारण सरकारी अनुकम्पाएँ खो दी थीं। अंग्रेज़ी सरकार की नौकरी में भी उनकी संख्या नाममात्र थी। इसके विरुद्ध प्रतिक्रिया हुई। जब मुसलमानों में सरकारी सेवा प्राप्त करने की प्रवृत्ति बढ़ी, तो उसमें दूसरे सम्प्रदायों से रस्साकशी आरंभ हो गयी। उस समय की मुस्लिम राजनीति बहुसंख्यक सम्प्रदाय से खिन्न थी और अंग्रेज़ों की सहायता से अपनी पिछली आर्थिक दुर्दशा दूर कर लेना चाहती थी। राष्ट्रीय जीवन में साम्प्रदायिकता लाइलाज बनती जा रही थी, जिसमें कई राष्ट्रीय नेता भी सम्मिलित थे, इससे राष्ट्रीय आंदोलन पर चोट पड़ती थी—उसकी व्यापकता घायल होती थी।

स्वतंत्रता आंदोलन का विश्लेषण करने पर कई अर्थपूर्ण बातें सामने आती हैं, जिन पर विचार कर लेना चाहिए। इसमें संदेह नहीं कि आरम्भ में भारतीय स्वतंत्रता आंदोलन राष्ट्रीयता की जिस भावना के अन्तर्गत आगे बढ़ा, वह पश्चिमी राष्ट्रीयता की कल्पना से

---

1. बेनीप्रसाद : हिन्दू-मुस्लिम समस्या, पृष्ठ 2-4

भिन्न था। डॉ० सैयद आबिद हुसैन का विचार है कि भारतीयों में सरसैयद ने पहली बार एक पूरे धार्मिक और सांस्कृतिक समूह अर्थात् कम्यूनिटी या सम्प्रदाय के अर्थ में 'क़ौम' (राष्ट्र) का प्रयोग और एक पूरे देश के 'नागरिकों' या 'नेशन' (राष्ट्र) के अर्थ में किया था। उन्होंने सरसैयद का एक कथन उल्लिखित किया है, देखिए—

"क़ौम का संबंध देश के रहनेवालों पर होता है। याद रखो हिन्दू और मुसलमान एक धार्मिक शब्द हैं, वरना हिन्दू, मुसलमान और ईसाई, जो इस देश में रहते हैं, इस आधार पर एक क़ौम हैं।"[1]

डॉ० गोविन्द चन्द्र पाण्डे का मत है—

"नवीन राष्ट्रीयता की दृष्टि से तो भारत की सीमा रावी से पहले ही बँध जाती है। अधिकांश वैदिक भारत तो उसके बाहर ही था। भारत का राष्ट्रीय स्वाभिमान का आधार आर्य जाति नहीं, बल्कि भारतीय भाषाएँ, धर्म और सांस्कृतियाँ हैं।"[2]

इस राष्ट्रीयता में मानवीय अधिकार की सुरक्षा, समानता और विकास के आदर्श स्पष्ट नहीं थे, बल्कि क़भी-कभी जनसामान्य से अधिक साहूकार वर्ग के स्वार्थ की सुरक्षा होती थी, जिससे जनसामान्य के शोषण की सम्भावनाएँ बढ़ती गयीं, किन्तु जब स्वतंत्रता आंदोलन में महात्मा गांधी के नेतृत्व ने सामूहिक स्थिति उत्पन्न कर दी, तो छोटे-बड़े-शहरी और देहाती, शिक्षित और अशिक्षित सब उमंग एवं तरंग से सैनिक सक्रियता में सम्मिलित हो गये। पहली बार भारत में राजनीतिक आंदोलन जनसामान्य के जीवन का भाग बन गया।

प्रेमचन्द की दूरदर्शिता थी कि उन्होंने उस युग में भी भारतीय राष्ट्रीयता के विचार को अन्तर्राष्ट्रीय राजनीति के परिप्रेक्ष्य में रखकर देखने का प्रयास किया। उन्होंने 27 नवम्बर, 1933 ई० के 'जागरण' में लिखा था—

"राष्ट्रीयता वर्तमान युग का कोढ़ है। उसी तरह, जिस प्रकार मध्यकालीन युग का कोढ़ साम्प्रदायिकता थी। नतीजा दोनों का एक है। साम्प्रदायिकता अपने घेरे के अन्दर पूर्ण शांति और सुख का राज स्थापित कर देना चाहती थी, मगर उस घेरे के बाहर जो संसार था, उसको नोचने-घसोटने में उसे ज़रा भी मानसिक कलेश न होता था। राष्ट्रीयता भी अपने परिमित क्षेत्र के अंदर रामराज्य का आयोजन करती है। उस क्षेत्र के बाहर का संसार उसका शत्रु है। सारा संसार ऐसे ही राष्ट्रों या गिरोहों में बँटा हुआ है, और सभी एक-दूसरे को हिंसात्मक संदेह की दृष्टि

1. सैयद आबिद हुसैन : हिन्दुस्तानी मुसलमान आईना-ए-अय्याम में, पृष्ठ 39
2. गोविन्द चन्द्र पाण्डे : वैदिक संस्कृति, पृष्ठ 30

से देखते हैं और जब तक इसका अंत न होगा, संसार में शांति का होना असंभव है। जागरूक आत्मा में संसार में अन्तर्राष्ट्रीयता का प्रचार करना चाहती है और कर रही है लेकिन राष्ट्रीयता के बंधन में जकड़ा हुआ संसार उन्हें ड्रीमर या शेख़चिल्ली समझकर उसकी उपेक्षा करता है।''[1]

भारतीय राष्ट्रीयता का आधारभूत केन्द्र देश की स्वतंत्रता थी। जो स्वतंत्रता के उपासकों के लिए कठोर चोट बनती थी। राष्ट्रीय मूल्यों के विघटन ने निराशा और दुर्बलता को जन्म दिया था जो बाद के युग में अंग्रेज़ों से घृणा के रूप में उजागर हुआ, किन्तु इसके स्वास्थ प्रभाव आत्मसम्मान के आभास के रूप में उजागर हुए, जिनसे उत्प्रेरित होकर धार्मिक संगठनों ने अपने अनुसार युद्ध का प्रयास किया, किन्तु उनका दृष्टिकोण पूर्णरूपेण काल्पनिक था, अन्ततोगत्वा मानव हृदय में गर्मी उत्पन्न करने तक सीमित रह गया। यद्यपि इन धार्मिक आंदोलनों के कुछ नेताओं और प्रतिनिधियों ने व्यक्तिगत रूप से राजनीतिक कार्यवाहियों में सक्रिय भाग लिया, किन्तु इन संगठनों का मूल कार्यक्षेत्र धार्मिक विश्वास को सही और दृढ़ करने तक सीमित था। उनका अधिकतर संघर्ष सामाजिक रस्मों के सुधार पर केन्द्रित था। उसने साहित्य में आदर्शवाद को बढ़ावा दिया और बहुत-से साहित्यकार अतीतवादिता में ग्रस्त हो गये। प्रेमचन्द की रचनाओं में इन सारे आयामों की झलक मिलती है, किन्तु उनकी रचनाओं में देश के स्वतंत्रता आंदोलन की असाधारण तल्लीनता दिखायी देती है। उन्होंने अपनी सारी शक्ति से भारतीय जन-मामस में स्वतंत्रता की भावना जागृत करने का प्रयास किया। 1930 ई० के आंदोलन के समर्थन में उन्होंने विश्वास से भरपूर कहानियाँ लिखीं; जिनमें चरखा, नशाबाज़ी आदि पर दबाव बनाया।

प्रेमचन्द की रचनाओं में स्वतंत्रता आंदोलन का संघर्ष कलाकार की मनः तरंग का द्योतक है। उन्होंने कांग्रेस के राजनीतिक प्लेटफ़ार्म से औपचारिक रूप से अलग रहते हुए, उसके संघर्ष से व्यक्तिगत रुचि रखी, बल्कि कभी-कभी कांग्रेसी समझौतावाद छोड़कर जनसामान्य स्तर पर संघर्ष के पक्षधर दिखायी पड़े। उनकी अनेक कहानियों से उदाहरण प्रस्तुत किये जा सकते हैं, जिनमें उन्होंने खुलकर कांग्रेस के विचारों या सिद्धांतों से विरोध किया है। 21 दिसम्बर, 1919 ई० में मुंशी दयानारायण निगम को एक पत्र में लिखता था—

''रिफ़ार्म स्कीम या एक्ट के मुतलक़ में मिस्टर चिन्तामनि वग़ैरहुम से मुत्तफ़िक़ नहीं हूँ। मेरे ख़्याल में मूतदिल पार्टी इस वक़्त ज़रूरत से ज़्यादा मग़रूर और नाज़ाँ है, हालांकि इसलाहों में कोई ख़ूबी है तो सिर्फ़ यह कि तालीमयाफ़्ता

1. प्रेमचन्द : विविध प्रसंग, खण्ड 2, पृष्ठ 333

जमात को कुछ आसानियाँ ज़्यादा मिल जायेंगी और जिस तरह यह जमात वकील बनकर रिआया का ख़ून पी रही है, उसी तरह आइन्दा, ये हाकिम होकर रिआया का गला काटेगी''[1]

विशेष रूप में महात्मा गांधी के सत्याग्रह आंदोलन के संबंध में प्रेमचन्द के विचार अधिक कड़े रहे हैं। वह किसी प्रकार का नरम रुख सहने के लिए तैयार न थे, बल्कि स्वतंत्रता आंदोलन की व्यापकता में वृद्धि करना चाहते थे। मुंशी दयानारायण निगम ने एक पत्र में 'नमक सत्याग्रह' के आंदोलन को समय से पूर्व बताया, तो प्रेमचन्द ने 23 अप्रैल, 1930 ई० को बड़े उमंग-तरंग से उत्तर दिया—

''नमक को आप क़ब्ल-अज़वक़्त ख्याल करते हैं, जिस तरह मौत क़ब्ल-अज़-वक़्त होती है, साहूकार का तक़ाज़ा हमेशा क़ब्ल-अज़-वक़्त होता है, उसी तरह ऐसे काम, जिनमें हमें माली या वक़्ती नुक़सान का अन्देशा हो क़ब्ल अज़-वक़्त मालूम होते हैं। इस तहरीक की मक़बूलियत ही बतला रही है कि वह क़ब्ल-अज़-वक़्त नहीं है।''[2]

प्रेमचन्द के ये विचार किसी प्रतिक्रिया की अभिव्यक्ति नहीं, बल्कि स्वतंत्रता आंदोलन से उनके मन और मस्तिष्क के लगाव का प्रमाण हैं, जो उनके फ़ैसले की सही शक्ति का प्रमाण हैं। उन्होंने स्वतंत्रता आंदोलन की समस्याओं पर गंभीरता से विचार करने के पश्चात् तथाकथित नेताओं पर गहरे व्यंग्य किये हैं। 'आदर्श विरोध' में ऐसे नेताओं की ख़बर ली है, जो अपने निजी स्वार्थ के लिए राष्ट्रीय आंदोलन में सम्मिलित हो जाते हैं, किन्तु सत्ता की लालच में विदेशी शक्तियों के लिए सहायक बनते रहते हैं। इसका सबसे अच्छा उदाहरण मिस्टर दयाशंकर मेहता हैं, जो आरम्भ में जनसाधारण के कल्याण के समर्थक थे; किन्तु जब वाइसराय की कौंसिल के सदस्य नामित हो गये, तो उनके विश्वास परिवर्तित हो गये। उनको अंग्रेज़ों में उदारता, सभ्यता और गंभीरता के गुण दिखायी देने लगे और भारतीयों से अंग्रेज़ों की घृणा का कारण सम्प्रदायों के मध्य आपसी सामंजस्य की कमी जान पड़ने लगी। मेहता के रवैये के परिवर्तन से उसके पुत्र पर तीव्र प्रतिक्रिया होती है और वह आत्महत्या करके प्राण दे देता है। इस आदर्श परिणाम के उपलक्ष्य में प्रेमचन्द ने मृत्यु से पूर्व उससे डायरी में यह कथन लिखवाये—

''मुझे अपने पूज्य पिता के लिए कितने निंदासूचक दृश्य देखने पड़ेंगे। इस

1. प्रेमचन्द : चिट्ठी पत्री, खण्ड 1, पृष्ठ 93
2. प्रेमचन्द : चिट्ठी पत्री, खण्ड 1, पृष्ठ 178

आदर्श विरोध का अन्त कर देना अच्छा है, सम्भव है मेरा जीवन उनके निर्दिष्ट मार्ग में बाधक हो।''

'ब्रह्म का स्वाँग' में उदारता, समानता और राष्ट्रीय एकता के तथाकथित दावेदारों के कथन और कर्म में अन्तर उजागर किया गया है। नारी को अपने पति के स्वतंत्र विचार, छूतछात से असंबंध और अधार्मिक प्रवृत्तियों से परेशानी रहती है, बाद में पति के प्रचार से प्रभावित होकर नयी जीवन-शैली अपनाती है। साधारण परिवारों की नारियों को बड़े परिवारों की नारियों के समकक्ष बिठाती है। पति को पत्नी के क्रिया-कलापों से कष्ट पहुँचता है, उसे समझाता है कि यह अन्तर सदैव रहा है और रहेगा। मैं भी राष्ट्रीय एकता का पक्षधर हूँ। शिक्षा प्राप्त लोगों के समान उदारता एवं समानता की बातें करता हूँ। स्वप्न में भी कल्पना नहीं कर सकता कि श्रमिकों और सेवकों को अपने सामाजिक जीवन में समान बना लूँगा। 'तावान' में कांग्रेसी स्वयंसेवकों की कड़ाई का वर्णन है। छकोड़ीलाल ने पत्नी की अस्वस्थता और बच्चों के उपवास से तंग आकर कांग्रेस की मुहर तोड़ दी। प्रधान ने 101 रुपये जुर्माना उस पर यथावत रखा। प्रेमचन्द उसकी पत्नी की प्रतिक्रिया का चित्रण इन शब्दों में प्रस्तुत करते हैं—

''स्त्री का मुरझाया हुआ बदन उत्तेजित हो उठा। उठ खड़ी हुई और बोली– अच्छी बात है, हम उन्हें विश्वास दिला देंगे। मैं अब कांग्रेस दफ़्तर के सामने ही मरूँगी। मेरे बच्चे उसी दफ़्तर के सामने भूख से विकल हो होकर तड़पेंगे। कांग्रेस हमारे साथ सत्याग्रह करती है, तो हम भी उसके साथ सत्याग्रह करके दिखा दें। मैं इस मरी हुई दशा में भी कांग्रेस को तोड़ डालूँगी। जो अभी इतने निर्दयी हैं, वह अधिकार मिल जाने पर क्या न्याय करेंगे!''

प्रेमचन्द की कहानियों में 'लागडाट' कलात्मक मानकों पर अच्छी कहानी नहीं है, किन्तु उद्देश्य के दृष्टिकोण से महत्त्वपूर्ण है। इस कहानी पर महात्मा गांधी के असहयोग आंदोलन का गहरा प्रभाव दिखायी देता है। बेचन चौधरी स्वराज्य की व्याख्या करता है—

''अपने घर का बनाया हुआ गाढ़ा पहनो, अदालतों को त्यागो, नशेबाज़ी छोड़ो, अपने लड़कों को धर्म-कर्म सिखाओ, मेल से रहो—बस यही स्वराज्य है। जो लोग कहते हैं कि स्वराज्य के लिए ख़ून की नदी बहेगी, वे पागल हैं, उनकी बातों पर ध्यान मत दो।''

'सुहाग की साड़ी' में विदेशी वस्तुओं के बहिष्कार के माध्यम से आर्थिक लाभ की सम्भावना बतायी गयी है। स्वदेशी कपड़ों की माँग बढ़ने से जुलाहों और कोरियों की अच्छी स्थिति की कल्पना की गयी है।

इन कहानियों में विभिन्न और अनेक भावना एवं विचार प्रस्तुत किये गये है, किन्तु इन्हें स्वतंत्रता-प्राप्ति का संयुक्त उद्देश्य एक कड़ी में जोड़े रखता है। स्वतंत्रता-प्राप्ति के लिए उनके आंदोलनात्मक कार्य-शैली में विरोध था, किन्तु समस्त लोग स्वतंत्रता आंदोलन के संघर्ष में महात्मा गांधी के केन्द्रीय नेतृत्व को स्वीकार करते थे। उनके नेतृत्व में विरोधी विचारों के लोग भी थे। इनमें आधुनिक शिक्षा प्राप्त लोगों के साथ-साथ अशिक्षित और अनपढ़ लोग भी थे। स्वतंत्रता आंदोलन से उनके लगाव के स्तर भिन्न थे।

प्रेमचन्द अपनी रचनाओं के माध्यम से महात्मा गांधी से श्रद्धा को सदैव रूढ़िवादिता में गड़बड़ होने से बचाने का प्रयास करते थे, क्योंकि अशिक्षित लोग अपने नेताओं को करिश्माई मानने लगते हैं। चूँकि महात्मा गांधी ने राजनीति का छोर श्रम से मिला दिया था; अतः स्वतंत्रता आंदोलन के सैनिकों के बारे में विशेषता से चमत्कारयुक्त बातें कही जाती थीं। प्रेमचन्द ने 'रियासत का दीवान' में इन रूढ़िवादिताओं का वर्णन किया है। दीवान साहब का पुत्र जयकृष्ण निर्धन जनों से प्रेम और मानववादिता के कारण रियासत में लोकप्रिय था। एक बार भावनाओं में महाराजा से कड़े शब्दों में बोल बैठा। महाराजा ने क्रोधित होकर उसे अपने राज्य से निकल दिये जाने का आदेश दिया। इसका समाचार चारों ओर फैल गया। राजा कंस के अत्याचार से मुक्ति दिलाने के लिए भगवान् कृष्ण ने जन्म लिया है। इस अन्यायी राजा का सामना भी जयकृष्ण ने किया। लोगों ने कहना आरंभ किया—वह आदमी नहीं, मेरे किसी देवता का अवतार समझो! इसे त्याग और बलिदान एवं सेवा की भावना की व्यापकता माना जा सकता है।

प्रेमचन्द जीवन के इसी सिद्धांत से परिचित और संबंधित थे। 'पत्नी से पति' में भी स्वतंत्रता आंदोलन का पहलू अधिक उजागर है। मिस्टर सेठ को स्वदेशी वस्तुओं से घृणा है, किन्तु उनकी पत्नी स्वदेशी वस्तुओं पर जान देती है। एक बार किसी फ़क़ीर से राष्ट्रीय जागृति का गीत सुनकर उसे एक पैसा दे देती है, जिसको फ़क़ीर स्वतंत्रता आंदोलन के चन्दा में दे देता है। यह प्रेमचन्द की आदर्शवादी कार्यशैली है, जिसके माध्यम से उन्होंने स्वतंत्रता आंदोलन की लोकप्रियता का उदाहरण प्रस्तुत किया है। बाद में प्रेमचन्द उस पैसे को दूसरी बार एक बड़ा धन देकर मिसेज सेठ से क्रय करवा लेते हैं, इस प्रकार त्याग और बलिदान की भावना के सम्मान एवं मूल्य को उभारते हैं।

स्वतंत्रता आंदोलन के संबंध में उमंग-तरंग का चित्रण कुछ अवसरों पर प्रेमचन्द ने बड़ी सुन्दरता से प्रस्तुत किया है। इसी उमंग-तरंग के वर्णन में महात्मा गांधी के असहयोग का पहलू हाथ से छूट जाता है। 'क़ातिल' का धर्मवीर अपनी माता से कहता है—

''मुझे उम्मीद नहीं कि पिकेटिंग और जुलूसों से हमें आज़ादी हासिल हो

सकेगी। यह तो अपनी कमज़ोरी और बेबसी का साफ़ एलान है। झंडियाँ निकालकर और गीत गाकर क़ौम नहीं आज़ाद हुआ करती है!''

'जुलूस' में स्वतंत्रता आंदोलन के जुलूसों का चित्रण मिलता है, जिसमें एक ओर लोग वन्देमातरम् गाते हुए पंक्तिबद्ध चलते हैं, तो दूसरी ओर तमाशाइयों का समूह टिप्पणी करता है—

''महात्मा जी भी सठिया गये हैं। जुलूस निकालने से स्वराज्य मिल जाता, तो अब तक कब का मिल गया होता! और जुलूस में हैं कौन लोग, देखो—लौंडे, लफ़ंगे, सिरफिरे। शहर का कोई बड़ा आदमी नहीं।''

इन लोगों के मध्य में मैकू भी खड़ा है, जो प्रेमचन्द की भावनाओं को व्यक्त करता है—

''बड़े आदमी क्यों जुलूस में आने लगे, उन्हें इस राज में कौन आराम नहीं है? बँगलों और महलों पर रहते हैं, मोटरों पर घूमते हैं, साहबों के साथ दावतें खाते हैं, कौन तकलीफ़ है? मर तो हम लोग रहे हैं, जिन्हें रोटियों का ठिकाना नहीं। इस बखत कोई टेनिस खेलता होगा, कोई चाय पीता होगा, कोई ग्रामोफोन लिये गाना सुनता होगा, कोई पारिक की सैर करता होगा, यहाँ आयें पुलिस के कोड़े खाने के लिए? तुमने भी भली कही!''

प्रेमचन्द ने समाज के विभिन्न वर्गों के लोगों में स्वतंत्रता आंदोलन की क्रिया एवं प्रतिक्रिया का अध्ययन करके उसके आर्थिक वित्तीय कारण खोजे हैं। यह यथार्थ उनकी दूरदर्शी दृष्टि से छिपा न था कि विभिन्न वर्गों के लोग अपने-अपने वर्गीय लाभ के अनुसार समस्याओं का हल ढूँढ़ते हैं। सामान्य रूप से रईस और ज़मींदार स्वतंत्रता आंदोलन के विरोधी थे। साहूकार लांभ-हानि को देखते थे। नौकरशाही के पोषक अपने अन्नदाता के समर्थन में अपने ही देशवासियों का विरोध करते थे। यद्यपि मध्य वर्ग में विभिन्न और अनेक विचार प्रचलित थे। यह इस वर्ग की आधारभूत विशेषता भी यही होती है, क्योंकि मध्य वर्ग आर्थिक दृष्टि के अनुसार निम्न वर्ग का साथी होता है; किन्तु अपने रहन-सहन में उच्च वर्ग का अनुकरण करता है। इस वर्ग में परम्परावादिता, पुरुषार्थ प्रदर्शन, स्वार्थीपन और अविश्वास स्वभाव और चरित्र में प्रविष्ट है।

प्रेमचन्द ने इसी मध्य वर्ग में जन्म लिया था। उसकी विशेषताओं का गहन दृष्टि से अध्ययन करके अपनी अनेक कहानियों में मध्य वर्ग की समस्याओं का वस्तुनिष्ठ विश्लेषण किया था। स्वतंत्रता आंदोलन में मध्य वर्ग आगे-आगे था। इस वर्ग ने भारतीय इतिहास में असाधारण रोल अदा किया है। स्वतंत्रता आंदोलन के नेतृत्त्व का दायित्व सँभाला है। उसके नेतृत्त्व में निम्न वर्ग साहस का परिचय दे रहा था, क्योंकि स्वतंत्रता

आंदोलन का अस्ली आधार देश की आर्थिक अव्यवस्था में छिपा था। 'समर-यात्रा' की नोहरी कहती है—

''अब तो इस जोर जुल्म का नाश होगा। हम और तुम क्या अभी बूढ़े होने जोग थे? हमें पेट की आग ने जलाया है। बोलो ईमानदारी से, यहाँ इतने आदमी हैं। किसी ने इधर छह महीने से पेटभर रोटी खायी है घी किसी को सूँघने को मिला है? कभी नींदभर सोये हो?''

इस आभास से निर्धनों में आत्मसम्मान एवं आत्मविश्वास की भावना भड़क गयी। पुरुषों और नारियों में एक-सी उमंग भर गयी। प्रेमचन्द ने इसी कहानी में बुढ़िया और पुलिस अफ़सर के मध्य एक संवाद लिखा है। लाल पगड़ी के नाम से काँपनेवाले देहाती आँखें निकालकर बातें करते हैं। प्रेमचन्द ने संवाद में अग्नि की ज्वाला भर दी है—

''नोहरी पीछे से आकर बोली—क्या लाल पगड़ी बाँधकर तुम्हारी जीभ ऐंठ गयी है? कोदई क्या तुम्हारे गुलाम हैं कि कोदइया कोदइधा कर रहे हो? तुम्हें लाज नहीं आती! बुढ़िया लाठी टेककर दरोग़ा की ओर घूमती हुई बोली—तुम जो घूस के रुपये खाते हो, जुआ खेलवाते हो, चोरियाँ करवाते हो, डाके डलवाते हो, भले आदमियों को फँसाकर मुट्ठियाँ गरम करते हो और अपने देवताओं की जूतियों पर नाक रगड़ते हो, तुम हमें बदमाश कहते हो!''

किन्तु अपने विशेष विचारों के आधार पर आचार्य नन्ददुलारे वाजपेयी ने इस कहानी को '**एक दिन की घटनाओं के ज़ंजीर**' और ''**समय की सीधी पगडंडी पर घटनाओं की परेड**''[1] कहा है। आज उनका कथन संकुचित दृष्टि के प्रतीक से अधिक महत्त्व नहीं रखता। आचार्य वाजपेयी परम्परावादिता, व्यक्तिवादिता और असामाजिक प्रवृत्तियों की सीमाओं में घिरे थे। इसी घेरे में प्रेमचन्द की रचनात्मक शक्तियों की असफलता क़ा नाप-जोख करते थे। इसलिए उनकी समालोचना फब्ती के संकुचित घेरे में बन्द हो जाती है। प्रेमचन्द के सामाजिक और राजनीतिक चेतना का अध्ययन उनके युग के सामाजिक इतिहास के परिप्रेक्ष्य में सम्भव है। प्रेमचन्द की ऐतिहासिक चेतना स्वतंत्रता आंदोलन के विभिन्न आयामों का विश्लेषण कर रही थी। उनका क्रांतिकारी मन सुधारवाद से संतुष्ट न था। 'क़ानूनी कुमार' में स्पष्ट किया गया है कि मात्र शिक्षा की जागृति से देश की आर्थिक स्थिति अच्छी नहीं हो सकती। 'क़ानूनी कुमार' की पत्नी कहती है—

''मैं यह नहीं कहती कि सुधार ज़रूरी नहीं है। मैं भी शिक्षा का प्रचार

1. नन्ददुलारे वाजपेयी : प्रेमचन्द, साहित्यिक विवेचन, पृष्ठ 189

चाहती हूँ, मैं भी बाल-विवाह बन्द कराना चाहती हूँ, मैं भी चाहती हूँ कि बीमारियाँ न फैलें—लेकिन क़ानून बनाकर ज़बरदस्ती यह सुधार नहीं करना चाहिए, लोगों में शिक्षा और जागृति फैलाओ जिसमें क़ानूनी भय के बग़ैर वह सुधार हो जाय।''

स्वतंत्रता आंदोलन और सुधारवादी प्रयास की चर्चा में आर्य-समाज की चर्चा आवश्यक हो जाती है, क्योंकि राष्ट्रीय आंदोलन के प्रारम्भिक युग में आर्य-समाज ने राष्ट्रीय जागृति पैदा करने में असाधारण एवं महत्त्वपूर्ण कार्य किया है। आर्य-समाज को राष्ट्रीय राजनीति के सामाजिक और सांस्कृतिक सुधार के प्लेटफार्म का स्थान प्राप्त था। यही विचार प्रेमचन्द के भी थे, लिखते हैं—

''मैं आर्यसमाज को जितनी धार्मिक संस्था समझता हूँ, उतना ही सांस्कृतिक संस्था भी समझता हूँ।''[1]

उस युग के महत्त्वपूर्ण राजनीतिक नेता आर्य-समाज के सुधार कार्यक्रमों में सम्मिलित होते थे, बल्कि उनकी संख्या दोहरी सदस्यता रखती थी; कांग्रेस के भी सदस्य थे और आर्य-समाज के भी सदस्य थे, जब स्वतंत्रता आंदोलन पर अंग्रेज़ी शासन की कड़ाई बढ़ती, उस समय विशेष रूप से आर्य-समाज के कार्यक्रमों में सामूहिक सहयो।ा बढ़ जाता। आर्य-समाज के आंदोलन ने दलितों के सुधार, युवतियों की शिक्षा, रूढ़िवाद आदि की समाप्ति के लिए कार्यक्रम प्रस्तुत किये; जिनसे प्रेमचन्द प्रभावित थे, उन्होंने इन विषयों पर कहानियाँ लिखीं, जिनका विश्लेषण अपने स्थान पर किया जा चुका है।

गांधीवादी दृष्टिकोण

प्रेमचन्द की अहिंसा, सेवा और आदर्श का आधार एक सीमा तक महात्मा गांधी का ऋणी है। उन्होंने स्वयं को महात्मा गांधी का शिष्य भी कहा है।[2] इसमें संदेह नहीं कि महात्मा गांधी उस समय के देश की राजनीति में सबसे बड़े नेता थे। महात्मा गांधी

---

1. प्रेमचन्द : साहित्य का उद्देश्य, पृष्ठ 187
2. ''आप बोले- इसका अर्थ यह है कि मैं महात्मा गांधी को बिना देखे उनका शिष्य हो चुका था।
   मैं बोली- तो इसमें महात्मा गाँधी की कौन-सी विशेष बात हुई?
   आप बोले- बात यह हुई कि जो बात वह कराना चाहते हैं, उसे मैं पहले ही कर देता हूँ। इसका अर्थ यह हुआ कि मैं उनका बना-बनाया प्राकृतिक शिष्य हूँ।''

   शिवरानी देवी : प्रेमचन्द घर में, पृष्ठ 182

के राजनीतिक संघर्ष में उनके व्यक्तित्व के चकाचौंध पहलुओं ने साधारण ही नहीं, विशिष्ट लोगों के अनेक वर्गों को भी आसक्त कर लिया था। जैसा कि गत पृष्ठों में कहा जा चुका है कि महात्मा गांधी प्रथम भारतीय नेता थे, जिन्होंने देश की राजनीति को 'कौंसिल की सदस्यता' और 'वायसराय की कृपा प्राप्ति' के संघर्ष से एकाएक ऊपर उठाकर निर्धन और निम्न लोगों की सेवा की ओर केन्द्रित कर दिया था। इसके आधार पर स्वतंत्रता आंदोलन नगरों से बढ़कर क़स्बों और देहातों तक पहुँच गया और विभिन्न प्रकार के लोग उनके संघर्ष में सम्मिलित हो गये। यद्यपि ये भिन्न विचारधारावाले लोग भारत की स्वतंत्रता के मात्र एक उद्देश्य के सिवाय दूसरी समस्याओं पर सहमत न थे और भारत के भविष्य के बारे में भिन्न और विरोधी विचार रखते थे। उन्होंने स्वतंत्रता-प्राप्ति के एकमात्र उद्देश्य के परिप्रेक्ष्य में महात्मा गांधी के अन्तर्गत कांग्रेस में सम्मिलित हो गये थे, किन्तु अपने निजी और वर्गीय विचारों को कार्यरूप देने के लिए भी संघर्ष करते रहते थे। महात्मा गांधी ने दोनों धड़ों के बींच सहयोग का रूप कुछ इस प्रकार उत्पन्न किया था कि अपने केन्द्रीय व्यक्तित्व के अन्तर्गत अनेकता में एकता के सैद्धांतिक नियमों पर सहमति करा दी थी और उनका ध्यान आधुनिक विचारधारा और दर्शन की चकाचौंध से हटाकर प्राचीन भारत के अध्यात्मिक और सांस्कृतिक जीवन की ओर मोड़ दिया था। यद्यपि जीवन के ऐतिहासिक कार्य को अस्वीकार कर दिया गया था, किन्तु इससे स्वतंत्रता आंदोलन के आधारभूत संघर्ष में बाधा नहीं पड़ती थी, बल्कि राष्ट्रीयता की यही विचारधारा लोगों में जागृति उत्पन्न करने का प्रतीक बन सकती थी; अतः भिन्न और विरोधी विचार के लोगों ने महात्मा गांधी के साथ सहयोग किया और उनका नेतृत्व स्वीकार किया।

महात्मा गांधी की राजनीतिक और सामाजिक विचारधारा भौतिक संसाधनों से अधिक नैतिक कार्यशैली पर विश्वास करती है। धर्म को उन्होंने सबसे बड़ा आदर्श माना था, जो 'सत्य' का रूप था; इसलिए कहते थे कि 'अहिंसा' से एकता और समानता की दीक्षा मिलती है।[1] महात्मा गांधी ने स्वयं कभी किसी नयी सामाजिक व्यवस्था की नींव डालने का दावा नहीं किया, बल्कि अपनी विचारधारा को प्राचीन भारतीय विचारकों से प्रेरणा ग्रहण करने तक सीमित मानते थे[2] किन्तु इसमें संदेह नहीं कि उनके व्यक्तिगत दृष्टिकोण ने भारतीय जीवन की कई पीढ़ियों को प्रभावित किया, बल्कि इन्हीं नियमों पर स्वतंत्र भारत में धर्म निरपेक्ष सरकार स्थापित हुई। महात्मा गांधी की सामाजिक व्यवस्था की मूल विशेषता यह है कि उन्होंने राजनीति का पल्लू दृढ़ता से पकड़ा, किन्तु इसकी नींव धर्म पर रखी और इस प्रकार भारत के धर्मावलंबी मस्तिष्क का स्वभाव यथावत् रहा।

---

1. एम०के० गांधी : सेलेक्शन फ्राम गांधी : (सं०) निर्मल कुमार बोस, पृष्ठ 224
2. बी० पट्टाभि सीतारमैया, गांधी और गांधीवाद, खण्ड 1, पृष्ठ 26

एक स्थान पर उन्होंने लिखा था—

"बहुत-से धार्मिक मनुष्य, जिनसे मैं मिला हूँ, भेष बदले हुए राजनीतिज्ञ हैं; लेकिन मैं जो राजनीतिज्ञ का जामा पहने हूँ—हृदय से धार्मिक मनुष्य हूँ। मेरा रुझान राजनैतिक नहीं धार्मिक है जब से मैंने यह जाना कि सार्वजनिक जीवन क्या है, तब से मेरे प्रत्येक शब्द और कार्य के मूल में नितांत धार्मिक भावना और धार्मिक हेतु रहे हैं।"[1]

महात्मा गांधी के विचारों के तीन केन्द्र हैं—सत्य, अहिंसा और सत्याग्रह; इन्हीं तीनों सिद्धांतों पर उन्होंने अपने युग के राजनीतिक संगठन के कर्त्तव्य निर्वाह किये। इनको संक्षेप में निम्न प्रकार समझा जा सकता है।

सत्य

यह गांधीवादी दृष्टिकोण का केन्द्रीय पहलू है; जिसमें मानव की कल्पना, विचारधारा, चरित्र और कार्य को एकत्र किया गया है। इसलिए गांधी जी ने कहा था कि परमेश्वर सत्य है की अपेक्षा यह कहना अधिक उचित है कि सत्य ही परमेश्वर है।[2] इस सत्य को निरंतर संघर्ष और संन्यासी होने पर प्राप्त किया जा सकता है। इस कार्य में अहिंसा से सहायता मिलती है, मनुष्य शारीरिक इच्छाओं से ऊपर उठ जाता है।

अहिंसा

यह हिंसा और अन्याय का विरोध है। महात्मा गांधी ने अहिंसा को मनुष्यों के मध्य सत्य, मित्रता और प्रेम का माध्यम माना है। उनके विचार में अहिंसा और प्रेम एक ही सत्य के दो रूप हैं। हिंसावादी को अहिंसावाद के माध्यम से सही राह पर लाया जा सकता है, किन्तु इससे कायरता का प्रयास नहीं हो सकता है। इस प्रकार अहिंसा को सामाजिक जीवन में केन्द्रीय महत्त्व प्राप्त है। इस संबंध में महात्मा गांधी के इस कथन पर ध्यान देना चाहिए कि 1920 ई० में उन्होंने कहा था कि यदि उन्हें कायरता और हिंसा में चुनाव करना हो तो वह हिंसा को पसन्द करेंगे। किन्तु जब इस प्रकार का समय आया, स्वतंत्रता आंदोलन की उमंग तरंग 1942 ई० में हिंसा की ओर मुड़ गयी, तो महात्मा गांधी उसकी छाया भी स्वीकार न कर सके। उनके दृष्टिकोण का यह विरोध अस्वाभाविक कार्यशैली के कारण उत्पन्न हुआ।

---

1. गोपीनाथ : **सर्वोदय तत्त्वदर्शन, पृष्ठ 27**
2. रामदीन गुप्त : **प्रेमचन्द और गांधी, पृष्ठ 84**

सत्याग्रह

इसे सत्य और अहिंसा के कार्य का स्थान प्राप्त है। महात्मा गांधी ने घरेलू जीवन के एक उदाहरण से यह स्पष्ट किया है कि एक माता अपने बच्चे के लिए जो कुछ करती है वही एक सत्याग्रही विभिन्न बाधाओं के होते हुए अपने देश और राष्ट्र के लिए करता है।[1] शत्रु पर विजय प्राप्त करने के स्थान पर उसके विचारों पर विजय प्राप्त करनी चाहिए, क्योंकि पिशाच की पूजा करके ईश्वर तक नहीं पहुँचा जा सकता। महात्मा गांधी ने सत्याग्रह के विभिन्न स्तर बताये हैं; जिनमें समझाना-बुझाना, उपवास करना, असहयोग करना, अवज्ञा करना, कर न देना, पीछा करना, पलायन करना आदि सम्मिलित हैं। इन कार्य-पद्धितियों में परिस्थितियों के अनुसार परिवर्तन हो सकता है।

गांधीवादी सिद्धांतों में आत्मा एवं भावोन्नयन को स्वाभाविक एवं सामाजिक आवश्यकताओं और उसके परिवर्तन एवं उत्तरोत्तर उन्नति पर श्रेष्ठता दी है। महात्मा गांधी ने मानव जीवन को, विज्ञान, अर्थशास्त्र, समाजशास्त्र आदि के सिद्धांतों से दूर रखा, एक ऐसे समाज की कल्पना की, जिसमें धन-विनिमय के सिवा हृदय परिवर्तन का सिक्का चलता। इन सारी सम्भावनाओं से किसी-न-किसी प्रकार प्रेमचन्द प्रभावित होते रहे; किन्तु उन्होंने जिस सामाजिक व्यवस्था की कल्पना की थी, उसका मामला सामाजिक और सामूहिक समानता और दलित-पिछड़े लोगों की उन्नति पर निर्भर था। प्रेमचन्द ने सम्पूर्ण जीवन किसानों और श्रमिकों के कल्याण के लिए संघर्ष किया, बल्कि यही उनके जीवन का केन्द्रीय उद्देश्य बन गया।[2]

महात्मा गांधी के सत्य, अहिंसा और सत्याग्रह के सिद्धांतों पर महान् रूसी विद्वान् टालस्टाय और अमरीकी लेखक थोरो के विचार के प्रभावों का संकेत मिला है, जिसको उन्होंने अपने राजनीतिक प्रतिद्वंद्वी बालगंगाधर तिलक से प्राप्त किया और 1920 ई० के पश्चात कई बार विभिन्न अवसरों पर परखकर देखा था। प्रेमचन्द ने अपनी राजनीतिक जागृति के आरंभिक दौर में गांधीवाद के विभिन्न आयामों का अनुभव प्राप्त कर लिया था। उन्होंने महात्मा गांधी ने टालस्टाय के बौद्धिक मैत्री का आभास कर लिया था। प्रेमचन्द स्वयं भी टालस्टाय से प्रभावित थे, उसके क़लम का जादू उन पर 1914 ई० के पूर्व

1. एम०के० गांधी : युद्ध और अहिंसा, पृष्ठ 141
2. ''दुनिया में महात्मा गांधी को सबसे बड़ा मानता हूँ, उनका उद्देश्य भी यही है कि श्रमिक और काश्तकार सुखी हों। वह उन लोगों को आगे बढ़ाने के लिए आंदोलन चला रहे हैं, मैं लिखकर उनका साहस बढ़ा रहा हूँ।''

शिवरानी देवी : प्रेमचन्द घर में, पृष्ठ 128

ही वार कर चुका था।[1] टालस्टाय के हृदय परिवर्तन के सिद्धांत ने प्रेमचन्द और गांधी जी, दोनों को, विशेष रूप से आसक्त कर रखा था। टालस्टाय का यही हृदय परिवर्तन महात्मा गांधी की 'सत्य' की कल्पना से तादात्म्य रखता है और अहिंसा के विभिन्न माध्यमों के रूपों में प्रदर्शित होता है। स्वतंत्रता आंदोलन के संघर्ष में हृदय परिवर्तन की विचारधारा केन्द्रीय महत्त्व धारण कर गयी। प्रेमचन्द ने अपनी कहानियों के पात्रों पर इसे असाधारण रूप से प्रयोग किया। उन्होंने अपने व्यक्तित्व के गुणों को अपने पात्रों में जादुई रूप से प्रविष्ट कराना आरंभ किया और आदर्शवादिता की प्रवृत्ति को बढ़ावा दिया। एक बार मराठी साहित्यकार टी० टकेकर से बातचीत करते हुए उन्होंने महात्मा गांधी के हृदय परिवर्तन के विचार से प्रभावित होने की स्वीकारोक्ति स्पष्ट शब्दों में की है—

''मैं गांधीवादी नहीं हूँ, मात्र गांधी जी के विचार हृदय परिवर्तन में दृढ़ विश्वास रखता हूँ।''[2]

उनकी कहानियों में इसके अनेक उदाहरण मिलते हैं; उदाहरणार्थ—'ईश्वरीय न्याय' में सत्य की विजय दिखायी गयी है। 'माता के हृदय' में मानव के हृदय में देवता के वास करने की चर्चा है, जो उसको पुण्य की ओर फेरता है। 'नमक का दरोग़ा' में हृदय परिवर्तन का वर्णन हास्यास्पद हो गया है। 'राजभक्त' में स्वीकार करते हैं कि मानव पात्रों में अचानक परिवर्तन बहुत कम होते हैं।

टालस्टाय और प्रेमचन्द की समानता उनकी रचनाओं में उजागर रहती हैं। दोनों सामाजिक यथार्थता के पक्षधर हैं। जीवन के रहस्य की खोज करते हैं, भावनात्मकता का सहारा लेते हैं और अपनी रचनाओं में निर्धनों, श्रमिकों और किसानों की समस्याओं को उनके दृष्टिकोण से देखते हैं। उनके सिद्धांतों में एकता का कारण सम्भवतः यह है कि इन दोनों महान् साहित्यकारों ने अपने-अपने देश के जिस ऐतिहासिक युग की समस्याओं को आधार बनाया, उसमें स्वतः समानता थी। क्रांति से पूर्व के रूस और स्वतंत्रता आंदोलन के समय के भारतीय किसानों की समस्याओं में बड़ी सीमा तक समानता दिखायी देती है। महात्मा गांधी भी टालस्टाय के कलात्मक रवैये से प्रभावित थे। प्रेमचन्द, महात्मा गांधी और टालस्टाय दोनों से प्रभावित थे और दोनों से लाभान्वित होते थे, किन्तु इसे पूरी बात का एक छोर कहा जा सकता है, क्योंकि प्रेमचन्द की टालस्टाय से निकटता महात्मा गांधी की अपेक्षा अधिक दिखायी देती है। बसकरोफ़नी के शब्दों में—

1. प्रेमचन्द : चिट्ठी पत्री, खण्ड 1, पृष्ठ 29
2. राजेश्वर गुरु : प्रेमचन्द, एक अध्ययन, पृष्ठ 105

''इतिहास के वास्तविक विचार तमाम पूर्वी भूखण्ड पर, विशेषतः एशिया में—टालस्टाय के आदर्शों से मेल खाते हुए से हैं। इसी कारण टालस्टाय के विचारों के लिए भारत की धरती भी उर्वरा थी।''[1]

प्रेमचन्द ने राजनीतिक संसार में महात्मा गांधी की शिष्यता स्वीकार कर ली थी; किन्तु विचारों के मानकों पर इस विवेक स्रोत से स्वयं भी लाभ प्राप्त करते थे, जो गांधीवादी सिद्धांत का आधार था। अमृतराय का विचार सही है—

''कर्म के क्षेत्र में गांधीजी और उनके बीच गुरु-शिष्य का संबंध था, विचार के स्तर पर, टालस्टाय के नाते, गुरु भाई का।''[2]

महात्मा गांधी के संबंध में प्रेमचन्द ने अधिकतर सम्पादकीयों में 'महान् आत्मा', 'महामानव' आदि प्रकार के शब्द प्रयोग किये हैं, किन्तु उनके इस विश्वास का आधार अध्यात्मिक से अधिक सामाजिक और राजनीतिक है। कभी-कभी इस दृढ़ विश्वास में इतना विस्तार और गहराई होती है कि इसमें विस्तृत संसार सिमटकर आ जाता है। प्रेमचन्द की कहानी 'समर यात्रा' का नायक कहता है—

''हम न्याय और सत्य के लिए लड़ रहे हैं, इसलिए न्याय और सत्य के हथियारों से लड़ना है। हमें ऐसे वीरों की ज़रूरत है, जो हिंसा और क्रोध को दिल से निकाल डालें।''

प्रेमचन्द ने कई कहानियों में अहिंसा का प्रचार-प्रसार किया है। 'क्षमा' और 'दिल की रानी' में अन्याय, हिंसा, पक्षपात और घृणा की भावना का विरोध और सामाजिक एवं धार्मिक उदारता को स्थापित किया—

''धर्म सेवा का नाम है, लूट और हत्या का नहीं।''

प्रेमचन्द के विचारों का प्रस्तुतकर्ता शैख हसन अपने पुत्र के हत्यारे से कहता है—

''दाऊद मैंने तुम्हें माफ़ किया। हमारे पाकनबी ने यह शिक्षा नहीं दी थी, जिस पर आज हम चल रहे हैं। वह स्वयं क्षमा और दया का सर्वोच्च आदर्श हैं। मैं इस्लाम के नाम को बट्टा न लगाऊँगा।''

प्रेमचन्द ने न्याय और सत्य की लड़ाई में अहिंसा को अकर्मण्यता की सुरक्षा के रूप में स्वीकार नहीं किया था। उनकी कहानियों में ऐसे अवसर बार-बार मिल जायेंगे,

---

1. बी०एम० बसकरोफ़नी : प्रेमचन्द और गोर्की (सं०) शची रानी गुर्टू, पृष्ठ 84
2. अमृत राय : प्रेमचन्द, क़लम का सिपाही, पृष्ठ 230

जहाँ उन्होंने स्वाभिमान के प्रश्न पर हिंसात्मक कार्यवाही का समर्थन किया। 'शिकारी राजकुमार' को निर्दोष पशुओं का शिकार करने की बजाय पशु रूपी मानवों का शिकार करने की सलाह देते हैं। उनकी कहानी 'इस्तीफ़ा' में कार्यालय का एक अधिकारी अपने अन्तर्गत कर्मचारी से असंतुष्ट होकर उसका कान ऐंठ देता है। बाबू उसे अपना अपमान समझता है, किन्तु उत्तर देने का साहस नहीं करता। अपने घर वापिस होने पर पत्नी से घटना बताता है किन्तु अपनी बहादुरी जताने के लिए कहता है कि मैंने अधिकारी को पीट दिया है। पत्नी उसकी प्रशंसा करती है कि यदि उसने ऐसा न किया होता तो वह उसे निकम्मा समझती। इस जवाब का बाबू पर मनोवैज्ञानिक प्रतिक्रिया होती है, उसने कार्यालय जाकर साहब की पिटाई कर दी। इस कहानी में प्रेमचन्द ने भारतीय मध्य वर्ग की नौकरशाही मानसिकता का पर्दाफ़ाश किया है। यही मध्य वर्ग स्वतंत्रता के संघर्ष में आगे-आगे था और उसी नौकरशाही की अधीनता में गिरफ़्तार भी था।

प्रेमचन्द इस वर्ग के चिंतन एवं व्यवहार के विरोधाभास को उजागर किया है। कलेक्टर, तहसीलदार और दरोग़ा एवं दूसरे सरकारी कर्मचारियों के माध्यम से स्वतंत्रता के मतवालों पर अन्याय का वर्णन प्रेमचन्द प्रभावपूर्ण ढंग से करते हैं। 'जुलूस' में एक किसान शांति से पुलिसवालों का अन्याय सहन करता है, किन्तु जब पुलिसवाले उसकी पत्नी को नंगा कर देते हैं, तो उसका ख़ून खौल उठता है; वह पुलिसवालों से लड़ने में अपने प्राण गँवा देता है, उसके साथ गाँव के दूसरे लोग भी मार दिये जाते हैं। 'क़ातिल' का धर्मवीर हिंसा के माध्यम से स्वतंत्रता प्राप्त करना चाहता है। अपनी माँ से कहता है—

''मुझे भारत माता की सेवा के लिए तुम्हें क़त्ल करना पड़े, तो मैं इस अप्रिय कर्त्तव्य से मुँह न मोड़ सकूँगा। आँखों से आँसू जारी होंगे, लेकिन तलवार तुम्हारी गर्दन पर होगी। हमारे धर्म में राष्ट्र की तुलना में कोई दूसरी चीज़ नहीं ठहर सकती। चाहे वह अपनी माँ ही क्यों न हो।''

कुछ दूसरे स्थानों पर भी महात्मा गांधी और प्रेमचन्द के विचारों में कड़ा विरोध है। उदाहरणस्वरूप महात्मा गांधी जीवन को आर्थिक और राजनीतिक समस्याओं के अलावा अध्यात्मिक शक्तियों से अच्छा बनाना चाहते थे, किन्तु प्रेमचन्द का धर्म प्राचीन भारत की नैतिकता के प्रेम तक सीमित था। प्रेमचन्द सामाजिक परिवर्तन और विकास के लिए वर्गीय संघर्ष को आवश्यक मानते थे, जो महात्मा गांधी के विचार में अस्वीकार्य था। महात्मा गांधी ज़मींदारों और महाजनों को स्वीकार कर लेने में संकोच नहीं करते थे, उनकी बस एक शर्त थी कि वह स्वयं को किसानों और श्रमिकों का ट्रस्टी समझें, किन्तु प्रेमचन्द ज़मींदारों और महाजनों को किसी प्रकार भी स्वीकार करने को तैयार नहीं होते

थे। एक बार उन्होंने मराठी साहित्यकार टी० टकेकर से कहा था कि मेरा कम्यूनिज़्म मात्र यही है कि हमारे देश में ज़मींदार, सेठ आदि, जो किसानों का शोषण करते हैं, न रहें।[1]

अपने प्रसिद्ध उर्दू लेख 'महाजनी तहज़ीब' में प्रेमचन्द ने लिखा था—

''जो दूसरों की मेहनत या बाप-दादा की जोड़ी हुई दौलत पर रईस बना फिरता है, वह ज़लीलतरीन व्यक्ति है, उसे हुकूमत के कामों में राय देने का हक़ नहीं और वह नागरिकता का हक़ भी नहीं रखता।''[2]

इस प्रकार इस प्रश्न पर कि छोटे ज़मींदारों या बड़े ज़मींदारों में कौन अधिक हानिकारक होता है, उन्होंने 6 नवम्बर, 1933 ई० के 'जागरण' में व्यंग्यात्मक रूप में लिखा था—

''छोटे शैतान से बड़ा शैतान हमेशा अधिक घातक हुआ करता है। छोटा शैतान एकाध बकरा, कुछ माला फूल, कुछ बताशे पाकर संतुष्ट हो जाता है, पर बड़ा शैतान प्राण लिये बिना नहीं छोड़ता। छोटा ज़मींदार अपने असामियों पर ज़्यादा सख़्ती करते डरता है। उसका पुलिस पर, अदालत के कर्मचारियों पर और अधिकारियों पर इतना प्रभाव नहीं होता कि वह क़ानून अपने हाथ में ले सके और उसे जिस तरह चाहे तोड़-मरोड़ सके। पियादों और लठैतों की फ़ौज रखने का भी उसे साधन नहीं होता, फिर बहुधा वह अपने असामियों के गाँव में रहता है और उनकी यथार्थ स्थिति से वाक़िफ़ होने के कारण बेजा सख़्ती नहीं करता, कुछ मुलाहज़ा-मुरव्वत भी होती है। इसके विपरीत बड़ा ज़मींदार तो अपने इलाक़े का बादशाह होता है। असामियों से उसको निजत्व नहीं होता। वे तो उसके लिए बल भी वस्तु है। असामियों की करुण क्रंदन की आवाज़ भी उसके कानों तक नहीं पहुँचती और उनके कारिंदे और पियादें भला क्यों असामियों पर दया करने लगें। उन्हें असामियों के बनने-बिगड़ने की क्या परवाह?''[3]

सम्पत्ति के अधिकारों के संबंध में प्रेमचन्द और महात्मा गांधी के विचार में अन्तर अत्यन्त स्पष्ट है। प्रेमचन्द की कहानी 'आहुति' का आनन्द निजी सम्पत्ति के पक्ष में है, किन्तु रूपणि जीवन का दूसरा स्वप्न देखती है, जो प्रेमचन्द के विचारों पर आधारित है—

---

1. राजेश्वर गुरु : प्रेमचन्द, एक अध्ययन, पृष्ठ 103
2. प्रेमचन्द : 'महाजनी तहज़ीब', प्रेमचन्द स्मृति, पृष्ठ 262
3. प्रेमचन्द : विविध प्रसंग, खण्ड 2, पृष्ठ 499

"अगर स्वराज्य आने पर भी सम्पत्ति का यही प्रभुत्व रहे और पढ़ा-लिखा समाज यों ही स्वार्थान्ध बना रहे, तो मैं कहूँगी, ऐसे स्वराज्य का न आना ही अच्छा! अंग्रेज़ी महाजनों की धन लोलुपता और शिक्षितों का स्वहित ही आज हमें पीसे डाल रहा है। जिन बुराइयों को दूर करने के लिए आज हम प्राणों को हथेली पर लिये हुए हैं; उन्हीं बुराइयों को क्या प्रजा इसलिए सिर चढ़ायेगी कि वे विदेशी नहीं, स्वदेशी हैं। कम-से-कम मेरे लिए तो स्वराज्य का यह अर्थ नहीं है कि जॉन की जगह गोविन्द बैठ जायें। मैं समाज की ऐसी व्यवस्था देखना चाहती हूँ, जहाँ कम-से-कम विषमता को आश्रय मिल सके।"

जमींदारों और महाजनों से महात्मा गांधी को रुचि के आर्थिक और सामाजिक कारण थे। ये लोग गांधी जी के समान धार्मिक एवं अध्यात्मिक प्रभावों पर अधिक भरोसा करते। उनके संसाधन उपलब्ध कराने में अधिक-से-अधिक धन ख़र्च करने पर तैयार हो जाते। महात्मा गांधी के साबरमती आश्रम में उनके लिए प्रतिबंध न था, क्योंकि उनके विचार में इस वर्ग के माध्यम से निर्धन और धनी, दोनों वर्गों, में आपसी सम्बंध रखा जा सकता था, किन्तु प्रेमचन्द इस व्यवस्था को 'महाजनी व्यवस्था' का नाम देते थे और धन के असमान वितरण को सारी बुराइयों की जड़ समझते थे। अपने लेख में उन्होंने साफ़-साफ़ लिखा था—

"ये सारी बुराइयाँ दौलत की देन हैं। पैसे ने उत्पन्न किया है, महाजनी तहज़ीब ने उनको पैदा किया है। वही उनको पालती है और ये भी चाहती है कि जो पिछड़े हुए, दुःखी और पराजित रहें, उसे ईश्वर की इच्छा मानकर अपनी स्थिति पर संतोष करें। उनकी तरफ़ से ज़रा भी विरोध की तहरीक हुई, तो कुचलने के लिए पुलिस, अदालत, कालापानी है। आप शराब पीकर उसके नशे से नहीं बच सकते। आग लगाकर चाहें कि लपटें न उठें, असंभव है। पैसा अपने साथ सारी बुराइयाँ लाता है, उसी ने दुनिया को नरक बना दिया है। उसी पैसे की पूजा मिटा दीजिए, सारी बुराइयाँ ख़ुद-ब-ख़ुद मिटा जायेंगी।"[1]

इन शोषण करनेवालों का विरोध करते समय कभी-कभी प्रेमचन्द का विश्वास अहिंसा से भी उठ जाता है। इसका विरोध भी करने लगते हैं, क्योंकि उनके सारे संघर्ष का केन्द्रीय उद्देश्य भारत के किसानों और श्रमिकों की ख़ुशहाली थी। इसके अलावा अहिंसा के सिद्धांतों में शोषण करनेवालों और शोषित होनेवालों में आंशिक अन्तर नहीं होता। उनके वर्गीय विरोधाभासों का आभास करने के पश्चात् प्रेमचन्द हृदय परिवर्तन का ढंग अपनाते हैं।

---

1. प्रेमचन्द : 'महाजनी तहज़ीब' : प्रेमचन्द स्मृति, पृष्ठ 263

प्रेमचन्द और महात्मा गांधी दोनों गाँव के विकास से शहर या देश का विकास समझते थे। महात्मा गांधी 'गाँव वापिस चलो' के समर्थक थे, क्योंकि देहात के वातावरण में अध्यात्मिक भावना की संतुष्टि की प्राकृतिक वस्तुएँ उपलब्ध थीं। प्रेमचन्द शहरी जीवन के विरोधी नहीं थे, किन्तु उन्हें देहात से विशेष लगाव इस आधार पर था कि वहाँ के रहनेवालों में ग़रीबी एवं निर्धनता अधिक थी, जो शहर में मात्र श्रमिक तक सीमित थी। महात्मा गांधी ने शहर को पश्चिम का पाला हुआ माना था। वह नगरीय संस्कृति की सार्थकता के पक्षधर नहीं थे, क्योंकि उसने औद्योगिक कारख़ानों को बढ़ावा दिया था, जिनकी दुर्गन्ध और धुआँ मानव आत्मा के विकास के लिए बाधक था। आप्टन क्लोज के प्रश्न के उत्तर में उन्होंने कहा था—

''हमें एक ऐसी राज-व्यवस्था चाहिए, जो हमारी संस्कृति और जीवन व्यवस्था को प्राथमिकता दे, जो हमारी प्राचीन हस्तकला को उन्नति दे, जो हमारी आत्मा को मिले और कारख़ानों के बदबू और धुएँ से सुरक्षित रखे। अतः मैं चाहता हूँ कि अंग्रेज़ कारख़ाने मिटा दें, मिलें उखाड़ दें तथा अंग्रेज़ी शिक्षा समाप्त कर दें।''[1]

महात्मा गांधी के मशीनी विरोध का सबसे अच्छा विश्लेषण डॉ० सैयद आबिद हुसैन ने किया है तथा मशीनी विरोध के विभिन्न पक्षों को स्पष्ट कर दिया है। उन्होंने लिखा है कि महात्मा गाँधी बड़े कारख़ानों को निम्नलिखित शर्तों पर स्वीकार कर लेने पर तैयार थे—[2]

1. बेरोज़गारी न फैले।
2. सरकार के माध्यम से स्थापित किये जायँ।
3. लोगों की भलाई और कल्याण के लिए चलाये जायँ।
4. श्रमिकों को अधिक पारिश्रमिक दिया जाय।
5. कार्य को उचित और आरामदायक बनाया जाय।

किन्तु चूँकि इस प्रकार औद्योगिक व्यवस्था को स्थापित कर मशीनों के विरोध से शोषण, बेरोज़गारी और निर्धनता को बढ़ावा मिलता है, इसलिए प्रेमचन्द मिलों और कारख़ानों के विरोधी थे। बल्कि अधिक सही यह है कि प्रेमचन्द के विरोध का मूल कारण कारख़ानों के श्रमिकों का नैतिक पतन था। प्रेमचन्द देश की सामाजिक व्यवस्था के संबंध

---

1. राजेश्वर गुरु : प्रेमचन्द, एक अध्ययन, पृष्ठ 103
2. सैयद आबिद हुसैन : दि वे ऑफ़ गांधी एण्ड नेहरू, पृष्ठ 63

में महात्मा गांधी से अलग दृष्टिकोण रखते थे, जिसमें किसानों और श्रमिकों को सबसे उच्च स्थान पर देखना चाहते थे। एक स्थान पर उन्होंने लिखा था—

''यह भी याद रखना चाहिए कि हमारा देश कृषि प्रधान है। शिल्प और उद्योग यहाँ सदैव कृषि के नीचे ही रहेगा। अतएव, हम अपने यहाँ बड़े-बड़े कारख़ाने नहीं क़ायम कर सकते।''[1]

देश की उन्नति में मशीनों के महत्त्व को अस्वीकार कर देने से आर्थिक व्यवस्था में मूलभूत परिवर्तन की आवश्यकता होगी और श्रमिकों की आवश्यकता समाप्त हो जायगी। प्रेमचन्द के विचार में श्रमिकों और किसानों में अधिक अन्तर नहीं रखना चाहिए, क्योंकि ग्रम्य समाज में उन्हें एक ही व्यक्तित्व के दो विभिन्न नामों का स्थान प्राप्त है। भारतीय देहातों में किसानों के उसी वर्ग को श्रमिक कहते हैं, जिनके पास अपने खेत नहीं होते और दूसरों के खेतों में काम करते हैं। 'बलिदान' का किसान श्रमिक भी है। कभी हरखू तकियेदार पलँग पर लेटकर नारियल गुड़गुड़ाता था, बाद में वही हरखू अपने सिर पर बोझ उठाता है। इसके वर्ग के लोगों पर साहूकार वर्ग की पकड़ अधिक कड़ी होती है, क्योंकि इसके संसाधन बहुत सीमित और अस्पष्ट हैं। प्रेमचन्द कई दूसरी कहानियों में भी देहाती बनाम शहरी जीवन के संबंध में अपने निर्णय प्रस्तुत किये हैं। 'मंत्र' का बूढ़ा अपने गाँव के सादे, पवित्र और सद्‌भावी लोगों का प्रतीक है और 'लोकमत का सम्मान' का बेचू धोबी शहरी और देहाती जीवन के अन्तर को उजागर करता है। इस यथार्थ को ध्यान में रखना चाहिए कि प्रेमचन्द के शहरी जीवन के विरोध में उसकी पूँजीपति व्यवस्था होती थी, जिसे उन्होंने 'महाजनी-तहज़ीब' का नाम दिया था।

महात्मा गांधी कथित 'महाजनी तहज़ीब' के विरुद्ध नहीं थे। उनकी आर्थिक व्यवस्था को यथावत चाहते थे। इस आधार पर उन्हें शोषण करनेवालों का पक्षधर होने का आरोप सहना पड़ा।[2] यद्यपि उन्होंने ज़मींदारी और ताल्लुक़ेदारों के अधिकारों की

---

1. अमृतराय : प्रेमचन्द, क़लम का सिपाही, पृष्ठ 260
2. ''बस इसका परिणाम यह निकलता है कि वर्तमान परिस्थिति स्थापित रहनी चहिए, जो वस्तु जिस अवस्था में है, वैसी ही बनी रहे। ऐसे आर्थिक विश्लेषण और शोध की बिल्कुल आवश्यकता नहीं रहती कि लोगों के लिए कौन-सी वस्तु लाभदायक है और न परिस्थिति को परिवर्तित करने का कोई प्रयास ही आवश्यक है। आवश्यकता है, तो मात्र इसकी कि लोगों के मन में परिवर्तन लाया जाय।''

जवाहरलाल नेहरू : एन आटोबायोग्राफ़ी, पृष्ठ 536

सुरक्षा का वादा किया था कि यदि उसकी सम्पत्ति से बेदख़ल करने का अन्यायी रवैया अपनाया गया, तो वह उनकी ओर से संघर्ष करेंगे, किन्तु इसमें संदेह नहीं कि गांधीवादी दृष्टिकोण में शोषकों की सुरक्षा का पहलू दिखायी पड़ता है। उनके स्वतंत्रता आंदोलन में पूँजीवादी वर्ग धन की सहायता करता और खादी के कार्यक्रमों के समर्थन के साथ-साथ नये-नये कारख़ानों और फ़ैक्ट्रियाँ स्थापित करता।[1]

प्रेमचन्द को शोषक वर्ग से कोई सहानुभूति नहीं थी, बल्कि 'महाजनी तहज़ीब' पर लगातार आक्रमण कर रहे थे। अपनी कहानी 'सुहाग की साड़ी' में स्वदेशी आंदोलन के समर्थन में जुलाहों और कोरियों की ख़ुशहाली की इच्छा रखते हैं। उनका यही दृष्टिकोण उनकी कहानी 'पशु से मनुष्य' में उजागर हुआ है। उसका केन्द्रीय पात्र प्रेमशंकर के 'प्रेमाश्रम' के प्रेमशंकर के समान है। इसमें प्रेमचन्द ने घोषणा की है कि शोषण करनेवालों और किये जानेवालों या श्रम और पूँजी के मध्य जो लड़ाई जारी है, उसमें श्रमिकों की विजय होगी। देश की अर्थव्यवस्था में आपसी सहायता के सिद्धांत प्रसिद्ध होंगे और पूँजी का बँटवारा समानता के आधार पर होगा।

इसमें संदेह नहीं कि कुछेक समस्याओं में गहरे मतभेद के अलावा प्रेमचन्द और महात्मा गांधी के विचारों में प्रायः समानता दिखायी देती है। नारियों के समानता के अधिकारों के संबंध में उनके विचार एक जैसे थे। दोनों नारियों के कार्यक्षेत्र को घरेलू जीवन तक सीमित समझते थे। महात्मा गांधी और प्रेमचन्द दोनों देश के सांस्कृतिक एवं आर्थिक विकास के लिए सम्प्रदायों के बीच उदारता और एकता को आवश्यक समझते थे और उनकी समस्याओं का वस्तुनिष्ठ विश्लेषण करके उचित हल प्रस्तुत करने के बजाय सम्प्रदायों के मध्य क्षणिक समझौता करा देने के पक्षधर थे। दोनों मानवतावादी थे और दोनों जनसामान्य के जीवन को अच्छा बनाने के समर्थक थे और साहित्य, साहित्य के लिए कलावादी प्रवृत्ति को ग़लत समझते थे।[2] महात्मा गांधी साहित्य को

---

1. ''अपनी ऐतिहासिक चेतना और आर्थिक क़ानूनों से परिचय के कारण मिल मालिकों ने गांधी जी के खादी के प्रचार को अपने औद्योगिक कार्यक्रम के लिए कोई ख़तरा नहीं समझा, बल्कि सत्यता यह है कि मशीनी उद्योगों को चलाने, बढ़ाने, विस्तृत करने और उनसे लाभ प्राप्त करने के साथ-साथ उनमें से कुछ खादी पहनते और खादी आंदोलन की सहायता भी करते रहते।''
ए०आर० देसाई : सोशल बैकग्राउंड ऑफ़ इंडियन नेशनलिज़्म, पृष्ठ 178

2. ''रोमारोलां के साथ बातचीत में महात्मा गांधी ने कहा था : आर्ट बनाम आर्ट के कथन के विरुद्ध हूँ। मेरे लिए कला को यथार्थ पर आधारित होना चाहिए। जो सुन्दर वस्तुएँ यथार्थ को स्पष्ट करने के बदले में असत्य को उजागर करती हैं, उनकी निन्दा करता हूँ।''
लुई फ़िशर : दि लाइफ ऑफ़ महात्मा गांधी, पृष्ठ 319

पाठशालाओं, सभाओं में विचारक के आदान-प्रदान के लक्ष्य से आगे ले जाकर खेतों, खलिहानों तक पहुँचाना चाहते थे। प्रेमचन्द ने उनके सहायक के रूप में इस मिशन में अपनी रचनाओं को माध्यम बनाया।

अन्तर्राष्ट्रीय दृष्टिकोण

प्रेमचन्द ने भारत की स्वतंत्रता की समस्या को देश की भौगोलिक सीमा में रखने के बदले अन्तर्राष्ट्रीय दृष्टि से देखने का प्रयास किया। इस प्रवृत्ति ने उन्हें संसार के समस्त मानव की आर्थिक ख़ुशहाली, स्वास्थ्य और उन्नति के लिए प्रेरित किया। भारत में समानता के अधिकार और किसानों को अपनी भूमि पर मालिकाना अधिकार की जिन समस्याओं को उन्होंने अपना विषय बनाया था, उन्हें विदेशी तथा अन्य अविकसित देशों में भी महत्त्व प्राप्त था। भारत के समान एशिया और अफ़्रीक़ा के कई देश दूसरों की अधीनता से मुक्ति प्राप्त करने के लिए संघर्ष कर रहे थे। प्रेमचन्द ने एक विशाल उदार हृदय कलाकार के समान समस्त मानवजाति के अधिकारों के संबंध में विचार किया था, उन्होंने ऊपरी औग सतही बातों में उलझने के बदले धन विभाजन के केन्द्रीय सिद्धांतों की ओर ध्यान दिया। उन्होंने गोर्की के समान, स्वच्छंदतावादी होने के कारण स्वतंत्रता के संघर्ष को तीव्र करने के विचार से अतीत की घटनाओं को लिपिबद्ध किया, किन्तु उनकी अधिकांश कहानियाँ अपने युग के संघर्ष को उजागर करती हैं।

प्रेमचन्द और गोर्की की लेखनी में उद्देश्यों की एकता के अलावा उनके व्यक्तित्व और रूप-रंग में भी बड़ी समानता थी जिसमें भारत और रूस की राजनीतिक एवं भौगोलिक सीमाएँ टूटती दिखायी देती हैं।[1] लेकिन अन्तर्राष्ट्रीय लेखकों में प्रेमचन्द सबसे अधिक टालस्टाय से प्रभावित हुए थे। गत पृष्ठों में इसकी चर्चा की जा चुकी है कि टालस्टाय के बौद्धिक प्रभाव गांधी जी ने भी स्वीकार किये थे। प्रेमचन्द की दृष्टि में उसके प्रभाव इतने तीव्र थे कि टालस्टाय के मुक़ाबले में किसी दूसरे साहित्यकार का नाम लेना भी स्वीकार न करते थे, बल्कि एक बार जब पंडित बनारसीदास चतुर्वेदी ने उनको त्रिग्नेव का पक्षधर बनाना चाहा, तो उन्होंने झल्लाकर उत्तर दिया कि टालस्टाय के आगे त्रिग्नेव का महत्त्व एक बौने से अधिक नहीं है।[2] प्रेमचन्द ने एक दूसरे स्थान पर दूसरे देशों के लेखकों से प्रभावित होने का उल्लेख भी स्पष्ट शब्दों में किया है। डॉ० इन्द्रनाथ मदान

---

1. इलाचन्द्र जोशी : विवेचना, पृष्ठ 225
2. अमृतराय : प्रेमचन्द, क़लम का सिपाही, पृष्ठ 516

को 26 दिसम्बर, 1934 ई० के पत्र में लिखा था—

''हाँ मेरे ऊपर टालस्टाय, विक्टर ह्यूगो और रोमांरोला का प्रभाव पड़ा है।''[1]

टालस्टाय के सिद्धांतों में श्रद्धा एवं दया, त्याग एवं बलिदान और अहिंसा का असाधारण महत्त्व था। उसने हृदय पारिवर्तन के विचार को स्वीकार कर लिया था। महात्मा गांधी के समान प्रेमचन्द ने भी इन विचारों को अपने आधारभूत विश्वासों का स्थान दे रखा था। प्रेमचन्द की कहानियों में मानव के जिन गुणों को उभारने का प्रयास मिलता है, वही टालस्टाय की कहानियों में भी दिखायी देता है। प्रेमचन्द ने टालस्टाय के समान कहानियाँ लिखीं। उनमें 'सेवामार्ग' और 'उपदेश' को विशेष महत्त्व दिया जा सकता है। उनकी कहानियों से प्रेमचन्द और टालस्टाय के गहरे अर्थपूर्ण संबंध का आभास होता है।

नैतिक जीवन का जो विचार टालस्टाय ने स्वीकार किया था, वही प्रेमचन्द के सामने भी था। यह विचार किसी देश या जाति तक सीमित नहीं किया जा सकता। संसार के विभिन्न भागों में रहनेवाले नैतिक जीवन की इस विचारधारा के घेरे में रखे जा सकते हैं। इसी आधार पर टालस्टाय और प्रेमचन्द की कहानियों के पात्र दूसरे देशों के लोगों को भी पसन्द आते हैं। जापान में प्रेमचन्द की कहानी 'मुक्ति मार्ग' का अनुवाद हुआ, तो उसे वहाँ महत्त्वपूर्ण मासिक 'कायीज़ो' ने प्रकाशित किया और लोगों ने खुले दिल से उसका स्वागत किया। प्रेमचन्द ने अपने अभिन्न मित्र शिवपूजन सहाय के नाम 29 अगस्त 1928 ई० के पत्र में अपनी सफलता का उल्लेख किया था—

''आपको यह सुनकर आनन्द होगा कि मेरी कई कहानियों के जापानी भाषा में अनुवाद प्रकाशित हुए हैं और वहाँ की सर्वश्रेष्ठ पत्रिका में प्रकाशित हुए हैं। जापानी जनता ने उनका वही सम्मान किया, जो टालस्टाय और चेख़व की कहानियों का करते हैं। पत्रों में ख़ूब चर्चा रही मेरे पास जो पत्र आया है, उसमें लिखा है—Your stories were the sensation in the month of June ''[2] बस यही बातें तो प्रेमचन्द के दिल को लगती हैं, प्रसन्न हो जाते हैं!

अन्तर्राष्ट्रीयता के अध्ययन में यह ध्यान रखना चाहिए कि देश की स्थिति, आर्थिक और सामाजिक संबंध, खनिज या भौगोलिक उपज की चाल में व्ययता या अधिकता के

---

1. प्रेमचन्द : चिट्ठी पत्री, खण्ड 2, पृष्ठ 236
2. प्रेमचन्द : चिट्ठी पत्री, खण्ड 2, पृष्ठ 228

आधार पर विभिन्न देशों के हित आपस में टकराते रहते हैं। देश की आन्तरिक व्यवस्था के संबंध में विभिन्न क़ानूनों के माध्यम से लोगों को देश को हित का ध्यान रखने पर विवश कर दिया जाता है, किन्तु अन्तर्राष्ट्रीय समस्या में लोगों के विचार स्वतंत्र होते हैं। विभिन्न देशों के अधिकारी वर्ग के राजनीतिक विचार एक जैसे नहीं होते और जनसाधारण में इन विचारों को बाह्य जीवन का मात्र एक पहलू समझने तक सीमित कर दिया जाता है। अन्तर्राष्ट्रीय संगठन के लिए ख़ुशहाली और मानव मित्रता का जो विचार अन्तर्राष्ट्रीय राजनीति का अंग होना चाहिए, किसी युग में सफल नहीं हो सका है, क्योंकि छोटे और दुर्बल देशों की राजनीति सामान्यतः बड़े और सम्पन्न देशों के अधीन होती है। इन्हीं शोषणों के माध्यम से एक जाति (राष्ट्र) दूसरे पर उच्च भावना का प्रभाव आरोपित कर देते हैं। संसार के समस्त लोगों को एकता, शांति और सुखमय जीवन के वादे के बावजूद युद्ध की सम्भावना समाप्त नहीं हो सकी है।[1]

भारतीय इतिहास का वह युग जब प्रेमचन्द अपनी रचनात्मक सेवा दे रहे थे, राजनीतिक आधार पर चूँकि अंग्रेज़ों के अधीन था, किसी विशेष ऐतिहासिक एवं राजनीतिक चेतना से अन्तर्राष्ट्रीय मामलों में देश के नागरिकों ने कोई दायित्व स्वीकार नहीं की थी, बल्कि इस युग में अन्तर्राष्ट्रीयता के विचार में इतना विस्तार भी नहीं रहता था। इस युग का भारत अन्तर्राष्ट्रीय राजनीतिक चेतना के मामले में भी महात्मा गाँधी के विचारों तक सीमित था। महात्मा गांधी का दृष्टिकोण राष्ट्रीय और अन्तर्राष्ट्रीय समस्याओं के संबंध में मानव स्वतंत्रता और समानता पर आधारित था। उनके दृष्टिकोण एवं कार्यशैली के अध्यात्मिक एवं अभौतिक विचार से विरोध से अनुमान किया जाता है, किन्तु इसमें संदेह नहीं कि वह दलित और निर्धन लोगों के लिए दुःखी मन रखते थे और प्रेम एवं एकता के साथ विभिन्न देशों में मित्रता के इच्छुक थे। एक स्थान पर उन्होंने लिखा था—

''भारत की स्वतंत्रता के माध्यम से मानव जाति स्थापित करने का मिशन पूरा करना चाहता हूँ, मेरे देश-प्रेम का क्षेत्र सीमित नहीं, इसके क्षेत्र में संसार आ जाता है।''[2]

---

1. ''इस समय दुनिया पहले से अधिक स्पष्ट रूप से देख रही है कि आधुनिक विनाशकारी युद्ध और सभ्य जीवन एक साथ नहीं रह सकते। यह अच्छी बात है। आज संसार की कोई बड़ी शक्ति पहले युद्धों के समान युद्ध में नहीं कूदेगी।''

   गाथोर्न हार्डी : ए शार्ट हिस्ट्री ऑफ़ इण्टरनेशनल अफ़ेयर्स, पृष्ठ 445

2. एम०के० गांधी : सब इंसान भाई भाई हैं, (सं०) सैयद आबिद हुसैन, पृष्ठ 186

महात्मा गांधी ने अपने राजनीतिक प्रयासों का क्रम दक्षिण अफ्रीका से आरम्भ किया था। उन्होंने बोयर के युद्ध में सहायता करने के ख़ौफ़नाक परिणाम देखने के बावजूद अपने उद्देश्यों को साफ़ और स्पष्ट रखा था। लगभग यही दृष्टिकोण प्रेमचन्द का भी था। वह संसार के लोगों की ख़ुशहाली, उन्नति और स्वतंत्रता के इच्छुक थे। आयरलैंड वासियों का दैनिक जीवन अंग्रेज़ों से भिन्न न था, किन्तु वह लोग अंग्रेज़ों की अधीनता से स्वतंत्र होना चाहते थे। इटली में स्वतंत्रता आंदोलन तीव्र हो रहा था। अमरीका में जाकर बस जानेवाले अंग्रेज़ भी लंदन के चंगुल से स्वतंत्र होकर ख़ुशहाल जीवन बिताने के इच्छुक थे और रूस की आर्थिक गतिविधियाँ बढ़ती जा रही थीं। इन सारे संघर्षों में शक्ति आने से दूर देशों में शोषण करनेवाले वर्गों में बेचैनी फैल गयी थी। प्रेमचन्द की दृष्टि इन परिस्थितियों का गहन अध्ययन कर रही थी। उन्होंने 26 फ़रवरी, 1933 ई० के 'जागरण' में लिखा था—

''विश्व में इस समय चारों ओर अशांति का वातावरण फैला हुआ है। जिधर देखिए, जिसे देखिए वह अर्धनग्न है, पीड़ित है। दुःखी है। वैभव एवं सुख के मद में डूबता, उतराता, धनी भी जब अपने सुख से अघा जाता है, तो एक अजीब चीज़ उसके जी को कचोटने लगती है, एक अजीब हवा उसके भीतर बैठकर उसे जला डालती है और वह कराहता है—न जाने उसे क्या चाहिए।''[1]

यह कलह अन्तर्राष्ट्रीय स्तर की है, जिसे प्रेमचन्द विश्वव्यापी कलह के रूप में देखते हैं; परन्तु इसका आधार वैमनस्य है। उन्होंने लिखा था—

''आज समूचा विश्व चीन हो रहा है। मनुष्य के स्थान पर राजा है, जागीरदारों के स्थान पर राज्यों के राजनीतिज्ञ नेता हैं और लुटेरों के स्थान पर उच्छृंखल दल है। छोटा-सा राज्य माण्टीकार्लो भी चाहता है कि लंदन की गद्दी उसे मिले और ब्रिटेन समूचे विश्व को अपना उपनिवेश, समूचे बाज़ार को अपना दास और समूचे राज्यों को अपना चेला बनाना चाहता है। फ्रांसवाले एक-दूसरे के रक्त के प्यासे हैं। स्पेन में प्रजातंत्र है, हिटलरतंत्र है, हिंडनवर्गतंत्र है, और कुछ नहीं; केवल एक भीषण मार-काट की तैयारी है। जापान मंचूरिया ही नहीं, चीन को ही हड़प लेना चाहते हैं और ज़रूर सोचता होगा कि मौक़ा मिलने पर टोकियो का प्रधान अड्डा जमाया जाय।''[2]

---

1. प्रेमचन्द : विविध प्रसंग, खण्ड 2, पृष्ठ 297
2. वही, पृष्ठ 299

प्रेमचन्द ने इस विशृंखलता और अविश्वास को विश्व राजनीति के दृष्टिकोण से देखा। उन्होंने उनकी समस्याओं का अध्ययन किया और अन्तर्राष्ट्रीय दृष्टिकोण से उनके कारण भी ढूँढ़ने का प्रयास किया। उनकी दृष्टि अनुभव कर रही थी कि विश्व राजनीति के उलट-फेर में लोकतंत्र के बदले निरंकुशता की ओर लोगों का ध्यान बढ़ रहा था जिसे प्रेमचन्द अत्यन्त हानिकारक समझते थे। 1 मई, 1933 ई० के 'जागरण' में दुःख के साथ उनके बारे में लिखा था—

''जनसत्ता का बड़े वेग से दुनिया बहिष्कार कर रही है। रूस और पोलैंड और इटली और स्पेन पहले ही चुके हैं, अब जर्मनी भी उसे डंडे मार-मारकर निकाल देता है। कारण क्या है? हमारा विचार है कि यह डिक्टेटरशिप उस जनसत्ता से कहीं बढ़कर जनसत्तात्मक है। उन जनसत्ताओं में धनसत्ता का मेल हो गया था। मेल ही क्यों, वह यथार्थ में धनसत्ता हो गयी थी। जिसके पास काफ़ी दौलत हो, वह जनता के वोटरों पर किसी-न-किसी तरह का दबाव डालकर घुस जाता था। धीरे-धीरे पूँजीपतियों ने उस पर प्रभुत्व जमा लिया। यही कारण है कि एक सदी तक जनसत्ता का राज होने पर भी संसार में संघर्ष मनोवृत्ति दिन-दिन बढ़ती गयी। कहने को यह जनसत्ता थी, पर यथार्थ में वह जनता के पीसने की चक्की थी। जनता का उस पर उतना ही अधिकार था, जितना बादलों या नक्षत्रों का। जनता भूखों मर रही है और कर्मचारी लाखों रुपये साल वेतन उड़ा रहे हैं ओर वह सारा धन जो जनता के भरण-पोषण और शिक्षण में खर्च होना चाहिए था, फौजों और नौकाओं के संगठन निर्माण में लुट जाता है।''[1]

ज्ञातव्य रहे कि यह वक्तव्य आज से सत्तर वर्ष पूर्व का है परन्तु लगता है कि स्वतंत्र्योत्तर विकसित भारतीय राजनीति और उसके शोषण पर टिप्पणी की गयी है। वर्तमान में इसका यह अक्षरशः यथार्थ के रूप में जनमानस के सामने अनेक प्रकार के प्रश्नों को उत्पन्न करती है, जिसमें उनका विश्वास जनसत्ता अथवा लोकतंत्र से उठने लगता है।

इस प्रकार स्पष्ट हो जाता है कि प्रेमचन्द ऐसे लोकतंत्र को नापसन्द करते थे, जिसमें पूँजीवाद को अप्रत्यक्ष रूप में उच्चता प्राप्त हो। लोकतंत्र में मिश्रित अर्थव्यवस्था स्वीकार करने पर पूँजी की पकड़ तीव्र हो जाती है, इसमें सीधे रूप में शोषण की सम्भावना कम हो जाती है। लोकतत्र भी वर्गीय व्यवस्था में डिक्टेटरशिप की स्थिति अपना लेती है, जिसमें दक्षवर्ग अपनी-सी करने लगता है। यद्यपि लोकतंत्र संविधान

---

1. प्रेमचन्द : विविध प्रसंग, खण्ड 2, पृष्ठ 309

बनाती है, संसद् और दूसरी प्रतिष्ठित संस्थाएँ तैयार करती है; किन्तु इसे प्रयोग करने में जन अधिकारों का प्रत्येक पग पर बलिदान कर दिया जाता है।[1]

प्रत्येक लोकतंत्र को इसी पृष्ठभूमि में देखते थे। उन्होंने 18 सितम्बर, 1933 ई० के 'जागरण' में लिखा था—

''डेमोक्रेसी की इन सदियों में संसार में जो-जो अनर्थ हुए, वह एकाधिपत्य की असंख्य सदियों में न हुए थे। अपने राष्ट्र के लिए डेमोक्रेसी चाहे जितनी मंगलमय सिद्ध हुई हो, पर संसार की दृष्टि से तो उसने ऐसा कोई कार्य नहीं किया, जिस पर वह गर्व कर सके। अब संसार उसे तंग आ गया है और उसका अन्त करके ऐसी व्यवस्था का अन्त चाहता है, जिसमें एक सत्तात्मक राज्य और डेमोक्रेसी दोनों गुण तो हों पर अवगुण न हों। मुसोलिनी या हिटलर या स्टालिन आज ईश्वर के प्रतिनिधि राजाओं की भाँति पशुबल से राज्य का संचालन नहीं कर रहे हैं। राष्ट्र उनकी सम्पत्ति नहीं है और न राष्ट्र का धन उनके भोग-विलास के लिए है। वे जनता की उपेक्षा नहीं कर सकते और न उसकी अधिकार लालसा स्वार्थ के लिए है। वे राष्ट्र के सच्चे सेवक हैं और यही सबसे बड़ी शक्ति है।''[2]

किन्तु इस संघर्ष में फ़ासीवादी शक्तियों बढ़ती थीं, जिनकी हानियाँ प्रतिदिन स्पष्ट हो रही थीं। जर्मनी में नाज़ीवाद की सफलता पर उन्होंने 20 मार्च, 1933 ई० के 'जागरण' में इस संदेह को व्यक्त किया था—

''यदि एक बार नाज़ी शासन को जमकर काम करने का मौक़ा मिला, तो जर्मनी की पूजा तांत्रिक जीवन को, उसकी प्रजातांत्रिक कामना को अपनी सेवा और शक्ति के बल पर इस तरह चूस लेगा कि फिर 25 वर्ष तक जर्मनी में नाज़ीदल का कोई विरोधी नहीं रह जावेगा। सम्भव है तब तक राजसत्ता भी स्थापित हो जाये। क़ैसर जर्मनी आने की अनुमति माँग रहे हैं। क़ैसर के पुराने सेवक हेडेनवर्ग राष्ट्रपति हैं। नाज़ीदल का उपाध्यक्ष क़ैसर का पुत्र है। राजभवनों पर सम्राट् का पूरा झंडा फहराया जा रहा है।''[3]

इन राजनीतिक उथल-पुथल के पीछे आर्थिक शक्तियाँ कार्य कर रही थीं। उन्नीसवीं शताब्दी के मध्य तक विभिन्न देशों में पूँजीवाद ने साम्राज्यवाद का रूप धारण कर लिया

---

1. एम० रोज़न थाल और पी० बोदन : ए डिक्शनरी ऑफ़ फ़िलासफ़ी, पृष्ठ 115
2. प्रेमचन्द : विविध प्रसंग, खण्ड 2, पृष्ठ 326
3. वही, पृष्ठ 300

था। उस वर्ग ने जन्म लिया था, जो पूँजी का प्रभुत्व समाप्त करना चाहता था। फ्रांस के श्रमिकों की ल्यूनिस और जर्मनी में साब्लेसिया के बुनकरों का विद्रोह पृष्ठभूमि में थी, किन्तु अक्टूबर 1917 ई० में रूसी जनता ने जारशाही का तख़्ता पलट-कर पहली बार जन सरकार का आधार स्थापित किया, तो व्यवस्था का अन्तर अधिक स्पष्ट हो गया। प्रेमचन्द ने अन्तर्राष्ट्रीय राजनीति के विभिन्न आर्थिक पहलुओं पर विशेष रूप से दृष्टि डाली। 'हंस' और 'जागरण' में उन्होंने अनेक सम्पादकीय लिखकर भारत के राष्ट्रीय जीवन के लिए साम्राज्यवाद, पूँजीवाद और लोकतंत्र के अन्तर को स्पष्ट करने का प्रयास किया।

यह कहना सही न होगा कि प्रेमचन्द ने मार्कसी सामाजिक व्यवस्था का विशेष रूप से अध्ययन किया था। उसके सारे तत्त्वों को ग्रहण करके भारतीय जीवन के लिए सकारात्मक दृष्टिकोण प्रस्तुत कर सकते थे, किन्तु इसमें संदेह नहीं कि अपने युग की आर्थिक एवं सामाजिक समस्याओं से उन्होंने अपनी आँखें बन्द नहीं की थीं। ईरान का तेल, आस्ट्रेलिया का गेहूँ, बाज़ार ढूँढ़ने के लिए दौड़-धूप और उसके पाश्चात्य जगत की प्रतिद्वंद्विताएँ, इटावा सम्मेलन, अमरीकी किसानों का विद्रोह आदि विषयों पर उन्होंने खुलकर अपने दृष्टिकोण को रखा। रूसी क्रांति से प्रभावित होने के संबंध में उन्होंने 21 दिसम्बर, 1919 ई० के पत्र में अपने अंतरंग सखा मुंशी दयानारायण निगम को लिखा था—

''मैं क़रीब-क़रीब बाल्शेविस्ट उसूलों का क़ायल हो गया हूँ।''[1]

उनकी यह प्रवृत्ति शनैः-शनैः बढ़ती गयी। जीवन के अन्तिम दिनों में उन्होंने अपनी दृष्टि रूस के सामाजिक व्यवस्था पर केन्द्रित कर दी थी। उनका विश्वास था कि एक-न-एक दिन भारत को भी यही सामाजिक व्यवस्था स्वीकार करनी पड़ेगी। रूस की आर्थिक उन्नति ने उन्हें विशेष रूप से प्रभावित किया था, जिसको उन्होंने विभिन्न अवसरों पर व्यक्त किया है। प्रेमचन्द रूस की उन्नति को संसार की उन्नति समझते थे। रूसी क्रांति के पश्चात् सारे विश्व की दृष्टि रूस की ओर केन्द्रीत हो गयी थी, जहाँ धरती के गर्भ से नये सूरज का उदय हो रहा था। प्रेमचन्द भारतीय लोगों की असफलताओं का हल सामाजिक सरकारी व्यवस्था की स्थापना में देख रहे थे।[2] उस युग के दूसरे बुद्धजीवी

---

1. प्रेमचन्द : चिट्ठी पत्री, जि०-1, पृष्ठ 93
2. ''मैं बोली- जब स्वराज हो जायगा तब क्या चूसना बन्द हो जायगा?
आप बोले- चूसा तो थोड़ा बहुत हर जगह जाता है। यही शायद दुनिया का विधान है कि कमज़ोर

भी इसी प्रकार का स्वप्न देख रहे थे। अतः देश स्वतंत्र हुआ, तो इसकी व्यवस्था साम्यवादी न सही, किन्तु साम्यवाद से प्रभावित अवश्य थी। विश्व के कई महत्त्वपूर्ण देशों ने साम्यवाद को अपनी सरकारी व्यवस्था के लिए अपनाया है; जिनमें चीन, कोरिया, वियतनाम आदि सम्मिलित हैं।

रूस की महान् अक्टूबर क्रांति से प्रभावित भारतीय मनीषियों, साहित्यकारों और लेखकों में प्रेमचन्द अकेले नहीं थे। इनके अलावा सुब्रह्मण्यम भारती, रवीन्द्रनाथ टैगौर और अल्लाम 'इक़बाल' भी थे, किन्तु हिन्द-रूसी मैत्री के अस्ली प्रवर्तक पंडित जवाहर लाल नेहरू थे, जो प्रेमचन्द के अपने हीरो भी थे। 'रंगभूमि' में विनय के रूप में नेहरू ही हैं। कहानियों में सीधे रूप में हीरो नहीं बनाते, किन्तु स्वतंत्रता आंदोलन से प्रभावित कहानियों में महात्मा गांधी के प्रभावों के अन्तर्गत नेहरू के सोच-विचार के संकेत भी मिलते हैं।

यद्यपि 1991 ई० में सोवियत रूस के विखण्डन हो जाने के कारण रूस में साम्यवादी व्यवस्था शेष नहीं रह गयी, जिसके अनेकानेक कारण हैं। इनमें सबसे बड़ा आरोप व्यक्तिगत स्वतंत्रता का हवन होना है, जिसने शासकों को तानाशाही के रास्ते पर डाल दिया और लोगों में विद्रोह की ज्वाला फूट पड़ी, किन्तु इससे सारे देशों में साम्यवाद की समाप्ति नहीं हुई, बल्कि दूसरे देशों में साम्यवादी व्यवस्था अपनी आन-बान से प्रकाशमान है। इससे स्पष्ट होता है कि संसार में साम्यवादी व्यवस्था लोप नहीं हुई, बल्कि रूस में कुछ राजनीतिक कारणों के आधार पर साम्यवादी व्यवस्था जारी न रह सकी। राजनीतिक उतार-चढ़ाव में कल क्या होगा—अनुमान नहीं लगाया जा सकता। सम्भव है वहाँ साम्यवाद किसी दूसरे रूप में उजागर हो जाय।

प्रेमचन्द की अन्तर्राष्ट्रीय विचारधारा के संबंध में पूर्ण रूप से कहा जा सकता है कि उन्होंने विश्व के दूसरे मानव मित्र साहित्यकारों के समान देश और समाज, राष्ट्रीयता

.....
को बलवान चूसें। हाँ रूस है, जहाँ पर कि बड़ों को मार-मार कर ठीक कर दिया गया; अब वहाँ ग़रीबों को मज़ा है। शायद यहाँ भी कुछ दिनों के बाद रूस जैसा हो।

मैं बोली- क्या आशा है कुछ?

आप बोले- अभी जल्दी कोई इसकी उम्मीद नहीं।

मैं बोली- मान लो जल्दी हो जाय, तब आप किसका साथ देंगे?

आप बोले- मज़दूरों और किसानों का, मैं पहले ही कह दूँगा कि मैं तो मज़दूर हूँ—तुम फावड़ा चलाते हो, मैं क़लम चलाता हूँ; हम दोनों बराबर हैं।"

शिवरानी देवी : प्रेमचन्द घर में, पृष्ठ 110-111

एवं अन्तर्राष्ट्रीयता में भेद-भावरहित भारतीय खुशहाली को विश्व के परिप्रेक्ष्य में देखा, प्रेमचन्द ने बिना नस्ल और रंग के भेद-भाव के बिना मानवीय जाति की समस्याओं में रुचि ली। प्रेमचन्द भारतीय किसानों और श्रमिकों की ख़ुशहाली को विश्व ख़ुशहाली के परिप्रेक्ष्य में देखते थे। सारे विश्व में सुरक्षा और शांति और समानता देखना चाहते थे। एक ऐसी राजनीति व्यवस्था की कल्पना करते थे, जिसमें प्रत्येक व्यक्ति को जीवन की आवश्यकताएँ समान रूप में उपलब्ध करायी जायेंगी। विकास के रास्ते सबके लिए समान रूप से खुले होंगे। अन्याय एवं अत्याचार शेष रहेगा। शोषण से मुक्त समाज होगा। इस प्रकार का समाज कभी स्थापित हो सकेगा या नहीं, किन्तु इसकी सुन्दर कल्पना को कौन अस्वीकार करेगा?

□□□

1. विस्तार के लिए सैयद सज्जाद ज़हीर की प्रसिद्ध पुस्तक 'रौशनाई' में प्रेमचन्द के पत्रों को देखा जा सकता है।

अध्याय : पाँच

भाषा और शैली की समस्याएँ

प्रेमचन्द की कहानियों के अध्ययन में कलात्मक, सांस्कृतिक, राजनीतिक और सामाजिक समस्याओं के साथ-साथ भाषा एवं शैली की स्थितियाँ महत्त्वपूर्ण हो जाती हैं। क्योंकि उन्होंने भाषा को व्यक्तिगत और निजी क्रिया-प्रतिक्रिया को व्यक्त करने से अधिक देश के राष्ट्रीय जीवन को प्रस्तुत करने का माध्यम माना था। प्रेमचन्द भाषा को कुछ सौन्दर्यात्मक विचारों के प्रचार तक सीमित नहीं करते थे, बल्कि उसके माध्यम से देश की समस्या का निराकरण ढूँढ़ते थे। प्रेमचन्द देश के लिए एक ऐसी राष्ट्रीय भाषा का विचार रखते थे, जिसे देश के समस्त वर्ग स्वीकार कर लें। स्पष्ट है कि उनका भाषायी सिद्धांत वही है, जिसको 'हिन्दुस्तानी' कहा गया। उनके युग में महात्मा गांधी की संरक्षता के होते हुए भी 'हिन्दुस्तानी' सर्वमान्य न हो सकी। बल्कि बाद के युग में यह सिद्धांत 'द्वि राष्ट्रीय सिद्धांत' के समान भारत और पाकिस्तान में दूसरी बार विभाजित हुआ। उचित प्रतीत होता है कि प्रेमचन्द के भाषायी सिद्धांत को देश के विस्तृत सामाजिक एवं सांस्कृतिक परिप्रेक्ष्य में रखकर देखा जाय और उनके विश्लेषण में भाषा से संबंधित इन सिद्धांतों का विस्तार एवं समालोचना की जाय, जो स्वतंत्रता आंदोलन और उसके पश्चात के जीवन में भाषायी आधार पर महत्त्वपूर्ण स्थान रखते हैं।

भाषा एवं संस्कृति

प्रेमचन्द भाषा को सभ्यता और संस्कृति के विकास से संबंधित रखते थे, जिसके विस्तार और उन्नति में मानवीय संघर्ष के रहस्य छिपे हैं, क्योंकि भाषा पर पकड़ रखने के आधार पर ही मानव, मानव हैं। भाषा के कारण मानव ने मानसिक एवं स्वाभाविक विकास प्राप्त किया है और अपने अनुभवों में दूसरों को सम्मिलित कर सका या उनके अनुभवों से स्वयं भी लाभान्वित हो सका। किन्तु भाषा के इतिहास पर दृष्टि डाली जाय, तो विश्व इतिहास का कोई युग ऐसा दिखायी नहीं देता, जब सारे भूमि के मानवों की एक भाषा रही हो या उनके मध्य विभिन्न भाषाएँ प्रचलित करने का जान-बूझकर प्रयास किया गया हो। अनुमान है कि मानव जैसे-जैसे सभ्य होता गया, उसने सामाजिक आवश्यकताओं के परिप्रेक्ष्य में विचारों को व्यक्त करने के लिए विभिन्न माध्यम अपनाये।

उसके उन्नतिशील मानसिक एवं शारीरिक आकार ने ध्वनियों के माध्यम से शनैः-शनैः इस ढंग का आविष्कार कर दिया। भाषा के इस स्वाभाविक दृष्टिकोण को स्वीकार करने के पश्चात् उसकी वह भावुक स्थिति जिसके अनुसार भाषा भी बच्चे को विरासत में मिलती हैं और वह उसे रक्त एवं पीढ़ी के अनुसार स्वीकार करता है, यह और इसी प्रकार के दूसरे भ्रमों से मुक्ति मिल जायगी, फिर मानना पड़ेगा कि प्रत्येक शिशु अपने आसपास से भाषा उसी प्रकार सीखता है, जिस प्रकार उसके पूर्वजों ने सीखा था। इस प्रकार भाषा की अलगाववादी स्थिति परिवर्तित हो जायगी, जो कभी-कभी हिंसा का कारण बनती है।

डॉ० गोविन्द चन्द्र पाण्डे का मत है—

''किसी भाषा का मानक रूप शिक्षा, अनुशासन और लेखन से ही स्थिर है, अन्यथा वह अनेक भिन्न बोलियों के रूप में मिलती है, जिसमें किसी को भी दूसरी से स्वतः अधिक प्रमाणिक नहीं माना जा सकता।''[1]

भाषा का महत्त्वपूर्ण अंग विचार होता है। यह कहना ग़लत न होगा कि यदि मनुष्य के पास व्यक्त करने के लिए कोई विचार न होता, तो उसे भाषा की आवश्यकता न होती। अपने विचार को विस्तार देने और दूसरों के विचार से लाभ प्राप्त करने के लिए कार्यरूप में भाषा का आविष्कार और विकास हुआ बल्कि विश्व साहित्य के इतिहास के अध्ययन से यह सत्य उजागर होता जाता है कि जब विचारों की अधिकता होती है, तो भाषा स्वयं विस्तृत हो जाती है। इन दोनों के संबंध सरलता से समझने के लिए भाषा को विचार का बाह्य रूप और विचार को भाषा का आन्तरिक रूप माना जा सकता है। इटालियन दार्शनिक क्रोचे का विचार है कि जिस क्षण भाषा का रूप तैयार होता है, उसी क्षण विचार पूर्णता प्राप्त करता है। यह दृष्टिकोण अर्धसत्यता पर आधारित है। प्रोफ़ेसर सैयद एहतेशाम हुसैन का विचार है—

''सत्य यह है कि जब तक शब्दों में क़ैद न कर लिया जायँ, विचार का स्पष्ट और विश्वसनीय रूप हमारे सामने नहीं आता, विचार पर पूरा अधिकार भाषा ही के माध्यम से प्राप्त किया जा सकता है। हमारा प्रतिदिन का अवलोकन है कि साधारण वार्तालाप में भी शब्द के सही और उचित प्रयोग का क्या मूल्य होता है और शब्दों के अनुचित और अनावश्यक प्रयोग से कितना भ्रम पैदा होता है, बात कहाँ-से-कहाँ पहुँच जाती है और कितनी विशृंखलता उत्पन्न हो जाती है।''[2]

इस प्रकार स्पष्ट है कि भाषा तथा विचार के परस्पर संबंध की जटिलताएँ एवं

---

1. गोविन्द चन्द्र पाण्डे : वैदिक संस्कृति पृष्ठ 37
2. सैयद एहतेशाम हुसैन : अफ़कारो-मसासल, पृष्ठ 49

अर्थ के मूलभूत संबंध से उत्पन्न होती है। यदि कलाकार की गहरी दृष्टि अर्थ को ढूँढ़ लेती है, तो कलाकार का मानसिक क्षितिज स्वयं विस्तृत हो जाता है। विश्व इतिहास में सभ्यता के विकास के साथ-साथ भाषा की उन्नति होती रहती है; जैसे आर्य जाति के सभ्यता का प्रभाव यूनानी, प्राचीन ईरानी और प्राचीन संस्कृति में सरलता से देखे जा सकते है। इस प्रकार यूनानी सभ्यता और भाषा ने यूरोप के जीवन को सुसज्जित किया, तो उसकी परम्पराएँ समस्त विश्व में फैल गयी। इसका स्पष्ट उदाहरण अंग्रेज़ी भाषा है जो विभिन्न देशों में राजनीतिक अधिग्रहण, उपनिवेशवाद और व्यापारिक संबंधों का माध्यम बनकर अमरबेल के समान विश्व चिंतन विचार पर प्रभावी हो गयी। इसे राष्ट्रीय और अन्तर्राष्ट्रीय भाषा का स्थान प्राप्त हो गया। भाषा के इस प्रकार फैलने और सभ्यता के संबंधों का विस्तार से अध्ययन किया जाय तो पता चलेगा कि इसमें विभिन्न वर्गों के मानवों की आपसी आवश्यकता, सामाजिक एवं राजनीतिक माँग और सांस्कृतिक मेल-जोल के कारण उनका संबंध गहरा होता गया। भाषा के कारण मानव मन एवं मस्तिष्क ने सभ्यता की महक का आभास किया और उसी ने विश्व के लोगों के मन को सुगंधित किया।

भाषा का तकनीकी ज्ञान किसी कलाकार को हो या न हो किन्तु इसमें संदेह नहीं कि मानव की बौद्धिक यात्रा के आरम्भ होते ही, उसका चलन उसको प्रभावित करता रहा है। यदि ऐसा न होता, तो मानव के अनुभव मात्र उसकी जाति और व्यक्तिकता तक सीमित हो गये होते। मानव जीवन का बड़ा समूह इस सभ्यता के विरासत से वंचित रह जाता। किसी भी राष्ट्रीय भाषा और सभ्यता के आपसी संबंध का अध्ययन करना हो तो उस युग का भाषायी विश्लेषण विशिष्ट परिणाम प्रदान करता है। हमारी राष्ट्रीय राजनीतिक भाषाएँ पीछे हटती गयीं। भारत के इतिहास में फ़ारसी भाषा के आधिपत्य के युग में देश की स्थानीय बोलियों ने यहाँ की सभ्यता के तत्त्वों को समेटना आरम्भ कर दिया था।

शब्द और अर्थ का संबंध

प्रेमचन्द का विचार था कि बात अर्थपूर्ण हो और भाषा सीधी-सादी।[1] इस प्रकार उन्होंने शब्द एवं अर्थ की आधारभूत समस्याओं के संबंध में अपनी कार्य-प्रणाली को स्पष्ट कर दिया था। शब्दों के अभिव्यक्ति शक्ति को अपर्याप्त मानने का उद्देश्य बरतने का अच्छा ढंग उत्पन्न करना हो, तो इससे अर्थ निषेध नहीं होता, क्योंकि शब्दों की अभिव्यक्ति शक्ति को पूर्ण मानने से भाषा को जड़ और अपरिवर्तन मानना पड़ेगा। यह संभव है कि शब्द एवं अर्थ के एक होने के विचार से मतभेद किया जाय, किन्तु शब्द और विचार के गहरे आन्तरिक संबंध से विरोध नहीं किया जा सकता, क्योंकि इसके

1. प्रेमचन्द : साहित्य का उद्देश्य, पृष्ठ 2

बिना मानव की कल्पना शक्ति सीमित हो जायगी। वह अपने अनुभवों, आभासों और विचारों एवं कल्पनाओं को दूसरों के सामने व्यक्त करने में असमर्थ हो जायगा। उसके दुःख तथा सुख में कोई दूसरा सम्मिलित नहीं हो सकेगा, बल्कि मानव और पशु के मध्य अन्तर ही समाप्त हो जायगा। मानव की सहस्त्रों वर्षों की प्राप्त की हुई सभ्यता की विरासत व्यर्थ और बेकार हो जायेगी। यथार्थ यह है कि अर्थ को अभिव्यक्ति का पर्याय मानने की प्रवृत्ति इसी राजनीतिक सोच की परछाई है, जिसमें मानव की सामूहिक शक्ति को कम करने और उसके आपसी विश्वास को घटाने और प्रकृति के विस्तार से इन्कार करके संकोचवश व्यक्तिकता की खोल चढ़ा लेने का प्रयास होता रहा है।

शब्द एवं भाषा को संचार का साधन बनाने या न बनाने की सम्भावना पर विवाद हो सकता है, क्योंकि भावना और विचारों के प्रकट करने के विभिन्न माध्यम हो सकते हैं। तर्क और मनोविज्ञान के विद्वानों ने अर्थ की महत्ता के संबंध में जो बाल की खाल निकाली है—उनके अनुसार शब्द से अर्थ और अर्थ से ध्वन्यात्मक अभिव्यक्ति का संचार सीमित हो सकता है, जिसमें अतृप्ति का आभास रचनात्मक कलाकारों को विशेष रूप से होता है, क्योंकि भाषा की वास्तविकता का अनुभव करने के पश्चात् दूसरों के अनुभवों को उसमें सम्मिलित मानना पड़ता है। भाषा और भाव को अलग-अलग भागों में विभक्त करना उचित नहीं। यह है कि प्रसार एवं संचार के बिना भावनाओं एवं आभासों का कोई रूप नहीं बन पाता है। भाव को रचना-प्रक्रिया का आवश्यक एवं महत्त्वपूर्ण तत्त्व समझना चाहिए।[1] किन्तु इस पर विचार-विमर्श करना, जितना आवश्यक है, उतना ही यह कहना कठिन है कि कलाकार अपने प्रयोग एवं अनुभूति को स्वामिक रूप देने से पूर्व आरंभिक चरण में अर्थ के माध्यम से भाषा की कल्पना करता है या रचना के अस्तित्व में आने के पश्चात् उसका अर्थपूर्ण आयाम निश्चित होता है। यह बात बड़ी सीमा तक कलाकार के निजी रचनात्मक रवैये पर आधारित है। उसके चिंतन एवं दृष्टिकोण के पहलू के अनुसार प्रसार एवं प्रचार में कमी या अधिकता होती रहती है। रचना के आधारभूत संबंध सामाजिक जीवन से बँधे होते हैं। साहित्यकार का प्रयास होता है कि वह समाज से अपनी रचना का सामाजिक संबंध स्थापित कर सके।

डॉ० हरदेव बाहरी का मत है—

''भाषा विचारों को व्यक्त करती है और विचार कल्पनाओं को, भाषास्वतः संस्कृति की प्रतीक है। यही हैवान और इंसान में, बच्चे और बूढ़े में, पढ़े-लिखे

---

1. ''कल्पना और यथार्थ की सहायता से मूल्यों, निर्णयों और उनसे संबंधित आभासों का.......प्रसार कला का उद्देश्य है। इस अर्थ में विज्ञान और कला दोनों को एक उद्देश्य के अन्तर्गत सम्मिलित किया जा सकता है।''

हाइमन और हेलन अपाडिंग : लिट्रेचर फ़ार एन एज ऑफ़ साइंस, पृष्ठ 133

और अनपढ़ आदमी में, विद्वान् और मूर्ख में और बहुत-कुछ शरीफ़ और बदमाश में पहचान कराती है। भाषा बुद्धि और मानवता का एक चमत्कार है।''[1]

इस संबंध को स्थापित करने के कार्य को मात्र शाब्दिक रूप से स्वीकार नहीं करना चाहिए क्योंकि इससे प्रसार एवं प्रचार के ढंग सीमित और असार्थक हो जायेंगे। प्रोफ़ेसर सैयद एहतेशाम हुसैन ने सही लिखा है—

''शब्द से अर्थ और अर्थ की इस ध्वन्यात्मक अभिव्यक्ति को अलग नहीं किया जा सकता और विशेष रूप से उस समय तो अलग करने की कल्पना भी नहीं की जा सकती जब इसका उद्देश्य प्रसार एवं प्रचार भी हो, इसी कारण भाषा को विचारों की अभिव्यक्ति का माध्यम माना गया है।''[2]

अर्थ का सीधा संबंध रचनात्मक कार्य से होता है। रचनात्मक कार्य की ऐसी स्थिति, जो कलाकार के अपने व्यक्तित्व को संतोष प्रदान करे अपने-आप में समन्वय रखती है क्योंकि इसको अपने व्यक्तित्व के खुरदरे पहलुओं को अनुकूल बनाने के पश्चात् उसे समुदाय और जीवन में स्वीकार्य बनाना होता है। इसकी इच्छा जनसाधारण की अपेक्षा कलाकारों और साहित्यकारों में अधिक होती है। इस खुरदरेपन और कच्चेपन को कम करने में अर्थों की शक्तियाँ सबसे अधिक सहायक होती हैं, क्योंकि वही उसकी अंकेक्षक बन जाती है। इन्हीं के माध्यम से अपने व्यक्तित्व और कार्यों के संबंध में दूसरों के विचारों का ज्ञान होता है, जिनका चोटिलपन प्रोत्साहन का रूप धारण करके प्रभावित करते रहते हैं। क्रिया एवं प्रतिक्रिया के क्रम में भाव के नये पहलुओं को उजागर करते जाते हैं। टालस्टाय ने कला को निजी स्थितियों और अनुभवों को दूसरों तक पहुँचाने का माध्यम माना है। उसका कथन है—

''कला ऐसा कार्य है जिसके माध्यम से मानव अपने भावनाओं को सम्प्रेषित करता है।''[3]

भाव के बिना उसके बाह्य एवं आन्तरिक पहलुओं का सौन्दर्य दूसरों को प्रभावित करने की योग्यता नही रखता या खो बैठता है। साहित्य मे यह परिस्थिति अधिक स्पष्ट रूप से सामने आती है क्योंकि कोई बात नहीं कह सकता। इन पाठकों की संख्या और मानक या कार्य में विरोध हो सकता है किन्तु उनके और लेखक के मध्य शब्द और भाव का संबंध बना रहता है।

मानव के सामुदायिक जीवन के कार्यों को न केवल समूहों में विभक्त करके देखा

---

1. हरदेव बाहरी : भाषा और संस्कृति, हिन्दी अनुशीलन, खण्ड 1, पृष्ठ 3
2. सैयद एहतेशाम हुसैन : अफ़कारो-मसायल, पृष्ठ 69
3. टालस्टाय : ह्वाट इज़ आर्ट, पृष्ठ 6

जाता रहा है, बल्कि उनकी प्रतिक्रिया का अध्ययन आपसी विश्लेषण के माध्यम से होता रहा है। इन दोनों समूहों में जीवन के सारे संबंधों के समान भाव के संबंध आवश्यक होते हैं क्योंकि जब कभी मानव किसी एक समूह में भाव पाता है, तो उसे दूसरे समूह की ओर आकृष्ट होने की इच्छा होती है। इससे क्रिया एवं प्रतिक्रिया का क्रम आरंभ होता है, किन्तु यदि भाव का छोर हाथ से निकल जाय, तो चिन्ता एवं आशा जन्म लेना बन्द कर देगी। जंगल में मोर नाचा तो उसे किसी ने नहीं देखा, तो क्या इसका नाचना बेकार होगा? क्या अपने नृत्य अभिव्यक्ति के लिए मोर नाचता है? समस्या यह नहीं है कि उसका नृत्य किसी ने देखा या नहीं देखा और न यही है कि उसके नाचने में सार्थकता है या यह कार्य बेकार हुआ, बल्कि समस्या यह है कि उस नृत्य की सुन्दरता में अर्थ नहीं होता तो क्या किसी मानव में उसे देखने की इच्छा होती? उत्तर निश्चित ही नकारात्मक होगा, क्योंकि अर्थ के बिना कोई प्रभाव स्थापित नहीं हो सकता। इसी प्रकार अर्थ प्रचलित सिक्का बनकर रचना का मोल-भाव करता है, उसके प्रशंसक बनाता है, उसके नये मानकों को जन्म दिलाता है। प्रेमचन्द भी यही सोचते थे, जब उन्होंने कहा—

''जिन भावों के द्वारा हम अपने को दूसरों से मिला सकते हैं, वह सत्य भाव है।''[1]

साहित्य का उद्देश्य दूसरों तक अपने विचार, उनकी प्रतिक्रिया के अनुसार अपने कार्यक्रम का बोध करना और अच्छे ढंग से अपने विचारों को व्यक्त करना है। साहित्य में अर्थ के अपरिहार्य होने का कारण यह है कि साहित्यकार के मन में विचारों, भावनाओं और अनुभूतियों का जन्म स्वतः नहीं होता। उसका मन सारे रचनात्मक कार्यों का स्रोत-केन्द्र नहीं होता, बल्कि चेतना और भावना के निर्माण में बाह्य और आन्तरिक घटनाओं के मेल एवं मिश्रण से रचना का स्रोत संचार होता है। जीवन एवं संसार की सारी स्थितियाँ इसी व्यवस्था से संबंधित हैं। इसे द्वंद्वात्मक भौतिकता का दृष्टिकोण कहा जाय या नहीं, किन्तु यह बात पूर्णतया सत्य है कि विचार आकाश से नहीं आते और न तो मानव के मन में स्वतः उत्पन्न होते हैं बल्कि इन्हें सामाजिक जीवन का संघर्ष जन्म देता है, जिसमें जनसाधारण के समान साहित्यकार भी सम्मिलित होता है। इसमें क्रिया और प्रतिक्रिया के असीमित क्रम को जारी रखने में अर्थ की महत्ता स्पष्ट हो जाती है क्योंकि वही विचार को व्यक्त करने का माध्यम होता है, जिससे सौन्दर्यबोध में कठिनाई नहीं होती बल्कि इसको व्यक्त करने में सरलता हो जाती है। अर्थ को सौन्दर्यबोध से एकाकार करने का विचार कलाकार के रचनात्मक कर्म का अंग है। सौन्दर्यशास्त्र के समस्त समूहों में अर्थ छिपा रहता है; यदि ऐसा न हो तो सौन्दर्यबोध की भावना ही उत्पन्न न हो। साहित्यकार का सौन्दर्यबोध उसकी रचना के माध्यम से दूसरों तक पहुँचता है। प्रेमचन्द के सामने

1. प्रेमचन्द : साहित्य का उद्देश्य, पृष्ठ 31

सौन्दर्यबोध का यही विचार था। एक स्थान पर लिखते हैं—

"कलाकार हममें सौन्दर्य की अनुभूति उत्पन्न करता है और प्रेम की उष्णता। उसका एक वाक्य, एक शब्द, एक संकेत, इस तरह हमारे अन्दर जा बैठता है कि हमारा अन्तःकरण प्रकाशित हो जाता है। पर जब तक कलाकार ख़ुद सौन्दर्य प्रेम से छककर मस्त न हो और उसकी आत्मा स्वयं उस ज्योति से प्रकाशित न हो, वह हमें यह प्रकाश क्योंकर दे सकता है?"[1]

साहित्यकार के एक-एक कथन, एक-एक शब्द, एक-एक संकेतों से पाठक के मन में बैठने का कार्य दूसरे शब्दों में अर्थ के प्रभाव ग्रहण करने का कार्य है। प्रेमचन्द ने इसे कलाकार के सौन्दर्य भाव से शराबोर होने का कारण माना है, क्योंकि यही उनके विचार में साहित्यकार के रचनात्मक गुणों का उच्च आदर्श हो सकता है। अर्थों की प्रभावकता में असफलता के कई कारण हो सकते हैं। विभिन्न स्वभाव का विरोध, साहित्यकार के अनुभव की निजी एवं व्यक्तिगत स्थिति, अभिव्यक्ति के माध्यमों की कमी, स्थान एवं समय का अन्तर, जीवन के विभिन्न युगों के अलग-अलग मानकों एवं मूल्यों या पहले से निश्चित अर्थ एवं वर्णन से परहेज आदि। कभी-कभी अर्थ एवं उद्देश्य के वर्णन में शब्द अक्षम होने लगता है। साहित्यकार को इनसे निपटने के लिए रूपक-अलंकार की सहायता लेनी पड़ती है, किन्तु अर्थ के बिना रचना का सारा कार्य निरर्थक एवं अतिशयोक्ति हो जायगा।

साहित्य में अर्थ को दूरदर्शिता का स्थान प्राप्त है। इसके बिना साहित्यकार एवं कलाकार प्रकाश उत्पन्न कर सकता, न किसी को प्रकाश प्रदान कर सकता है। किसी रचना में धुँधले और अस्पष्ट चिह्नों को आधार मानने, उसी को रचना की सफलता का कारण समझने और अर्थ की प्रभावकता की कमी को रचना की सफलता का प्रमाण बनाने की प्रवृत्ति के पीछे मन को अनुद्देश्य जटिलताओं में डालना हो सकता है। संसार के किसी साहित्यकार या कवि या अन्य कलाकार का उदाहरण नहीं प्रस्तुत किया जा सकता, जो अपने समकालीन विद्वानों में पूर्णरूपेण अर्थहीन हो। सम्भव है कि उसकी रचना किसी सीमित वर्ग को अपील करती रही हो या उसके कुछ पहलु जटिल या अस्पष्ट होने के कारण अभिव्यक्ति में असमर्थ हो गये हों, किन्तु उसको साहित्यकार की असफलता का कारण समझा जायगा। दूसरी भाषाओं के समान हिन्दी-उर्दू के साहित्यकारों में भ्रम के उदाहरण अधिक नहीं मिलेंगे। उनकी सफलता या असफलता रचना के ऐसे मूल्य होते हैं, जो अर्थ से एक होने का गुण रखते हैं। साहित्यकार मात्र अनुभूति कर लेने की सीमा तक सीमित नहीं है, बल्कि उसकी रचना इसी अनुभूति को व्यक्त करने का कारण होती है, जो अपने पाठकों को प्रभावित और उद्वेलित करती रहती है। प्रेमचन्द

---

1. प्रेमचन्द : साहित्य का उद्देश्य, पृष्ठ 8

कहते हैं—

''साहित्यकार वही हो सकता है, जो संसार के सुख से प्रसन्न या अप्रसन्न हो सके और दूसरों में ख़ुशी या रंज उत्पन्न कर सके, स्वयं रंज का आभास कर लेना पर्याप्त नहीं है। कलाकार में इसे व्यक्त करने की प्रतिभा होनी चाहिए।''[1]

प्रेमचन्द के विचार स्पष्ट हैं। वह रचनात्मक साहित्य में भी उपयोगिता को आवश्यक शर्त मानते थे। उनके विचार में उपभोगी साहित्य और अर्थ एवं भाव दूसरे पर आश्रित होते हैं।

शैली की विशेषताएँ

प्रेमचन्द की शैली के संबंध में हिन्दी और उर्दू समूहों में एक प्रकार का भ्रम है कि प्रेमचन्द की उर्दू और हिन्दी रचनाएँ शैली के आधार पर एक-सी हैं। कुछ परम्परागत शब्दों के प्रयोग का अन्तर है और बस, उर्दू में फ़ारसी एवं अरबी के कुछ शब्द और हिन्दी में संस्कृत औद देशी बोलियों के कुछ शब्दों का अन्तर होता है। उन्हें एक-दूसरे में परिवर्तित कर दीजिए तो फिर कोई शैलीगत अन्तर शेष नहीं रह जाता। यह विचार सरासर सुविधावादिता का परिणाम है। एक बार प्रेमचन्द भी इस भ्रम का शिकार हो गये थे और एक ही पत्रिका में अपनी हिन्दी-उर्दू कहानियाँ भेज दी थीं, जो भाषा और शैली के अनुसार भिन्न एवं अलग-अलग थीं। इस घटना के संबंध में प्रेमचन्द के एक शिष्य अशफ़ाक़ हुसैन का बयान देखिए—

''सुहैल (अलीगढ़) में प्रकाशन के लिए प्रेमचन्द जी ने अपनी दो रचनाएँ भेजी थीं, जिनमें एक तो हिन्दी में थी और दूसरी उर्दू में, इसके लिए एक महानुभाव ने प्रेमचन्द जी के विषय में बहुत उल्टी-सीधी बातें लिख डाली थीं। उनकी हिन्दी रचना में तो संस्कृत के कई शब्द थे और उर्दू रचना में इससे भी अधिक फ़ारसी शब्द थे।''[2]

यह परिस्थिति उर्दू और हिन्दी भाषाओं के अनेकानेक स्वभाव एवं चरित्र को कर देने के आधार पर उत्पन्न हुई है। यद्यपि दोनों कहानियाँ हिन्दी और उर्दू के अलग-अलग पाठकों के लिए थीं। प्रेमचन्द उर्दू और हिन्दी दोनों भाषाओं के साहित्यकार थे, जो परस्पर एक-दूसरे की अत्यन्त निकट की भाषाएँ हैं; किन्तु इनके मध्य वाक्यों की बनावट, शब्दों के चयन और साहित्यिक परम्पराओं में अन्तर परिलक्षित रहता है।

प्रेमचन्द की शैली अपनी अनेकानेक विशेषता के आधार पर एक अलग पहचान

---

1. प्रेमचन्द : साहित्य का उद्देश्य, पृष्ठ 3
2. अशफ़ाक़ हुसैन : प्रेमचन्द, मेरी निगाह में, 'हंस' स्मृति 1 मई 1937 ई०

रखती है। उर्दू गद्य के विशिष्ट शैलीकारों में मुहम्मद हुसैन 'आज़ाद', रतननाथ 'सरशार', सरसैयद और अलताफ़ हुसैन 'हाली' के समान प्रेमचन्द ने भी अपने समकालीन और पश्चात् के लेखकों को प्रभावित किया। हिन्दी में उनसे एक नवीन शैलीगत विचारधारा का सूत्रपात्र होता है, जो अपनी विशेषता के आधार पर 'प्रेमचन्दीय शैली' कहलाती है। इस शैली अध्ययन में प्रेमचन्द के 4 मार्च, 1914 ई० के इस पत्र को ध्यान में रखा जाना चाहिए, जिसमें उन्होंने मुंशी दयानारायण निगम को लिखा था—

''मुझे अभी तक यह इत्मिनान नहीं हुआ कि कौन-सा तर्ज तहरीर अख़्तियार करूँ, कभी बंकिम की नक़ल करता हूँ, कभी आजाद के पीछे चलता हूँ। आजकल कांट, टालस्टाय के किस्से पढ़ चुका हूँ, तब से उसी रंग की तरफ़ तबीयत मायल है। यह अपनी कमज़ोरी है और क्या''[1]

दूसरे पत्र में 3 जून, 1932 ई० में बनारसीदास चतुर्वेदी को लिखा था—

''मेरे ऊपर किसी लेखक की शैली का प्रभाव नहीं पड़ा, बहुत कुछ पंडित रतननाथ दर लखनवी और कुछ रवीन्द्रनाथ ठाकुर का असर पड़ा है।''[2]

इन दोनों पत्रों में बाह्य रूप से दो विरोधाभास वर्णन दिये गये हैं। प्रथम में बंकिम, आज़ाद और टालस्टाय से प्रभावित होने का उल्लेख है और अन्तिम में एकदम 'किसी दूसरे लेखक' से प्रभावित होने को अस्वीकार किया गया है, किन्तु किसी सीमा तक 'सरशार' और टैगोर के प्रभावों को स्वीकार किया है। इसमें संदेह नहीं कि 1909 ई० तक की कहानियों में भाषा बड़ी अटपटी है। उनकी प्रारंभिक कहानियों पर उर्दू दास्तानों का प्रभाव है। जिसके आधार पर डॉ० नामवर सिंह ने प्रेमचंद के 'क़िस्सागो' होने को उनका गुण माना है कि उनकी अधिकांश कहानियाँ हज़ारों की मजमे में ठाठ से सुनायी जा सकती है।[3] इसमें 'सरशार' की तरह वाक्य विन्यासकला और रोचक वर्णन शैली की ध्वनि और आज़ाद की आलंकारिकता, आकर्षण, प्रभावकता और उपमा या और रूपकों की धुलावट है। टालस्टाय के आध्यात्मिक प्रभाव ने आत्मिक एवं धार्मिक प्रवृत्तियों से प्रभावित भाषा की ओर मोड़ दिया था, जिसका स्वच्छंदतावादी ढंग प्रेमचन्द की लेखनी में अन्त तक विद्यमान रहा। बाद की रचनाओं में धरती से प्रेम, देहात के वातावरण का चित्रण, प्रेम एवं समन्वय में टैगोर के प्रभाव झलकते हैं; यही शैली उस युग में प्रचलित थी। इसमें प्रेमचन्द ने असाधारण शक्ति का प्रमाण दिया था। परिणामस्वरूप लोगों ने उन्हें 'निगार-क़लम' कहना प्रारम्भ कर दिया था। प्रेमचन्द के मित्र प्रोफ़ेसर

---

1. प्रेमचन्द : चिट्ठी पत्री, खण्ड 1, पृष्ठ 29
2. वही, पृष्ठ 76
3. नामवर सिंह : कहानी नयी कहानी, पृष्ठ 96

'फ़िराक़' गोरखपुरी का विचार देखिए—

''जादूनिगार-क़लम की उपाधि प्रेमचन्द के लिए कुछ अधिक उचित नहीं। समय यह है कि उनके प्रत्येक पृष्ठ में भारतीय सभ्यता के पुनर्जागरण के पहले पगों की चाप सुनायी देती है। उनकी पुस्तकों में सामूहिक जीवन के समस्त अमर, निश्चित एवं ठोस प्रभावों में नयी जान पड़ गयी। भारत की प्राचीन ऐतिहासिक संस्कृति और उसकी विद्रोहात्मक जागरण की यह प्रथम धीमी करवटें थीं, जो उनके क़लम से कहानियों के रूप में प्रकट हुईं।''[1]

प्रेमचन्द की रचनाओं में शैली की विविधता पाठक को वशीभूत कर लेती है, जिसकी धीमी आँच, नरमी, धुलावट और अपनेपन की स्थितियाँ उसे आसक्त कर लेती हैं। भारतीय सभ्यता एवं स्वभाव का यही पहलू टैगोर, बंकिम और शरच्चन्द्र की लेखनी में भी लक्षित होता है। अनेक अवसरों पर लेखनी का क्षणिक स्पर्श पाठक को प्रभावों के पाताल में उतार देता है। प्रेमचन्द की रचनाओं में भारतभूमि की गंध का आभास होता है। वातावरण में कला की गहराइयाँ अमर प्रभाव स्थापित करती हैं। उन्होंने गाँव के जीवन के अनेक पहलुओं को उजागर करने में महत्त्वपूर्ण सफलता प्राप्त की है। 'बाँका जमींदार' का एक दृश्य देखिए—

''अषाढ़ का महीना था, किसान गहने और बर्तन बेच-बेचकर बैलों की तलाश में दर-ब-दर फिरते थे। गाँव की बूढ़ी बनियाइन नवेली दुल्हन बनी हुई थी और फ़ाक़ा करनेवाला कुम्हार बारात का दूल्हा था। मज़दूर मौके के बादशाह बने हुए थे। टपकती हुई छतें उनकी कृपा-दृष्टि की राह देख रही थीं। घास से ढके हुए खेत उसके मातमपूर्ण हाथों के मुहताज; जिसे चाहते थे बसाते थे, जिसे चाहते थे उजाड़ते थे। आम और जामुन के वृक्षों पर आठों पहर निशानेबाज़ मनचले लड़कों का धोखा रहता था। बूढ़े गर्दनों में झोलियाँ लटकाये पहर रात से पटके की खोज में घूमते नज़र आते थे, जो बुढ़ापे के बावजूद भोजन और जाप से ज़्यादा दिलचस्प और मज़ेदार काम था। नाले-पुराशोर, नदियाँ अथाह, चारों ओर हरियाली और ख़ुशहाली।''

एक दूसरा दृश्य 'ख़ून सफ़ेद' का है—

''चैत का महीना था, लेकिन वे खलिहान, जहाँ अनाज की ढेरियाँ लगी रहती थीं, पशुओं के शरण-स्थल बने हुए थे, जहाँ घरों से फाग और बसन्त की अलाप सुनायी पड़ती, वहाँ आज भाग्य का रोना था। सारा चौमासा बीत गया, पानी की एक बूँद न गिरी। जेठ में एक बार मूसलधार वर्षा हुई थी, किसान फूले न समाये, ख़रीफ़ की फ़सल बो दी, लेकिन इन्द्रदेव ने अपना सर्वस्व शायद एक

---

1. 'फ़िराक़' गोरखपुरी : प्रेमचन्द, बहैसियते एक इन्सान और मुसन्निफ़, 'ज़माना' प्रेमचन्द, नवम्बर 1937 ई०

बार ही लुटा दिया था। पौधे उगे, बढ़े और फिर सूख गये। गोचर भूमि में घास न जमी।''

इस प्रकार अनेक उदाहरण प्रेमचन्द की कहानियों से प्रस्तुत किये जा सकते हैं। प्रेमचन्द की शैली की आन्तरिक सम्भावनाएँ अनेक और भिन्न हैं। उनमें रचाव, गहराई और नवीनता दृष्टिगत होती है। इसी आधार पर उन्हें अपने किसी पूर्ववर्ती लेखक का अनुयायी नहीं कहा जा सकता, बल्कि उस युग की कहानी की भाषा, जो दास्तानों के चित्रण से प्रभावित थी—एक आधुनिक युग की भाषा में ढलती दिखायी देती है। यद्यपि यह दावा नहीं किया जा सकता कि प्रेमचन्द ने भाषा और वर्णन शैली की आधुनिक परम्पराओं की नींव रखी, किन्तु इसे भी अस्वीकार नहीं किया जा सकता कि उनकी भाषा अनेक आन्तरिक और भावात्मक स्तर रखती है। जो उनके समकालीनों और पूर्ववर्तियों में किसी उर्दू या हिन्दी लेखक के यहाँ दिखायी नहीं देती। प्रेमचन्द की भाषा की यह विशेषता उनकी जनसाधारण प्रवृत्ति की प्रदान की हुई है। उन्होंने बन्द कक्ष में शब्दकोश की सहायता से भाषा गढ़ने के बजाय जीते-जागते मानवों, किसान एवं श्रमिक, वकील और मुवक्किल, शिष्यों एवं गुरुओं से शब्द प्राप्त किये। उन्हें अपने अनुभव की खराद पर चढ़ाकर धारदार बना दिया और बड़ी कुशलता से प्रयोग किया। उनकी भाषा अपने अनुभूति से शक्ति एवं गति प्राप्त करती है। संभव है कि कुछ शास्त्रीय एवं पारिभाषिक विषयों के लिए ऐसी भाषा उपयुक्त न हो सकती हो, किन्तु इसकी साहित्यिक एवं रचनात्मक शक्ति कई पीढ़ियों पर अपना सिक्का जमा चुकी है। प्रेमचन्द ने इसी भाषा को गहनबोध एवं आन्तरिक अनुभवों के व्यक्त करने का माध्यम बनाया।

प्रेमचन्द ने आर्थिक एवं बौद्धिक अनुभूतियों को व्यक्त करने के लिए अपनी कहानियों में कभी-कभी उपमा और प्रतीकात्मक ढंग अपनाया है। उनकी शैली की यह विशेषता उनके पूर्ववर्तियों से एकदम भिन्न है। इसे आधुनिक साहित्यिक भाषा की पृष्ठभूमि कहा जा सकता है, क्योंकि प्रेमचन्द से आधुनिक साहित्यिक भाषा के निर्माण का क्रम प्रारम्भ होता है। प्रेमचन्द की प्रतीकात्मक एवं उपमेय भाषा भ्रम एवं संचय में गिरफ़्तार नहीं होती। उससे अभिव्यक्ति की शक्ति में वृद्धि होती है। कुछ उदाहरण निम्नलिखित हैं—

> **''पर उसके मन की कुछ ऐसी दशा थी, जो बाजे की आवाज़ कान में पड़ते ही, उपदेश सुननेवालों की होती है। आँखें चाहे उपदेशक की ओर हों, पर कान बाजे ही की ओर होते हैं।''**

('मंत्र')

> **''पारस को छूकर लोहा सोना हो जाता है, पारस लोहा नहीं होता।''**

('मंदिर')

''सुभद्रा ने सिर उठाकर देखा, तो ऐसा जान पड़ा, मानो किसी कवि की कोमल कल्पना मूर्तिमती हो गयी है। उसकी रूप छवि अनिंध थी। प्रेम की विभूति रोम-रोम से प्रदर्शित हो रही थी।''

('सुहाग का शव')

''शाम होते-होते उसके हृदय पर एक शांति-सी छा गयी। उसके अन्दर एक ताकत पैदा हुई, जिसे मजबूरी की ताकत कह सकते हैं। चिड़िया उस वक्त तक फड़फड़ाती रही, जब तक उड़ निकलने की उम्मीद थी। उसके बाद वह बहेलिये के पंजे और कसाई के छूरे के लिए तैयार हो गयी।''

('क़ातिल')

''उसने सिरकी के द्वार से झाँका। भोंदू न था, केवल उसका गधा चला आ रहा था।

बंटी उस अभागे गधे को देखकर ऐसी प्रसन्न हुई, मानो अपना भाई नैहर से बतासों की पोटली लिये थका-मांदा चला आता हो।''

('प्रेम का उदय')

ये उदाहरण मानवीय विवेक, अनूभूति के विभिन्न स्वर प्रस्तुत करते हैं। इन्हें विवरणात्मक शैली का सबसे अच्छा नमूना माना जा सकता है। प्रेमचन्द की भाषा के जौहर विवरणात्मक शैली में खुलता है। उनकी रचनाओं में उदाहरणात्मक एवं प्रतीकात्मक शैली, भ्रम और उलझाव से अलग सरलता एवं कलाकारिता का सबसे अच्छा उदाहरण है, जिससे वक्तव्य में सार्थकता के स्तर उच्चता प्राप्त करते हैं और प्रभावकता अत्यधिक बढ़ जाती है। उपमाओं एवं प्रतीकों का प्रयोग स्वाभाविक होता है, इससे कहानी का प्रारूप प्रभावित होता है।

प्रतीकात्मक और उपमात्मक शैली का व्यापक पहलू जो भाषा को उपमा और रूपक से सजाता है। प्रेमचन्द की कहानियों में अनेक स्थलों पर दीख पड़ता है। प्रेमचन्द ने शैली के नये स्तर ढूँढ़ करके अपनी रचनाओं को अलोक प्रिय होने से बचा लिया। उपमा एवं रूपक की परिपाटी उर्दू को फ़ारसी एवं अरबी से प्राप्त हुई थीं तथा हिन्दी को संस्कृत से, जो शनैः-शनैः इन भाषाओं के स्वभाव में प्रविष्ट हो चुकी थी। इसके माध्यम से भावनात्मक यथार्थता का बिम्ब, अवचेतन की गहराइयों तक पहुँचे और कलाकार की दूरदर्शिता स्पंदित करती हुई अनुभव की जा सकती है। इसके अतिरिक्त सृजनात्मक आधुनिकता का द्योतक बनाया जा सकता था। प्रेमचन्द ने उपमा एवं रूपक से वही रचनात्मक एवं कलात्मक काम लिये, जो गजल का कवि अपने अर्थ एवं उद्देश्य

का वर्णन करने में लेता है; अर्थात् बहुत सारी बातों में समेटकर थोड़े से शब्दों में कह देना। उपमा एवं रूपक मानवों के विभिन्न प्रभावों के प्रतीक बन गये हैं। उनसे वर्णन में अनेक पहलू स्पष्ट हो जाते हैं। इस प्रकार के उदाहरण उनकी कहानियों में बिखरे पड़े हैं जिसमें कुछ का उल्लेख नीचे किया जाता है—

''सिपाही को अपनी लाल पगड़ी पर, सुन्दरी को अपने गहनों पर और वैद्य को अपने सामने बैठे हुए रोगियों पर जो घमंड होता है, वही किसान को अपने लहलहाते खेतों को देखकर होता है।''

('मुक्ति का मार्ग')

''मासिक वेतन तो पूर्णमासी का चाँद है, जो एक दिन दिखायी देता है और घटते-घटते लुप्त हो जाता है। ऊपरी आय बहता हुआ स्त्रोत है, जिससे सदैव प्यास बुझती है। वेतन मनुष्य देता है, इसी से उसमें वृद्धि नहीं होती। ऊपरी आमदनी ईश्वर देता है, इसी से उसकी बरक्कत होती है।''

('नमक का दरोगा')

''डॉक्टर चड्ढा ने ख़ूब यश और धन कमाया।''

('मंत्र')

''मिस पद्मा हुस्न में इंदिरा से जुदा हैं; उसके हुस्न में रोब, तमकनत, मलाहत एवं कशिश है। इंदिरा के हुस्न, नज़ाकत और इन्किसार। एक चमेली का फूल है, सादा और नाज़ुक, उसका हुस्न उसकी सादगी और नज़ाकत में है। दूसरा सूरजमुखी है, ख़ुशरंग और नज़रफ़्रेब।''

('वफ़ा की देवी')

''रघु खाने बैठा तो कौर विष के घूँट-सा लगता था। जान पड़ता था रोटियाँ भूंसी की हैं। दाल पानी-सी लगती थी। पानी कंठ के नीचे न उतरता था, दूध की तरफ़ देखा तक नहीं। दो-चार ग्रास खाकर उठ आया, जैसे किसी प्रियजन के श्राद्ध का भोजन हो।''

('अलग्योझा')

''वायुमंडल में मेघराज की सेनाएँ उमड़ रही थीं। ओरछे के किले से बुंदेलों की एक काली घटा उठी और वेग के साथ चम्बल की तरफ़ चली।''

('रानी सारंधा')

''सेमल की लालिमा एवं कचनार की लदी पुष्पमाला

अपनी यौवन छटा दिखलाने लगी। मकोय के फल महके। गरमी का प्रारम्भ हुआ। प्रातःकाल समीर के झोंके, दोपहर की लू, जलती हुई लपट। डालियाँ फूलों से लदी। फिर वह समय आया कि जब न दिन को सुख था और न रात को नींद।''

('विस्मृति')

प्रेमचन्द की कहानियों में मुहावरे भी अत्यधिक दीख पड़ते हैं। इनके प्रयोग के ढंग परम्परागत हैं। मुहावरों की विशेषताओं के विषय में डॉ0 हरदेव बाहरी ने स्पष्ट किया है—

''मुहावरे बँधे-बँधाये रूप होते हैं उनमें कोई फेर नहीं चाहिए।''[1]

प्रेमचन्द के मुहावरे अपने पूर्ववर्तियों से इस सीमा तक भिन्न माने जा सकते हैं कि उन्होंने उसके स्तर को जनसामान्य की ओर मोड़ा;[2] उदाहरणस्वरूप—

''रघु ने ठंडी साँस खींचकर कहा— मुलिया घाव पर नमक न छिड़क। तेरे कारन ही मेरी पीठ में धूल लग रही है।''

('अलग्योझा')

''रुक्मिनी तिनककर बोली–गहने बनवाती हूँ, तो तुम्हारी छाती क्यों फटती है? तुमने तो पीतल का छल्ला भी नहीं बनवाया।''

('अग्नि समाधि')

''आये दिन की कलह से जीवन को नष्ट करने की अपेक्षा यही उत्तम है कि अपनी खिचड़ी अलग पकायी जाय।''

('बड़े घर की बेटी')

''सुबह बड़ा इन्तेज़ार के बाद आयी तो प्रलय बनकर आयी।''

('बाँका ज़मींदार')

''शास्त्री जी ने पैंतरे बदलकर कहा–मार लिया आज! ऐसा ताककर मारा कि चारों खाने चित्त। सारे घर का नेवता।''

('निमंत्रण')

''यह ठाट देखकर तो वह अवश्य ही समझेंगी कि अब

---

1. हरदेव बाहरी : शुद्ध हिन्दी, पृष्ठ 125
2. गंगाप्रसाद विमल : प्रेमचन्द, पृष्ठ 42

इसका सितारा चमक उठा है, ज़रूर कहीं-न-कहीं से माल मार लाया है।''

('माँगे की घड़ी')

''अपने प्यारे का भूत भी प्यारा होता है।''

('ख़ुदी')

प्रेमचन्द अपनी भाषा को बाह्य गुणों से सजाते हैं, तो इस रूप में भी विचारशीलता में कमी नहीं आती। उन्होंने अलंकारों का प्रयोग, उपमाओं और रूपकों और उक्तियों एवं मुहावरों को इतने अच्छे ढंग से प्रयुक्त किया है कि उनसे अभिव्यक्ति एवं सम्प्रेषण की शक्ति में वृद्धि होती है। प्रेमचन्द की रचना-प्रक्रिया व्यंग्य एवं संकेतों से भरी होती है। उसमें काव्यदृष्टि एवं सहजता के साथ-साथ एक प्रकार का चुटीलापन होता है जो पाठक के मन एवं मस्तिष्क पर प्रहार करता रहता है। प्रेमचन्द की शैली में रहस्यवादिता, अभिव्यक्ति में सुगमता, धुलावट एवं सम्मोहन की स्थितियाँ समान रूप में दीख पड़ती हैं, परन्तु जब उनमें व्यंग्यात्मकता का पुट सम्मिलित होता है तो शैली एक अनोखा रूप प्रस्तुत करती है। प्रेमचन्द के व्यंग्य में गहरी सहानुभूति, प्रेम और अपनापन की परिस्थितयाँ होती हैं इसलिए उसका प्रभाव व्यापक और स्थायी होता है।

इस शैली का एक पहलू काव्यात्मक वर्णन शैली में मिलता है जिसको प्रेमचन्द के अपनी कई कहानियों में प्रयोग किया है; उदाहरणार्थ—

''आज प्रसन्नता से उसका एक-एक अंग मुस्करा रहा था और हृदय सीने के भीतर फूला नहीं समाता था।''

('रानी सारंधा')

''लोगों के विश्वास उसी नदी की तरह उमड़े हुए थे और वह नदी! वह लहलहाता हुआ नीला मैदान! वह प्यासों की प्यास बुझानेवाली! वह निराशों की आशा, वह वरदानों की देवी! वह पवित्रता का स्रोत! वह मुट्ठी भर खाक को आश्रय देनेवाली गंगा हँसती, मुस्कराती और उछलती थी।''

('सिर्फ़ एक आवाज़')

''मेरी उठती जवानी थी, जब मेरा दिल दर्द मज़े से परिचित हुआ। कुछ दिनों तक शायरी का अभ्यास करता रहा और धीरे-धीरे इस शौक़ ने तल्लीनता का रूप ले लिया।''

('अमृत')

प्रेमचन्द की शैली की सबसे बड़ी विशेषता उसका बंधनमुक्त होना है, जो पाठक को उन्हीं के समान सोचने और समझने पर विवश कर देता है। वह जिस वातावरण या

चरित्र का चित्रण करते हैं। उसके अनुकूल शब्द, मुहावरे और विन्यास का चुनाव करते हैं। इससे उनके वर्णन में वैविध्य और रंगारंगी उत्पन्न हो जाती है, ऐसे कोण उजागर हो जाते हैं, जो अछूते और नये जान पड़ते हैं। स्थानीय बोलियों से प्रभावित भाषा लिखना भी इसी प्रकार का प्रयास कहा जा सकता है। प्रेमचन्द ने गाँव के अनपढ़ किसानों और श्रमिकों, नारियों और पुरुषों आदि के ढंग में उनकी स्वाभाविकता यथावत् रखने के लिए ध्वन्यात्मक प्रभाव पर विशेष ध्यान दिया है। उनके गँवार शैली को असली रूप में प्रस्तुत किया है। संवादों में वर्णन की विविधता उत्पन्न हो गयी है। 'अलग्योझा' की मुलिया अपने पति से कहती है—

''जब वह मानता ही नहीं, तब तुम क्या करोगे? भगवान् की यही मरजी होगी, तो कोई क्या करेगा? प्रारब्ध में जितने दिन एक साथ रहना लिखा था, उतने दिन रहे। अब उसकी यही मरजी है, तो यही सही। ''

एक और कहानी 'मंत्र' में संवाद की यही विशेषता अधिक उजागर है—

''भगत ने चौंककर कहा—चड्ढा बाबू के लड़के को! वही चड्ढा बाबू हैं न, जो छावनी में जंगल में रहते हैं।

हाँ हाँ वही। शहर में हल्ला मचा हुआ है, जाते हो तो जाओ, आदमी बन जाओगे?

बूढ़े ने कठोर भाव से सिर हिलाकर कहा—मैं नहीं जाता! मेरी बला जाय। वही चड्ढा है। खूब जानता हूँ। भैया को लेकर उन्हीं के पास गया था।''

'उपदेश' के इस संवाद में उत्तरी भारत के पूर्वी क्षेत्र की बोली का प्रभाव अधिक स्पष्ट है—

''देवी मुखिया बोला- मुख्तार साहब, हमका चाहे काट डारो मुदा हम एक कौड़ी न देबै। थाना, कचहरी जहाँ कहो चले के तैयार हुई। ई सुन के मुख्तार साहब लाल हुई गयेन।''

प्रेमचन्द की कहानियों में भारतीय स्वभाव एवं चरित्र की विभिन्न अब स्थितियों के अतिरिक्त स्थानीय बोलियों के असंख्य शब्द प्रस्तुत किये गये हैं, जो पूर्व की साहित्यिक भाषा में सामान्यतः दिखायी नहीं पड़ते, तो प्रेमचन्द की हिन्दी कहानियों में उर्दू शब्द, मुहावरों की संख्या अत्यधिक है, बल्कि कभी-कभी उनसे कहानी का रचनात्मक जौहर भी प्रभावित होता है।

□□□

अध्याय : छह

मूल तथ्य

प्रेमचन्द की कहानियों के संबंध में मूल तथ्यों से जानकारी के बिना सही निष्कर्ष प्राप्त करने में त्रुटि की अत्यधिक संभावना रहती है, क्योंकि साहित्यिक आलोचना साहित्यिक रचना के संबंध में सही राय स्थापित करने में साहित्यिक शोध एवं अन्वेषण सहायक होता है। यदि शोध के माध्यम से उसके रचनाकार साहित्यिक रचना के पाठ, उनके समय एवं स्थान आदि का सही रूप से ज्ञान न हो तो साहित्यिक समालोचना में निकाले गये परिणाम में त्रुटि की सम्भावना बढ़ जाती है। अधिक संभव है कि हम किसी रचना को किसी विशिष्ट लेखक से संबंधित करके अध्ययन कर रहे हों और वह उसकी रचना ही न हो या उसका पाठ संदेहास्पद हो। पाठ में कोई भाग आरोपित अथवा फर्जी हो या उस समय और स्थान से संबंध न रखता हो, जिस पर हमारा विश्लेषण एवं अध्ययन आधारित हो। इस स्थिति में हमारे निष्कर्ष में त्रुटि की सम्भावना बढ़ जायेगी और उसको वह सर्वमान्य नहीं हो सकेगा।

आधुनिक पाठालोचन से स्ट्रक्चरल समालोचना तक हमारी समालोचना किसी भी स्तर पर पाठ के महत्त्व और उसकी शुद्धता एवं प्रामाणिकता से विरक्त नहीं हुई है, बल्कि उनका आधार एवं सिद्धांत शुद्ध पाठ का आधार है। मेट्रिस हाक के शब्दों में कहा जाय तो आधुनिक समालोचना, जटिलता, तुलना एवं समायोजन और तनाव की रसिया है। इसलिए कहा जा सकता है कि यह आलोचनात्मक ढंग बुर्ज़ुआ वर्ग की विशेषता को सहायता देने के लिए है, क्योंकि बुर्ज़ुआ वर्ग एक निश्चित और केन्द्रित अपरिवर्तित यथार्थ का पक्षधर था। वह इसलिए कि यह गुण दृढ़, नियमानुकूल और प्रत्यक्ष कार्य को नीचा दिखाती है। यद्यपि आधुनिक समालोचना ऐसे संदर्भित आलोचना के विरुद्ध है, जो रचना के प्रसंग एवं संदर्भ से बाहर की वस्तु हो, किन्तु यह समालोचना प्रसंग एवं संदर्भ को निश्चित करने में संकुचित दृष्टि से काम लेती है। बार्थ के अनुसार आधुनिक समालोचना के जो मानव के नैतिक गुणों, मनोवैज्ञानिक एवं सामाजिक अस्तित्व के संबंध में होते हैं; सम्भवतः वह सब-के-सब सुरुचि और अनुभूति में समाविष्ट होते हैं। यद्यपि वस्तुनिष्ठ और कभी न परिवर्तित होनेवाले मानवीय गुण हों, जो ऐतिहासिक और आर्थिक दबाव से एकदम स्वतंत्र हो।[1]

---

1. मैट्रिस हाक : साख्तियात और निशानियात, पृष्ठ 155, 'सदीर' कराची, अगस्त, 1993

प्रेमचन्द की कहानियाँ बुर्ज़ुआ वर्ग को सहायता देने के बजाय उसकी नींव को ध्वस्त करती हैं। इनकी कहानियों में दृढ़, नियमानुकूल और प्रत्यक्ष कार्य से मानवीय नैतिकता, मनोविज्ञान और ऐतिहासिकता के चिह्न स्पष्ट होते हैं जिनका उल्लेख गत पृष्ठों में किया जा चुका है। हमारे विचार में प्रेमचन्द की कहानियों में वस्तुनिष्ठ विश्लेषण के लिए आवश्यक है कि उनके संबंध में आवश्यक एवं महत्त्वपूर्ण आधारभूत यथार्थ को जान लिया जाय। सौभाग्य से प्रेमचन्द के साहित्य के विभिन्न एवं अनेक पहलुओं पर अनेक दिशाओं से प्रकाश डाला जा चुका है। प्रेमचन्द के जीवन और उपलब्धियों पर आधारित सैकड़ों शोधग्रंथ लिखे जा चुके हैं।

प्रेमचन्द की कहानियों पर अनेक शोध कार्य हुए हैं, किन्तु खेद है कि प्रेमचन्द की कहानियो से संबंधित समस्त तथ्यों की छान पटक नहीं हुई है। समालोचक ने प्रेमचन्द के अपने वक्तव्य पर अधिक भरोसा किया है और प्रेमचन्द के तथ्यों के वर्णन में लापरवाही से काम लिया है, भला लेखक का वर्णन भी गलत हो सकता है! हमारे समालोचकों और शोधकर्ताओं के भ्रम एवं अनुमान में नहीं था; अतः प्रेमचन्द के वर्णित तथ्य शोध के बिना किसी परेशानी के स्वीकार कर लिये गये।

कहानियों की संख्या

प्रेमचन्द की कहानियों की सही संख्या निश्चित करने में अनेक एवं विभिन्न वक्तव्य प्रस्तुत किये जाते रहे हैं, जिनका शीर्ष प्रेमचन्द का अपना वक्तव्य है, जो प्रेमचन्द के पत्र दिनांक 26 दिसम्बर, 1934 में डॉ० इन्द्रनाथ मदान के प्रश्नों के उत्तर में है, देखिए—

"मेरी कहानियों की कुल संख्या लगभग ढाई सौ है। अप्रकाशित कहानियाँ मेरे पास एक भी नहीं हैं।"[1]

आचार्य नन्ददुलारे वाजपेयी ने इस पर कल्पना के आधार कली-फुन्दे टाँक दिये कि प्रेमचन्द के इस वक्तव्य के पश्चात 'पचास कहानियाँ' और लिखी होंगी। उर्दू में सौ कहानियाँ ऐसी होंगी, जिनसे हिन्दीवाले परिचित न हों। इसलिए यह विचार प्रस्तुत हुआ—

प्रेमचन्द जी की (हिन्दी) कहानियों की संख्या 300 (तीन सौ) के लगभग है; इसके अलावा उनकी उर्दू कहानियों की संख्या भी 100 (सौ) के ऊपर हैं।"[2]

---

1. प्रेमचन्द : चिट्ठी पत्री, जि०-2, पृष्ठ 236
2. नन्ददुलारे वाजपेयी : प्रेमचन्द साहित्यिक विवेचन, पृष्ठ 551

अर्थात् प्रेमचन्द की कहानियों की पूर्ण संख्या 400 (चार सौ) से अधिक निश्चित कर दी।

डॉ० देवराज उपाध्याय ने बिना शोध के आचार्य नन्ददुलारे वाजपेयी का कथन दुहाराया दिया—

"प्रेमचन्द के नाते लगभग 400 (चार सौ) कहानियाँ हिन्दी साहित्य को प्राप्त हुईं।"[1]

डॉ० जतीन्द्र पाठक ने भी आचार्य बाजपेयी का कथन दुहराया—

"प्रेमचन्द ने लगभग चार सौ (400) कहानियाँ लिखीं।"[2]

डॉ० इन्द्रनाथ मदान ने प्रेमचन्द से प्राप्त सूचना को दुहरा दिया। न किसी अन्य माध्यम से उसकी पुष्टि की, न इस पर ध्यान दिया कि प्रेमचन्द ने 1934 ई० के पश्चात् भी "**कहानियाँ लिखीं और प्रकाशित कीं।**" प्रेमचन्द के वक्तव्य तक सीमित रहे—

"250 (दो सौ पचास) के लगभग कहानियाँ लिखीं।"[3]

डॉ० रामरतन भटनागर ने डॉ० इन्द्रनाथ मदान का वक्तव्य दूहरा दिया—

"प्रेमचन्द ने हिन्दी साहित्य को 250 (ढाई सौ) कहानियाँ दी हैं।"[4]

डॉ० केदारनाथ अग्रवाल ने प्रेमचन्द द्वारा वर्णित संख्या लिख दी—

"कहा जाता है कि उन्होंने लगभग 250 (दो सौ पचास) कहानियाँ लिखीं हैं।"[5]

डॉ० लक्ष्मीनारायण लाल ने प्रेमचन्द की कहानियों पर ही शोध कार्य किया है। उनका विचार है—

"गिनने पर उनकी कुल उर्दू कहानियाँ 178 (एक सौ अठहत्तर) हैं।"[6]

उपर्युक्त विभिन्न एवं विविध वक्तव्यों के प्रकाश में प्रेमचन्द की कहानियों की सही संख्या को निश्चित करना कठिन ही नहीं असम्भव प्रतीत होता है। सम्भवतः शोधकर्ताओं

---

1. देवराज उपाध्याय : आधुनिक हिन्दी कथा साहित्य और मनोविज्ञान, पृष्ठ 182
2. जतीन्द्र पाठक : कथाकार प्रेमचन्द, पृष्ठ 36
3. इन्द्रनाथ मदान : प्रेमचन्द एक विवेचन, पृष्ठ 138
4. रामरतन भटनागर : प्रेमचन्द, पृष्ठ 217
5. केदारनाथ अग्रवाल : प्रेमचन्द की कहानियाँ, प्रेमचन्द और गोर्की, पृष्ठ 229
6. लक्ष्मीनारायण लाल : हिन्दी कहानियों की शिल्प विधि का विकास, पृष्ठ 517

ने बिना खोज एवं विश्लेषण के सिर्फ़ प्रेमचन्द के वक्तव्य पर भरोसा करके उनके बयान को दुहरा दिया है।

प्रेमचन्द के साहित्यिक जीवन का प्रारम्भ और उनकी प्रथम कहानी के प्रकाशन का निश्चय करने में स्वयं उन्हीं के विभिन्न वक्तव्य रुकावट बनते हैं। फिर हमारे शोधकर्ताओं के विचार में कि प्रेमचन्द की कहानियों से संबंधित मूल तथ्यों का पता लगाना अमहत्त्वपूर्ण समझा गया है। प्रेमचन्द की कहानियों पर सहस्रों शोधग्रंथों की उपस्थिति में अभी तक उनकी कहानियों की सम्यक् संख्या, हिन्दी-उर्दू में उनके नामों और प्रथम प्रकाशन की तिथि और स्थान मालूम करने का कोई विशेष प्रयास नहीं किया गया। इसको प्रेमचन्द पर शोधकार्य करनेवालों की सुविधावादिता के सिवा क्या कहा जायगा? इस प्रकार का कार्य विशेष कठिनाई एवं परिश्रम की माँग करती है, जिसमें पुस्तकालयों की खाक फाँकने और दीमक लगी पत्रिकाएँ और समाचार-पत्रों के धूल एवं मिट्टी साफ़ करने का कार्य भी अप्रत्यक्ष रूप से सम्मिलित हो जाता है।

हिन्दी में प्रेमचन्द के कार्यों पर विभिन्न कोणों से बराबर लिखा जा रहा है, किन्तु दुर्भाग्य से हिन्दी शोधकर्ताओं की नयी पीढ़ी उर्दू भाषा और लिपि से अपरिचित है। इसलिए उर्दू स्रोतों का अध्ययन-विश्लेषण करने से वंचित रह जाती है। यद्यपि उर्दू और हिन्दी दोनों से पूरी तरह जानकारी के बिना प्रेमचन्द पर ईमानदारी से कुछ लिखना सम्भव नहीं है। उनकी असमर्थता दूसरों के द्वारा दिये गये तथ्य को स्वतः सत्य स्वीकार करने पर बाध्य करती है। इस प्रकार मूल तथ्य में त्रुटियों की पुनरावृत्ति प्रारम्भ हो जाती है। उर्दू में प्रेमचन्द पर शोध ग्रंथों के तैयार करनेवालों पर हिन्दी से अपरिचित होने का दोष नहीं रखा जा सकता, किन्तु इसमें संदेह नहीं कि वहाँ भी हिन्दी पुस्तकों से बचने का वातावरण उपस्थित है। उनमें प्रायः शोधकार्य अप्रकाशित हैं, जिसके आधार पर शोध विषयों में टकराव भी हो रहा है। अतः उचित जान पड़ता है कि यहाँ प्रेमचन्द की कहानियों के संबंध में अपने निर्णय प्रस्तुत करने से पूर्व अब तक इस कड़ी के प्रयासों का संक्षिप्त अध्ययन कर लिया जाय।

प्रेमचन्द के साहित्यिक जीवन की अधिकतर समस्याओं के समान उनकी कहानियों के संबंध में मूल तथ्य उपलब्ध करने में मुंशी दयानारायन निगम को वरीयता प्राप्त है।[1] उन्होंने 'जमाना' के प्रेमचन्द विशेषांक में कहानियों की पहली बार एक सूची प्रकाशित करके उन पर कार्य करनेवालों की राहें खोल दीं। यद्यपि उनकी सूची अपूर्ण है और उसमें 'ज़माना' में ही प्रकाशित कई कहानियाँ जैसे 'गुनाह का अग्निकुंड', 'मार्च

1. दयानारायन निगम, 'ज़माना' और प्रेमचन्द, 'ज़माना' प्रेमचन्द, विशेषांक 1937 ई०

1911 ई०', 'ख़ून सफ़ेद', 'जुलाई 1917 ई०', 'हज्जे अकबर', 'क्रिकेट मैच', 'जुलाई 1937 ई०' आदि का उल्लेख नहीं किया गया; किन्तु इस साधारण भूल से इस सूची का महत्त्व और सार्थकता कम नहीं की जा सकती है। आज जब 'ज़माना' की पूरी फाइल किसी एक स्थान पर नहीं मिलती। यह सूची आधारभूत दस्तावेज का स्थान रखती है। 'ज़माना' के अलावा प्रेमचन्द की कहानियाँ निम्नलिखित हिन्दी-उर्दू समाचार पत्रों और पत्रिकाओं में प्रकाशित होती रही हैं—

उर्दू : 'आवाज़ा-ए-ख़ल्क़', 'आज़ाद', 'आईना', 'अदीब', 'अदबी दुनिया', 'उर्दू अदब', 'उर्दू-ए-मुअल्ला', 'अलअस्र', 'अलनाज़िर', 'इन्तेक़ाम', 'बुरहान', 'बहारिस्तान', 'पैग़ामे-हक़' 'फूल', 'तमद्दुन', 'तहज़ीब', 'तहज़ीबे-निसवाँ', 'ख़तीब', 'ज़ख़ीरा', 'रियासत', 'रहनुमा-ए-तालीम', 'चाँद', 'शबाबे-उर्दू', 'शायर', 'शाहकार', 'फ़िक्रो-नज़र', 'फ़रोग़े-उर्दू', 'कारवाँ', 'कहकशाँ', 'मुरक़्क़ा', 'मख़ज़न', 'मामूलात', 'मुआरिफ़', 'नुक़ूश', 'नक़्क़ाद', 'निगारिस्तान', 'नैरंगे-ख़याल', 'नौबहार', 'वकील', 'वतन', 'बंदे-मातरम', 'हज़ार दास्तान', 'हमदम', 'हमदर्द', 'हुमायूँ', 'हिन्दुस्ताँ' इत्यादि।

हिन्दी : 'आज', 'आदर्श', 'आर्यगजट', 'अधिकार', 'अभ्युदय', 'अवन्तिका', 'आडम्बर', 'इंदु', 'उपन्यास', 'तरंग', 'बालक', 'भारत', 'भारत मित्र', 'भारत जीवन', 'भारतीय भारतेन्दु', 'भारतोदय', 'भूत', 'प्रताप', 'प्रकाश', 'प्रभा', 'प्रेमा', 'पाटलिपुत्र', 'प्राणवीर', 'तरुण भारत', 'त्यागभूमि', 'चन्दन', 'रणभेदी', 'सरस्वती', 'सन्मार्ग', 'समन्वय', 'समाज', 'समालोचक', 'सम्मेलन-पत्रिका', 'सरोज', 'साहित्य', 'सुकवि', 'सुधा', 'स्वतंत्र', 'स्वदेश', 'स्वाधीनता', 'स्वार्थ', 'शारदा', 'श्रीशारदा', 'शुद्धि समाचार', 'शुभचिंतक', 'कर्मवीर', 'कान्यकुब्ज', 'गंगा', 'लक्ष्मी', 'लेखक', 'माधुरी', 'मधुकर', 'मतवाला', 'मर्यादा', 'मारवाड़ी', 'सुधार', 'विशाल भारत', 'वीणा', 'विश्वदूत', 'विश्वबंधु', 'विश्वभारती', 'विश्वमित्र', 'हिंदकेसरी', 'नवजीवन' इत्यादि।

उपर्युक्त समाचार-पत्रों एवं पत्रिकाओं की पूर्ण फ़ाइलें एक स्थान पर उपलब्ध नहीं हैं। विभिन्न पुस्तकालयों और निजी संग्रहों में बिखरी हुई हैं। इन पंक्तियों का लेखक इनकी पूरी फ़ाइलों का अध्ययन नहीं कर सका है। उसका अध्ययन इनमें कुछ समाचार-पत्रों और पत्रिकाओं और कुछ प्रसिद्ध पत्रों तक सीमित रहा है। इसलिए नहीं कि अभी उनमें प्रेमचन्द की कितनी रचनाएँ छिपी हुई हैं, यदि किसी साहसी शोधकर्मी को पत्रिकाओं और समाचार-पत्रों की धूल-फाँकने का साहस हो, तो ख़ज़ाना मिल सकता है!

उर्दू में प्रेमचन्द की कहानियों का सर्वप्रथम अध्ययन डॉ० मसूद हुसैन ख़ान ने एम०ए० के शोध प्रबन्ध के रूप में किया था, बाद में उन्होंने इसके कुछ अध्यायों को प्रकाशित कर दिया।[1] एम०ए० के प्रबंध लेखक से शोध की उत्कृष्टता की उम्मीद नहीं की जा सकती। परन्तु डॉ० शकीलुर्रहमान ने प्रेमचन्द की कहानियों पर उर्दू में डी०लिट्० की डिग्री प्राप्त की है। उनसे उम्मीद की जा सकती थी। डॉ० क़मर रईस ने उनसे विचार-विमर्श किया, तो इस परिणाम तक पहुँचे—

"डॉ० शकीलुर्रहमान की दी हुई समस्त जानकारी न सिर्फ़ त्रुटिपूर्ण है, बल्कि भ्रमयुक्त है।"

डॉ० कमर रईस ने भी प्रेमचन्द के उपन्यासों पर उर्दू में शोध किया है तथा पी०-एच०डी० की उपाधि प्राप्त की है परन्तु प्रेमचन्द की कहानियों के संदर्भ में स्वयं डॉ० क़मर रईस का प्रयास सुविधात्मक शोध का उत्कृष्ट उदाहरण है; उदाहरणार्थ— डॉ० क़मर रईस ने कहानियों की संख्या निश्चित करने का सरल फ़ारमूला यह अपनाया कि कुछ उर्दू संकलनों से कहानियों की संख्या 194 और अपनी तथा अमृतराय की नयी खोज की संख्या 10, योग 204 से उल्लेख कर दिया। अमृतराय की खोजी हुई कहानियों की संख्या 56 है, जो गुप्तधन के दो संकलनों में सम्मिलित है। डॉ० क़मर रईस की खोजी हुई कहानियों के संबंध में किसी को जानकारी नहीं, स्वयं उनको ही पता होगा। इस प्रकार महोदय ने हिन्दी मानसरोवर की आठ जिल्दों से 203 और 'कफ़न' से सात (7) योग 210 निश्चित कर दिया; यद्यपि 'मानसरोवर' की जिल्दों में कुछ कहानियाँ दोबार सम्मिलित कर ली गयी हैं, जिनका उल्लेख अपने स्थान पर आयेगा। इसी प्रकार हिन्दी संकलन 'कफ़न' में सात के बजाय चौदह कहानियाँ सम्मिलित हैं, किन्तु इन तथ्यों को दृष्टिगत रखते हुए डॉ० कमर रईस ने अंतिम निर्णय दे दिया है—

"इस प्रकार हिन्दी में प्रेमचन्द की कहानियों की पूर्ण संख्या 210 से 266 हो गयी है, जबकि उर्दू संकलनों में सम्मिलित कहानियों की संख्या 194 है और कुल संख्या 204 से अधिक नहीं। इससे यह निष्कर्ष निकलता है कि हिन्दी में कुल संख्या उर्दू की अपेक्षा में प्रेमचन्द की 62 कहानियाँ हिन्दी में उपलब्ध है, किन्तु 62 कहानियाँ उर्दू में नहीं मिलतीं।"[2]

डॉ० क़मर रईस के विचार कितने त्रुटिपूर्ण और भ्रमयुक्त हैं, इस किताब के पाठक पर स्पष्ट हैं!

---

1. लेखक के नाम महोदय का पत्र, 9 फ़रवरी 1970 ई०
2. कमर रईस : तलाश व तवाज़ुन, पृष्ठ 130-31

प्रेमचन्द के हिन्दी-उर्दू कहानियों की खोज में सर्वाधिक महत्त्व प्रेमचन्द के योग्य पुत्र तथा उनके प्रसिद्ध जीवनी लेखक अमृतराय को प्राप्त है, जिन्होंने प्रेमचन्द से संबंधित जानकारी का भण्डार उपलब्ध कराया। इनके अलावा प्रो० प्रकाशचन्द्र गुप्त, मदन गोपाल, मानिक टाला, डॉ० कमल किशोर गोयनका, डॉ० गीता लाल, डॉ० शमीम निकहत आदि हैं। इनमें प्रत्येक विद्वान् के शोध का विस्तृत उल्लेख संभव नहीं यद्यपि प्रेमचन्द की कहानियों से संबंधित उद्धरणों का उल्लेख आगामी पृष्ठों में किया जायगा।

डॉ० गंगाप्रसाद विमल ने अपनी पुस्तक में अमृतराय की खोज का समर्थन किया है।[1] इसमें तीन ऐसी रचनाएँ सम्मिलित कर ली गयी हैं, जो कहानी के परम्परागत क्षेत्र से बाहर हैं। उनका संक्षिप्त लेख हज़रत अली की जीवनी से संबंधित विषयों में गिना जाना चाहिए और उनके संकलन 'कफ़न' में सम्मिलित दो लेखों 'मेरी पहली रचना' और 'जीवन सार' को आत्मकथा लेख का स्थान दिया जाना चाहिए। इसमें अन्तिम 'हंस' के 'आत्मकथा विशेषांक' में इसी रूप में प्रकाशित भी हुआ था। प्रेमचन्द का एक लेख 'राणा प्रताप' हिन्दी कहानी के नाम से प्रकाशित होता रहता है; यद्यपि यह जीवनी है जिसको स्वयं प्रेमचन्द ने 'ज़माना' नवम्बर 1906 में इसी रूप में प्रकाशित किया था। ये लेख उर्दू पुस्तक 'बा-कमालों के दर्शन' में सम्मिलित हैं। हिन्दी में 'क़लम, तलवार और त्याग' में सम्मिलत है। यदि यह कहानी होती तो प्रेमचन्द की पहली कहानी होती; यद्यपि इसको प्रेमचन्द की प्रथम कहानी कोई नहीं कहता। फिर भी हिन्दी में 'राणा प्रताप' कहानी के नाम से प्रकाशित हुई है। इन संकलनों में दो कहानियाँ 'मुअम्मा' और 'न्याय' के दो अलग शीर्षकों से लिखा गया है। 'मुअम्मा' नाम 'समस्या' (मानसरोवर भाग-4) और 'विषम समस्या' (मानसरोवर भाग-8) और न्याय (मानसरोवर खण्ड 2) दूसरी बार 'नबी का नीति निर्वाह' (गुप्तधन-2) में प्रकाशित हुई।

इनके अलावा 'बम्बूक़' के छद्म नाम से 'ताँगे वाले की बड़' (ज़माना, सितम्बर 1926) और 'शादी की वजह' (ज़माना, मार्च 1927) को अमृतराय ने प्रेमचन्द की कहानियों में सम्मिलित किया है।[2] इसका आधार यह है कि 'ज़माना' समूह के कुछ लोग प्रेमचन्द को हँसी-मज़ाक़ में 'बम्बूक़' कहते थे।[3] ज्ञातव्य रहे कि इस नाम से लिखने का उल्लेख न तो प्रेमचन्द ने किया है और न मुंशी दयानारायन निगम ने ही! परन्तु इन कहानियों के आंतरिक साक्ष्यों पर ध्यान दिया जाये, तो अमृतराय के विचार से विरोध करने का कोई आधार नहीं है, क्योंकि दोनों कहानियाँ, जो कलात्मक मानकों पर भी

---

1. गंगाप्रसाद विमल : प्रेमचन्द, पृष्ठ 130
2. प्रेमचन्द : गुप्त धन, खण्ड 8, पृष्ठ 184-192
3. अमृतराय : गुप्त धन, खण्ड 1-2, पृष्ठ 6

प्रेमचन्द की कहानियों में साफ़ दिखायी देती हैं; इसलिए इन्हें प्रेमचन्द की कहानियों की सूची में सम्मिलित करना उचित है। इसी प्रकार अमृतराय द्वारा प्रस्तुत की गयी संख्या 274 (दो सौ चौहत्तर) में से छह (6) रचनाएँ—हज़रत अली, मेरी पहली रचना, जीवन सार, समस्या, न्याय और लैला को घटा देने पर अमृतराय के अनुसार प्रेमचन्द की कहानियों की संख्या 268 (दो सौ अड़सठ) हो जायगी।

प्रेमचन्द की कहानियों के अध्ययन में एक-दूसरे छद्म नाम 'पलशम' को भी दृष्टिगत रखना चाहिए, जो 1912-17 ई० के विभिन्न उर्दू पत्रिकाओं मे दिखायी देता है और जिसकी कहानियाँ प्रेमचन्द की कहानियों से किसी सीमा तक समानता रखती हैं। जैसे इसी नाम से प्रकाशित कहानी 'मज़मूननिगार की बीवी', (अलअस्त्र फ़रवरी 1917 ई०) कहानी की बनावट-विचारों का क्रम और लिखने की शैली में प्रेमचन्द की कहानी की समस्या दिखायी देती है। यह इसलिए भी संभावित है कि प्रेमचन्द आरम्भ में अपने नये नाम को 'ज़माना' के लिए आरक्षित रखना चाहते थे। प्यारेलाल शाकिर का कथन है कि—

''उनकी कहानियाँ नवाब राय के नाम से 'अदीब' में प्रकाशित होती रहती थीं। मैंने एक बार लिखा कि 'अदीब' के लिए जो कहानी आप भेजते हैं, उनमें अपना नाम 'प्रेमचन्द' क्यों नहीं लिखते? उन्होंने जवाब दिया कि मैं मुंशी दयानारायन निगम से वादा कर चुका हूँ कि प्रेमचन्द के नाम से किसी और पर्चे में न लिखूँगा।''[1]

प्यारेलाल शाकिर ही 'अलअस्त्र' के भी सम्पादक थे, अधिक सम्भावना है कि अपनी वचनबद्धता में उन्होंने उपलिखित कहानी भी 'पलशम' के छद्म नाम से प्रकाशित की हो। प्यारेलाल शाकिर उन सम्पादकों में थे, जो अन्य साहित्यकारों एवं कवियों की रचनाएँ धन से मोल लिया करते थे और अपने नाम से प्रकाशित करते थे। इस विषय पर उर्दू मासिक 'ज़माना' में तत्कालीन उर्दू के लेखक मुंशी नौबतराय नज़र तथा मुंशी ज्वालाप्रसाद 'बर्क़' आदि के लेख प्रकाशित हुए हैं। 'पलशम' शब्द उर्दू-अक्षरों में—'पे', 'लाम', 'शीन', 'नीम' ('पे' से प्यारे, 'लाम' से लाल, 'शीन' से शाकिर 'नीम' से मेरठी) है। प्रबल सम्भावना है कि ये कहानियाँ प्यारेलाल शाकिर ने प्रेमचन्द से लिखवाकर अपने नाम से प्रकाशित की हों। अमृतराय इन कहानियों को प्रेमचन्द की कहानियाँ मानते हैं, परन्तु हमने किसी ठोस प्रमाण के न होने के कारण इन्हें उनकी कहानियों में सम्मिलित नहीं किया है—इस पर आगे शोध किया जा सकता है।[2] इस

---

1. प्यारेलाल शाकिर : लेख, मुंशी प्रेमचन्द की याद में, 'ज़माना' प्रेमचन्द विशेषांक, 1937
2. प्रेमचन्द अदबियात, ख़ुदाबख़्श ओरियंटल पब्लिक लाइब्रेरी, पटना, पृष्ठ 95-1091

समस्या पर विद्वानों को ध्यान देने की आवश्यकता है।

इस अध्ययन में एक अन्य रोचक स्थिति का उल्लेख भी आवश्यक है। प्रेमचन्द की असाधारण प्रसिद्धि के आधार पर उनके नाम के छद्म लेखक पैदा हो गये थे। जिनकी अनेक रचनाएँ प्रेमचन्द के नाम से विभिन्न पुस्तकालयों में शोभायमान हैं, जिन्हें देखकर प्रेमचन्द का पाठक हत-प्रभ रह जाता है। प्रेमचन्द की मृत्यु के पश्चात् श्रीयुत प्रेमचन्द, एम०ए० की एक कहानी 'प्रेम का बलिदान' ('सुधा', लखनऊ मार्च 1939 ई०) हमें प्राप्त हुई; जिसे ध्यानपूर्वक देखने के पश्चात् ही फ़ैसला किया जा सकता है कि यह किसी और प्रेमचन्द की असफल चेष्टा है। डॉ० क़मर रईस और प्रो० अब्दुस्सलाम ने प्रेमचन्द की नाम की अठारह छद्म पुस्तकें ढूँढ़ी हैं, जिन्हें भ्रम में प्रेमचन्द की रचना समझ लिया जाता। इस प्रकार की रचनाओं से हमेशा चौकन्ना रहने की आवश्यकता है, वरना प्रेमचन्द के नाम से न जाने क्या-क्या और किस-किस की चीज़ें सम्मिलित हो जायेंगी।

इस क्रम में एक और रोचक घटना की चर्चा की जा सकती है। प्रोफ़ेसर 'फ़िराक़' गोरखपुरी ने इन पंक्तियों के लेखक को एक बार बताया था कि एक बार 'फ़िराक़' साहब, प्रोफ़ेसर 'मजनूँ' गोरखपुरी और प्रेमचन्द एकत्र थे, तो 'फ़िराक़' साहब ने एक कहानी का कथानक जो उन्होंने किसी अन्य प्रकाशित कहानी के आधार पर बनाया था—अपने इन दोनों मित्रों को सुनाया। तीनों ने इस कथानक को पसन्द किया और तय किया कि तीनों मित्र इस पर अलग-अलग कहानियाँ लिखेंगे। तीनों ने कहानियाँ लिखीं, जो अलग-अलग प्रकाशित हुईं।[1] प्रेमचन्द की कहानी 'आभूषण' (माधुरी, अगस्त 1923) प्रोफ़ेसर 'मजनूँ' गोरखपुरी की कहानी 'गहना' ('निगार', जून 1926) फ़िराक़ की कहानी अप्राप्य है, अपने शोध के बीच उपलब्ध है। इनका तुलनात्मक अध्ययन किया जायँ, तो पता चलेगा कि रचना-प्रक्रिया से किस प्रकार प्रभावित होता है?

यहाँ एक और रोचक घटना का उल्लेख भी आवश्यक जान पड़ता है। प्रेमचन्द की दो कहानियाँ 'बरात' और 'क़ातिल की माँ' जो उर्दू संकलनों में सम्मिलित हैं। प्रेमचन्द की पत्नी शिवरानी देवी के हिन्दी संकलन 'नारी हृदय' में भी सम्मिलित हैं। इन कहानियों को स्वयं प्रेमचन्द ने शिवरानी देवी के नाम से 'हंस' में प्रकाशित किया था। इस रहस्य के उद्‌बोधन के लिए सबसे अच्छा था कि इसे स्वयं शिवरानी देवी ही हल कर देतीं। इन पंक्तियों के लेखक को जब उनसे मिलने का अवसर मिला, वह अपनी आयु के उस पड़ाव में थीं, जहाँ वाद-विवाद की सम्भावना नहीं थी; अब उनकी मृत्यु हो चुकी है। इन

---

1. 'फ़िराक़' की कहानी हिन्दी पत्रिकाओं के देखने के समय दृष्टि में आयी थी लेकिन उसका हवाला नोट न कर सका।

दो कहानियों के संबंध में अमृतराय का विचार है—

''मुंशी जी के नाम से यह कहानियाँ कब और कैसे उर्दू में छपने लगीं, इस राज़ के खुले बिना इन कहानियों को उस संकलन में सम्मिलित करना ठीक नहीं जान पड़ा। सम्भव है यह संकलन मुंशी जी की मृत्यु के पश्चात् प्रकाशकों ने अपने ढंग पर तैयार कर लिये हों।''[1]

अमृतराय का यह विचार सही नहीं है, क्योंकि इन कहानियों में 'बरात', 'आख़िरी तोहफ़ा' (1934 ई०) और 'क़ातिल की माँ', 'वारदात' (1938 ई०) में सम्मिलित हैं। इन दोनों संकलनों को स्वयं प्रेमचन्द ने संकलित किया था। हमारे विचार में यह दोनों कहानियाँ प्रेमचन्द की हैं, जिन्हें उन्होंने किसी कारणवश प्रारम्भ में अपनी पत्नी के नाम से प्रकाशित कर दिया था, किन्तु बाद में स्वयं उन्हें कहानियों के संकलनों में सम्मिलित कर लिया। हमने अपनी सूची में 'बरात' और 'क़ातिल की माँ' को प्रेमचन्द की कहानियों की सूची में सम्मिलित किया है।

इसी प्रकार 'अदीब' इलाहाबाद में प्रकाशित कहानियाँ में 'बेग़रज़ मुहसिन', 'बड़ी बहन', 'कैफ़िरे-किरदार', 'धोके की टट्टी', 'सगे-लीली' को प्रेमचन्द की कहानियाँ में सम्मिलित किया गया है। इनमें प्रथम तीन कहानियाँ—उर्दू अक्षर—'दाल-रे' (धनपत राय) के नाम से प्रकाशित हुईं और अन्तिम तीन कहानियाँ 'नवाब राय' के नाम से। इनके प्रेमचन्द की कहानी के बारे में कोई विरोध नहीं है। एक और कहानी 'गुनाह का अग्निकुंड' जो 'अफ़साना-ए-कुहन' के नाम से 'ज़माना' में प्रकाशित हुई थी। प्रेमचन्द ने प्रेम-पचीसी (उर्दू) में स्वयं सम्मिलित किया था, इसलिए इसको प्रेमचन्द की कहानियों में सम्मिलित किया गया है।

हमें हिन्दी-उर्दू की विभिन्न पत्रिकाओं, समाचार-पत्रों और कहानियों के संकलनों से प्रेमचन्द की 25 (पचीस) ऐसी कहानियाँ प्राप्त हुई हैं, जो हिन्दी और उर्दू संकलनों से बाहर थीं। ये कहानियाँ हमारी तैयार की हुई सूचियों में सम्मिलित होती रही हैं। प्रेमचन्द 'उर्दू-हिन्दी कथाकार' (उर्दू संस्करण, 1978 ई० हिन्दी संस्करण 1982 ई०) में अलग से भी इनको चिह्नित कर दिया गया है। पहले इन कहानियों पर आधारित एक संकलन उर्दू और हिन्दी में पृथक्-पृथक् प्रकाशित करने का विचार था, जिसकी अब आवश्यकता शेष नहीं रह गयी है, क्योंकि लोगों ने हमारी सूचियों से इन कहानियों के संबंध में आवश्यक जानकारी प्राप्त करके, मेरा कोई संदर्भ दिये बिना ही उन्हें अपने नाम से सम्पादित कर प्रकाशित कर दिया गया है। इनके सम्पादक हमारे धन्यवाद के पात्र हैं!

हमारे शोध एवं अन्वेषण के अनुसार प्रेमचन्द की कहानियों की कुल संख्या 314

1. अमृतराय : गुप्त धन, खण्ड 1 एवं 2, पृष्ठ 6

(तीन सौ चौदह) होती है। इनमें अमृतराय की सूची की उपर्युक्त पाँच कहानियाँ सम्मिलित नहीं है। यदि इन्हें भी प्रेमचन्द की रचनाओं में सम्मिलित कर लिया जाय, तो प्रेमचन्द की कहानियों की कुल संख्या 319 हो जायेगी; किन्तु हमारे विचार में इन रचनाओं को प्रेमचन्द की कहानियों में सम्मिलित नहीं करना चाहिए, जिसका कारण अपने स्थान पर दिया जा चुका है बल्कि 314 (तीन सौ चौदह) की संख्या को प्रेमचन्द की अब तक उपलब्ध कहानियों की सही कुल संख्या समझना चाहिए। उनको निम्न भागों में विभाजित किया जा सकता है।

1. मात्र उर्दू में प्रकाशित कहानियाँ—74 (चौहत्तर)
2. पहले उर्दू फिर हिन्दी में प्रकाशित कहानियाँ—71 (इकहत्तर)
3. पहले हिन्दी फिर उर्दू में प्रकाशित कहानियाँ—92 (बानवे)
4. मात्र हिन्दी में प्रकाशित कहानियाँ—64 (चौसठ)
5. बच्चों की हिन्दी कहानियाँ—13 (तेरह)

इन पाँचों भागों का विस्तृत अध्ययन हमारी दूसरी पुस्तक 'प्रेमचन्द हिन्दी-उर्दू कथाकार' में सम्मिलित है, इसलिए दोहराना उचित नहीं जान पड़ता। बच्चों की कहानियाँ प्रेमचन्द की मृत्यु के वर्ष (1936 ई०) में प्रकाशित हो गयी थीं। प्रेमचन्द की उपर्युक्त सारी सूचियाँ इनसे अतिरिक्त रही हैं, यहाँ प्रथम बार सम्मिलित की जा रही हैं।

प्रेमचन्द की हिन्दी-उर्दू कहानियों की पहचान करने में एक व्यावहारिक कठिनाई यह भी है कि इनकी कहानियाँ उर्दू से हिन्दी और हिन्दी से उर्दू में अनुवाद होकर लगातार प्रकाशित होती रही हैं। प्रेमचन्द की मृत्यु के पश्चात् भी यह क्रम जारी रहा है। यहाँ-वहाँ दो-एक कहानियों की बात नहीं। अमृतराय ने 1962 ई० में प्रेमचन्द की 56 (छप्पन) कहानियाँ हिन्दी में प्रकाशित कीं, जिनमें 44 (चवालीस) कहानियाँ उर्दू से अनूदित है, मात्र 12 (बारह) हिन्दी कहानियाँ हैं। अभी हाल में श्रीपत राय ने प्रेमचन्द की 16 (सोलह) अप्राप्य कहानियाँ प्रकाशित की हैं। यह सारी कहानियाँ मेरी खोजी हुई हैं किन्तु कहीं इसको स्वीकार करने का कष्ट नहीं किया गया है। इनमें 13 (तेरह) कहानियाँ उर्दू से हिन्दी में लिप्यन्तर की गयी हैं, मात्र 3 (तीन) हिन्दी कहानियाँ हैं। इस प्रकार के अनुवाद और लिप्यन्तर को प्रेमचन्द की रचना क्योंकर कहा जा सकेगा। इस प्रकार के दूसरे उदाहरण भी हैं। यह संभव है कि प्रेमचन्द की मृत्यु (1936 ई०) के दो वर्ष पश्चात् प्रेमचन्द की रचनाएँ प्रकाशित होती रही हों, जो उन्होंने अपने जीवन में प्रकाशकों को दी हों, ऐसा हुआ भी। मृत्यु के पश्चात् 1937 ई० में उनकी अनेक रचनाएँ उर्दू और हिन्दी में प्रकाशित हुईं। दूसरे वर्ष 1938 ई० 'वारदात' और 1939 ई० में 'गोदान' जामिया मिल्लिया, नयी दिल्ली से प्रकाशित हुआ। 1938-39 ई० के

मध्य हमें प्रेमचन्द की कोई हिन्दी रचना दिखायी नहीं दी, यद्यपि उर्दू रचनाएँ अनूदित होकर हिन्दी में प्रकाशित हुईं, जिसके संकलनकर्ता प्रेमचन्द के बड़े सुपुत्र श्रीपत राय हैं। इसलिए हमने हिन्दी-उर्दू कहानियों की पहचान के लिए 1939 ई० को अन्तिम माना है। 1939 ई० से पूर्व की रचनाओं के संबंध में शोध एवं अन्वेषण जारी रह सकता है कि इनमें कौन-सी रचना उर्दू है या हिन्दी; किन्तु 1939 ई० के सारी रचनाओं को उनसे पूर्व के प्रकाशन के अनुसार ही उर्दू या हिन्दी रचना निश्चित करना सही होगा।

जैसा कि कहा जा चुका, प्रेमचन्द की कहानियों के आधारभूत तथ्य पर अत्यधिक शोध की विशेष आवश्यकता है। यह पूरा काम किसी एक व्यक्ति के बस की बात नहीं हो सकती, बल्कि विभिन्न आयामों से पृथक्-पृथक् लोगों की ध्यान की आवश्यकता है। प्रेमचन्द की अनेक कहानियाँ कई-कई पत्रिकाओं में छपती रही हैं। इन हिन्दी-उर्दू पत्रिकाओं एवं समाचार-पत्रों की सूची इस पुस्तक के गत पृष्ठों में आ चुकी है तथा आगामी कहानी सूचियों में भी आयेगी।

ध्यान रहे कि किसी एक पत्रिका में प्रकाशन के आधार पर उसके प्रथम प्रकाशन का दावा अन्तिम नहीं हो सकता। आज के निर्णय के बाद के प्रकाशन परिवर्तित होते रहेंगे। आगामी पृष्ठों में हम अपनी खोज और शोध के अनुसार प्रेमचन्द की हिन्दी-उर्दू में प्राप्त कहानियों की सूची प्रस्तुत करेंगे। समस्त कहानियों से संबंधित आवश्यक सूचनाएँ ऐतिहासिक क्रम से प्रथम बार प्रस्तुत की जा रही हैं। इस सूची में पहले उर्दू का नाम दिया गया है, उसके बाद हिन्दी नाम है। यदि किसी उर्दू कहानी के नाम के ख़ाने में '-' (डैश) दिखायी दे, तो इसका अर्थ होगा कि इस कहानी का हिन्दी नाम नहीं मालूम हो सका है। इसी प्रकार यदि हिन्दी कहानी के नाम के ख़ाने में '-' (डैश) लिखा है, तो इसका अर्थ होगा कि कहानी का उर्दू नाम नहीं मालूम हो सका, अर्थात् यह कि कहानी दोनों भाषाओं में से किसी एक भाषा में ही उपलब्ध है।

इस सूची में प्रेमचन्द की निम्नलिखित चार कहानियाँ उनकी अपनी रचना मानकर सम्मिलित की जा रही है। यद्यपि ये कहानियाँ अंग्रेज़ी या बांग्ला से उद्धृत अथवा अनूदित हैं और मूल रचनाएँ नहीं है, किन्तु यह मूल का शाब्दिक अनुवाद नहीं है। इसलिए हमने इन कहानियों को प्रेमचन्द की कहानियों के रूप में स्वीकार किया है। उनके नाम हैं—

1. 'सगे-लीली', 'अदीब', अप्रैल 1913 ई०
2. 'अपने फन का उस्ताद', 'जमाना', सितम्बर 1916 ई०
3. 'अश्कनेदामत', 'कहकशां', जनवरी 1920 ई०
4. 'आबे-हयात', 'सुबह उम्मीद', मार्च 1920 ई०

उर्दू-हिन्दी कहानियाँ

क्रम संख्या	उर्दू नाम	हिन्दी नाम	प्रथम प्रकाशन	उर्दू संकलन	हिन्दी संकलन
			1908 ई०		
1.	इश्क़े-दुनिया और हुब्बे-बतन	-	'ज़माना', अप्रैल	सोज़े-वतन	-
2.	दुनिया का सबसे अनमोल रतन	-	जुलाई	,,	-
3.	यही मेरा वतन है	यही मेरी मातृभूमि है	,,	,,	प्रेम प्रसून
4.	शैख़ मख़मूर	-	,,	,,	-
5.	सिला-ए-मातम	-	,,	,,	-
6.	दाराशिकोह का दरबार	-	'आज़ाद', सितम्बर	-	-
			1910 ई०		
7.	गुनाह का अगनकुंड	पाप का अग्निकुंड	'ज़माना', मार्च	प्रेमपचीसी-1	नवनिधि
8.	सैरे-दरवेश	श्राप	'ज़माना', अप्रैल-जून	सोज़े-वतन	प्रेम प्रसून

9.	शिकार	शिकार	'ज़माना', जून	आख़िरी तुहफ़ा	मान-सरोवर-1
10.	रानी सारंधा	रानी सारंधा	'ज़माना', सितम्बर	प्रेमपचीसी-1	नवनिधि
11.	बेग़रज़ मुहसिन	-	'अदीब', सितम्बर	,,	–
12.	बड़े घर की बेटी	बड़े घर की बेटी	'ज़माना', दिसम्बर	,,	सप्तसरोज

1911 ई०

13.	विक्रमादित्य का तेग़ा	-	'ज़माना', जनवरी	प्रेमपचीसी-1	-
14.	करिश्मा-ए-इन्तक़ाम	-	'ज़माना', फ़रवरी	-	-
15.	दोनों तरफ़ से	-	'ज़माना', मार्च	-	-
16.	राजा हरदोल	राजाहरदोल	'ज़माना', अप्रैल	प्रेमपचीसी-1	नवनिधि
17.	बड़ी बहन	-	'अदीब', जुलाई	-	-
18.	मज़िले-मक़सूद	आख़िरी मंज़िल	'ज़माना', अगस्त-सितम्बर	प्रेमपचीसी-2	-
19.	ख़ौफ़े-रुसवाई	-	'अदीब', सितम्बर	-	-
20.	आहे-बेकस	ग़रीब की हाय	'ज़माना', अक्टूबर	प्रेमपचीसी-1	प्रेमपूर्णिमा

1912 ई०

21.	आलहा	-	'ज़माना', जनवरी	प्रेमपचीसी-1	-

22. **मामता**	ममता	'ज़माना', फ़रवरी	,,	नवनिधि
23. **आलिमे-बेअमल**	-	'ज़माना', मई, जून	-	-
24. **मनावन**	-	'ज़माना', जुलाई	प्रेमपचीसी-2	-
25. **कैफ़िरे-किरदार**	-	'अदीब', जुलाई	-	-
26. **धोके की टट्टी**	-	'अदीब', नवम्बर	-	-
27. **राजहट**	-	'ज़माना', दिसम्बर	प्रेमपचीसी-1	-

1913 ई०

28. **त्रियाचरितर**	-	'ज़माना', जनवरी	प्रेमपचीसी-2	-
29. **अमृत**	-	'ज़माना', मार्च	,,	-
30. **अमावस की रात**	अमावस की रात्रि	'ज़माना', अप्रैल	,,	नवनिधि
31. **सगे-लीली**	-	'अदीब', अप्रैल	-	-
32. **निगाहे-नाज़**	धर्म-संकट	'ज़माना', मई	प्रेमबत्तीसी-1	प्रेमपूर्णिमा
33. **आबे-हयात**	-	'हमदर्द', 1-3 जून	-	-
34. **बांगे-सहर**	शंखनाद	'हमदर्द' 11-13 जून	-	-
35. **मिलाप**	-	'ज़माना', जून	ज़ादे-राह	-

36. अंधेर	-	'ज़माना', जुलाई	प्रेमपचीसी-2	-
37. दारू-ए-तल्ख़	-	'हमदर्द', 17-18-19 जुलाई	-	-
38. सिर्फ़ एक आवाज़	-	'ज़माना', अगस्त-सितम्बर	प्रेमपचीसी-2	-
39. बाँका ज़मींदार	-	'ज़माना', अक्टूबर	देहात के अफ़साने	-
40. नमक का दारोग़ा	नमक का दरोग़ा	'हमदर्द', 11 अक्टूबर	प्रेमपचीसी-1	सप्त सरोज

1914 ई०

41. अनाथ लड़की	-	'ज़माना', जून	प्रेमबत्तीसी-1	-
42. ख़ून सफ़ेद	ख़ून सफ़ेद	'ज़माना' जुलाई	''	प्रेमपूर्णिमा
43. शिकारी राजकुमार	शिकारी राजकुमार	'ज़माना' अगस्त	प्रेमपच्चीसी-2	''
44. सौदा-ए-ख़ाम	-	'हमदर्द', अगस्त	-	-
45. ख़ाके-परवाना	-	'ज़माना', सित.-अक्टू.	ख़ाके परवाना	-
46. पछतावा	पछतावा	'ज़माना', नवम्बर	प्रेमबत्तीसी-1	नवनिधि
47. हुस्ने-इन्तेख़ाब	परीक्षा	'अलअस्र', दिसम्बर	-	सप्तसरोज

1915 ई०

48. मरहम	विस्मृति	'ज़माना', जनवरी	प्रेमपचीसी-2	-

49. ग़ैरत की कटारी	-	'ज़माना', जुलाई	"	-
50. कर्मों का फल	-	'ख़तीब', 7 अगस्त	"	-
51. बेटी का धन	बेटी का धन	'ज़माना', नवम्बर	प्रेमबत्तीसी-1	प्रेमपूर्णिमा
52. सौत	सौत	'सरस्वती', दिसम्बर	देहात के अफ़साने	सप्तसरोज

1916 ई०

53. दो भाई	दो भाई	'ज़माना', जनवरी	प्रेमबत्तीसी-2	प्रेमपूर्णिमा
54. नेकी की सज़ा	सज्जनता का दण्ड	'सरस्वती', मार्च	-	सप्तसरोज
55. पंचायत	पंचपरमेश्वर	'ज़माना', मई-जून	प्रेमबत्तीसी-1	"
56. भरत	-	'अन्नाज़िर', जून	-	-
57. सरे-पुरग़ुरूर	-	'ज़माना', अगस्त	प्रेमबत्तीसी-1	-
58. अपने फ़न का उस्ताद	-	सितम्बर	-	-
59. जुगनू की चमक	जुगनू की चमक	'ज़माना', अक्टूबर	-	नवनिधि
60. धोका	धोखा	'ज़माना', नवम्बर	प्रेमबत्तीसी-1	"

1917 ई०

61.	दरवाज़ा	-	'अलनाज़िर', जनवरी	-	-
62.	राजपूत की बेटी	मर्यादा की वेदी	'ज़माना', जनवरी	प्रेमबत्तीसी-1	नवनिधि
63.	अश्के-निदामत	-	'अलअस्र', फ़रवरी	-	-
64.	शोला-ए-हुस्न	ज्वालामुखी	'ज़माना', मार्च	-	प्रेमपूर्णिमा
65.	मिअशले-हिदायत	उपदेश	'ज़माना', मई	देहात के अफ़साने	सप्तसरोज
66.	ईमान का फ़ैसला	ईश्वरीय न्याय	'आज़ाद', जुलाई	प्रेमबत्तीसी-2	प्रेमपूर्णिमा
67.	ताँगेवाले की बड़	-	'ज़माना', सितम्बर	-	-
68.	हज्जे-अकबर	महातीर्थ	'ज़माना', सितम्बर	प्रेमबत्तीसी-2	प्रेमपूर्णिमा
69.	दुर्गा मन्दिर	दुर्गा मन्दिर	'ज़ख़ीरा', नवम्बर	,,	,,
70.	-	वियोग और मिलाप	'प्रताप', नवम्बर	-	-
71.	कप्तान	कप्तान साहब	'ज़माना', दिसम्बर	ख़ाके-परवाना	पाँच फूल

1918 ई०

72.	फ़त्ह	-	'ज़माना', अप्रैल	प्रेमबत्तीसी-2	-

73. **बाज़ियाफ़्त**	शांति	'तहज़ीबे-निसवाँ', 20 मई	"	प्रेमचतुर्थी
74. **बूढ़ी काक़ी**	बूढ़ी काकी	'तहज़ीबे-निसवाँ', 25 मई	"	प्रेमचतुर्थी
75. **क़ुर्बानी**	बलिदान	'सरस्वती', मई	प्रेमबत्तीसी-1	प्रेमपूर्णिमा
76. **राहे-ख़िदमत**	सेवा मार्ग	'ज़माना', जून	प्रेमबत्तीसी-2	"
77. **जंजाल**	-	'तहज़ीबे-निसवाँ', 3-10 अगस्त	-	-
78. **ज़ंजीरे-हवस**	-	'कहकशाँ', सितम्बर-अक्टूबर	प्रेमबत्तीसी-2	-
79. **ख़ंजरे-वफ़ा**	-	'ज़माना', नवम्बर	प्रेमबत्तीसी-2	-
80. **इबरत**	बोध	'प्रेमपूर्णिमा', दिसम्बर	ख़्वाबे-ख़्याल	प्रेमपूर्णिमा
81. -	सचाई का उपहार	'प्रेमपूर्णिमा', दिसम्बर	ख़्वाबे-ख़्याल	प्रेमपूर्णिमा

1919 ई०

82. **बैंक का दिवाला**	बैंक का दिवाला	'कहकशाँ', फ़रवरी-मार्च	प्रेमबत्तीसी-1	प्रेमद्वादशी
83. **सौतेली माँ**	विमाता	'कहकशाँ', जून	" 2	प्रेमपचीसी
84. **ख़्वाबे-परीशाँ**	अनिष्ट शंका	'कहकशाँ', अगस्त	" 2	"
85. **ख़ूने-हुरमत**	-	'सुब्हे-उम्मीद', सितम्बर	" 2	-
86. **दफ़्तरी**	दफ़तरी	'कहकशाँ', अक्टूब्बर	" 1	प्रेमपचीसी

1920 ई०

87.	आत्माराम	आत्माराम	'ज़माना', जनवरी	प्रेमबत्तीसी-2	प्रेमपचीसी
88.	बाँसुरी	-	'कहकशाँ', जनवरी	-	-
89.	इंसान का मुक़द्दस फ़र्ज़	मनुष्य का परमधर्म	'स्वदेश', मार्च	प्रेमचालीसा-1	मान-सरोवर-3
90.	इस्लाह	पशु से मनुष्य	'कहकशाँ', अप्रैल	प्रेमबत्तीसी-2	प्रेमपचीसी
91.	मेह्रे-पिदर	पुत्र-प्रेम	'ज़माना', जुलाई	-	'सरस्वती' जून
92.	बाद-अज़-मर्ग	मृत्यु के बाद	'सुब्हे-उम्मीद', सितम्बर	-	प्रेमप्रसून
93.	रू-ए-सियाह	-	'सुब्हे-उम्मीद', नवम्बर	-	-
94.	नोंक-झोंक	ब्रह्म का स्वांग	'ज़माना', दिसम्बर	ख़्वाबो-ख़्याल	प्रेमपचीसी
95.	मरज़े-मुबारक	-	'प्रेमबत्तीसी' दिसम्बर	प्रेमबत्तीसी-1	-

1921 ई०

96.	रूहे-हयात	-	'ज़माना', जनवरी	-	-
97.	मुअम्मा	विषम समस्या	'ज़माना', मार्च	-	-
98.	अजीब होली	विचित्र होली	'स्वदेश', मार्च	ख़ाके-परवाना	मान-सरोवर-3

99. दस्ते-ग़ैब	प्रारब्ध	'ज़माना', अप्रैल	ख़्वाबो-ख़्याल	प्रेमपचीसी
100. बज़्मे-परीशाँ	दुस्साहस	'आज', 18 जून	'ज़माना', जून, 1922 ई०	"
101. लाल फ़ीता	लाल फ़ीता	'ज़माना', जुलाई	ख्वाबो-ख्याल	प्रेमचतुर्थी
102. तालीफ़े-क़ल्ब	आदर्श विरोध	'श्रीशारदा', 6 जुलाई	'तहज़ीबे-निस्वाँ', 1922 ई०	प्रेमपचीसी
103. तहरीके-ख़ैर	विध्वंस	'आज', 25 जुलाई	हुमायूँ अप्रैल	प्रेमप्रसून
104. लालडाट	लालडाट	'ज़माना', जुलाई	-	प्रेमप्रसून
105. फ़लसफ़ी की मुहब्बत	त्याग का प्रेम	'हज़ार दास्तान' नवम्बर	ख़्वाबो-ख़्याल	प्रेमप्रसून

1922 ई०

106. मूठ	मूठ	'ज़माना', जनवरी	ख़्वाबो-ख़्याल	प्रेमपचीसी
107. -	सुहाग की साड़ी	'प्रभा', जनवरी	-	"
108. शिकस्त की फ़त्ह	हार की जीत	'हज़ार दास्तान', जुलाई	-	"
109. तहफ़्फ़ुज़े-हूक़ूक़	स्वत्व रक्षा	'माधुरी', जुलाई	'नवबहार' 1924 ई०	"
110. साँप की माशूक़ा	नागपूजा	'हज़ार दास्तान', जुलाई	-	"
111. दफ़ीना	गुप्तधन	'श्रीशारदा',	-	"

112. **फ़िक्रे-दुनिया**	अधिकार चिन्ता	'माधुरी', अगस्त	ख़ाके-परवाना	प्रेमप्रसून
113. **हुस्ने-ज़न**	लोकमत का सम्मान	'ज़माना', अक्टूबर	-	प्रेमपचीसी
114. **दावते-शीराज़**	दुराशा	'हज़ार दास्तान', अक्टूबर	ख्वाबो-ख्याल	प्रेमप्रसून
115. -	चकमा	'प्रभा', नवम्बर	-	"
116. -	पूर्व संस्कार	'माधुरी', दिसम्बर	-	प्रेमपचीसी

1923 ई०

117. **इम्तेहान**	परीक्षा	'चाँद', जनवरी	प्रेमचालीसी-2	सप्तसरोज
118. -	राज्यभक्त	'माधुरी', फरवरी	-	प्रेमपचीसी
119. **मजबूरी**	नैराश्यलीला	'चाँद', अप्रैल	प्रेमचालीसी-2	"
120. -	वैर का अन्त	'सरस्वती', अप्रैल	-	प्रेमपचीसी
121. -	बौड़म	'प्रभा', अप्रैल	-	"
122. -	गृहदाह	'श्रीशारदा', जून	-	प्रेमप्रसून
123. -	आपबीती	'माधुरी', जुलाई	-	प्रेमप्रसून
124. -	आभूषण	'माधुरी', अगस्त	-	"
125. **चकमा**	कौशल	'चाँद', अगस्त	प्रेमपचीसी-2	मान-सरोवर-3

126. **सत्यग्रह**	सत्याग्रह	'माधुरी', सितम्बर	ख़ाके-परवाना	प्रेम द्वादशी
127. **इन्तेक़ाम**	-	'ज़माना', अक्टूबर	प्रेमचालीसा-1	-

1924 ई०

128. -	सैलानी बन्दर	'माधुरी', फ़रवरी	-	-
129. -	नबी का नीति निर्वाह	'सरस्वती', मार्च	-	-
130. **नुज़ूले-बर्क़**	वज्रपात	'माधुरी', मार्च	फ़िरदौसे-ख़्याल	मान-सरोवर-3
131. **राहे-निजातु**	मुक्तिमार्ग	'माधुरी', अप्रैल	,,	प्रेमद्वादशी
132. -	मुक्तिधन	'माधुरी', मई	-	मान-सरोवर-3
133. **नेकबख़्ती के ताज़ियाने**	सौभाग्य के कोड़े	'प्रभा', जून	फ़िरदौसे-ख़्याल	,,
134. **अफ़्फ़ू**	क्षमा	'माधुरी', जून	प्रेमपचीसी-2	प्रेमपीयूष
135. **अभागन**	निर्वासन	'चाँद', जून,	,,	मान-सरोवर-3
136. -	नैराश्य	'चाँद', जुलाई	-	,,
137. **भूत**	भूत	'माधुरी', अगस्त	फ़िरदौसे-ख़्याल	-
138. -	एक आँच की कसर	'चाँद', अगस्त	-	मान-सरोवर-3
139. **तौबा**	दीक्षा	'माधुरी', सितम्बर	फ़िरदौसे-ख़्याल	,,

140. -	उद्धार	'चाँद', सितम्बर	-	,,
141. **शतरंज की बाजी**	शतरंज के खिलाड़ी	'ज़माना', दिसम्बर	ख्वाबो-ख्याल	प्रेमद्वादशी
142. **सवासेर गेहूँ**	सवासेर गेहूँ	'चाँद', नवम्बर	फ़िरदौसे-ख़्याल	सर्वश्रेष्ठ कहानियाँ
143. -	तेंतर	'चाँद', दिसम्बर	-	मान-सरोवर-3

1925 ई०

144. **डिग्री के रुपये**	डिग्री के रुपये	'माधुरी', जनवरी	फ़िरदौसे-ख़्याल	प्रेम द्वादशी
145. **माया-ए-तफ़रीह**	विनोद	'ज़माना', फरवरी	ख़्वाबो ख़्याल-	
146. **माया ए-तफ़रीह**	धिक्कार	'चाँद', फ़रवरी	-	मान-सरोवर-1
147. **तहज़ीब का राज़**	सभ्यता का रहस्य	'माधुरी', मार्च	प्रेम-चालीसी-2	मान-सरोवर-3
148. **हस्तरत**	नरक का मार्ग	'चाँद', मार्च	प्रेम-चालीसी-2	मान-सरोवर-3
149. -	विश्वास	'चाँद', अप्रैल	-	,,
150. **दैरो-हरम**	मंदिर व मस्ज़िद	'माधुरी', अप्रैल	'आज़ाद' 1925 ई०	प्रेमकुंज
151. **देवी**	स्त्री और पुरुष	'चाँद', मई-जून	प्रेम-चालीसी-2	मान-सरोवर-3
152. **माँ का दिल**	माता का हृदय	'चाँद', जुलाई	-	'चंदन', मार्च, 1931 ई०

153. **भाड़े का टट्टू**	भाड़े का टट्टू	'माधुरी', जुलाई	फ़िरदौसे-ख़्याल	मान-सरोवर-3
154. **चोरी**	चोरी	'माधुरी', सितम्बर	प्रेमचालीसी-1	प्रेमतीर्थ
155. **जन्नत की देवी**	स्वर्ग की देवी	'चाँद', सितम्बर	'' 2	मान-सरोवर-3
156. **सज़ा**	दण्ड	'चाँद', अक्टूबर	''	''
157. **नीच ज़ात की लड़की**	शूद्रा	'ज़माना', दिसम्बर	-	मान-सरोवर-2

1926 ई०

158. **लैला**	लैला	'सरस्वती', जनवरी	फ़िरदौसे-ख़्याल	प्रेमकुंज
159. **तालीफ़**	मंत्र	'माधुरी', फरवरी	ख़ाके-परवान	प्रेमतीर्थ
160. **कज़्ज़ाक़ी**	कज़्ज़ाक़ी	'माधुरी', अप्रैल	प्रेमचालीसी-1	''
161. -	प्रेमसूत्र	'सरस्वती', अप्रैल	-	-
162. -	बाबाजी का भोग	'प्रेम प्रतिमा', जुलाई	-	-
163. **फ़रेब**	लांछन	'माधुरी', अगस्त	ज़ादेराज	समरयात्रा
164. **रामलीला**	रामलीला	'माधुरी', अक्टूबर	प्रेमपचीसी-1	प्रेमतीर्थ
165. **दावत**	निमंत्रण	'सरस्वती', नवम्बर	ख़ाके-परवान	''

166. -	बहिष्कार	'चाँद', दिसम्बर	-	"
167. **मुरीदी**	गुरुमंत्र	'प्रेम प्रतिमा', दिसम्बर	ख़्वाबो-ख़्याल	मान-सरोवर-3
168. **पिंदारी**	अहिंसा परमोधर्म	'माधुरी', दिसम्बर	प्रेमचालीसी-1	प्रेमतीर्थ
169. -	आधार	'प्रेमप्रमोद', दिसम्बर	-	मान-सरोवर-3

1927 ई०

170. **बड़े बाबू**	-	'बहारिस्तान', फ़रवरी	ख़ाके-परवान	-
171. **सती**	सती	'माधुरी', मार्च	ख्वाबो-ख़्याल	-
172. **शादी की वजह**	-	'ज़माना', मार्च	-	-
173. **नग़मा-ए-रूह**	आत्मसंगीत	'नैरंगे-ख़्यान', मार्च-अप्रैल	ख़ाके-परवाना	मान-सरोवर-1
174. **नख़्ले-उम्मीद**	कामनातरु ख़्याल	'माधुरी', अप्रैल	ख़्वाबो-ख़्याल	प्रेमतीर्थ
175. -	सुजान भगत	'माधुरी', मई	-	अग्नि-समाधि
176. **मंदिर**	मंदिर	'चाँद', मई	प्रेमचालीसी-1	प्रेमतीर्थ,
177. **मुस्तआर घड़ी**	माँगे की घड़ी	'माधुरी', जुलाई	ख़ाके-परवाना	अग्नि-समाधि
178. -	एकट्रेस	'माधुरी', अक्टूबर	-	"

1928 ई०

179. -	मोटेरामजी शास्त्री	'माधुरी', जनवरी	-	-
180. मज़ारे-आतिशीं	अग्नि-समाधि	'मुरक़्क़ा', जनवरी	ख़ाके-परवाना	अग्नि-समाधि
181. -	पनहारी का कुआँ	'माधुरी', जनवरी	-	,,
182. मंतर	मंत्र	'ज़माना', फरवरी	प्रेमचालीसी-1	पाँचफूल
183. दो सखियाँ	दो सखियाँ	'माधुरी', फरवरी-मई	,, 2	अग्नि-समाधि
184. -	मोटेराम शास्त्री का नैराश्य	'समालोचक', मार्च	-	-
185. नादान दोस्त	-	'ख़ाके-परवाना', अप्रैल	ख़ाके-परवाना	-
186. तहरीक	प्रेरणा	'ख़ाके-परवाना', अप्रैल	ख़ाके-परवाना	सर्वश्रेष्ठ कहानियाँ
187. आँसुओं की होली	आँसुओं की होली	'मतवाला', मई	प्रेमचालीसी-1	प्रेमतीर्थ
188. शुद्धी	-	'ख़्वाबो-ख़्याल', मई	ख्वाबो-ख़्याल	-
189. -	सम्पादक मोटेराम़जी शास्त्री	'माधुरी', अगस्त-सितम्बर	-	-
190. सुहाग का जनाज़ा	सुहाग का शव	'माधुरी', अगस्त-सितम्बर	प्रेमचालीसी-1	अग्नि-समाधि
191. दारोग़ा की सरगुजिश्त	दारोग़ाजी	'माधुरी', अगस्त	,,	-

192. -	अभिलाषा	'माधुरी', अक्टूबर	-	-
193. -	अनुभव	'माधुरी', नवम्बर	-	मान-सरोवर-1
194. ख़ाना-बर्बाद	विद्रोही	'माधुरी', नवम्बर	प्रेमचालीसी-1	" 2
195. इस्तीफ़ा	इस्तीफ़ा	भारतेन्दु, दिसम्बर	"	पाँचफूल
196. बुह्नी	-	'नैरंगे-ख़्याल', दिसम्बर	-	-
197. कशमकश	आगा-पीछा	'माधुरी', दिसम्बर	प्रेमचालीसी-1	
198. ख़ुदी	-	'खाके परवाना'	खाके परवाना	

1929 ई०

199. कफ़्फ़ारा	प्रायश्चित	'सरस्वती', जनवरी	प्रेमचालीसी-1	प्रेमकुंज
200. अलाहदगी	अलग्योझा	'ज़माना', फ़रवरी	खाक-परवाना	ग्राम्य जीवन की कहानियाँ
201. गिल्ली डंडा	गिल्ली डंडा	'हंस', फ़रवरी	वारदात	सर्वश्रेष्ठ कहानियाँ
202. ज़िल्लत	खुच्चड़	'माधुरी', फ़रवरी	'गृहस्थी', नवम्बर, 1931 ई०	
203. -	प्रेम की होली	'मतवाला' 23 मार्च	-	-

204. -	फ़ातिहा	'विशाल भारत', मार्च	-	पाँचफूल
205. -	पर्वत यात्रा	'माधुरी', अप्रैल	-	-
206. **माँ**	माँ	'माधुरी', जुलाई	प्रेमचालीसी	ग्राम्य जीवन की कहानियाँ
207. **तुलू-ए-मुहब्बत**	प्रेम का उदय	'प्रकाश', 16-23 अगस्त	आख़िरी तुहफ़ा	समर
208. -	क़ानूनी कुमार	'माधुरी', अगस्त	-	-
209. -	ग़मी	'मतवाला', 31 अगस्त	-	-
210. **जिहाद**	जेहाद	'पाँचफूल', नवम्बर	प्रेमचालीसी-2	पाँचफूल
211. **ख़ानादामाद**	घरजमाई	'माधुरी', नवम्बर	ज़ादे-राह	प्रेमकुंज
212. **घासवाली**	घासवाली	'माधुरी', दिसम्बर	प्रेमचालीसी-2	मान-सरोवर-1
213. **हिर्ज़े-जाँ**	कूच	'विशाल भारत', दिसम्बर	"	-

1930 ई०

214. **आशियाँ बर्बाद**	जुलूस	'चंदन', जनवरी	ज़ादे-राह	समरयात्रा
215. **मज़ारे-उल्फ़त**	दो क़ब्रें	'माया', जनवरी	प्रेमचालीसी-2	-
216. -	धिक्कार	'माधुरी', फ़रवरी	-	मान-सरोवर-1

217. -	सुभागी	'माधुरी', सितम्बर	-	समरयात्रा
218. **जुलूस**	जुलूस	'हंस', मार्च	प्रेमचालीसी-2	,,
219. -	समरयात्रा	'हंस', अप्रैल	-	समरयात्रा
220. **बीवी से शौहर**	पत्नी से पति	'माधुरी', अप्रैल	प्रेमचालीसी-2	-
221. **शराब की दुकान**	शराब की दुकान	'हंस', मई	नैरंगे-ख़्याल सालनामा	-
222. **पूस की रात**	पूस की रात	'प्रेमचालीसी'	प्रेमचालीसी-2	ग्राम्य जीवन की कहानियाँ
223. -	मैकू	'हंस', जून	-	समरयात्रा कहानियाँ
224. -	स्वप्न	'वीणा', जुलाई	-	-
225. **जेल**	आहुति	'हंस', नवम्बर	'चंदन', जनवरी, 1931 ई०	आख़िरी तुहफ़ा
226. **त्रिशूल**	-	प्रेमचालीसी-1930 ई०	प्रेमचालीसी-1	-
227. **देवी**	-	प्रेमचालीसी 1930 ई०	प्रेम-चालीसी-1	-
228. **क़ौम का ख़ादिम**	-	,,	,,	-
229. **बन्द दरवाज़ा**	-	,,	,, 2	-

1931 ई०

230. **वतन की क़ीमत**	-	'नैरंगे-ख़्याल', जनवरी	-	-
231. -	उन्माद	'माधुरी', जनवरी	-	मान-सरोवर-2

232. इल्ज़ाम	लांछन	'माधुरी', फ़रवरी	प्रेमचालीसी-1	समरयात्रा
233. -	ढपोरशंख	'हंस', जनवरी	-	मान-सरोवर-4
234. आख़िरी हीला	आख़िरी हीला	'चंदन', फरवरी	-	मान-सरोवर-1
235. डिमांसट्रेशन	डिमांसट्रेशन	'प्रेमा', अप्रैल	'हुमायूँ', जनवरी 1932 ई०	आख़िरी तोहफ़ा
236. -	होली का उपहार	'माधुरी', अप्रैल	-	समरयात्रा
237. आख़िरी तुहफ़ा	-	'चंदन', अगस्त	आख़िरी तुहफ़ा	-
238. दूसरी शादी	-	'चंदन', सितम्बर	-	-
239. मालकिन	स्वामिनी	'विशाल भारत', सितम्बर	वारदात	ग्राम्य जीवन की कहानियाँ
240. -	तावान	'हंस', सितंम्बर	-	मान-सरोवर-1
241. निजात	सद्गति	'विशाल भारत', अक्टूबर	आख़िरी तोहफा	प्रेमकुंज
242. दो बैल	दौ बैलों की कथा	'हंस', अक्टूबर	,,	सर्वश्रेष्ठ कहानियाँ
243. अदीब की इज़्ज़त	लेखक	'चंदन', दिसम्बर	,,	कफ़न
244. अदीब की इज़्ज़त	सौत	'विशाल भारत', दिसम्बर	-	-

1932 ई०

245. ज़ादेराह	मृतक भोज	'मृतक भोज', जनवरी	ज़ादे-राह	-
246. जेवर का डिब्बा	चमत्कार	'ज़ादे-राह', जनवरी	'चंदन', अगस्त	मान-सरोवर-2
247. शिकवा न शिकायत	मिला	'जामिया', जनवरी	वारदात	मान-सरोवर-1
248. सती	सती	'चंदन', मई	आख़िरी तुहफ़ा	प्रेमतीर्थ
249. नयी बीवी	नया विवाह	'सरस्वती', मई	'अफ़साना', वारदात 1933	मान-सरोवर-2
250. -	झाँकी	'जागरण', अगस्त	-	मान-सरोवर-1
251. -	ठाकुर का कुआँ	'जागरण', अगस्त	-	मान-सरोवर-1
252. कुसुम	कुसुम	'इस्मत' वर्षांक	दूध की क़ीमत	मान-सरोवर-2
253. रौशनी	-	'अदबी दुनिया' नवम्बर	वारदात	मान-सरोवर-2
254. डामुल का क़ैदी	डामुल का क़ैदी	'हंस', नवम्बर	ज़ादेराह	मान-सरोवर-2
255. बदनसीब माँ	बेटोंवाली विधवा	'चाँद', नवम्बर	वारदात	मान-सरोवर-1
256. वफ़ा का देवता	स्मृति का पुजारी	'इस्मत' वर्षांक	दूध की क़ीमत	-
257. -	तगादा	'प्रेरणा'	-	-

1933 ई०

258. **नेउर**	नेउर	'हंस', जनवरी	ज़ादे-राह	मानसरोवर-2
259. -	कायर	'विशाल भारत', जनवरी	-	" 1
260. -	वेश्या	'चाँद', फरवरी	-	" 2
261. -	रसिक सम्पादक	'जागरण', 13 मार्च	-	" 1
262. **मासूम बच्चा**	बालक	'हंस', अप्रैल	वारदात	" 2
263. **अकसीर**	ज्योति	'इस्मत', मई	दूध की क़ीमत	मानसरोवर-2
264. -	कुत्सा	'जागरण', जुलाई	-	" 2
265. -	क़ैदी	'हंस', जुलाई	-	" "
266. -	दिल की रानी	'चाँद', नवम्बर	-	" 1
267. **ईदगाह**	ईदगाह	'इस्मत'	दूध की क़ीमत	" "
268. -	वैराग्य	स्वाधीनता	-	-

1934 ई०

269. **नश्शा**	नशा	'रहनुमा-ए-तालीम', जनवरी	-	सर्वश्रेष्ठ कहानियाँ
270. -	मनोवृत्ति	'हंस', मार्च	-	मान-सरोवर-1
271. **क़ातिल**	-	'आख़िरी-तुहफ़ा', मार्च	आख़िरी तोहफ़ा	मान-सरोवर-1

272. **बरात**	-	'आख़िरी-तुहफ़ा', मार्च	आख़िरी तुहफ़ा	मान-सरोवर-1
273. **वफ़ा की देवी**	-	'आख़िरी-तुहफ़ा', मार्च	आख़िरी तुहफ़ा	मान-सरोवर-1
274. **रियासत का दीवान**	रियासत का दीवान	'हंस', अप्रैल-मई	दूध की क़ीमत	मान-सरोवर-2
275. -	जादू	'हंस', अप्रैल-मई	-	मान-सरोवर-2
276. **दूध की क़ीमत**	दूध का दाम	'हंस', जुलाई	दूध की क़ीमत	मान-सरोवर-2
277. -	पंडित मोटेराम की डायरी	'जागरण', जुलाई	-	कफ़न
278. **मुफ़्त-करम-दाशतन**	मुफ़्त का यश	'हंस', अगस्त	वारदात	मान-सरोवर-2
279. **क़हर ख़ुदा का**	बासी भात में ख़ुदा का साझा	'हंस', अक्टूबर	ज़ादे-राह	मान-सरोवर-2
280. **भाई साहब**	बड़े भाई साहब	'हंस', नवम्बर	देहात के अफ़साने	मान-सरोवर-1
281. **इंसाफ़ की पुलिस**	ख़ुदाई फ़ौजदार	'चाँद', नवम्बर	"	मान-सरोवर-2
282. **सुकूने-क़ल्ब**	शांति	'इस्मत' वर्षांक	वारदात	प्रेमद्वादशी

1935 ई०

283. **स्वाँग**	-	'जामिआ', जनवरी	वारदात	-
284. **वफ़ा की देवी**	-	'चाँद', अप्रैल	-	-
285. **लानत**	जीवन का शाप	'हंस', जून	ज़ादे-राह	मान-सरोवर-2

286. ज़ाविया-ए-निगाह	गृहनीति	'चाँद', अगस्त	दूध की क़ीमत	मान-सरोवर-2
287. हक़ीक़त	तथ्य	'अदबी दुनिया', सितम्बर	-	कफ़न
288. -	पैपुजी	'माधुरी', अक्टूबर	-	-
289. लाटरी	लाटरी	'हंस', अक्टूबर	ज़ादे-राह	मान-सरोवर-2
290. कफ़न	कफ़न	'जामिआ', दिसम्बर	कफ़न	मान-सरोवर-2

1936 ई०

291. –	शेर और लड़का	'जंगल की कहानियाँ', फ़रवरी	-	जंगल की कहानियाँ
292. –	वनमानुष की दर्दनाक कहानी	,, -	-	,,
293. –	दक्षिणी अफ़्रीक़ा में शेर का शिकार	,,	-	,,
294. –	गुब्बारे का चीता	,,	-	,,
295. –	पागल हाथी	,,	-	,,
296. –	सांप का मनी	,,	-	,,
297. –	वनमानुष खानसामां	,,	-	,,
298. –	मिट्ठू	,,	-	,,
299. –	पालतू भालू	,,	-	,,

300. –		बाघ की खाल	,,	-	जंगल की कहानियाँ
301. –		मगर का शिकार		-	,,
302. -		जुड़वा भाई	'जंगल की कहानियाँ', फ़रवरी	-	,,
303. -		कुत्ते की कहानी	'कुत्ते की कहानी', जुलाई	-	कुत्ते की कहानी
304. -		मोटर की छींटे	'मानसरोवर', मार्च	-	मान-सरोवर-2
305.	दो बहनें	दो बहनें	'माधुरी', अगस्त	दूध की क़ीमत	कफ़न
306. -		रहस्य	'हंस', सितम्बर	-	,,
307. -		कश्मीरी सेब	हंस', अक्टूबर	-	,,
308.	**मिसपद्मा**	मिसपद्मा	'ज़ादे-राह'	ज़ादे-राह	मान-सरोवर-2
309.	**होली की छुट्टी**	-	'ज़ादे-राह'	,,	-

1937 ई०

310. -		जुर्माना	'कफ़न', मार्च	-	कफ़न
311. -		यह भी नशा वह भी नशा	,,	-	,,
312.	**क्रिकेट मैच**	-	'ज़माना', जुलाई	-	-
313.	**क़ातिल की माँ**	-	'वारदात'	वारदात	-
314.	**ग़म न दारी बुज़ बख़ुर**	-	'वारदात'	,,	-

क्रमवार प्रकाशन

प्रकाशन वर्ष	उर्दू कहानी संख्या	हिन्दी कहानी संख्या	योग	क्रमिक योग
1908 ई०	6	-	6	6
1910 ई०	6	-	6	12
1911 ई०	8	-	8	20
1912 ई०	7	-	7	27
1913 ई०	13	-	13	40
1914 ई०	7	-	7	47
1915 ई०	4	1	5	52
1916 ई०	7	1	8	60
1917 ई०	10	1	11	71
1918 ई०	7	3	10	81
1919 ई०	5	-	5	86
1920 ई०	8	1	9	95
1921 ई०	5	5	10	105
1922 ई०	5	6	11	116
1923 ई०	4	7	11	127
1924 ई०	7	9	16	143
1925 ई०	9	5	14	157

प्रकाशन वर्ष	उर्दू कहानी संख्या	हिन्दी कहानी संख्या	योग	क्रमिक योग
1926 ई०	1	11	12	169
1927 ई०	4	5	9	178
1928 ई०	7	13	20	198
1929 ई०	1	14	15	213
1930 ई०	5	11	16	229
1931 ई०	1	14	15	244
1932 ई०	6	7	13	257
1933 ई०	4	7	11	268
1934 ई०	6	8	14	282
1935 ई०	5	3	8	290
1936 ई०	2	17*	19	309
1937 ई०	3	2	5	314
योग	**163**	**151**	**314**	**314**

* : उपर्युक्त सूची में 13 बाल कहानियाँ सम्मिलित हैं।

कुछ महत्त्वपूर्ण तथ्य

प्रेमचन्द की कहानी सूचियों के अध्ययन से निम्नलिखित तथ्य सामने आते हैं—

1. जिन कहानियों के प्रथम प्रकाशन का निर्धारण अब तक के शोध एवं अन्वेषण के अनुसार लिखा गया है, सम्भव है कि उनमें कुछ कहानियाँ इसके पूर्व प्रकाशित हो गयी हों। आनेवाले शोध एवं अन्वेषण में संशोधन परिवर्तन की सम्भावना बनी रहेगी। यदि हमारी तैयार की गयी वर्तमान सूची को इस किताब के प्रथम प्रकाशन से और मेरी दूसरी पुस्तकें 'प्रेमचन्द, फ़न और तामीरे-फ़न' और 'प्रेमचन्द हिन्दी-उर्दू कथाकार' में सम्मिलित हुई हैं, उनका तुलनात्मक अध्ययन किया जाय, तो स्पष्ट हो जायेगा कि प्रथम प्रकाशन के कालनिर्धारण में संशोधन परिवर्तन होता रहा है। यह कार्य इस सूची संग्नलक के पश्चात् भी संभव है।

2. प्रथम प्रकाशन तिथि को कहानी की लेखन तिथि नहीं माना जाना चाहिए। सम्भव है कि कहानी पहले लिखी गयी हो, किन्तु उसका प्रकाशन बाद में हुआ हो। यह बात लेखक के स्तर पर भी सम्भव है और पत्रिकाओं एवं समाचार-पत्रों के सम्पादकों के स्तर पर भी।

3. इस सूची से स्पष्ट है कि प्रारम्भ से 1914 ई० तक प्रेमचन्द की कोई कहानी हिन्दी में प्रकाशित नहीं हुई थी। यद्यपि 1915-17 ई० तक प्रत्येक वर्ष एक-एक कहानी हिन्दी में प्रकाशित होती रही है। 1918 ई० में तीन कहानियाँ हिन्दी में प्रकाशित हुईं। मध्य में एक वर्ष का अंतराल है।

1919 ई० में कोई कहानी हिन्दी में प्रकाशित नहीं हुई। इसका अनुमोदन प्रेमचन्द के पत्रों से भी होता है। 4 सितम्बर 1914 ई० को मुंशी दयानारायण निगम को लिखते हैं—

“ 'प्रताप' की इसरार मजबूर एक मुख़्तसर-सा क़िस्सा हिन्दी में उसके 'विजयदशमी' नंबर के लिए लिखा है। हिन्दी लिखनी तो आती नहीं मगर कुछ क़लम को तोड़-मरोड़ दिया है।”[1]

---

1. **प्रेमचन्द : चिट्ठी पत्री, खण्ड 1, पृष्ठ 36**

फिर वर्ष भर 'क़लम तोड़ने-मोड़ने' के पश्चात एक सितम्बर 1915 ई० को मुंशी दयानारायण निगम को सूचना दी—

''हिन्दी तरजुमे के लिए कई जगह से इसरार हुआ और मैं खुद ही इस काम को हाथ में लूँगा।''[1]

किन्तु सत्य यह है कि उन्होंने इस कार्य को अपने हाथ में लेने के बजाय अपने शिष्यों के हवाले कर दिया। उनके एक शिष्य मंज़ूरूलहक़ 'क़लीम' का कथन है कि जुलाई 1916 ई० से मई 1918 ई० तक की सारी रचनाएँ उनके 'कलम से साफ' हुई हैं।[2] एक दूसरे शिष्य और दोस्त मुंशी मुनीर हैदर 'बेबाक' माहुली के संबंध में प्रोफ़सर सैयद एहतेशाम हुसैन ने इन पंक्तियों के लेखक को बताया कि उन्होंने प्रेमचन्द की अनेक उर्दू कहानियों का अनुवाद हिन्दी में किया था, जो बाद में प्रेमचन्द की कहानी के रूप में प्रकाशित हुईं।

4. इस सूची से ज्ञात होता है कि 1921 ई० से परिस्थिति बदल गयी। उर्दू और हिन्दी दोनों भाषाओं में पाँच-पाँच कहानियाँ प्रकाशित हुईं। 1922 ई० में उर्दू में 5 (पाँच) और हिन्दी में 6 (छः) कहानियाँ प्रकाशित हुईं। 1923 ई० से 1925 ई० के मध्य 21 (इक्कीस) कहानियाँ हिन्दी में और 20 (बीस) कहानियाँ उर्दू में प्रकाशित हुईं। उर्दू में 1924 ई० और 1925 ई० में एक-एक कहानी प्रकाशित हुईं। यद्यपि 1926 ई० में उर्दू में मात्र 1 (एक) कहानी प्रकाशित हुई। इससे पता चलता है कि इस वर्ष अनुवादक ने अत्यधिक परिश्रम से कार्य किया। इसका उल्लेख प्रेमचन्द के पत्र तिथि 31 मार्च, 1926 ई० में है। मुंशी दयानारायण निगम को लिखते हैं—

''मुंशी इक़बाल वर्मा साहब मारे तक़ाज़ों के नाक में दम किये हुए हैं, हालाँकि एक सौ पचासं दे चुका हूँ, लेकिन इतना ही और देना है।''[3]

मुंशी इक़बाल वर्मा 'सेहर' हतगामी प्रेमचन्द के हिन्दी अनुवादक थे। 'सेहर' और उनके समान दूसरे हिन्दी अनुवादकों की सहायता से यह कार्य आगे बढ़ता गया। उपर्युक्त सूची से स्पष्ट होता है कि 1927 ई० से प्रेमचन्द की हिन्दी कहानियों का प्रकाशन उर्दू कहानियों से अधिक है। इनके हिन्दी में प्रकाशन की संख्या 88 (अट्ठासी) और उर्दू में प्रकाशन की संख्या 44 (चवालीस) है। इसके अलावा बच्चों की तेरह कहानियाँ भी

---

1. प्रेमचन्द : चिट्ठी पत्री, खण्ड 1, पृष्ठ 46
2. मन्ज़ूरूलहक 'क़लीम' : मुंशी प्रेमचन्द मरहूम, एक शागिर्द की नज़र में, 'ज़माना', प्रेमचन्द विशेषांक, 1937 ई०
3. प्रेमचन्द : चिट्ठी पत्री : खण्ड 1, पृष्ठ 161

1936 ई० में हिन्दी में ही प्रकाशित हुईं, जो उर्दू में प्रकाशित न हो सकीं। यद्यपि 1935 ई० और 1937 ई० में उर्दू कहानियों की संख्या हिन्दी की अपेक्षा अधिक है। 1935 ई० में उर्दू कहानियाँ 5 (पाँच) और हिन्दी कहानियाँ 3 (तीन) हैं। 1937 ई० में उर्दू में 3 (तीन) और हिन्दी में 2 (दो) हैं।

5. प्रेमचन्द की अधिकतर सफल कहानियाँ 'कफ़न' सहित, जो दिसंबर 1935 ई० में प्रकाशित हुईं, उर्दू में पहले प्रकाशित हुईं, बाद में हिन्दी में प्रकाशित हुईं।

6. प्रेमचन्द की रचनाओं में उर्दू के अलावा हिन्दी में लगातार प्रकाशन से संबंधित पिछले पृष्ठों में प्रकाश डाला जा चुका है। हिन्दी में इनके अधिक छपने से कभी-कभी यह मान लिया जाता है कि बाद के समय में प्रेमचन्द हिन्दी की ओर अधिक ध्यान देने लगे थे, यद्यपि सही परिस्थिति उससे अलग है।[1]

प्रेमचन्द ने 29 दिसम्बर, 1934 ई० में 'दक्षिण भारत हिन्दी प्रचार सभा' के अध्यक्षीय भाषण में स्पष्ट शब्दों में स्वीकार किया है—

''मेरा सारा जीवन उर्दू की ख़िदमत करते गुज़रा है और भी मैं जितनी उर्दू लिखता हूँ उतनी हिन्दी नहीं लिखता, और कायस्थ होने और बचपन से फ़ारसी का अभ्यास करने के कारण उर्दू जितनी मेरे लिए स्वाभाविक है, उतनी हिन्दी नहीं है।''[2]

इस प्रकार प्रेमचन्द की रचनाओं का अध्ययन करते हुए इस तथ्य को सामने रखना चाहिए कि वह वास्तविक रूप में उर्दू के लेखक एवं कलाकार थे। उनकी कहानियों का तुलनात्मक अध्ययन हिन्दी और उर्दू में भाषा एवं साहित्य के अनेक भाग, खड़ीबोली के आयाम और भाषायी सभ्यता के अनगिनत पहलू उजागर कर देता है। उनके रचनात्मक जौहर, कलात्मक प्रयासों और भाषा एवं अभिव्यक्ति से संबंधित सिद्धांतों को समझने में भी उनकी कहानियों के तुलनात्मक अध्ययन से सार्थक परिणाम निकाले जा सकते हैं। प्रेमचन्द को अपने समकालीन पर इस आधार पर भी वरीयता प्राप्त है कि उन्हें उर्दू और हिन्दी दो महत्त्वपूर्ण भारतीय भाषाओं पर एक साथ प्रवीणता प्राप्त थी।

7. प्रेमचन्द की अनेक कहानियों के नाम हिन्दी और उर्दू में अलग-अलग हैं। उनके संबंध में अब यह कहना कठिन है कि ये परिवर्तन प्रेमचन्द ने किये थे या उनके अज्ञात अनुवादक ने। इन कहानियों के नामों का परिवर्तन कहानियों के उद्देश्य और

---

1. प्रेमचंद के हिन्दी उपन्यासों और कहानियों के तुलनात्मक अध्ययन के लिए लेखक की पुस्तक 'प्रेमचंद : उर्दू-हिन्दी कथाकार', को देखा जा सकता है।
2. प्रेमचन्द : साहित्य का उद्देश्य, पृष्ठ 156-57

दृष्टिकोण को प्रभावित करता है। इसके अलावा कुछ कहानियाँ उर्दू में ही विभिन्न नामों से प्रकाशित हुई हैं; जैसे—'अमृत', 'कप्तान' और 'सुकूने क़ल्ब'। पहली कहानी 'ज़माना' में मार्च 1913 ई० में 'मौत और ज़िंदगी' के नाम से प्रकाशित हुई और लेखक के जीवन में दूसरी बार प्रेम-पचीसी भाग-2 में 'अमृत' के नाम से सम्मिलित की गयी। इस प्रकार दूसरी कहानी का नाम 'ज़माना' के दिसंबर 1917 ई० के अंक में 'दर्द और दवा' था और बाद में उनकी कहानियों के संकलन 'वारदात' में 'कप्तान' के नाम से सम्मिलित हुईं। यह कहानियाँ उस समय से संबंधित हैं, जब प्रेमचन्द ने हिन्दी में लिखना आरंभ नहीं किया था, इसलिए अनुमान नहीं किया जा सकता कि उनके नामों को हिन्दी अनुवादकों ने परिवर्तित कर दिया होगा। तीसरी कहानी प्रथम बार 'इस्मत' 1934 ई० में 'सुकूने-क़ल्ब' के नाम से प्रकाशित हुई किन्तु 'वारदात' में उसका नाम 'शांति' है। यही नाम मानसरोवर-1 में भी दिखाना है। इसी प्रकार प्रेमचन्द की कहानी 'खाक़े-परवाना' आरम्भ में उर्दू में 'शामते-आमाल' के नाम से 'ज़माना' के सितम्बर, अक्टूबर 1914 ई० में प्रकाशित हुई, किन्तु जब उसे गुप्तधन-1 में सम्मिलित किया गया, तो उसका नाम 'अपनी करनी' कर दिया गया।

8. नामों के परिवर्तन के कारण कहानी की मूलभावना को उजागर करना, वक्तव्य को प्रभावशाली बनाना और पाठक को पहली दृष्टि में आकर्षित करने का प्रयास हो सकता है। एक अच्छे नाम की विशेषता पर गत पृष्ठों में प्रकाश डाला जा चुका है। उसे कहानी के बाह्य गुणों में गिना जाता है, किन्तु अच्छे शीर्षक को कहानी की केन्द्रीय विशेषता नहीं माना जा सकता। प्रेमचन्द की कहानियों के अनेकानेक नामों के विभिन्न स्तर हैं, किन्तु इन नामों में उनको परिवर्तित करने का उद्देश्य स्पष्ट नहीं है। यह अनुमान किया जा सकता है कि कहानी को अधिक आकर्षक बनाने की दृष्टि से शीर्षक में परिवर्तन किया गया हो। हिन्दी और उर्दू कहानियों के शीर्षकों में विरोधाभास का कारण कभी-कभी अनुवाद की कठिनाई हो सकती है, क्योंकि उनमें कुछ नाम फ़ारसी, अरबी, संस्कृत परम्पराओं से प्रभावित हैं, जिनको यथावत् नहीं रखा जा सकता।

9. प्रेमचन्द की कई कहानियों में पात्रों के नाम परिवर्तित कर दिये गये हैं। 'हज्जे अकबर' के मुंशी साबिर हुसैन और शाकिरा नसीर और अब्बासी, 'महातीर्थ' में मुंशी इन्द्रमणि और सुखदा, रुद्र और कैलाशी हो जाते हैं। यद्यपि दाया उसी रूप में रहती है। 'अदीब की इज्जत' या 'लेखक' में साहित्यकार की लाचारी और ग़रीबी के शोषण पर व्यंग्य किया गया है। दोनों में पात्रों के कुछ नाम परिवर्तित कर दिये गये हैं। हज़रत क़मर को प्रवीण जी और सकीना को सुमित्रा कर दिया गया है। हाफ़िज़ समद और मिस्टर ब्रांचे उसी रूप में रहते हैं। राजा साहब भी वही हैं लेकिन हज़रत क़मर से कहते हैं—

''आईना-ए-हिन्द में आपकी नज़्म देखकर तो दिल खुश हो गया''।

और प्रवीण जी कहते हैं—

''हंस में आपका लेख देखकर दिल फड़क उठा''।

'फ़िक्रे-दुनिया' प्रतीकात्मक कहानी है, जिसका 'जैक' मोटा-ताज़ा, हष्ट-पुष्ट कुत्ता होने के अलावा मानवीय मनःस्थिति के कई आयामों को चिह्नित करता है। इसी को 'अधिकार चिंता' में टामी कर दिया गया है। यद्यपि कहानी की भूमिका में उसका प्रथम नाम अधिक उचित जान पड़ता है। इसी प्रकार 'सुकूने-क़ल्ब' और 'शांति' में गोपा, सुनीता, मदारीलाल, और केदार उसी रूप में रहते हैं, लेकिन प्रारंभिक पात्र श्रीनाथ का नाम बदलकर देवनाथ कर दिया गया है, जिसकी कोई आवश्यकता नहीं जान पड़ती, क्योंकि इससे कहानी के प्रभाव, कार्य, रचना वातावरण में किसी प्रकार का परिवर्तन नहीं होता।

10. कहानियों में पात्रों के नाम परिवर्तित करने का उद्देश्य यदि क्षणिक रूप से प्रभाव क्षेत्र में वृद्धि करना है, तो इसका महत्त्व कम हो जायगा, क्योंकि इस प्रकार का करतब दिखाना कलाकार के बजाय प्रचारक को अधिक जँचता है। ध्यान रहे कि प्रेमचन्द के समय में हिन्दी और उर्दू का विभाजन अधिकतर धर्मिक आधारों पर किया जाता था, जिसके आधार पर विचार उत्पन्न हो सकता था कि हिन्दी कहानियों में सामान्यतः हिन्दू नाम और उर्दू कहानियों में मुस्लिम नाम रखे जायँ, किन्तु प्रेमचन्द की कहानियों के अध्ययन से स्पष्ट हो जाता है कि उन्होंने कभी भी साम्प्रदायिक रूप में पात्रों का विभाजन नहीं किया है। उन्होंने जिन समस्याओं को कहानी में स्थान दिया है, उनमें जिस प्रकार के पात्र अच्छे और उचित हो सकते थे, स्थान पाते रहे हैं। प्रेमचन्द ने पात्रों को वर्गीय प्रतिक्रिया के अनुसार चयनित किया जिसमें हिन्दू-मुस्लिम आर्थिक एवं सामाजिक जीवन के मानक पर एक वर्ग के सदस्य होते। प्रेमचन्द ग्रामीण जीवन के जिन पहलुओं पर बल देते थे; उनमें जुम्मन, अलगू, मुलिया आदि में अधिक अन्तर नहीं रहता, क्योंकि जीवन के सामान्य मानकों पर हिन्दू-मुस्लिम, मध्य और निम्न वर्ग में बड़ी सीमा तक समरसता एवं एकरूपता है। प्रेमचन्द की जिन कहानियों का उल्लेख किया गया है, उनमें उन्हीं के सामान्य नियमों का विरोध मिलता है। इसलिए निर्णय लेना सरल नहीं है कि इसे लेखक द्वारा संशोधन समझना चाहिए, या अज्ञात अनुवादकों का बौद्धिक उद्यम, इस संबंध में सुविधावादी कार्यप्रणाली यह होगी कि इसका अधिक दायित्व अनुवादक के उलट-फेर के सिर मढ़ दिया जाय।

11. प्रेमचन्द की कहानियों में अनुवाद के परिवर्तनों और सुधारों का तुलनात्मक अध्ययन स्वतः उपयोगी और रोचक है, जिनसे उनके रचनात्मक प्रक्रिया में कई आयाम स्पष्ट होते हैं। कुछ बातों का उल्लेख नीचे किया जा सकता है, जिन पर ध्यान देना उचित होगा। इसके निम्नलिखित रूप हो सकते हैं—

(अ) ये संशोधन एवं परिवर्तन स्वयं प्रेमचन्द ने किये हों, इस स्थिति में सारा उत्तरदायित्व लेखक का होगा।

(ब) ये संशोधन एवं परिवर्तन उन्होंने किसी अनुवादक से कराये हों और बाद में उसको जाँच लिया हो। इस रूप में भी सारा दायित्व लेखक का होगा।

(स) ये संशोधन एवं परिवर्तन किसी अनुवादक ने किये हों और प्रेमचन्द ने उसे जांचा न हो। इस रूप में इन्हें आरोपित मानना पड़ेगा और लेखक का कोई दायित्व नहीं होगा।

12. इन समस्याओं के संबंध में अधिकांश प्रेमचन्द का कथन उपलब्ध नहीं है, किन्तु अब यह बात शोध से सिद्ध हो चुकी है कि प्रेमचन्द ने सामान्यतः अपनी उर्दू रचनाओं के अनुवाद दूसरों से कराये; किन्तु इस संबंध में विश्वास से नहीं कहा जा सकता कि यह संशोधन एवं परिवर्तन प्रेमचन्द के संज्ञान में किये गये या अनुवादक ने स्वतंत्रतापूर्वक किया। यदि अनुवादक के संशोधन एवं परिवर्तन को प्रेमचन्द ने स्वीकार कर लिया और उनकी जाँच भी प्रेमचन्द ने कर दी हो, इस रूप में भी उनको प्रेमचन्द की मूल रचनाओं में सम्मिलित नहीं किया जा सकता।

प्रेमचन्द की कहानियाँ जो सर्वप्रथम उर्दू में प्रकाशित हुईं, उनके अनुवाद साधारणतया खंडित और भ्रामक हैं। उनके अनुवादक की योग्यता भी साधारण हैं जिसने अनुवाद में सुविधावादिता से काम लिया है। शब्दों के पर्याय ढूँढ़ने का प्रयास नहीं किया। उसको उर्दू और हिन्दी दोनों भाषाओं की परम्परा, स्वभाव और रचना का ज्ञान नहीं है, बल्कि किसी साधारण शब्दकोश की सहायता से कुछ शब्दों को परिवर्तित कर देने पर संतोष कर लेता है। अनुवादक का अज्ञान होना, कहानी के भाव को खंडित करता है। कभी-कभी बोल-चाल और मुहावरों के अनुवाद में कठिनाई से बचने के लिए उन्हें छोड़ देता है। कभी-कभी विशेष शब्दों और भावों से परिचित न होने के कारण उनका अनुचित पर्याय लिख देता है। फ़ारसी और अरबी परम्पराओं से प्रभावित उर्दू वाक्यों का अनुवाद न कर सकने की असमर्थता के आधार पर सीमित अर्थ की समस्याओं में गिरफ़्तार हो जाता है। ये समस्याएँ उन कहानियों में भी दृष्टिगोचर होती है जो सर्वप्रथम हिन्दी में प्रकाशित हुईं, किन्तु उनके उर्दू रूप में त्रुटियाँ कम हैं, जिससे अनुमान किया जा सकता है कि सम्भवतः इनकी जाँच प्रेमचन्द ने की है या किसी ऐसे व्यक्ति ने, जो उर्दू एवं हिन्दी के स्वभाव और परम्परा से परिचित हो।

□□□

उपसंहार

पाठकगण लेखक से संक्षिप्त और दो टूक राय माँग सकते हैं कि उसके विचार में कहानीकार प्रेमचन्द के साहित्यिक अवदान की क्या स्थिति है? उन्हें हिन्दी एवं उर्दू के कथा साहित्य में क्या स्थान प्राप्त हो सकता है? वर्तमान युग में मूल्यों की कशमकश, परम्पराओं की अस्वीकृति एवं अवहेलना और आधुनिक वैचारिक परिप्रेक्ष्य में इसे सार्थकता प्राप्त है अथवा अनुभूति संबंधित स्थितियों के परिवर्तन, मूल्यों के ह्रास एवं विघटन और निजता के विकास के आधार पर प्रेमचन्द की सार्थकता समाप्त हो चुकी है? साथ ही इस समस्या पर विचार करने की आवश्यकता इस आधार पर भी है कि समकालीन पाठक का विश्वास है कि मूल्यों के नाम पर जो कुछ हो चुका है, वह अपर्याप्त है, जो कुछ है, अमरत्व प्राप्त करने से असमर्थ है और जो आदरणीय है, उदारता की पीड़ा में जकड़ा हुआ है। अनुभवों के संबंध में भी दिन-प्रतिदिन नवीन यथार्थों का सामना हो रहा है। इसके लिए पग-पग पर संशोधन एवं परिवर्तन की आवश्यकता दीखती हैं। इन समस्याओं के अध्ययन में का अवदान विशेष महत्त्व रखता हैं। ध्यान देने योग्य है कि प्रेमचन्द का युग समकालीनता की माँगों से ओत-प्रोत था, इसे वर्तमान युग की पृष्ठभूमि माना जा सकता है, क्योंकि उन्नीसवीं शताब्दी के अन्त और 20वीं शताब्दी के प्रारम्भ में समकालीनता के समान मानसिक असामंजस्य और कशमकश की सारी जटिलताएँ वर्तमान थीं। विभिन्न साहित्यिक एवं सामाजिक मानक एवं मूल्य आपस में एक-दूसरे से टकरा रहे थे। राजनीतिक आंदोलनों ने बौद्धिक रूप में जागरित कर दिया था। साहित्यकार एवं कलाकार एकांगी जीवन या अलगाव के सिवा अपने वर्तमान परिप्रेक्ष्य का अध्ययन करके अपना कार्यक्रम प्रतिपादित कर रहा था।

प्रेमचन्द के संबंध में दो-दो का अर्थ चार के सूत्र पर कुछ कहना कठिन है, क्योंकि साहित्य एवं कला में दो-दो का अर्थ चार के सिवा कभी-कभी पाँच और प्रायः तीन ही होते हैं। यानी, उच्च योग्यता का साहित्यकार या कलाकार अपनी कल्पना शक्ति के आधार पर वास्तविक स्थिति से आगे देख लेता है, परन्तु साधारण साहित्यकार या कलाकार वस्तुस्थिति से पीछे ही रहता है। साहित्यिक एवं कलात्मक रचनाओं का विश्लेषण गणित, सांख्यिकी एवं गणना और कुंडली निर्माण के समान नहीं किये जा सकते। इसमें संक्षेप से विस्तार, प्रतीक से यथार्थ और व्यक्तिगत अनुभव से सामूहिक

अनुभव की ओर नेतृत्व होता है। इस अन्तर के दृष्टगत कर देने के कारण ही प्रेमचन्द के संबंध में कुछेक असत्य परिणाम निकाले हैं। उर्दू समालोचकों में किशनप्रसाद कोल, राजेन्द्रनाथ 'शैदा', गोपाल मित्तल और हिन्दी समालोचकों में आचार्य नन्ददुलारे वाजपेयी, इलाचन्द्र जोशी, डॉ० कमल किशोर गोयंका इत्यादि ने प्रेमचन्द को राष्ट्रीय जीवन की प्रगतिशील शक्तियों से अलग प्रमाणित करने का प्रयास किया है। इन विद्वान् समालोचकों की अपनी असमर्थताएँ हैं, जिन्हें वे प्रेमचन्द पर आरोपित कर देते हैं।

प्रेमचन्द के नैतिक प्रचार और व्यक्तिगत सुधार के मामले की समस्याएँ, जो प्रेमचन्द के गहरे सामाजिक एवं सामूहिक चेतना की द्योतक हैं, उनके सिद्धांत एवं विचार प्रायः गतिमान और विकासमान रहे हैं। उसमें जीवन के अनुभव एवं भाव को सामूहिक स्तर पर स्वीकार किया गया है। प्रेमचन्द ने साहित्य की सार्थकता को सौन्दर्य की जिज्ञासा की पूर्णता और अभिरुचि, बौद्धिक आनंद का स्रोत माना है। जीवन में आनंद की यही इच्छा प्रत्येक मानव को दूसरों का हमदर्द और शुभचिंतक बनाती है, जो देश और राष्ट्र की सीमाएँ तोड़कर संसार के समस्त लोगों से संबंध स्थापित करने का निमंत्रण देती है। इसकी परम्पराओं में परिवर्तन संशोधन अपरिहार्य हो जाता है। फिर प्रेमचन्द यह कहते हुए दिखायी देते हैं—

''हमें सौन्दर्य का आदर्श परिवर्तित करना होगा।''

इसका उद्देश्य अपर्याप्त को विस्तृत करना, जो कुछ है उसमें वृद्धि करना, क्षणिक अनुभवों को अमरत्व प्रदान करना होगा। उसके पश्चात् उदारता की पीड़ा के स्थान पर आनंद की अनुभूति होगी और मूल्यों में ह्रास एवं विघटन को जीवन की गतिशीलता एवं स्पंदन शक्ति के मानकों के अनुसार परखना होगा, फिर साहित्य से 'सौन्दर्याभास' भी उत्पन्न होगा और पाठक को 'आत्म प्रकाश' भी प्राप्त होगा। इसी आधार पर प्रेमचन्द साहित्य को आमोद-प्रमोद तक सीमित करने को ख़तरनाक मानते हैं। इसे भाँड़ों और मदारियों का कार्य कहते हैं।

प्रेमचन्द के विचार में साहित्य को यथार्थपरक होना चाहिए। उसकी रचनाओं में समाज का विश्लेषण हो, ताकि सामाजिक जीवन के गुणों और अवगुणों का अनुभव किया जा सके। मानवता विरोधी सिद्धांतों एवं विचारों को उधेड़ा जा सके, किन्तु वर्णन में कलात्मक औचित्य शेष रखा जाय, क्योंकि मात्र तथ्यों का वर्णन साहित्य नहीं कहा जा सकता।

प्रेमचन्द मनोवैज्ञानिक दृष्टिकोण को विशेष महत्त्व देते थे, क्योंकि इससे कहानी के पात्रों के कार्य-कलाप और क्रिया-प्रतिक्रिया के विभिन्न अंगों को गतिमान करने में सहायता मिलती है। प्रेमचन्द की यह प्रवृत्ति आधुनिक साहित्यिक एवं सौन्दर्यबोध की

धारणाओं से तादात्म्य रखती है। यद्यपि इस युग के अधिकांश साहित्यकार, कवि और कलाकार मनोवैज्ञानिक समस्याओं के विश्लेषण के नाम पर अधिकतर शारीरिक रोगों, लिप्सा, अप्राकृतिक कामेच्छा आदि को हवा देते रहे हैं। अपराजित क्षितिज की खोज में अश्लीलता एवं गंदगी के लिए अवसर उत्पन्न करते रहे हैं। प्रेमचन्द इन असाहित्यिक रवैयों को साहित्य के क्षेत्र से बाहर मानते थे। उनकी यथार्थतावादी जिसे आदर्शवादी यथार्थतावादी भी कहा जाता है, व्यक्ति एवं समाज को अच्छा-से-अच्छा बनाने और उपयोग के नियमों पर स्थापित है।

प्रेमचन्द ने अपनी रचनाओं का उद्देश्य स्वतंत्रता-प्राप्ति के संघर्ष को तीव्र करना माना था, इससे उनकी साहित्यिक परम्परा की दृढ़ता का अनुभव होता है। प्रेमचन्द अपने युग के समस्त लेखकों पर श्रेष्ठता रखते हैं कि उन्होंने उस युग की सामाजिक एवं आर्थिक समस्याओं को अपनी रचनाओं का विषय बनाया, जो व्यक्ति और समाज की उन्नति में रुकावट थे। प्रेमचन्द ने विशेष रूप से किसानों की समस्याओं पर ध्यान दिया। उनकी कठिनाइयों को समझने और समझाने का प्रयास किया। वह मानसिक रूप से किसानों के अधिक निकट थे। उनके कष्टों और दुःखों की जटिलता में पिंघलकर उन्हीं से एकात्म हो गये थे। प्रेमचन्द के स्वभाव की स्वाभाविकता, निश्छलता, नरमी और घुलावट में उत्तरी भारत के किसान का रूप और रंग पहचाना जा सकता है। प्रेमचन्द स्वभावतः किसान थे। उसी प्रकार परिश्रम अभ्यस्त और परिणाम से अनभिज्ञ किसान का प्रेम हल, बैल और धरती से अधिक होता है, प्रेमचन्द भी इन्हीं वस्तुओं से प्रेम करते थे और अपने व्यावहारिक जीवन में कलम से कुदाल और फावड़े का कार्य लेते थे। किसानों की ग़रीबी और दरिद्रता का चित्रण करने में उनकी तीव्र भावनात्मकता को अस्वीकार नहीं किया जा सकता।

प्रेमचन्द की रचनाओं में दलितों की समस्याओं को व्यक्त करने में उनके दुर्भाग्य का ऐसा हृदय विदारक चित्र मिलता है कि उनके विरोधियों और शोषण करनेवालों के विरुद्ध तीव्र प्रतिक्रिया का एहसास जागता है।

प्रेमचन्द उन दलित एवं पिछड़े, दरिद्रों और असहाय लोगों में चमार, पासी, मेहतर आदि ही नहीं, बल्कि ख़ानाबदोशों और घुमक्कड़ों को भी सम्मिलित करते थे। इस प्रकार प्रेमचन्द ने इस वर्ग में देश के नागरिकों की बड़ी संख्या को सम्मिलित किया है, जिनके साथ आज भी न्याय नहीं हो सका, क्योंकि उनके वर्गीय विरोध को शेष रखने और बढ़ावा देने के राजनीतिक कारण हैं।

असमानता का व्यवहार और अधिकारों के ध्वस्तीकरण में नारी से संबंधित समस्याएँ भी सम्मिलित की जा सकती हैं, जो प्रायः प्रेमचन्द की कहानियों का विषय बनती हैं। उन्होंने सौहार्दपूर्ण समस्याओं को समझने और समझाने का प्रयास किया है।

प्रेमचन्द ने भारतीय नारी के जीवन के विभिन्न आयामों पर प्रकाश डाला है। माता, बहन, बेटी तथा पत्नी के रूप में उसके कर्त्तव्य बताये हैं। नारी की शिक्षा-दीक्षा, उन्नति एवं उन्नयन, जीवन के संघर्ष, अधिकार आदि के निर्धारण में प्रेमचन्द के सिद्धांत वर्तमान युग के परिप्रेक्ष्य में पुराने एवं रूढ़िवादी जान पड़ते हैं, क्योंकि प्रेमचन्द नारी को पुरुष के समान स्थान प्रदान करने से न केवल मना करते हैं, बल्कि उनके विचार में नारी की महानता उसके गृहिणी बनने, सेवा एवं सुश्रूषा करना और अपने घर की चारदीवारी तक सीमित रहने पर स्थापित हो सकता है। ध्यान रहे कि प्रेमचन्द के नारी पात्रों में जोश-ख़रोश और व्यावहारिक शक्ति होती है, किन्तु उनका प्रत्येक व्यवहार किसी पुरुष के मार्गदर्शन का पराश्रित होता है।

इसमें संदेह नहीं कि स्वतंत्रता आंदोलन में महिलाएँ, पुरुषों से कंधा-से-कंधा मिलाकर सक्रिय दिखायी देती थी, किन्तु उनकी स्थितियों का गहन दृष्टि से अध्ययन किया जाय, तो स्पष्ट होता है कि प्रेमचन्द नारी को पुरुषों के जोश को बढ़ाने का माध्यम मानने तक सीमित रखना चाहते हैं। उनके स्वभाव का यह रोचक पहलू है कि किसी मुहिम में नारियों की उपस्थिति से परिस्थिति की तीव्रता में असाधारण वृद्धि कर देते हैं, किन्तु उस मुहिम में असाधारण कार्य सम्पन्न करना पुरुषों का जन्मसिद्ध अधिकार मानते हैं। प्रेमचन्द ने नारी को उन्हीं मानकों पर देखने का प्रयास किया, जो देश में प्राचीनकाल से अब तक किसी-न-किसी रूप में प्रचलित रहे हैं। वर्तमान सामाजिक स्थिति प्रेमचन्द के दृष्टिकोण का समर्थन नहीं करती, किन्तु इसके बावजूद प्रेमचन्द के दृष्टिकोण का ऐतिहासिक महत्त्व स्थायी रहेगा। जब कभी इतिहासकार उस युग के समाज का उल्लेख करेगा, उसे प्रेमचन्द की रचनाओं के अध्ययन से सहायता मिल सकेगी। ध्यान रहे कि नारी से संबंधित यह विचार मात्र प्रेमचन्द तक सीमित नहीं थे, बल्कि उस युग का प्रगतिशील मस्तिष्क समानता के अधिकार का यही अर्थ समझता था कि नारी को पुरुष के अन्तर्गत घर गृहस्थी में कुछ सुविधाएँ प्रदान कर दी जाएँ। सामाजिक सुधार के आंदोलनों में नारी शिक्षा पर दबाव देनेवाले बड़े-बड़े सुधारक भी नारी को व्यावहारिक जीवन में पुरुष के समान अधिकार देने के लिए तैयार न थे।

प्रेमचन्द के धार्मिक विचारों के विश्लेषण में इस तथ्य पर ध्यान देने की आवश्यकता है कि उन्होंने पिछड़े हिन्दू परिवार में जन्म लिया था। उसके विश्वास, रस्मो-रिवाज अन्धविश्वास आदि घुट्टी में मिली थी। प्रेमचन्द की दूरदर्शिता थी कि उन्होंने न केवल यह कि उनका समर्थन नहीं किया, बल्कि अपनी कहानियों में उन पर तीव्र प्रहार भी किये, जिससे प्राचीन विश्वासों, रस्मों और अन्धविश्वासों के ठेकेदार तिलमिला उठे।

यह सत्य है कि प्रेमचन्द पर आर्यसमाज का प्रभाव था, किन्तु उन्होंने आर्य-समाज की शुद्धि और संगठन के आंदोलनों की रूढ़िवादिता और साम्प्रदायिकता का डंके की

चोट पर खंडन किया और भारत की संयुक्त राष्ट्रीयता पर बल दिया। आर्य-समाज की सदस्यता उनकी दूरदर्शिता में रुकावट नही उत्पन्न करती। प्रेमचन्द की आर्य सामाजिकता उसके प्रगतिशील गतिविधियों तक सीमित थी। देश के स्वतंत्रता आंदोलन के युग में आर्यसमाज को सुधारवादी प्लेटफ़ार्म का स्थान प्राप्त था। राष्ट्रीय भावना को उभारने, सुधारवादी कार्य, नारी शिक्षा आदि समस्याओं को केन्द्र बनाने के आधार पर उसे विभिन्न विचार रखनेवाले राजनीतिक नेताओं का संरक्षण प्राप्त हो गया था। उस समय में जब कांग्रेस पर शासन का प्रतिबंध बढ़ता, आर्यसमाज के कार्यक्रमों को सामूहिक सहयोग प्राप्त हो जाता। प्रेमचन्द ने आर्य-समाज से इसी सीमा तक संबंध रखा कि उसके सुधारवादी कार्यक्रमों के माध्यम से भारत के पुनर्जागरण का स्वागत कर सकें, जो दबे पाँव से उस काल की सीमाओं में प्रवेश कर रहा था।

प्रेमचन्द हिन्दू-मुस्लिम एकता के समर्थक ही नहीं, प्रबल प्रचारक थे। अपनी रचनाओं में उन तत्त्वों पर गहरा और तीव्र व्यंग्य करते रहते थे, जिनमें आपसी विरोध को विस्तृत करने का प्रयास दिखायी देता है। इसके असंख्य उदाहरण प्रेमचन्द की कहानियों से खोजे जा सकते हैं। किन्तु कभी-कभी अपने भावनात्मक स्वभाव, स्वच्छंदतावादी दृष्टिकोण और आदर्शवादिता के आधार पर साधारण घटनाओं से तीव्र प्रभाव स्वीकार करके प्रतिक्रिया व्यक्त कर देते, जिसका ग़लत विश्लेषण करके कुछेक आलोचकों का समूह प्रेमचन्द का चरित्र हनन करता रहता है।

प्रेमचन्द का उस युग के सामाजिक एवं राजनीतिक परिप्रेक्ष्य से सीधा संबंध है क्योंकि अंग्रेज़ों के षड्यंत्र देश के लोगों को विभिन्न समुदायों या वर्गों में विभक्त करने में सक्रिय थे। जिसकी इच्छानुसार व्यक्तिगत हितों के आधार पर आपस में टकराते रहते थे। इस रस्साकशी में उस युग के अधिकांश नेता ग्रस्त थे। प्रेमचन्द की सफलता थी कि उन्होंने क्षणिक भावनात्मकता को अपना स्वभाव नहीं बनने दिया, बल्कि प्रायः गम्भीर अवसरों पर योग्य व्यक्ति होने का प्रमाण दिया। उनकी कहानियों में एकता, समानता और आपसी सद्भाव की स्थितियों से पाठक प्रभावित हुए बिना नहीं रह सकता।

धार्मिक आयामों के अध्ययन में प्रेमचन्द की प्रक्रिया महत्त्वपूर्ण विन्दुओं पर प्रकाश डालती है, जब उन्होंने रचनात्मक गुणों को ईश्वरीय देन माना या स्वाभाविक यथार्थ को नकार करके हृदय परिवर्तन पर बल दिया तो उनके विशिष्ट नैतिक विचारों में आत्मिक और आध्यात्मिक प्रवृत्ति सम्मिलित हो जाती है। ऐसा प्रतीत होने लगता है कि प्रेमचन्द भौतिक यथार्थ का सामना करने से मुकर रहे हैं, किन्तु जब ये बादल छँट जाते हैं, तो उनका दृष्टिकोण पहले की अपेक्षा स्पष्ट हो जाता है। असामंजस्य उस युग की विशेषता है। प्रत्येक व्यक्ति अपनी सामर्थ्य और बुद्धि के अनुसार असामंजस्य की सामग्री उपलब्ध कर रहा था। अनेकानेक सम्भावनाओं को एक ही मानक पर स्वीकार कर रहा था। उस

आंतरिक असामंजस्य में सामंजस्य का स्थायी रहना कठिन था। यद्यपि साहित्य में स्वच्छंदता का आरंभ हो चुका था, किन्तु प्रेमचन्द का युग अर्ध-भौतिक एवं अर्ध-आध्यात्मिक वातावरण में पल रहा था।

प्रेमचन्द का विवेक शनैः-शनैः विकास के लक्ष्य की ओर बढ़ता है। उनकी कहानियों की विकासशील यात्रा में 'सोज़े-वतन' पहला पड़ाव है, जिस पर स्वच्छंदतावादी और काल्पनिक वातावरण प्रभावी था किन्तु अपनी आयु के अन्तिम समय में 'कफ़न' तक आते-आते उनकी बौद्धिक यात्रा के रचनात्मक दृष्टिकोण में अत्यधिक परिवर्तन का आभास होता है। इसी समय उनका लेख 'महाजनी तहज़ीब' प्रकाशित होता है जिससे उनकी यात्रा की दिशा की पहचान होती है। इस लेख में पूँजीवादी व्यवस्था के मुक़ाबले में प्रेमचन्द को कुछ मानसिक संकोच भी है। इस समाज के लिए उनके दिल में मुलायम गोशे भी दिखायी देते हैं, क्योंकि जागीरदारी व्यवस्था में उन्हें प्राचीन भारत की महानता के चिह्न दिखते थे। इसके बावजूद इस लेख का महत्त्व अपरिहार्य है। इसे प्रेमचन्द की बौद्धिक यात्रा को समझने में मूल महत्त्व प्राप्त है। यद्यपि प्रेमचन्द ने मार्क्सवाद अथवा साम्यवाद का गहरा अध्ययन तो दूर रहा, उसकी मूल धारणाओं को भी ग्रहण नहीं किया था। मार्क्स के भारत से संबंधित बहुमूल्य लेखों का अध्ययन भी शायद ही उन्होंने किया हो। इसी प्रकार प्रेमचन्द का विवेक भी प्रायः द्वंद्वात्मक भौतिकता से जुड़ा नहीं था, उनकी सामाज़िक प्रवृत्ति इतिहास के स्वाभाविक चेतना से संबंध नहीं रखती, किन्तु उनके भीतर मानवतावादी कलाकार की न्यायप्रिय दृष्टि के विद्यमान होने को नकारा नहीं जा सकता, जो यथार्थ के भौतिक विश्लेषण प्रस्तुत करने में संकोच नहीं करतीं। प्रेमचन्द अपनी समस्त रचनाओं में, निर्धन, निम्नवर्ग, दरिद्र और शोषित वर्ग के पक्षधर हैं। वे लूटनेवालों, शोषण करनेवालों, अन्यायियों और शासकों पर भरपूर वार करते दिखायी देते हैं। उपर्युक्त सैद्धांतिक समस्याओं के अतिरिक्त प्रेमचन्द की कहानियों की कलात्मक एवं रचनात्मक सम्भावनाओं का अध्ययन किया जाये तो प्रेमचन्द उर्दू और हिन्दी के पहले कहानीकार हैं, जिन्होंने कहानी को कलात्मकता से मालामाल किया। उन्होंने न केवल हिन्दी-उर्दू कहानी की साहित्यिक विधा की नींव रखी, बल्कि उनकी कहानियाँ रूप-विधान के विकास का इतिहास बन गयीं। कला के अनुसार उनके कथानक, पात्र, संवाद आदि में उत्तरोत्तर उन्नति दिखायी देती है। प्रेमचन्द की कहानियों का प्रारूप विविधता एवं नवीनता से परिपूर्ण रहा है। उसमें उन्नति की आधुनिक सम्भावना उजागर होती रही है। प्रेमचन्द की शैली कहानियों को नवीन रचनात्मक एवं कलात्मक सम्भावनाओं से मालामाल करती रही है जिसके आधार पर प्रेमचन्द की कहानियों की उपयोगिता का अध्ययन आवश्यक हो जाता है।

प्रेमचन्द की भाषा के अध्ययन में ध्यान रखना चाहिए कि उनको उर्दू या हिन्दी

में किसी एक भाषा में गद्य-साहित्य के निर्माता के रूप में उच्च स्थान प्राप्त है। उनकी हिन्दी-उर्दू कहानियों के तुलनात्मक अध्ययन से आभास होता है कि प्रेमचन्द की अधिकतर कहानियों की भाषा उर्दू भाषिक संस्कार से अधिक निकट है। उनके अनुवाद विभिन्न लोगों ने किये, जिनमें मानक और स्वभाव का अन्तर स्पष्ट है। अनुवादकों ने अनेक स्थानों पर परिवर्तन एवं संशोधन भी कर दिया है। अब यह फ़ैसला करना कठिन है कि उनका संशोधन प्रेमचन्द ने स्वयं किया था या नहीं। अनुवादों में शब्दों के विकल्प ढूँढ़ने में अनुवादकों ने असावधानी से काम लिया है, जिससे भाषा में अनगढ़पन उत्पन्न हो गया है। उनकी उर्दू-कहानियों की भाषा हिन्दी कहानियों की तुलना में अधिक स्वाभाविक, खुली, साफ़-सुथरी और मुलायम एवं मीठी है। उनमें अच्छे गद्य के आन्तरिक एवं बाह्य गुणों की सजावट भी है।

प्रेमचन्द के लहजों की मुलायमियत, घुलावट, स्वच्छता, प्रभावकता में भारतीय सांस्कृतिक जीवन झलक उठता है, उनको कालजयी बनाता है। प्रेमचन्द के युग में भाषायी विशेषज्ञता पर गर्व किया जाता था और वर्तमान समय में उन्हीं के मानकों पर आधुनिक कहानी भाषा की नींव दृढ़ की जा रही है। भाषा के विषय में प्रेमचन्द के सिद्धांतों से सहायता प्राप्त हो सकती है। यद्यपि 'हिन्दुस्तानी' का सूत्र नकारा जा चुका है, किन्तु प्रेमचन्द के विचारों को निर्देशक-सिद्धांत मान लिया जाय, तो विरोध या मतभेद कम करने, हिन्दी को सम्पर्क भाषा मानने, अंग्रेज़ी के वर्चस्व से छुटकारा प्राप्त करने और विभिन्न राष्ट्रीय भाषाओं को उन्नति देने में सहायता मिल सकती है। हिन्दी और उर्दू के संबंध में प्रेमचन्द इन दोनों महान् भाषाओं को रूप से एक ही भाषा समझते थे। उर्दू की उन्नति के बिना हिन्दी की उन्नति को असम्भव मानते हैं। उनका विचार था कि कम-से-कम दसवीं कक्षा तक हिन्दी के समस्त छात्रों के लिए उर्दू की शिक्षा अनिवार्य होनी चाहिए।

प्रेमचन्द के अवदान का सामूहिक अध्ययन करने से स्पष्ट हो जाता है कि उन्होंने हिन्दी-उर्दू में न केवल 'कहानी' की एक नवीन विधा स्थापित की, बल्कि इस विधा से उत्तम उदाहरण प्रस्तुत किये। इसे उर्दू और हिन्दी साहित्य का सौभाग्य समझना चाहिए कि उन्हें कहानी की प्रारंभिक अवस्था में ऐसा प्रतिष्ठित रहनुमा मिल गया, जिसने इस साहित्यिक विधा के बाल अवस्था में ही उच्च कलात्मक उदाहरण प्रस्तुत कर दिये, वरना सामान्य रूप से साहित्यिक विधाओं को प्रारंभिक अवस्था पार करने में बहुत अधिक समय व्यतीत हो जाता है। प्रेमचन्द की कुछ महत्त्वपूर्ण कहानियाँ; जैसे—'कफ़न', 'शतरंज के खिलाड़ी', 'बूढ़ी काकी', 'पंचपरमेश्वर', 'बड़े घर की बेटी', 'शंखनाद' आदि अपनी कुछ कलात्मक त्रुटियों के बावजूद आज भी अपराजेय दिखायी देती हैं। प्रेमचन्द ने अपनी दूरदर्शिता और मानवीय सहानुभूति से लोगों के दृष्टिकोण और बर्ताव,

उनकी मनोवैज्ञानिक जटिलताओं की पूर्व चेतना, सामाजिक असमानता के विरुद्ध व्यावहारिक संघर्ष के आधार पर अपनी कहानियों में जीवन का नया रक्त सम्मिलित किया। उसमें सामाजिक चेतना और मानव मैत्री का रंग भरा और साहित्य को उपयोगितावादी दृष्टिकोण से संबद्ध करके स्वस्थ सम्भावनाओं से मालामाल किया। उनकी कहानियाँ बीसवीं सदी की, उस नयी आत्मा की अभिव्यक्ति हैं जो उपमहाद्वीप के करोड़ों बसनेवालों की आवाज बन गया था। प्रेमचन्द ने इन तथ्यों को वाणी प्रदान की जिनसे उनके युग का गद्यात्मक एवं काव्यात्मक साहित्य आँख बचाये चल रहा था। प्रेमचन्द की कहानियों के विषयों, पात्रों के चयन या केन्द्रीय विचार के विश्लेषण से मतभेद किया जा सकता है, किन्तु सामूहिक रूप से उनके उच्च साहित्यिक स्थान से इन्कार किसी ईमानदार समालोचक को नहीं हो सकता।

प्रेमचन्द हिन्दी-उर्दू कहानियों के संसार में अहराम के समान उच्च, महान् और विस्तृत हैं। उनकी रचनाओं के कारण ही गत सात-आठ दशकों के भीतर कथाकारों का इतना विशाल कारवाँ गर्मे-सफ़र हो सका, जिनमें अनेक नाम भारतीय साहित्य-इतिहास में अपना स्थान बना चुके हैं। प्रेमचन्द के प्रभावों का वर्णन करना, हमारे विषय के क्षेत्र से बाहर है, किन्तु यह कहना आवश्यक है कि प्रेमचन्द ने अपने रचनात्मक कार्य में सामंजस्य एवं संतुलन और शैली का आपसी तालमेल और तराश-ख़राश में उच्च स्तर की रचनाएँ प्रस्तुत कर दी हैं, जिनसे बाद के आनेवाले कहानीकारों ने प्रभाव ग्रहण किया है।

प्रेमचन्द की रचनाएँ हिन्दी-उर्दू कथा साहित्य में विशाल एवं व्यापक राजमार्ग मानी जा सकती हैं। उनके पश्चात् कोई दूसरा राजमार्ग हिन्दी-उर्दू कथा साहित्य में नहीं बन सका। यद्यपि छोटी-मोटी राहें और पगडंडियाँ दूर-दूर से आकर राजमार्ग में सम्मिलित हो जाती हैं। हम अपेक्षा कर सकते हैं कि भविष्य में उनमें से कुछ राहें मार्ग बन सकेंगी।

□□□

संदर्भिका

प्रलेख पुस्तकें (हिन्दी)

अग्नि-समाधि तथा अन्य कहानियाँ : प्रेमचन्द : 1929 ई०

कुछ विचार : प्रेमचन्द : 1942 ई०

कफ़न : प्रेमचन्द : 1966 ई०

गुप्तधन (दो भाग) : प्रेमचन्द, (सं०) अमृतराय : 1962 ई०

चिट्ठी-पत्री (दो भाग) : प्रेमचन्द, (सं०) अमृतराय व मदन गोपाल : 1962 ई०

पाँच फूल : प्रेमचन्द : 1952 ई०

प्रेमचन्द की सर्वश्रेष्ठ कहानियाँ : प्रेमचन्द : 1955 ई०

प्रेम-पूर्णिमा : प्रेमचन्द : 1203 सं०

प्रेम-पचीसी : प्रेमचन्द : 1923 ई०

प्रेम-प्रसून : प्रेमचन्द : 2005 सं०

प्रेम-प्रमोद : प्रेमचन्द : 1926 ई०

प्रेम-प्रतिमा : प्रेमचन्द : 1926 ई०

प्रेम-द्वादशी : प्रेमचन्द : 1954 ई०

प्रेम-तीर्थ : प्रेमचन्द : 1949 ई०

प्रेम-चतुर्थी : प्रेमचन्द : 1985 सं०

प्रेम-पंचमी : प्रेमचन्द : 1947 ई०

प्रेरणा और अन्य कहानियाँ : प्रेमचन्द : 1932 ई०

मानसरोवर (आठ भाग) : प्रेमचन्द : 1965 ई०

विविध-प्रसंग (तीन भाग) : प्रेमचन्द, (सं०) अमृतराय : 1962 ई०

सप्त-सरोज : प्रेमचन्द : 1944 ई०

सप्त-सुमन : प्रेमचन्द : 1930 ई०

समर-यात्रा और ग्यारह अन्य कहानियाँ : प्रेमचन्द : 1946 ई०

साहित्य का उद्देश्य : प्रेमचन्द : 1954 ई०

प्रलेख पुस्तकें (उर्दू)

आख़िरी तुहफ़ा : प्रेमचन्द : 1934 ई०

ख़ाके-परवाना : प्रेमचन्द : 1928 ई०

ख़्वाबो-ख़याल : प्रेमचन्द : 1928 ई०

गऊदान : प्रेमचन्द : 1939 ई०

ग़बन : प्रेमचन्द : 1932-33 ई०

गोशा-ए-आफ़ियत : प्रेमचन्द : 1928 ई०

चौगान हस्ती : 1927 ई०

जलवा-ए-ईसार : प्रेमचन्द : 1912 ई०

ज़ादे-राह : प्रेमचन्द : 1936 ई०

दूध की क़ीमत : प्रेमचन्द : 1937 ई०

प्रेमचन्द के ख़ुतूत : (सं०) मदन गोपाल : 1968 ई०

प्रेम चालीसी (दो भाग) : प्रेमचन्द : 1929-30 ई०

प्रेम बतीसी : प्रेमचन्द : 1920 ई०

पर्दा-ए-मजाज़ : प्रेमचन्द : 1932 ई०

फ़िरदौसे-ख़याल : प्रेमचन्द : 1929 ई०

बाज़ारे-हुस्न (दो भाग) : प्रेमचन्द : 1921-22 ई०

बेवा : प्रेमचन्द : 1932 ई०

मैदाने-अमल : प्रेमचन्द : 1936 ई०

रूठी रानी : प्रेमचन्द : 1970 ई०

वारदात : प्रेमचन्द : 1937 ई०

सोज़े-वतन : प्रेमचन्द : जून 1908 ई०

सहायक ग्रन्थ (हिन्दी)

अछूत कौन और कैसे : भीमराव अम्बेडकर (अनु०भ०अ० कौसल्यायन) : 1949 ई०

आधुनिक हिन्दी कथा-साहित्य और मनोविज्ञान : देवराज उपाध्याय : 1963 ई०

आधुनिक कहानी का परिपार्श्व : लक्ष्मीसागर वार्ष्णेय : 1966 ई०

कलाकार प्रेमचन्द : मन्मथनाथ गुप्त तथा रमेन्द्रनाथ वर्मा : 1947 ई०

कला के तत्त्व : देवराज उपाध्याय : 1957 ई०

कहानी कला : विनोद शंकर व्यास तथा ज्ञानचन्द जैन : 2022 सं०

कहानी कला का विकास : श्रीपति शर्मा : 1962 ई०

कहानी का रचना-विधान : जगन्नाथ प्रसाद शर्मा : 1961 ई०

कहानी नयी कहानी : नामवर सिंह : 1967 ई०

गाँधी और गाँधीवाद : बी० पट्टाभि सीतारमैय्या : 1957 ई०

धर्म और समाज : स० राधाकृष्णन : 1960 ई०

नयी कविता के प्रतिमान : लक्ष्मीकान्त वर्मा : 2014 सं०

नये प्रतिमान पुराने निकष : लक्ष्मीकान्त वर्मा : 1966 ई०

प्रेमचन्द : गंगा प्रसाद विमल : 1968 ई०

प्रेमचन्द : जैनेन्द्र कुमार : 1967 ई०

प्रेमचन्द : रामरतन भटनागर : 1951 ई०

प्रेमचन्द : त्रिलोकी नारायण दीक्षित : 1952 ई०

प्रेमचन्द : आलोचनात्मक परिचय : राम विलास शर्मा : 1941 ई०

प्रेमचन्द और उनका युग : राम विलास शर्मा : 1955 ई०

प्रेमचन्द और उनकी कहानी-कला : सत्येन्द्र : द्वितीय सं०

प्रेमचन्द और ग्राम-समस्या : प्रेमनारायण टण्डन : 1949 ई०

प्रेमचन्द और गाँधीवाद : रामदीन गुप्त : 1961 ई०

प्रेमचन्द और गोर्की : (सं०) शचीरानी गुर्टू : 1955 ई०

प्रेमचन्द : उर्दू-हिन्दी क़थाकार : जाफ़र रज़ा : 1983 ई०

प्रेमचन्द, एक अध्ययन : रांजेश्वर गुरु : 1958 ई०

प्रेमचन्द, एक विवेचन, इन्द्रनाथ मदान : द्वितीय सं०

प्रेमचन्द, क़लम का सिपाही : अमृतराय : 1962 ई०

प्रेमचन्द, कहानीकार : सुरेन्द्र आनन्द : 1964 ई०

प्रेमचन्द, कृतियाँ और कला : प्रेमनारायण टण्डन : 1954 ई०

प्रेमचन्द का नारी चित्रण : गीता लाल : 1965 ई०

प्रेमचन्द के साहित्य-सिद्धान्त : नरेन्द्र कोहली : 1966 ई०

प्रेमचन्द के नारी-पात्र : ओम अवस्थी : 1962 ई०

प्रेमचन्द, घर में : शिवरानी देवी प्रेमचन्द : 1956 ई०

प्रेमचन्द, व्यक्ति और साहित्यकार : मन्मथ नाथ गुप्त : 1961 ई०

प्रेमचन्द, स्मृति : (सं०) अमृतराय : 1959 ई०

प्रेमचन्द, साहित्य विवेचन : नन्ददुलारे बाजपेयी : 1956 ई०

पाइअ-सद्द-महण्णावो (प्राकृत शब्द महार्णाव) भाग 7 : 1963 ई०

पाश्चात्य काव्य-शास्त्र की परम्परा : नगेन्द्र : 1958 ई०

बापू के हरिजन : महात्मा गाँधी (अनु० परिपूर्णानन्द शर्मा) : 1006 सं०

भारत में अंग्रेज़ी राज्य : पं० सुन्दर लाल : 1938 ई०

भारतीय कला के पद-चिह्न : जगदीश गुप्त : 1961 ई०

भाषा और समाज : रामविलास शर्मा : 1961 ई०

मानक हिन्दी कोश : रामचन्द्र वर्मा तथा अन्य : 2019 सं०

मुंशी प्रेमचन्द : इन्द्रनाथ मदान : 1957 ई०

युद्ध और अहिंसा : महात्मा गाँधी : 1941 ई०

राष्ट्रीयता और समाजवाद : नरेन्द्रदेव : 2006 सं०

विवेचना : इलाचन्द जोशी : 2007 सं०

वैदिक संस्कृति : गोविन्द चन्द्र पाण्डे : 2001 ई०

शान्ति के योद्धा प्रेमचन्द : अमृतराय : 1950 ई०

शुद्ध हिन्दी : डॉ० हरदेव बाहरी : 1968 ई०

सर्वोदय तत्त्वदर्शन : गोपीनाथ धावन : 1951 ई०

संस्कृत हिन्दी कोश : वामन शिवराम आप्टे : 1966 ई०

साहित्य का नया परिप्रेक्ष्य : डॉ० रघुवंश : 1963 ई०

साहित्य के पथ पर : डॉ० रवीन्द्रनाथ टैगोर (अनु० धन्यकुमार जैन)

हिन्दी कहानी, एक अन्तरंग परिचय : उपेन्द्रनाथ अश्क : 1998 ई०

हिन्दी कहानी, स्वरूप, विकास और प्रतिनिधि कहानीकार : रा०प्र० दीक्षित : 1960 ई०

हिन्दी कहानियों का विवेचनात्मक अध्ययन : ब्रह्मदत्त शर्मा : 1958 ई०

हिन्दी कहानियों की शिल्पविधि का विकास : लक्ष्मीनारायण लाल : 1953 ई०

हिन्दी कहानी की रचना-प्रक्रिया : परमानन्द श्रीवास्तव : 1965 ई०

हिन्दी साहित्य : हज़ारीप्रसाद द्विवेदी : 1964 ई०

हिन्दी साहित्य की भूमिका : हज़ारीप्रसाद द्विवेदी : 1963 ई०

हिन्दी साहित्य, बीसवीं शताब्दी : डॉ० नन्ददुलारे बाजपेयी : 1963 ई०

हिन्दू-मुस्लिम समस्या : बेनी प्रसाद : 1943 ई०

त्रिशंकु : म०स०ही० वात्स्यायन 'अज्ञेय' : 1945 ई०

सहायक ग्रन्थ (उर्दू)

अक्स और आइने : सैयद एहतेशाम हुसैन : 1962 ई०

अदब और अदीब : सैयद एजाज़ हुसैन : 1960 ई०

अदब और नज़रिया : आले अहमद 'सुरूर' : 1954 ई०

अदब में तरक़्क़ीपसन्दी : गोपाल मित्तल : 1958 ई०

अदबी क़द्रें और नफ़सियात : शकीलुर्रहमान : 1965 ई०

अफ़कारो-मसायल : सैयद एहतेशाम हुसैन : 1963 ई०

इस्लाम और अर्ल : अली शरीअती : 1980 ई०

उर्दू की नस्त्री दास्ताने : ज्ञानचंद जैन : 1954 ई०

एबतारे-नज़र : सैयद एहतेशाम हुसैन : 1965 ई०

क़द्रो-नज़र : अख़्तर ओरेंवी : 1955 ई०

क़ौमी तहज़ीब का मस्अला : सैयद आबिद हुसैन : 1955 ई०

ज़ौक़े-अदब और शऊर : सैयद एहतेशाम हुसैन : 1963 ई०

तन्क़ीदी इशारे : आले अहमद 'सुरूर' : 1955 ई०

तन्क़ीद और अमली तन्क़ीद : सैयद एहतेशाम हुसैन : 1961 ई०

तन्क़ीदी जायज़े : सैयद एहतेशाम हुसैन : 1949 ई०

तरक़्क़ी पसन्द अदब : अली सरदार जाफ़री : 1957 ई०

तलाशो-तवाज़ुन : क़मर रईस : 1968 ई०

दास्तान से अफ़साने तक : सैयद वक़ार अज़ीम : 1960 ई०

नावेल की तारीख़ो-तन्क़ीद : अली अब्बास हुसैनी : 1960 ई०

नई क़द्रें : सैयद मुमताज़ हुसैन : 1953 ई०

नया अफ़साना : सैयद वक़ार अज़ीम : 1946 ई०

नये अदबी रुजहानात : सैयद एजाज़ हुसैन : 1942 ई०

प्रेमचन्द : हंसराज रहबर : 1950 ई०

प्रेमचन्द, हयाते-नौ : मानिक टाला : 1993 ई०

प्रेमसोग : हिसामउद्दीन ग़ौरी : 1937 ई०

फ़ने-अफ़साना निगारी : सैयद वक़ार अज़ीम : 1961 ई०

मेयारो-मीज़ान : मसीहुज़्ज़मां : 1968 ई०

रौशनाई : सैयद सज्जाद ज़हीर : 1959 ई०

रवायत और बग़ावत : सैयद एहतेशाम हुसैन : 1956 ई०

हमारे अफ़साने : सैयद वक़ार अज़ीम : 1950 ई०

हिन्दुस्तानी लिसानियात का ख़ाका : सैयद एहतेशाम हुसैन : 1963 ई०

हिन्दुस्तानी मुसलमान, आइना-ए-अय्याम में : सैयद आबिद हसैन : 1965 ई०

सब इन्सान भाई-भाई हैं : महात्मा गाँधी (सं० डॉ० सैयद आबिद हुसैन) : 1966 ई०

सहायक ग्रन्थ (अंग्रेज़ी)

Autobiography, An : Jawaharlal Nehru : 1962

Art of Fiction, The : Henry James : 1948

Capital Vol. I : Karl Marx : 1965

Craft of Fiction, The : Percy Lubbock : 1957

Creative Technique in Fiction : Francis Vivian : 1946

Dictionary of Philosophy : M. Rosenthal & P. Yudin : 1967

Discovery of India : Jawaharlal Nehru : 1946

Hindu Society at Cross-Road : K.M. Panikar : 1955

History of Classical Sanskrit Literature : Krishnamachariar : 1937

History of the Congress : B. Pattabhi Sitaramayya Vol. - : 1947

Illusion & Reality : Christopher Caudwell : 1956

Indian Economics : G.B. Jathar & K.G. Jathar : 1957

Indian Federation, The : Shifa'at Ahmad Khan : 1937

Indian Muslims : Ram Gopal : 1959

India Today : Rajni Palm Dutt : 1949

Introduction to the Study of Literature, An : W.H. Hudson : 1957

Life of Mahatma Gandhi, The : Louis Fischer : 1951

Literature and Reality : Howard Fast : 1955

Literature for an Age of Science : H. Levy & H. Spalding : 1952

Major Governments of Asia : (ed.) G.M. Kahin : 1958
Making of Literature, The : R.A. Scott James : 1948
Manual of Short Story, The : A.M. Glen Clark : 1926
Modern Short Story : H.E. Bates : 1945
New Encyclopaedia Britannica : The,Vol. 20 : 1956
Point of View : Somerset Maugham : 1958
Population of India & Pakistan, The : Kingsley Davis : 1951
Prem Chand : Madan Gopal : 1967
Prem Chand : P.C. Gupta : 1968
Principles of Literary Criticism : I.A. Richards : 1959
Problem of Style : John Middleton Murray : 1961
Readers Companion to World Literature : Edgar Allen Poe : 1958
Realities of Fiction, The : Nancy Hale L 1963
Renascent India : H.C.E. Zacharias : 1933
Selected Works : Karl Marx & Frederick Engles : 1962
Selection from Gandhi : N.K. Bose : 1948
Servey of Indian History A : K.M. Panikar : 1967
Short History of International Affairs : Gathorne Hardy : 1967
Short Story, The : E.M. Albright
Short Story, The : Sean O. Faolain : 1948
Short Story Writing : Charles Barret
Social Background of Indian Nationalism : A.R. Desai : 1954
What is Art : L. Tolstoy : 1962
Way of Gandhi & Nehru, The : S. Abid Husain : 1959

पत्र-पत्रिकाएँ (हिन्दी)

'चाँद' : इलाहाबाद : घनीराम प्रेम : अप्रैल 1932 ई० अगस्त 1935 ई०
'जागरण' : प्रेम चन्द : 1932 ई० से 1937 ई० (पूरी फ़ाइल)

'प्रभा' : कानपुर : (सं०) बालकृष्ण शर्मा : जुलाई 1923 ई० से जुलाई 1931 ई०

'भारत' : इलाहाबाद 1928 ई०

'भारतीय' : इलाहाबाद : फ़रवरी (सं०) रामेश्वर भट्ट : 1934 ई०

'भारतेन्दु' : मथुरा : राधाचरण गोस्वामी (सं०) दिसम्बर 1928 ई०

'मर्यादा' : काशी : (सं०) सम्पूर्णानन्द : मई 1922 ई०

'माधुरी' : लखनऊ : कृष्णबिहारी मिश्र, प्रेमचन्द अगस्त 1922 ई० से दिसम्बर 1936 ई०

'माया' : इलाहाबाद : (सं०) क्षितीन्द्र मोहन मिश्र मुस्तफ़ी : जनवरी 1930 ई०

'विशाल-भारत' : कलकत्ता : (सं०) बनारसीदास चतुर्वेदी

'सरस्वती' : इलाहाबाद : (सं०) देवीदत्त शुक्ल : दिसम्बर 1915 ई० से जनवरी 1929 ई०

'स्वदेश' : फ़रवरी 1919 ई० से मार्च 1921 ई०

'साहित्य' : पटना : (सं०) शिवपूजन सहाय, नलिन विलोचन शर्मा : जनवरी 1960 ई०

'हंस' : प्रेमचन्द : 1960 ई० से 1937 ई० (पूरी फ़ाइल)

पत्र-पत्रिकाएँ (उर्दू)

'अदीब' : इलाहाबाद (सं०) प्यारेलाल शाकिर, सितम्बर 1910 ई० से अप्रैल 1912 ई०

'अलअस्त्र' : लखनऊ (सं०) प्यारेलाल शाकिर, अक्टूबर, 1911 ई० से सितम्बर 1914 ई०

'इस्मत' : दिल्ली (सं०) शैख़ मुहम्मद इकराम एवं राशिद-अलख़ैरी : जनवरी 1933 ई० से दिसम्बर 1934 ई०

'उर्दू' : औरंगाबाद (सं०) अब्दुल हक़ : अप्रैल 1936 ई०

'कहकशाँ' : लाहौर (सं०) इम्तियाज़ अली ताज़ : अक्टूबर 1914 ई० से अप्रैल 1920 ई०

'चन्दन' : लाहौर (सं०) सुदर्शन : अगस्त एवं सितम्बर 1931 ई०

'ज़माना' : कानपुर : (सं०) मुंशी दयानरायण निगम : जनवरी 1905 ई० से दिसम्बर 1937 ई०

'जामिया' : दिल्ली (सं०) सैयद आदि हुसैन : दिसम्बर 1935 ई०

'तुलू-ए-अफ़कार' : कराची : (सं०) हुसैन अंजुम : कहानी विशेषांक

'निकहत' : इलाहाबाद (सं०) अब्बास हुसैनी : मई 1948 ई०

'बहारिस्तान' : लाहौर : (सं०) अख़तर शीरानी : फ़रवरी 1927 ई०

'सुबहे-उम्मीद' : लखनऊ (सं०) पं० ब्रजनारायण चकबस्त : मार्च 1920 ई० से सितम्बर 1920 ई०

'सरीर' : कराची (सं०) फ़हीम आज़मी, अगस्त 1993 ई०

'शायर' : बम्बई (सं०) एजाज़ सिद्दीकी : मई-जून 1969 ई०

□□□